Ernst BRUCKMÜLLER
Christa DONNERMAIR
Veronika MANDORFER
Friedrich ÖHL
Christopher TREIBLMAYR

WELT GESCHEHEN

GESCHICHTE UND POLITISCHE BILDUNG

5

Verlag Hölder-Pichler-Tempsky GmbH
www.hpt.at

Mit Bescheid des Bundesministeriums für Bildung, Wissenschaft und Forschung vom 28. Oktober 2019, GZ BMB-5.034/0060-IT/3/2017, gemäß § 14 Abs. 2 und 5 des Schulunterrichtsgesetzes, BGBl. Nr. 472/86, und gemäß den derzeit geltenden Lehrplänen als für den Unterrichtsgebrauch für die 5. Klasse an allgemein bildenden höheren Schulen – Oberstufe im Unterrichtsgegenstand Geschichte und Sozialkunde/Politische Bildung (Lehrplan 2018), für den I. – II. Jahrgang an Bildungsanstalten für Elementarpädagogik im Unterrichtsgegenstand Geschichte und Sozialkunde; Politische Bildung (Lehrplan 2016) und für den I. – II. Jahrgang an Bildungsanstalten für Sozialpädagogik im Unterrichtsgegenstand Geschichte und Sozialkunde, Politische Bildung (Lehrplan 2016) geeignet erklärt. Änderungen aufgrund von Veränderungen der Rechtsordnung und des Normenwesens, in der Statistik und im Bereich von Wirtschaftsdaten sowie Software-Aktualisierung liegen in der Verantwortung des Verlages und werden nicht neuerlich approbiert.

Dieses Schulbuch wurde auf Grundlage eines Rahmenlehrplans erstellt; die Auswahl und Gewichtung der Inhalte erfolgen durch die Lehrerinnen und Lehrer.

Schulbuchnummer Buch: 195084 **Schulbuchnummer Buch + E-Book: 195828**

Das Autorenteam und der Verlag bitten, alle Anregungen und Vorschläge, die dieses Schulbuch betreffen, an folgende Adresse zu senden:

Verlag Hölder-Pichler-Tempsky GmbH
Frankgasse 4, 1090 Wien
E-Mail: service@hpt.at

1. Auflage, 2020 (1,00)

Satz: Felicitas Grabner, www.felicitasgrabner.com
Druck und Bindung: Brüder Glöckler GmbH, Wöllersdorf
ISBN: 978-3-230-04611-6

Inhaltsverzeichnis

Inhaltsverzeichnis

Wie arbeite ich mit diesem Buch?

Am Beginn jedes Kapitels steht ein **Kapiteleinstieg**, der die Nennung der Kompetenzen gemäß dem Lehrplan, Impulstexte und Quellen, Arbeitsaufgaben sowie eine für das Kapitel relevante Zeitleiste enthält. Der Kapiteleinstieg rahmt – gemeinsam mit dem **Kompetenztraining** am Ende jedes Kapitels – die im Kapitel behandelten Inhalte. Gleichzeitig möchten diese beiden Formate kritischen Fragen an die Geschichte Raum geben und Ausblicke erlauben.

A

1 Methodenvielfältige **Arbeitsaufgaben** am Ende jedes Themenabschnitts fordern dazu auf, das soeben Behandelte aus verschiedenen Blickwinkeln zu betrachten. Sie tragen dazu bei, gelernte Inhalte zu festigen und die historischen Kompetenzen anhand der Anforderungsbereiche Reproduktion, Transfer und Reflexion zu schulen.

Jedes Kapitel beinhaltet die Rubrik **Methodenkompetenz**, die diese historische Fachkompetenz gezielt vermittelt. Sukzessive sollen jene Fertigkeiten erworben werden, die zur kritischen Betrachtung der Inhalte erforderlich sind. Analyseschemata helfen dabei, einen kritischen Umgang mit den verschiedenen Quellen zu entwickeln.

Im **Längsschnitt: Österreich** wird der Fokus immer wieder auf den heutigen österreichischen Raum gelenkt, wodurch inhaltliche Schwerpunkte auf die Lebenswelten der Schülerinnen und Schüler, auf Traditionen und geschichtskulturelle Produkte gesetzt werden.

Der **Längsschnitt: Bildung** veranschaulicht die Geschichte der Bildung im Lauf der Zeit, wodurch eine neue Perspektive in der Betrachtung von Geschichte und geschichtskulturellen Produkten möglich wird.

i

Kontextualisierungen zu sämtlichen Quellen erlauben einen multiperspektivischen Umgang mit den zu vermittelnden Lehrinhalten.

Beispiel für das Erinnerungsproblem
Niels Bohr (1885–1962) und Werner Heisenberg (1901–1976) waren zwei bedeutende Atomphysiker. Sie führten im während des 2. Weltkrieges von den Deutschen besetzten Kopenhagen ein Gespräch unter vier Augen, in dem es um die Möglichkeit einer deutschen Atombombe ging. Der Däne Niels Bohr glaubte sich später zu erinnern, Heisenberg habe davon gesprochen, die Deutschen würden eine Atomwaffe entwickeln und sie einsetzen. Der Deutsche Heisenberg hatte die gegenteilige Erinnerung: Er will Bohr gegenüber gesagt haben, dass die Atombombe eines zu hohen technischen Aufwands bedürfe, die Deutschen würden sie daher nicht konstruieren. Nicht nur die Botschaft, auch die Zeit, zu der das Gespräch stattgefunden haben soll, wurde verschieden erinnert – einmal wurde vom Sommer 1940, einmal von 1942 und ein andermal von Oktober 1941 gesprochen. Akten des Reichsministeriums für Erziehung des Deutschen Reichs bestätigen Heisenbergs Reise nach Dänemark für September 1941. Das Gespräch mit Bohr fand also in dieser Zeit statt. Die Erinnerung der beiden großen Wissenschaftler trog.

M1

Kartusche des 1. Pharaos der Königslisten, Menes; Ausschnitt aus der Königsliste im Totentempel Sethos' I., Abydos, Ägypten, Fotografie, 2011

1 Wozu Geschichte?

Erinnerung, Gedächtnis und Geschichte

Menschen haben die Fähigkeit, sich zu erinnern. Diese führt unweigerlich zur Frage nach dem Gewesenen – und damit zur Geschichte. Jede/r von uns hat eine, zwei, mehrere Geschichten. Fragen wir uns selbst, wie es denn früher gewesen sei, dann können wir oft nur ungenau antworten. Am ehesten trauen wir jenen Erinnerungen, die das täglich Wiederkehrende betreffen. Aber ein bestimmtes Ereignis zeitlich einzuordnen und in allen Einzelheiten aus dem Gedächtnis zu beschreiben, ist nur in den seltensten Fällen möglich.

Das menschliche Gehirn funktioniert nicht nur als Speicher. Sobald eine Wahrnehmung im Gehirn verankert wird, erschafft diese Verankerung wieder Neues. Wenn wir uns erinnern, wird ein Bild konstruiert, das auf der Erinnerung beruht, mit ihr aber niemals identisch sein kann. Auch für unsere ganz persönliche „Geschichte" müssen wir daher zusätzliche Hilfsmittel suchen: Wir brauchen Quellen. Ein Terminkalender oder Tagebücher, die Darstellung eines Ereignisses in einem Brief oder einer E-Mail können unserer verblassten Erinnerung auf die Sprünge helfen. Nicht nur schriftliche Quellen helfen uns, unser Gedächtnis zu unterstützen, sondern auch Bilder oder Fotos, Zeitungen und Zeitungsausschnitte, Filmmaterial und digitale Quellen.

Wozu Geschichte?

Aber wozu brauchen wir dieses Wissen um die Vergangenheit? Müssen wir nicht die Zukunft bewältigen – und nicht die Vergangenheit? Die Bewältigung der Zukunft geschieht auf der Basis des Vergangenen. Die gesamte Kultur, der wir uns bedienen, stammt aus der Vergangenheit – Sprache, Technik, Kunst. Wir brauchen die Geschichte als Orientierungshilfe. Daher schafft sich jede Gegenwart auch ihre eigene Geschichte, da neue Fragen an die Vergangenheit entstehen. Relativ junge Fragen sind etwa die nach der Geschichte der Umwelt, nach einer Geschichte der Geschlechterverhältnisse, nach einer Geschichte der Kindheit, einer Geschichte der Technik, einer Geschichte der Wissenschaft.

Nationale und andere Geschichtsbilder

Die Geschichte des eigenen Landes oder Staates sucht häufig nach Begründungen für die Existenz des Staates in der Vergangenheit – oft, um den eigenen Staat als besonders wichtig erscheinen zu lassen. Dabei entwickelten sich Denkfiguren, die zu nationalen Mythen wurden. Auch Katastrophen dienten der nationalen Mythologie. Derartige nationale Geschichtsbilder wurden zwar vielfach auch von Historikerinnen und Historikern mitkonstruiert, ihre Popularisierung erfolgte über Schulbücher, Theaterstücke, Epen (erzählende Versdichtungen), Gemälde und Denkmäler. Von einer wirklich wissenschaftlichen Geschichtsforschung werden diese Bilder „dekonstruiert".

„Geschichte" als Antwort auf gezielte Fragen

Wie jede Wissenschaft findet auch die Geschichtswissenschaft Antworten nur auf bestimmte Fragen. Die Geschichtswissenschaft ist vielfältig wie die Art der Fragestellungen. Die dadurch entstehenden

Spezialisierungen entsprechen den veränderten Fragen der jeweiligen Gegenwart an die Vergangenheit. Diese Vergangenheit erhält eine Struktur erst durch die Fragestellungen und die *Methoden* zu ihrer Beantwortung. Die unterschiedlichen Fragen führen zu *Quellen*.

Quellen und Quellenkritik

Bei schriftlichen Quellen greifen wir zu Geschichtswerken, für frühere Zeiten zu Chroniken (Stadt-, Landes-, Kloster-, Familien-, Weltchroniken) und Annalen (Jahrbücher). Sie wurden geschrieben mit einer *Intention*, also mit einer bestimmten Absicht. Diese kann etwa darin liegen, eine Stadt, ein Geschlecht, ein Land oder eine Person zu rühmen. Aber damit wird der wissenschaftliche Geist selten zufrieden sein. Er sucht nach den Hintergründen, nach den Motiven der handelnden Personen, nach den wirtschaftlichen und finanziellen Möglichkeiten, nach den kulturellen Rahmenbedingungen, die die Menschen in der Vergangenheit in ihrem Tun begünstigten oder beengten. Dabei helfen ihm diese *intentionalen* Quellen selten. Wir suchen daher nach *nicht-intentionalen* Quellen, also solchen, die nicht deshalb geschrieben wurden, um ein bestimmtes Bild einer Person, einer Stadt oder eines Landes zu vermitteln. Solche Quellen ohne Intention sind Rechtsquellen, Urkunden, Rechtsbücher, Verträge, Testamente usw.

Zeitrechnungen und Periodisierung

Den Ablauf von Zeit bringen Menschen mit Beobachtungen in Verbindung. Der Tag-Nacht-Wechsel ist sichtbar von der Sonne beeinflusst. Der Wechsel der Jahreszeiten ist an Wetterphänomenen wie Regen- oder Trockenperioden, Sommer- und Wintertemperaturen und an der Vegetation erkennbar. Vielfach werden damit Gottesvorstellungen verbunden. An Ereignisse wie Geburt, Hochzeit und Tod werden Geschehnisse geknüpft und mit beobachteter Zeit in Verbindung gebracht. Wiederkehrende Ereignisse wurden von Historikerinnen und Historikern der griechischen Antike *periodos* (Kreislauf) genannt.

Einmalige Ereignisse setzen einen Anfang fest, der als prägend für ein Volk oder eine Religion angesehen wird. Manchmal ist es der Beginn der Erde, manchmal nur ein Herrschaftsantritt. Die Jahreszählung ist Ausdruck von kultureller oder religiöser Tradition, die auch im Alltag durch die Angabe des Geburtsjahres Bedeutung hat. In den meisten Staaten der Erde wird seit dem 20. Jh. der gregorianische Kalender zumindest mitverwendet. Neben Epocheneinteilungen bestehen Jahrhundert-Bezeichnungen (18., 19. Jh.), um zeitliche Einordnungen zu ermöglichen. Auch Baustile oder Techniken können zeitliche Abschnitte beschreiben: Zeitalter des Barock oder digitales Zeitalter.

A

1 Fassen Sie die hier dargestellten Probleme des menschlichen Erinnerns in eigenen Worten zusammen.

2 Arbeiten Sie den unterschiedlichen Charakter historischer Quellen heraus.

3 Diskutieren Sie in der Gruppe die These, wonach die Geschichte als Orientierungshilfe für die Erklärung der Gegenwart gebraucht wird. Präsentieren Sie das Ergebnis der Diskussion anhand konkreter Beispiele in Form eines Gruppenreferats.

i

In **Ägypten** wurden die Jahre nach den Regierungsjahren des Pharaos gezählt. Der ägyptisch-griechische Historiker Manetho (3. Jh. v. Chr.) fasste Pharaonen, die aus dem gleichen Gebiet stammten, zu Dynastien zusammen, um größere Zeitabschnitte zu benennen. Aus den drei Bänden seiner Aegyptiaca entstand die bis heute verwendete Einteilung in Altes, Mittleres und Neues Reich, mit Zwischenzeiten als einschneidende Brüche.

Jüdinnen und Juden beginnen ihre Zeitrechnung mit der Erschaffung der Welt (3761 v. Chr.). Auch für die **Maya** galt dies als Beginn ihrer Zeitrechnung (3114 v. Chr.). Olympiaden (die Zeit zwischen olympischen Spielen, ab 776 v. Chr.) prägten die Jahreszählung im **antiken Griechenland**. Die Einweihung des Jupitertempels (507 v. Chr.), später die Gründung der Stadt Rom (753 v. Chr.), war bis Diokletian (236/245 – 312 n. Chr.) der Ausgangspunkt der **römischen Datierung**. Für die Christen setzte sich die um 500 vorgeschlagene Zeitrechnung, beginnend mit der Geburt des Gottessohnes, durch.

Die **Hidschra**, die Auswanderung Mohammeds und seiner Anhänger von Mekka nach Jathrib (622 n. Chr.), steht am Beginn der Zeitrechnung der Muslime. Das islamische Jahr basiert auf Mondzyklen und ist um nicht ganz 11 Tage kürzer als das gregorianische Sonnenjahr. In einigen Regionen (z. B. Marokko, Ägypten, Iran) gibt es auch eine Jahresrechnung mit ca. 356 Tagen.

Die Bulle *Inter gravissimas* von Papst Gregor XIII. legte 1582 die durchschnittliche Jahreslänge mit 365,2425 Tagen fest (**gregorianischer Kalender**) und löste den von Julius Caesar eingeführten **julianischen Kalender** mit 365,25 Tagen ab. Im Jahr 1582 folgte auf Donnerstag, 4. Oktober, der Freitag, 15. Oktober, um die Ungenauigkeit von 11 Minuten pro Durchschnittsjahr auszugleichen.

2 Gedächtnispolitik – Gedächtniskultur

Wer oder was aus der Vergangenheit im öffentlichen Raum präsent bleibt, ist oft das Ergebnis politischer Entscheidungen – also von bewusster Gedächtnispolitik. Dies trifft in jedem Fall auf die Namensgebung von Straßen und Plätzen zu. Ein Blick auf den Stadtplan einer europäischen Metropole gibt Auskunft darüber, welche Persönlichkeiten oder Ereignisse zu einem bestimmten Zeitpunkt für „denkwürdig“ erachtet wurden. Dabei handelt es sich vor allem um Männer, wie eine Statistik zur Wiener Bevölkerungsverteilung mit Stand Sommer 2017 über die Geschlechterverteilung bei der Verkehrsflächenbenennung zeigt. 54,6 % aller österreichischen Straßen, Gassen, Plätze etc. tragen einen neutralen Namen, 42,4 % einen männlichen und nur 3 % einen weiblichen. Aus diesem Grund wird in letzter Zeit mancherorts versucht, Frauen bei der Benennung von Straßen, Plätzen etc. bewusst den Vorzug zu geben. Für den neuen Stadtteil Seestadt Aspern beispielsweise beschloss der Wiener Gemeinderat eine „weibliche“ Namensgebung.

i

Die Benennung der Wiener Gassen, Straßen und Plätze ist seit 1547 auf Plänen nachweisbar. Ursprünglich leitete man die Namen entweder von den Gegebenheiten des Geländes her, z. B. Graben, oder man bezog sich auf Kirchen, Klöster und Heilige wie bei Annagasse oder Augustinerstraße. Paläste oder ansässige Handwerker dienten ebenso zur Namensgebung. Beispiele für letzteres sind die Goldschmiedgasse oder die Bäckerstraße. Erst im 19. Jh. wurden durch den Stadtarchivar Karl Weiß Benennungsgrundsätze vorgelegt, die auch berühmte Persönlichkeiten beinhalteten.

M1

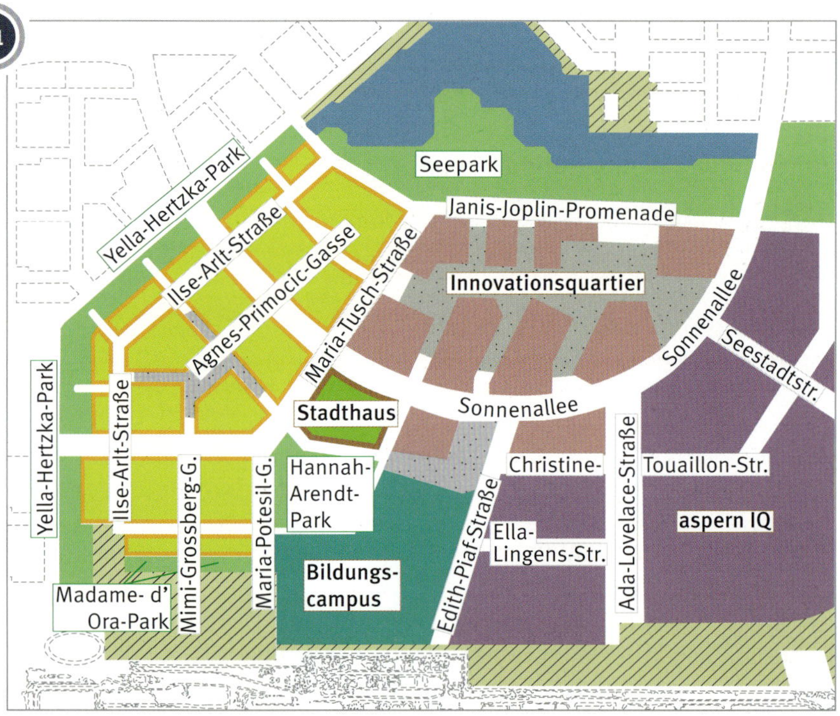

Straßenkarte der Seestadt Aspern, Wien

i

In der Seestadt Aspern tragen die Straßen, Parks und Plätze die Namen verdienter Frauen.

M2

Westansicht des Stephansdoms in Wien, Fotografie, 2014

i

Der Stephansdom hat eine lange Geschichte, die bis in das Jahr 1137 zurückreicht. Kein anderes Bauwerk ist so identitätsbildend für Österreich wie dieser mittelalterliche Kirchenbau im 1. Wiener Gemeindebezirk.

Sichtbare Spuren der Antike und des Mittelalters in der Gegenwart

In vielen österreichischen Museen findet man Funde aus der Römerzeit und dem Mittelalter. Aber auch im Stadtbild stößt man vielerorts auf das Erbe dieser Epochen. Manches davon nimmt bis heute einen zentralen Platz im kollektiven Bewusstsein ein. Das wohl prominenteste Beispiel dafür ist der Stephansdom in Wien. Studien belegen seine hohe Bedeutung für die österreichische Identität. Auch viele Schülerinnen und Schüler nennen dieses Wahrzeichen aus dem Mittelalter, wenn sie nach einem für Österreich typischen Ort gefragt werden.

Ähnlich wie Bauwerke können auch auf Besucherinnen und Besucher ausgerichtete historische Stätten und Museen eine wichtige erinnerungspolitische Funktion erfüllen und zeigen, auf welches historische Erbe sich eine Gesellschaft bezieht. Das Römermuseum in Wien zeigt, wie sehr die politische und wirtschaftliche Entwicklung des Donaugebietes durch das römische Militär geprägt wurde. Auf dem heutigen Stadtgebiet errichteten die Römer ein bedeutendes Legionslager. Rund um die Befestigungsanlagen des Militärstützpunkts entwickelte sich eine Vorstadt mit Läden, Gaststätten und Handwerksbetrieben. Die Blütezeit Vindobonas war von 150 bis 250 n. Chr. Inschriften und materielle Nachweise wie Keramik, Münzen oder Trachtenbestandteile belegen, dass in Vindobona Menschen aus allen Teilen des Römischen Reiches neben der einheimischen Bevölkerung lebten.

M3

Münzen, Römermuseum Tulln, Fotografie, 2010

i

Vindobona bezeichnet einen römischen Militärstützpunkt mit Vorstadt und einer Zivilsiedlung auf dem Gebiet des heutigen Wien. Der Stadtname „Wien" dürfte sich jedoch nicht unmittelbar von Vindobona ableiten. Nach dem Zusammenbruch der Nordgrenze des Römischen Reiches, an der sich Vindobona befand, reißt die gesicherte schriftliche Überlieferung ab. Erst ab 881 n. Chr. wird die Siedlung „Wenia" genannt.

M4

Bruchstück von einem Topf, Römermuseum Wien, Fotografie, 2013

Auch heute kommt es immer noch zu neuen Funden. Ein relativ junges Beispiel dafür stammt aus dem Jahr 2015. Archäologinnen und Archäologen entdeckten anlässlich von Bauarbeiten für eine neue Postzentrale im dritten Bezirk die ältesten römischen Spuren im Wiener Raum. Der Fund führt in die Welt der **Kelten** und Römer.

M5

Römischer Kanaldeckel, 1. Jh., Römermuseum Wien, Fotografie, 2008

i

Funde wie dieser im Römermuseum zu sehende Kanaldeckel aus Kalkstein, der 1912 in Wien entdeckt wurde, zeugen vom Alltagsleben im römischen Vindobona. Dadurch wird deutlich, dass viele moderne Errungenschaften wie die Kanalisation auf römische Wurzeln zurückgehen.

M6

Die Tageszeitung „Die Presse" berichtete 2015 über diesen Fund:

Insgesamt habe man rund 50 Kisten an Objekten bergen können. Nach der Auswertung könne man vielleicht „mehr über das Zusammentreffen der beiden Kulturen sagen", sagte Fischer Ausserer [Leiterin der Wiener Stadtarchäologie]. Grundsätzlich seien die Gebiete links und rechts des Rennwegs „eine archäologisch wichtige Zone und ein wunderbares Gratisarchiv", denn hier schlängelte sich der Teil der Donaulimesstraße, die von Klosterneuburg nach Hainburg führte.

diepresse.com/home/zeitgeschichte (12.11.2019)

A

1 Suchen Sie in Partnerarbeit drei Straßennamen aus der Karte des Wiener Stadtteils Seestadt Aspern (M1) aus und recherchieren Sie im Internet, warum diese Frauen ausgewählt wurden.

2 Diskutieren Sie in der Klasse die Sinnhaftigkeit von politischen Initiativen wie der weiblichen Namensgebung im öffentlichen Raum.

3 Recherchieren Sie eventuelle archäologische Ausgrabungsstätten in Ihrer Umgebung und die Möglichkeit, diese zu besuchen.

Kelten: Volksstämme in Mittel- und Westeuropa mit kulturellen Gemeinsamkeiten. Ihr Name geht auf griechische Quellen aus dem 6. und 5. Jh. v. Chr. zurück.

„Antike“ Statuen in Park- und Burganlagen

Statuen sind ebenfalls Teil der Erinnerungskultur. Auch wenn es sich dabei oft um keine Originale, sondern um spätere Nachbildungen handelt, so verweisen sie doch auf das antike Erbe. Weitere Abbildungen in Form von Reliefs, die sich gelegentlich an der Außenwand von Kirchen befinden, erinnern uns an die römische Vergangenheit.

M7

Hades entführt Persephone, Skulptur, Mirabellgarten Salzburg, Fotografie, 2012

i

Der Park des Schlosses Mirabell in Salzburg ist reich mit Figuren ausgestattet. Mit dieser Skulptur wird auf die griechisch-römische Mythologie Bezug genommen. Der griechische Gott der Unterwelt, Hades, entführt Persephone, in die er sich verliebt hat. Sie wäre wohl nicht bereit gewesen, ihm freiwillig in die Unterwelt zu folgen.

M8

Römischer Reliefstein, Südwand der Wallfahrtskirche Mariä Himmelfahrt, Maria Saal, Kärnten, Fotografie, 2013

In manchen Fällen soll durch Bezugnahmen auf das antike Erbe auch die eigene Bedeutung unterstrichen werden. An der Ende des 19. Jhs. errichteten Neuen Burg, die Teil des Herrschaftssitzes der Habsburger war und zur Hofburg gehört, finden wir Bezüge auf die römische Geschichte. Dadurch sollte der Herrschaftsanspruch dieser Dynastie in eine zeitliche und universelle Kontinuität gestellt werden.

M9

Römischer Soldat an der Neuen Burg, Wilhelm Seib, Ende 19. Jh., Wien, Fotografie, 2013

M10

Neue Burg in Wien, Fassade zum Heldenplatz, Fotografie, 2011

i

An der Fassade der Neuen Burg zum Heldenplatz hin befinden sich zwanzig Statuen, die von 1895 bis 1901 entstanden sind. Sie stehen sinnbildlich für die Etappen der österreichischen Geschichte. Unter ihnen ist ein vom Bildhauer Wilhelm Seib geschaffener römischer Soldat (M9). Er verweist auf den Anspruch der Habsburger, in der Tradition der Kaiser des Römischen Reiches zu stehen.

Antikes Erbe für ein gemeinsames Europa

Die Frage, welche historischen Orientierungspunkte an künftige Generationen weitergegeben werden sollen, stellt sich immer wieder, nicht nur im Geschichtsunterricht. Auch bei Reden von Politikerinnen und Politikern oder Kunstschaffenden wird oft auf ein gemeinsames historisches Erbe verwiesen, um Tradition und Aufbruch in einer Linie darzustellen. Ein Beispiel dafür sind die Worte des damaligen Kanzlers der Bundesrepublik Deutschland, Konrad Adenauer (1876 – 1967), anlässlich der Unterzeichnung der **Römischen Verträge** am 25. März 1957 im römischen Senatorenpalast.

Römische Verträge: Grundlagenverträge, mit denen 1957 die Europäischen Gemeinschaften begründet wurden.

M11

Konrad Adenauer, Staatssekretär Walter Hallstein und der italienische Ministerpräsident Antonio Segni bei der Unterzeichnung der Römischen Verträge, Fotografie, 1957

M12

Konrad Adenauer stellte 1957 fest:

Europa hätte keinen bedeutsameren Rahmen für diese Konferenz finden können als diese seine ehrwürdigste Stadt. Wenn wir jetzt versuchen, für die gemeinsame Zukunft Europas die Grundlagen herzustellen, so ist uns das große gemeinsame Erbe, für das Rom immerwährendes Zeugnis ablegt, zugleich Mahnung und Hoffnung.

www.konrad-adenauer.de/dokumente/reden, 25. März 1957: Ansprache vor der Unterzeichnung der „Römischen Verträge“ (12.11.2019)

M13

EUROPEAN HERITAGE LABEL

Europäisches Kulturerbesiegel, 2016

Seit 2011 existiert eine Initiative im Rahmen der Europäischen Union, die historische Stätten im gemeinsamen Europa mit dem Kulturerbesiegel auszeichnet. Durch diese politische Initiative soll das Bewusstsein um ein gemeinsames europäisches Erbe gestärkt werden. In Österreich erhielt neben der Wiener Hofburg der Archäologische Park des Römermuseums Carnuntum dieses Siegel.

M14

Römermuseum Carnuntum, Fotografie, 2006

M15

Friedenspalast in Den Haag (Niederlande), unter anderem Sitz des Internationalen Gerichtshofs der Vereinten Nationen – ebenfalls Träger des Europäischen Kulturerbesiegels, Fotografie, 2006

A

4 Informieren Sie sich über die Auswahlkriterien zum Erhalt des Europäischen Kulturerbesiegels und bewerten Sie diese.

5 Recherchieren Sie in der Gruppe, welche Stätten quer durch Europa mit diesem Siegel ausgezeichnet wurden und präsentieren Sie eine Auswahl davon in der Klasse.

6 Lokalisieren Sie in Ihrem Wohnort oder in der Nähe Ihrer Schule Statuen und/oder Denkmäler, die Anklänge an antike Vorbilder erkennen lassen und erstellen Sie eine Liste.

7 Diskutieren Sie mögliche Ursachen für die Bezugnahme auf antike Darstellungsformen gerade im Zusammenhang mit Denkmälern und Statuen.

M16

Römische Ruinen eines öffentlichen Bades in Carnuntum, Fotografie, 2006

Politik, Kultur und Religion zur Zeit der Antike

K

In diesem Kapitel üben und trainieren Sie folgende Kompetenzen:

- **Historische Fragekompetenz**
  Spurensuche nach den Traditionen, die sich auf die Antike zurückführen lassen
- **Historische Methodenkompetenz (De- und Rekonstruktionskompetenz)**
  Quellenkritik als eine der Methoden der Dekonstruktion von Narrationen; Erkennen und Deuten von Zeichen und Symbolen
- **Historische Sachkompetenz/Basiskonzepte**
  Neue Perspektiven zu den Konzepten von politischen Organisationsmodellen, Herrschaftsformen, Macht, Eroberungspolitiken, Demokratie, Mythologie, Unterhaltungsevents, Machtzentren, Globalgeschichte
- **Historische Orientierungskompetenz**
  Europa als Teil der Welt sehen; Wertung der Antike als Grundlage europäischer Kultur; Europa als Raum- oder Ideen- oder Werte-Begriff; Wandel der Bedeutungszuweisungen in den Perspektiven Vergangenheit – Gegenwart; politische Mitbestimmung; Menschenrechte; Annäherung an Gleichzeitigkeit und Ungleichzeitigkeit in einer globalen Perspektive; In-Frage-Stellen eigener Sichtweisen; Einordnungen und Bewertungen formulieren

M1

Kapitol in Washington, Fotografie, 2013

M2

Reichstag in Berlin, Fotografie, 2009

M3

Parlament in Wien, Fotografie, 2006

i

Als „Hellenen" wurden in der griechischen Antike alle Angehörigen Griechisch sprechender Völker bezeichnet. Mit „hellenismós" war in der Antike die Orientierung an der „griechischen Lebensweise" gemeint. Der Begriff „Hellenismus" bezieht sich auf eine historische Epoche: den Zeitraum vom Tod Alexanders des Großen (323 v. Chr.) bis zur Schlacht von Actium (31 v. Chr.).

Die antike Welt ist im europäischen Geschichtsbewusstsein bis heute lebendig geblieben. So gilt sie häufig als Grundlage, auf die man sich zu Recht oder zu Unrecht berufen kann. Die Wurzeln der Demokratie werden in der griechischen Antike gesehen, und auch die Architektur heutiger Parlamentsgebäude nimmt darauf Bezug. Sehr präsent ist die Antike in vielen heutigen Sprachen, die Bezüge zum Griechischen und zum Lateinischen erkennen lassen.

Am Beginn der antiken Mittelmeerwelt stehen die seefahrenden Händler der Städte der Levanteküste. Eine ganze Reihe von Handelsniederlassungen führte im 9. Jh. v. Chr. zu Städtegründungen rund um das Mittelmeer.
Außerhalb Europas entstand seit dem 1. Jt. v. Chr. eine Reihe großer Kulturen, insbesondere in Asien und Amerika. Von europäischen Eroberern wurden viele dieser Kulturen in der Frühen Neuzeit zerstört. In Lateinamerika sollte sogar die Erinnerung an sie ausgelöscht werden. Andere gerieten in jahrhundertelange Abhängigkeit von europäischen Mächten.

M4

Abschnitt der Großen Chinesischen Mauer zwischen Jinshanling und Simatai, mit deren Bau im 8. Jh. v. Chr. begonnen wurde, Fotografie, 2008

M5

Marta Minujín, Parthenon der verbotenen Bücher, Kassel, Fotografie, 2017

M6

Parthenon, Athen, Fotografie, 2005

i

Parthenon (griech. für Jungfrauengemach) ist der Name des Tempels der Pallas Athene auf der Akropolis in Athen (M6). Er wurde während der Herrschaft des Perikles (5. Jh. v. Chr.) errichtet. Während des Krieges zwischen Venedig und dem Osmanischen Reich wurde der Tempel 1687 teilweise zerstört, als ein dort untergebrachtes osmanisches Munitionsdepot von einer Kanonenkugel getroffen wurde und explodierte. Seit Mitte des 20. Jahrhunderts werden immer wieder Bemühungen unternommen, das Gebäude vor weiterem Verfall zu schützen. Zahlreiche Reliefs und Skulpturen, die sich ursprünglich auf dem Gebäude befanden, wurden durch Repliken ersetzt. Die Originale befinden sich im British Museum (London) und im Akropolismuseum (Athen). Der Parthenon inspiriert bis heute Künstlerinnen und Künstler, so die argentinische Konzeptkünstlerin Marta Minujín, die 1983 in Buenos Aires und 2017 in Kassel einen *Parthenon der verbotenen Bücher* errichtete (M5).

Brainstorming

Beurteilen Sie, auf welche Weise bzw. in welchen Hinsichten die in M1 – M3 dargestellten Gebäude auf antike Vorbilder Bezug nehmen.

Arbeiten Sie heraus, in welcher Weise sich das Bauwerk in M5 auf das Bauwerk in M6 bezieht.

Recherchieren Sie Marta Minujíns Parthenon der verbotenen Bücher im Internet. Fassen Sie zentrale Themen und Anliegen dieses Projekts zusammen.

vor 13 000 Jahren
Besiedlung Amerikas

2. Jt. v. Chr.
Minoische Kultur

Ende 2. Jt.
Besiedlung Ozeaniens

753 v. Chr.
Sagenhafte Gründung Roms

490 v. Chr.
Perserkriege hellenischer Poleis

443 – 429 v. Chr.
Perikles herrscht in Athen

431 – 404 v. Chr.
Peloponnesischer Krieg

264 – 146 v. Chr.
Punische Kriege

221 – 207 v. Chr.
Qin-Dynastie in China

476 n. Chr.
Ende des Römischen Reiches im Westen

M1

Themis und Aigeus, Kodros-Maler, attische rotfigurige Trinkschale, um 440 v. Chr., Staatliche Museen zu Berlin

i

Themis gilt als Schutzherrin des Orakels von Delphi. Das Apolloheiligtum von Delphi spielte bei Gründung der Kolonien eine wichtige Rolle. Vor dem Unternehmen wurde das Orakel befragt. Nach erfolgreicher Stadtgründung dankten die Bewohner der neuen Stadt dem delphischen Apoll mit Weihegaben. Die Priesterschaft von Delphi wurde wohlhabend und einflussreich. Delphi war eine wichtige Informationsbörse für alle, die Kolonien gründen wollten. Die Priester übernahmen eine Planungsrolle bei der Kolonisation.

1 Griechische Kolonisation – antike Wirtschaftsmigration?

Zwischen 1200 und 800 v. Chr. wanderten Gruppen von Griechen nach Kleinasien, wahrscheinlich angelockt von den besseren Lebensbedingungen an den dortigen Küsten. Für viele erfüllten sich Erwartungen. Nach einigen Generationen blühten Landwirtschaft, Handwerk und Handel in den griechischen Städten an der Küste Kleinasiens.

Auswandern aus wirtschaftlichen Gründen

Um die Mitte des 8. Jhs. v. Chr. beschlossen die Seefahrt erprobten Bewohner der Ägäisküste auf der Suche nach neuen Rohstoffquellen und Ackerland, ins westliche Mittelmeer vorzustoßen. Von ihrem ersten Stützpunkt auf einer Insel vor dem heutigen Neapel konnten sie leichter Handel mit den Erzlieferanten auf Sardinien und Korsika betreiben. Bald folgten andere Städte diesem Beispiel und gründeten eine Kette von Tochterstädten (griech. *apoikía* = Aussiedlung) an den Küsten Siziliens und Unteritaliens (lat. *Magna Graecia*). Die Aussiedler organisierten die Städte nach dem Vorbild ihrer Herkunftsstadt. Sie übernahmen deren politische Ordnung und Gebräuche.

Konflikte in den Poleis (Mehrzahl von Polis = griechischer Stadtstaat) waren nicht selten ein Motiv für die Kolonisation. Für die wachsende Bevölkerung gab es nicht genug Land, so dass immer wieder Aufstände drohten. Aus wirtschaftlicher Not schlossen sich Kleinbauern den Händlern auf der Suche nach fruchtbarem Land an. Die Kolonisation trug so zur Stabilisierung und Verbreitung der Poleis bei. Neben den handfesten wirtschaftlichen Interessen spielten wohl auch Abenteuerlust, Entdeckerfreude und das Streben nach Machterweiterung eine Rolle.

M2

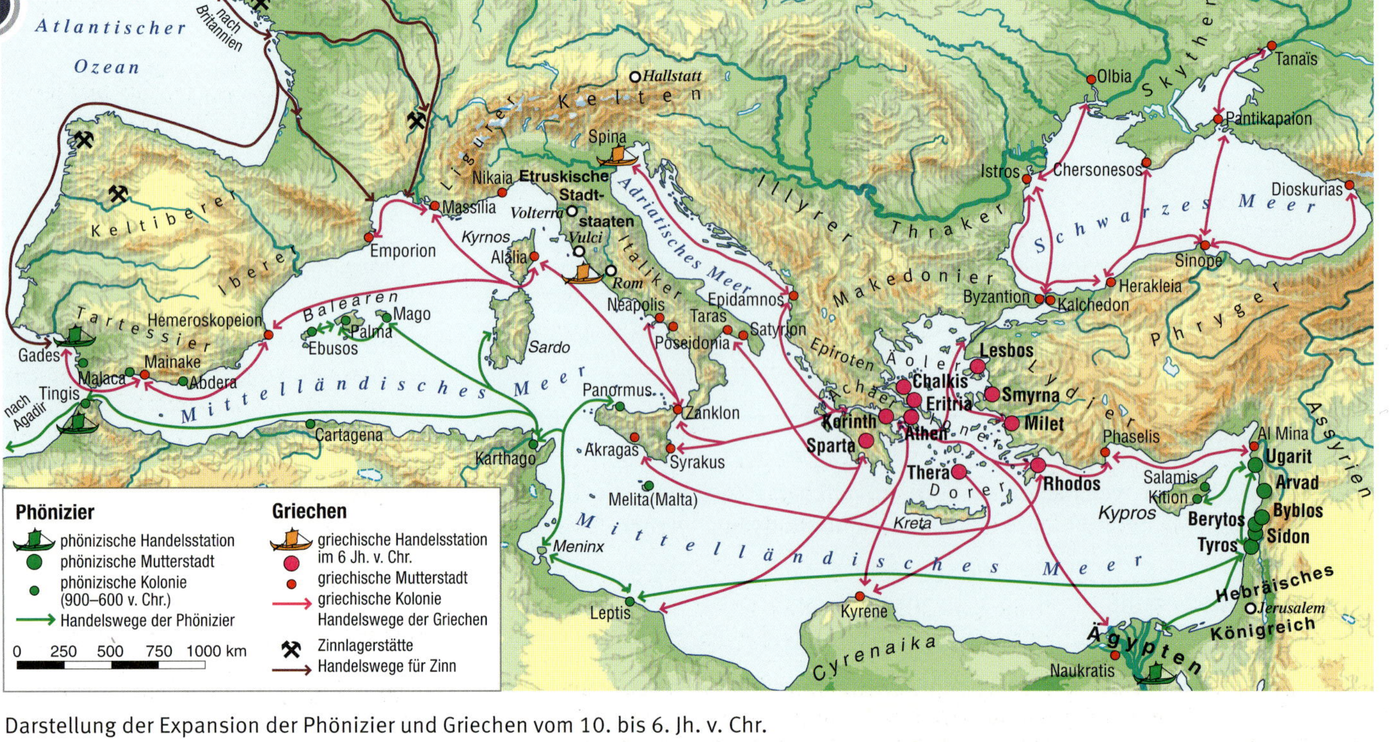

Darstellung der Expansion der Phönizier und Griechen vom 10. bis 6. Jh. v. Chr.

Polis - Stadtstaat
lat. migrare - wandern

Probleme und Konflikte

Da die Siedler nicht in herrenloses Land kamen, wurden mit den Einheimischen Verträge geschlossen. Es kam aber auch zu Konflikten, besonders wenn die Neuansiedler Ackerland beanspruchten.

M4

Der römische Historiker Marcus Iunianus Iustinus (2. oder 3. Jh. n. Chr.) schreibt über die Gründung Massilias durch die Phokäer:

Zu den Zeiten des Königs Tarquinius [616 bis 578 v. Chr.] fuhr, aus Asien kommend, eine Jungmannschaft der Phokäer in die Tibermündung ein und schloss mit den Römern einen Freundschaftsbund. Von da fuhren sie mit ihren Schiffen in die tiefste Meeresbucht Galliens hinein, gründeten dort Massilia zwischen den Ligurern und den noch wilden Stämmen der Gallier [Kelten], und vollbrachten, sei es, indem sie sich mit den Waffen gegen die gallische Wildheit schützten oder indem sie von sich aus diejenigen herausforderten, von denen sie selbst zuvor herausgefordert worden waren, große Taten. Die Phokäer nämlich hatten sich, durch die Kleinheit und Magerkeit ihres Ackerbodens gezwungen, eifriger der See als dem Lande gewidmet: durch Fischfang und Handel, zumeist auch durch Piraterie, welche zu jenen Zeiten noch für etwas Rühmliches gehalten wurde, gewannen sie ihren Lebensunterhalt.

Marcus Iunianus Iustinus, Philippische Geschichte 43, 3–5, Übers. d. Verf.

M5

*Von den Schwierigkeiten, die bei einer Koloniegründung auftreten konnten, berichtet der griechische Historiker **Herodot**:*

Danach ging es ihm selbst [Battos] und den übrigen Theraiern wieder ganz schlecht [zuvor gab es Missernten]. Da die Theraier ihr Unglück nicht verstanden, schickten sie nach Delphi wegen der gegenwärtigen Orakel. Die Pythia aber gab ihnen das Orakel, es werde ihnen, wenn sie mit Battos Kyrene in Libyen besiedelten, besser gehen. Danach entsandten die Theraier den Battos mit zwei Fünfzigruderern. Diese fuhren nach Libyen, konnten aber nichts anderes tun und kehrten wieder nach Thera zurück. Die Theraier aber beschossen sie, als sie in den Hafen einliefen und ließen sie nicht an Land gehen, sondern befahlen ihnen, wieder zurückzufahren.

Herodot, Historien, 4. Buch, 156, 2f., Übers. d. Verf.

Kolonisation und Verbreitung der hellenischen Kultur

Die Expansion der griechischen Stadtstaaten dauerte bis um die Mitte des 6. Jhs. und führte zur Gründung von Kolonien im Schwarzmeerraum, an den Küsten Frankreichs, Spaniens und Nordafrikas. Die sogenannte zweite griechische Kolonisation schuf die Grundlage für den Aufschwung des Handels im Mittelmeerraum. In der Auseinandersetzung mit fremden Völkern wurden sich die Griechen ihrer „hellenischen“ Identität bewusst.

A

1 Stellen Sie anhand von M2 fest, an welchen Küsten die Griechen Kolonien und die **Phöniker** Handelsniederlassungen gründeten. Ermitteln Sie mithilfe Ihres Atlas heutige Städtenamen griechischen Ursprungs.

2 Begründen Sie, warum die griechische „Kolonisation“ als Eroberungs- und Wirtschaftsmigration bezeichnet werden kann (M4).

3 Diskutieren Sie die Entscheidung der **Theraier**, ihre Landsleute mit Waffengewalt von der Rückkehr in ihre Heimat abzuhalten (M5).

M3

Leagros-Gruppe, Handelsschiff, Ausschnitt einer attischen schwarzfigurigen Schale, ca. 520 v. Chr., Bibliothèque Nationale de France, Paris

i

Griechisches Handelsschiff mit Rudern und Segel, welches das Hauptantriebsmittel war. 1999 wurde zwischen Rhodos und Alexandria ein Schiffswrack gefunden, das 30 Meter lang war. Es hatte Platz für bis zu 2 500 Amphoren mit Wein. Wenn eine Amphore etwa 25 Liter fasst, konnten über 60 000 Liter Wein transportiert werden. Athen exportierte neben Wein Olivenöl und Keramik, importiert wurden Getreide und Edelmetalle.

M6

Concordia-Tempel, Westansicht, Agrigent, Sizilien, 400 bis 430 v. Chr., Fotografie, 2014

i

Bis heute finden sich in Sizilien oder auch am Schwarzen Meer bedeutende Überreste hellenischer Architektur und Kunstgegenstände, die von der kulturellen Einheit der Poliswelt zeugen.

Phöniker, auch Phönizier (lat. Punier): semitisches Volk, das an den Küsten des heutigen Libanon lebte und im Mittelmeerraum zahlreiche Handelsniederlassungen gründete. Ihre wichtigste Stadt war Karthago.

Thera: antiker Name der Insel Santorin nördlich von Kreta.

Herodot (ca. 480–424 v. Chr.): griechischer Historiker und Geograf; gilt Cicero zufolge als „Vater der Geschichtsschreibung“.

M Arbeiten mit Karten

Geschichtskarten: Sie fokussieren meist auf ein bestimmtes Thema zu einer bestimmten Zeit und lassen andere – z. B. topografische – Informationen weg. Diese (notwendige) Auswahl impliziert immer auch eine subjektive Interpretation. Historische Sachverhalte werden mittels kartografischer Zeichen und Schrift (Codes) visualisiert. Mit Pfeilen und Farbschemen können auch Veränderungen abgebildet werden.

Historische Karten: Die kartografische Darstellung geht weit zurück, so dass wir auch über historische Karten („in der Vergangenheit entstandene Karten") verfügen. Sie geben Auskunft über das Weltbild, alte topograpfische Bezeichnungen oder Grenzverläufe der jeweiligen Zeit. Berühmte historische Karten sind die *Ebstorfer Weltkarte* oder die *Tabula Peutingeriana*.

Hyperkarten: Heute bieten digitale und interaktive Karten zusätzliche Möglichkeiten für die Kartenarbeit.

Hekataios: Geschichtsschreiber und Geograf, ca. 560 bis 480 v. Chr.

Legende: Der Schlüssel zur Kartenerschließung findet sich in der Legende (Erklärung der Codes/Zeichen/Farben). Sie ist ein wesentlicher Bestandteil von Geschichtskarten. Nur wenn man sie sorgfältig liest und versteht, erschließt sich auch der Karteninhalt.

M2

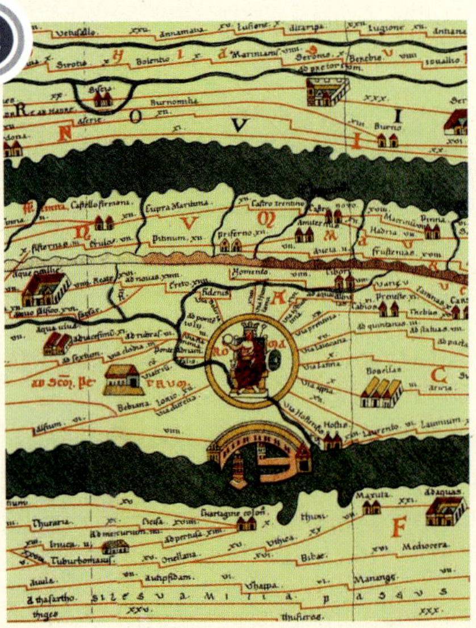

Tabula Peutingeriana, Ausschnitt mit Rom als Mittelpunkt der Welt, Abschrift einer älteren Vorlage der Darstellung des spätrömischen Straßennetzes, spätes 12. Jh., Faksimile hg. von Konrad Miller, 1887/1888

Historische Karten und Rekonstruktionen

Geschichtskarten sind ein wichtiges Orientierungsmittel, weil sie einen Zusammenhang zwischen Raum und Zeit herstellen. Sie bieten viele Informationen und erleichtern durch die Visualisierung historisches Lernen.
Seit etwa 1850 sind sie unverzichtbarer Bestandteil der Geschichtsbücher. Ziel der Kartenarbeit im Unterricht ist ein kritischer Umgang mit Geschichtskarten. Karten vereinfachen historische Sachverhalte und sind daher niemals „objektiv", denn jede Auswahl ist subjektiv. Karten spiegeln das Wissen und die Vorstellungen der Kartografinnen und Kartografen wider. Ziel der Kartenarbeit ist es, das unkritische Vertrauen in Karten zu hinterfragen. Neben Geschichtskarten werden in der Geschichtswissenschaft auch **historische Karten** und **Hyperkarten** eingesetzt.

M1

Darstellung der Weltkarte des Hekataios von Milet, Weiterentwicklung der Karte des Philosophen Anaximandros von Milet, ca. 500 v. Chr.

A

1 Ermitteln Sie topografische Informationen in der Weltkarte des **Hekataios** von Milet.

2 Vergleichen Sie in Partnerarbeit das Weltbild des Hekataios mit den tatsächlichen Verhältnissen. Was war Hekataios (un)bekannt?

3 Analysieren Sie in der Gruppe die Karte zur griechischen Kolonisation (M3). Verwenden Sie dazu das Analyseschema und die Formulierungshilfen.

4 Formulieren Sie in Partnerarbeit drei Kritikpunkte zur Karte M3.

5 Diskutieren Sie in der Klasse, welche der beiden Karten (S. 14, M2 und S. 17, M3) Sie in einem Lehrbuch für die Unterstufe verwenden würden.

M3

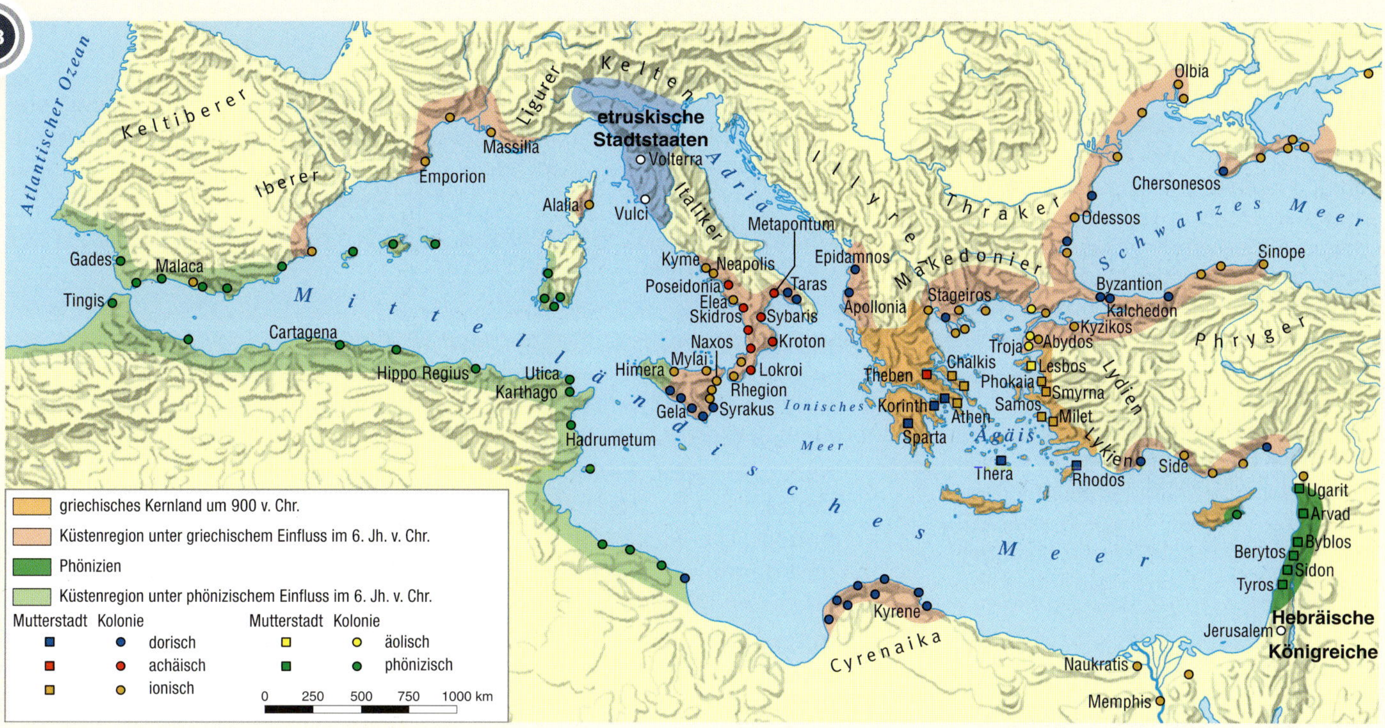

Darstellung der griechischen Kolonisation und der phönizischen Handelsstützpunkte vom 10. bis 6. Jh. v. Chr.

Analyseschema von Geschichtskarten

1. Orientierung/Erschließung des Inhalts

- *Karteninhalt:* welche Zeit und welcher Raum
- ***Legende:*** Bedeutung der Zeichen/Codes, Maßstab
- *Quellen:* Grundlagen für die Erstellung der Karte

2. Analyse des Karteninhalts

- *Erfassen des Raumes:*
  - topografische Informationen (Flüsse, Meere, Seen, Gebirge, Städte)
  - Vergleich mit dem Atlas (heutige Staaten oder Städte)
  - Ausdehnung des dargestellten Raumes (Maßstab)/Ausschnitt
- *Erfassen des Zeitpunktes /Zeitraumes:*
  - Darstellung des Zustandes: statisch oder dynamisch (Entwicklung)
  - Zeitpunkt bzw. Zeitraum
- *Erfassen der Einzelbefunde:*
  - Einzeleintragungen (z. B. Heereszüge, Völkerbewegungen, Schlachten, Städtegründungen, Bodenschätze, Eroberungen, Handelswege etc.)
  - Veränderungen

3. Interpretation

- Wie übersichtlich ist die Gestaltung?
- Welche Ursachen, Entwicklungen, Sachverhalte sind ablesbar?
- Was wird in der Karte nicht dargestellt?
- Beim Vergleich zweier Karten:
  Welche Karte ist ansprechender/wird dem Thema gerechter?
- Welche Perspektivität wird sichtbar (z. B. europazentrierte Karte)?

Formulierungshilfen

Thema der Karte ist ... | Die Karte behandelt ... zur Zeit von ... | im Zeitraum von ... | im ... Jahrhundert.
Der Kartenausschnitt zeigt ...
Die ... Flächenfarbe ... bezeichnet | symbolisiert | stellt dar | zeigt ...
Pfeile symbolisieren | markieren ... Eroberungen | Feldzüge | Migrationsbewegungen | Handelsströme ...
Das Herrschaftsgebiet der ... reichte von ... bis ...; es umfasste die heutigen Länder ...
Schraffiert gekennzeichnete Gebiete zeigen ... | Ich kann erkennen ...
Es fällt mir auf, dass ...
Es gab keine klaren Grenzen, weil ...
Es wird sichtbar, dass ... | Ich kann folgende Veränderungen erkennen: ... | Die Karte visualisiert eine Entwicklung.
Die ... siedeln sich auf dem Gebiet des heutigen ... an.
Die Karte macht deutlich | veranschaulicht ...
Die Flächenfarben sind etwas zu wenig deutlich ... | Wegen der Fülle an Informationen wird die Karte etwas unübersichtlich ...
Aus der Karte geht hervor | nicht hervor, warum | wie ...
Leider ist kein Maßstab angegeben, weshalb man ...

Polis und Oikos: Die Basis der griechischen Gesellschaften bildete die geschlossene Hauswirtschaft des Bauernhofes, der *oikos*. Der Bauer war Oberhaupt über Frau und Kinder, Knechte, Mägde, Sklavinnen und Sklaven und stimmberechtigt in der Volksversammlung. In Athen wurden hier die öffentlichen Angelegenheiten besprochen und die Entscheidungsgremien, Rat (*Areopag*) und Beamte (*Archonten*) gewählt. Bauern stellten im Kriegsfall die schwer bewaffneten Soldaten (*Hopliten*). *Polis* (Burg, Stadt) bezeichnete auch das Gemeinwesen, das auf der Willensbildung (*Politik*) der Mitglieder der Vollversammlung beruhte. Einige Poleis, z. B. Athen, beruhten auf einer Art Stammesgemeinschaft (*ethnos*), die durch Personenverbände geprägt wurde.

M1

Der Philosoph Aristoteles schreibt zu den Regierungsformen:

Es gibt drei Arten von Polisverfassung und eine gleiche Anzahl von Abarten [...]. Die Grundformen sind: das Königtum, die Aristokratie und an dritter Stelle die auf der Einstufung nach dem Vermögen beruhende, für die der Name Timokratie angebracht erscheint, obwohl die meisten sie einfach als Politie [...] zu bezeichnen pflegen. Von diesen dreien ist die beste das Königtum, die schlechteste die Timokratie. Die Abart des Königtums ist die Tyrannis, denn beide bedeuten die Herrschaft eines Einzigen, aber der Unterschied ist außerordentlich groß: Der Tyrann schaut nur auf seinen Vorteil, der König aber auf das Wohl der Untertanen. [...] Aus der Aristokratie entwickelt sich die Oligarchie durch die Verderbtheit der herrschenden Schicht. [...] die Güter geben sie [...] sich selbst, die Ämter dauernd den gleichen Personen, denn oberstes Ziel ist ihnen der Reichtum. So wird die herrschende Schicht klein gehalten, und es sind nicht die Besten, die ihr angehören, sondern die Schlechtesten. Aus der Timokratie entwickelt sich die Demokratie. [...] Am wenigsten tief steht (unter den Abarten) die Demokratie, da sie nur in einem geringen Grade von der Form der Politie abweicht.

Aristoteles, Nikomachische Ethik, Buch VIII, 12, Übers. v. Franz Dirlmeier

2 Athen

Die **Polis** Athen gilt als die Wiege der Demokratie (griech. *demos* = Volk, *krátos* = Herrschaft; also Herrschaft des Volkes). Krisen der Oligarchie (griech. *oligoi* = wenige, *arché* = Herrschaft; also Herrschaft von Wenigen) am Ende des 7. Jh. v. Chr. machten Reformen möglich. So wurde die Blutrache verhindert, Gerichte erhielten das Monopol der Rechtsprechung.

Die Gesetze Solons

Anfang des 6. Jhs. v. Chr. begann Solon (um 640 – um 560 v. Chr.), ein adeliger Landbesitzer und Kaufmann, die Spielregeln der Polis neu zu ordnen. *Eunomie*, gute Gesetze, nannte er die Abschaffung der Schuldknechtschaft und den Schuldenerlass für verarmte Kleinbauern. Das Ausmaß politischer Mitsprache machte er vom Vermögen und damit der Steuerleistung abhängig. Deshalb spricht Aristoteles (M1) von *Timokratie* (girech. *timein* = einschätzen der Steuerleistung, *krátos* = Herrschaft). Frauen und Metöken (in Athen ansässige Fremde) blieben politisch rechtlos. Mit der Eroberung der Insel Salamis vor der Küste Athens öffnete Solon als Stratege und militärischer Befehlshaber auch den Weg Athens zur Handels- und Seemacht.

M2

Triere, Ausschnitt aus einem Relief, ca. 400 v. Chr., Akropolis Museum, Athen

Einkünfte aus den in öffentlichem Besitz befindlichen Silberminen ermöglichten den Bau und Unterhalt einer großen Flotte. Trieren (M2) waren sehr schnelle Kriegsschiffe und hatten drei übereinanderliegende Ruderdecks. Die Ruderer waren Kriegsgefangene oder Sklaven, die aufgrund der Anstrengungen meist nur wenige Jahre überlebten. Die Volksversammlung stimmte über Gesetzesvorlagen ab und wählte nach den Reformen Solons den Rat der 400, das eigentliche Entscheidungsgremium, die Richter und die Archonten, die Leiter der Verwaltung. Damit wurden sowohl die Adeligen, die im Kriegsfall die Reiterei stellten, als auch die freien Bauern, die als Hopliten die schwer bewaffnete Fußtruppe stellten, an der Politik der Polis beteiligt.

Tyrannis

Trotzdem erhoben einzelne Adelige weiterhin umfassende Herrschaftsansprüche. Peisistratos, Lykurg und Megakles sammelten in Athen und im Umland Anhängerschaften. Peisistratos (um 600 – 528/527 v. Chr.) gelang es nach mehreren Anläufen, Tyrann zu werden, unumschränkter Herrscher. Letztlich verdankte er dies einem großen Söldnerheer, doch auch weite Teile der athenischen Bevölkerung waren einer Alleinherrschaft nicht abgeneigt. Dies musste Herodot zufolge auch Solon erfahren, als er versuchte, das Volk gegen

die aufkommende Tyrannis zu mobilisieren. Peisistratos herrschte achtzehn Jahre lang über Athen. An den Gesetzen Solons änderte er formal nichts, er bestimmte allerdings über die Vergabe vieler Ämter. Als Peisistratos starb, traten seine Söhne Hippias und Hipparchos die Nachfolge an. Sie versuchten, Bündnisse mit anderen Adelshäusern zu schließen und sorgten dafür, dass Kleisthenes 525 v. Chr. **Archon** wurde. Kleisthenes (um 570 – 507 v. Chr.) war ein Sohn des Megakles, das Bündnis mit den Pesistratiden hielt nicht lange. Schon bald nach Ende seiner Amtszeit verließ Kleisthenes Athen, um Verbündete gegen die Peisistratiden zu gewinnen.
Während der **Panathenäischen Spiele** des Jahres 514 v. Chr. verübten die beiden Freunde Harmodios und Aristogeiton einen Anschlag auf die Tyrannen. Ihre Motive sind bis heute nicht ganz klar, persönliche Rache könnte eine Rolle gespielt haben. Den Attentätern gelang es, Hipparchos zu töten, während Hippias überlebte. Harmodios wurde noch am Ort des Anschlags getötet, Aristogeiton gefangen genommen, gefoltert und angeblich von Hippias persönlich getötet. Nachdem Hippias vier Jahre später auf Druck der Athener Bürgerschaft und von spartanischen Truppen belagert Athen verlassen musste, wurden Harmodios und Aristogeiton als „Tyrannenmörder“ gefeiert.

Die Reformen des Kleisthenes

In den Machtkämpfen, die der Vertreibung des Hippias folgten, konnte sich Kleisthenes letztlich durchsetzen. Um 508 v. Chr. begann er schrittweise eine Reihe tiefgreifender politischer Reformen durchzusetzen. Ziel war es, die *Timokratie* Solons durch *Isonomia* (griech. *isos* = gleich, *nomia* = Anwendung, Gewohnheit, Gesetz) zu ersetzen. Alle Männer, die älter als 18 Jahre waren, hatten nun in der Volksversammlung gleiches Stimmrecht. Zugleich führte er die *Demen* (*demos* = Volk) als regionale Unterteilung der Polis ein. Zehn Strategen führten im Kriegsfall die wehrpflichtigen Bürger der **Phylen**. Die Bewohner einer Phyle kämpften in Kriegen auch gemeinsam als militärische Einheit, wählten ihren Befehlshaber, den Strategen, und entsandten jeweils 50 Männer in die Ratsversammlung. Die demokratische Gleichstellung athenischer Bürger versuchte Kleisthenes durch das Losen von Beamten und Richtern zu erreichen. Mit Losmaschinen wurden ungefähr 1100 Ämter gelost, Beamte jährlich, Richter im Anlassfall, der Vorsitz im Rat der 500 monatlich.

Archon (Pl. Archonten): führender Amtsträger im antiken Griechenland.

Panathenäische Spiele: religiös-politisches Fest im antiken Athen zu Ehren der Athene, der Schutzgöttin Athens.

Phyle: Stamm; Sippe; ein antiker Grieche gehörte einer Polis und durch verwandtschaftliche Beziehungen auch einer Phyle an.

M3

„Tyrannenmörder“ Harmodios und Aristogeiton, römische Nachbildung einer griechischen Bronzeplastik, 5. Jh. v. Chr., Archäologisches Nationalmuseum Neapel

M4

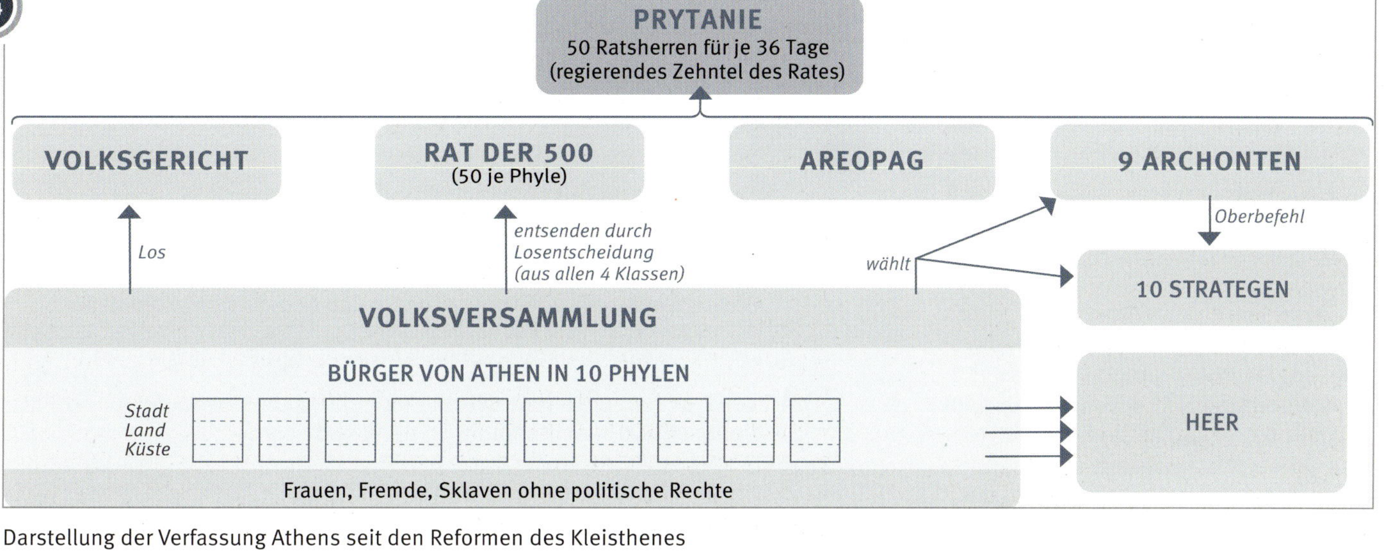

Darstellung der Verfassung Athens seit den Reformen des Kleisthenes

M5

Büste des Perikles (Teil einer Herme), römische Nachbildung eines griechischen Originals, um 430 v. Chr., Vatikanische Museen, Rom

M7

Krieger, Prometheus-Maler, attische schwarzfigurige Amphore, um 570 – 565 v. Chr., Louvre, Paris

Attisch-Delischer Seebund: Die meisten der ägäischen Inseln und Poleis an der kleinasaiatischen Ägäisküste bildeten dieses Verteidigungsbündnis gegen das Perserreich. Die Insel Delos war der Tagungsort der jährlichen Bündnisversammlung, die Kriegskasse wurde hier im Apollontempel aufbewahrt. Athen hatte von Anfang an eine Führungsrolle und großes Interesse am unbehinderten Handel in der Ägäis. Ab dem sogenannten Kalliasfrieden mit Persien 449 v. Chr. verloren die Bündnispartner zunehmend ihre Unabhängigkeit gegenüber Athen.

Sachkenntnis, politische Erfahrung und öffentliche Anerkennung spielten demnach gegenüber dem gleichen Anspruch von Bürgern auf öffentliche Ämter keine entscheidende Rolle. Nur die Strategen wurden durch Wahl bestimmt. Frauen, Fremde, Sklavinnen und Sklaven hatten keine Bürgerrechte und waren daher von demokratischen Mitbestimmungsmöglichkeiten ausgeschlossen.
Während der 2. Hälfte des 5. Jhs. bestimmte Perikles, Großneffe des Kleisthenes, die athenische Politik. Die Macht des Perikles beruhte auf dem Amt des Strategen, in das er ab 443 v. Chr. fünfzehnmal hintereinander gewählt wurde. Dieses Amt hatte gegenüber anderen politischen Ämtern besonderes Gewicht. Es wurde nicht ausgelost, sondern durch Wahl besetzt. Perikles verwendete die Mitgliedsbeiträge des zeitweise bis zu 400 Poleis umfassenden Bündnisses auch für den prunkvollen Ausbau der Akropolis mit dem als Schatzhaus dienenden Parthenon.

M6

Akropolis von Athen, Fotografie, Renovierungszustand 2013

i

Akropolis ist die Bezeichnung der Burgberge hellenischer Zentren. Die Akropolis Athens erhielt unter der demokratischen Alleinherrschaft des Strategen Perikles ihren heute noch sichtbaren prunkhaften und teuren Ausbau. Der größte Tempel ist der der Pallas Athene geweihte Parthenon, der Jungfrauentempel. 1687 wurde er schwer beschädigt: Von venezianischer Artillerie beschossen, explodierte das darin untergebrachte osmanische Munitionslager.

Der **Attisch-Delische Seebund**, nach der erfolgreichen Abwehr des persischen Eroberungsversuchs in der Seeschlacht von Salamis 478 v. Chr. gegründet, wurde ab 454 v. Chr. von Athen aus regiert. Im Peloponnesischen Krieg 431 bis 404 v. Chr. kämpfte der Attisch-Delische Seebund gegen den von Sparta geführten Peloponnesischen Bund, den dieser letztlich gewann. Sparta brachte dies kurzfristig die Vorherrschaft über die griechische Poleis.

A

1. Fassen Sie die von Aristoteles (M1) dargestellten Regierungsformen samt deren wichtigsten Eigenschaften zusammen.
2. Vergleichen Sie das Demokratieverständnis zur Zeit des Perikles mit dem Demokratieverständnis in heutigen Demokratien westlicher Prägung. Stellen Sie wesentliche Unterschiede und Gemeinsamkeiten heraus.
3. Beschreiben Sie die Darstellung M7, die Hopliten zeigt.
4. Erklären Sie, inwiefern der Bau einer Kriegsflotte wichtig für Athens politische Vormachtstellung in der Region war.
5. Stellen Sie dar, warum die Akropolis von Athen ein derart bedeutender europäischer Erinnerungsort war oder noch immer ist.

3 Sparta

Abweichend zu der von Aristoteles beschriebenen Abfolge politischer Systeme existierte der **spartanische Kosmos** (Ordnung). Er bestand politisch aus einem Doppelkönigtum, vornehmlich für den Kriegsfall, den Ephoren, den „Bürgermeistern" der fünf Orte, die Sparta bildeten, der Gerusia, dem Rat der über 60-jährigen Spartiaten und der Apella, der Heeresversammlung.

M1

Der griechische Schriftsteller Plutarch (um 45 – um 125 n. Chr.) schreibt über Lykurg, den sagenhaften Gesetzgeber Spartas:

5. [...] Unter den mehrfachen Neuerungen, welche jetzt von Lykurg vorgenommen wurden, bestand die erste und bedeutendste in der Aufstellung der Gerusia, des Rates der Alten. Nach Platons Urteil hat dieser Rat durch seine Verkettung mit der übersprudelnden königlichen Macht sowie durch seine Gleichberechtigung bei wichtigen Fragen unendlich viel zur Wohlfahrt wie zur ruhigen Haltung des Staates beigetragen. [...]
6. [...] War das Volk in Masse beisammen, so hatte sonst niemand die Befugnis, einen Antrag zu machen, außer dem Rat und den Königen. Das Volk hatte bloß das Recht zur nachfolgenden Entscheidung über einen solchen Antrag. [...]
7. [...] Aber trotz dieser Mischung der politischen Gewalten blieb es eine reine, übermächtige Oligarchie, welche man in der Zeit nach Lykurg immer üppiger und hochmütiger werden sah. Daher legte man ihr, nach Platons Ausdruck, gleichsam die Kandare an, und dies war die Gewalt der Ephoren. [...]
8. [...] Er bewog die Spartaner, das gesamte Gebiet wieder zu Staatseigentum zu machen, um sodann eine neue Teilung vorzunehmen. Sie sollten insgesamt nach dem Grundsatze der Gleichheit leben. [...]

Plutarch, 2. Paar: Lykurg und Numa Pompilius, sprachl. modernisierte Übers. nach E. Ethys, 2012, S. 135 – 136

M2

Amphitheater (Ausgrabung) des antiken Sparta im Evrotas-Flusstal, Fotografie, 2005

A

1 Vergleichen Sie den spartanischen Kosmos mit der athenischen Demokratie zu Zeiten von Kleisthenes und Perikles. Nennen Sie die Unterschiede.

2 Das Wort „spartanisch" bedeutet heute unter anderem auch „bescheiden" oder „anspruchslos". Interpretieren Sie diesen Sprachgebrauch von heute anhand von M1.

Spartanischer Kosmos: Etwa 200 bis 300 Spartiaten bildeten eine Art Militäraristokratie. Die Vollbürger Spartas (Spartiaten) herrschten über die zum Kriegsdienst gezwungenen Umlandbewohner (Perioiken) und die Heloten, die die Landarbeit auf den Erbhöfen der Spartiaten leisteten. Die nach einer Reifeprüfung erwachsenen Spartiaten lebten in Kasernen. Sie bekamen für den Unterhalt ihrer Familie erbliche Bauernhöfe. Geführt wurden diese während ihrer häufigen Abwesenheit von ihren Ehefrauen, die dafür eine Ausbildung erhielten. Die Höfe waren so groß, dass sie nach Plutarch „für einen Mann einen Ertrag von 70, für eine Frau von 12 Medimnen (entspricht ca. 52,5 Litern) Gerste lieferten". Handel und Handwerk waren ihnen verboten, in Kriegen erbeutete Schätze durften sie nicht heimbringen. Diese wurden in Schatzhäusern von Tempeln außerhalb Spartas aufbewahrt.

i

Mitte des 6. Jh. v. Chr. verband der Peloponnesische Bund fast die gesamte peloponnesische Halbinsel. Sparta übte über ihn eine lockere Vorherrschaft aus. Die olympischen Spiele standen seither unter dem Schutz Spartas. Nach der gemeinsam mit Athen erfolgreich geführten Abwehr persischer Eroberungsversuche zerbrach das gesamthellenische Bündnis am gegenseitigen Misstrauen der beiden hellenischen Führungsmächte und an der Agitation gegen die jeweils anderen Bündnispartner.

i

Das Theater stammt wahrscheinlich aus der römischen Kaiserzeit, als Sparta eine freie Stadt (*civitas libera*) war. Es entsprach der Lebenseinstellung der Spartiaten, keine repräsentativen Bauten zu errichten, weshalb es kaum Überreste des hellenischen Sparta gibt.

M1

Der Geschichtsschreiber Lucius Flavius Arrianus (um 85–um 145 n. Chr.) schreibt über das Hofzeremoniell, das Alexander einführen wollte:

Da habe nun Anaxarchos das Wort genommen und gesagt: Mit weit mehr Recht werde Alexander für einen Gott gehalten als Bacchus und Hercules, nicht bloß in Rücksicht auf die Größe der von ihm errichteten Taten, sondern auch darum, weil Bacchus ein Thebaner sei, welcher die Macedonier gar nichts, und Hercules ein Argiver, welcher sie nur insofern angehe, als er ein Geschlechtsverwandter von Alexander – bekanntlich einem Heracliden – sei. Die Macedonier dagegen erweisen ihrem eigenen König mit größerem Recht göttliche Ehre. Denn es könne nicht im geringsten zweifelhaft sein, dass sie ihn nach seinem Hinscheiden als Gott verehren werden [...]. Diese und ähnliche Reden des Anaxarchos haben die in den Plan Eingeweihten beifällig aufgenommen und wollten mit der Proskynesis [anbetender Kniefall] beginnen. Die Macedonier, der Mehrzahl nach dem Vorschlage widerstrebend, haben sich still verhalten. Callisthenes aber habe das Wort genommen und gesagt: „Anaxarchos, ich erkläre Alexander keiner einzigen Ehre unwert, so sie einem Menschen zukommt. Aber ein bestimmter Unterschied findet ja statt in der Welt zwischen menschlichen und göttlichen Ehrenerweisungen. [...]"

Arrian, Anabasis Alexanders, 4. Buch, 10–11, Übers. d. Verf.

i

Callisthenes (um 370–327 v. Chr.) war der offizielle Hofschreiber, den Alexander auf seine Feldzüge mitnahm. Kurz nachdem sich Callisthenes gegen die am persischen Hof übliche Proskynesis aussprach, fiel er in Ungnade, wurde gefangen gesetzt und getötet. Diesen Kniefall verlangte Alexander künftig nur von den Persern, nicht von den Mazedoniern. Anaxarchos (um 360 – 320 v. Chr.) war ein Philosoph, der Alexander den Großen auf seinen Feldzügen begleitete.

4 Hellenismus

Philipp II. von Makedonien (um 382–336 v. Chr.) besiegte 338 v. Chr. in der Schlacht von Chaironeia ein Bündnis von Athen und Theben und erlangte eine lockere Vorherrschaft über die hellenischen Poleis. Während etwa Athen seine demokratische Verfassung behielt, wurde Theben direkt von Makedonien aus beherrscht. Philipps Sohn und Nachfolger, Alexander III. von Makedonien (356–323 v. Chr.), formte zunächst ein makedonisch-hellenisches Heer von rund 35 000 Mann. Mit diesem griff er das persische Reich unter Dareios III. (um 380–330 v. Chr.) an.

Zwischen 334 und 325 v. Chr. drangen Alexanders Truppen immer weiter nach Osten vor. Es gelang ihnen, die persischen Armeen in mehreren Schlachten zu schlagen. Als Dareios nach seiner Niederlage bei Gaugamela von einem seiner Verwandten, dem Satrapen Bessos, gefangen genommen und ermordet wurde, betrachtete sich Alexander als sein Nachfolger. Er zog gleichwohl nach Ägypten und bis ins Industal (heutiges Pakistan) weiter, wo ihn seine Truppen zur Rückkehr nötigten. Auf dem Rückweg erkrankte Alexander und starb in Babylon, noch keine 33 Jahre alt.

M2

Mosaik aus dem Haus des Fauns, Pompeji, 2. Jh. v. Chr., Archäologisches Nationalmuseum Neapel

i

Dargestellt ist das Aufeinandertreffen Alexanders (links oberhalb der zerstörten Stelle auf dem Pferd) mit dem persischen Großkönig Dareios III. (im Streitwagen) in der Schlacht von Issos 333 v. Chr. oder Gaugamela 331 v. Chr.

Die mächtigsten Offiziere von Alexanders Armee kämpften nach seinem Tod um Macht und Herrschaftsgebiete. So entstanden die Diadochenreiche (Nachfolgereiche), die gemeinsame Merkmale aufwiesen: Die Sprache der Hellenen und ihre Gesetze in makedonischer Überformung bestimmten Kommunikation und Zusammenleben im östlichen Mittelmeerraum. Deshalb wird diese Epoche auch als Hellenismus bezeichnet.

11 Jahre 32.000 km
2.900 pro Jahr
ca. 8 km pro Tag

M3

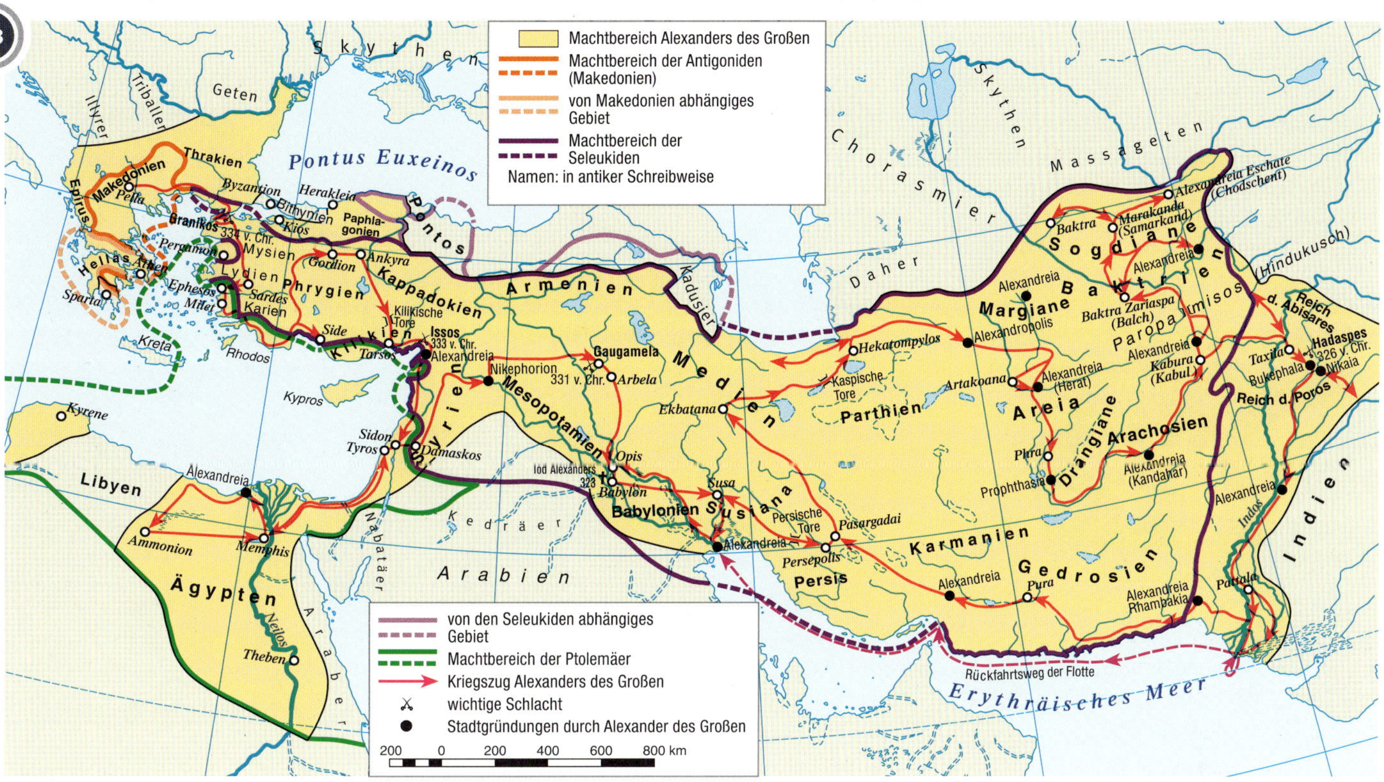

Darstellung des Alexanderzugs

In den nach hellenischem Vorbild gegründeten Städten bildeten die griechisch sprechenden Fernhändler, Reeder und Manufakturbesitzer die Oberschicht. Die Hauptstädte der neuen Reiche wurden zu Zentren der Wissenschaft, Forschung und Kunst. Hellenistische Gelehrte schufen auf dem Gebiet der Literatur- und Sprachwissenschaft Bedeutendes.
Diesen Wissenschaftlern verdanken wir die Überlieferung zahlreicher antiker Texte. Alexandria beherbergte mit dem Museum und der Bibliothek zwei Einrichtungen, die für die geistige Entwicklung der alten Welt von entscheidender Bedeutung waren. Hier entstand unter anderem die Übersetzung des Tanach (der jüdischen Bibel) aus dem Hebräischen und Aramäischen in die griechische Sprache. Weil 70 Schriftgelehrte an dieser Übersetzung beteiligt gewesen sein sollen, wurde sie später Septuaginta (lat. für siebzig) genannt. Einige der berühmtesten Gelehrten der damaligen Zeit lebten und lehrten in dieser Stadt. Einen großen Aufschwung erlebte die Herstellung von Büchern, wozu auch das Papyrusmonopol Ägyptens beitrug. Seit dem 2. Jh. v. Chr. gerieten die meisten Diadochenreiche nach und nach unter römische Herrschaft.

i

Bis 30 v. Chr. wurden viele Diadochenreiche in das Imperium Romanum eingegliedert. Die Schriften der Griechen blieben in Rom hoch geschätzt. Die Reiche des Seleukos und des Ptolemaios bildeten Brückenköpfe für den Fernhandel mit Ost- und Südasien. Die ptolemaischen Pharaonen Ägyptens trachteten danach, die arabischen Kaufleute im Handel mit Indien zu verdrängen. Das Geheimnis der Monsunwinde wurde im 2. Jh. v. Chr. gelüftet, was dem Herrscherhaus neben der Besteuerung des Oliven- und Getreidehandels hohe Einnahmen brachte.

A

1 Analysieren Sie Arrianus' Auffassung von Alexanders Selbstverständnis als Herrscher (M1).

2 Benennen Sie wichtige Kennzeichen des Hellenismus. Beziehen Sie sich dabei auch auf die Geschichte Alexandrias.

3 Rekonstruieren Sie Alexanders Selbstverständnis als Herrscher. Beziehen Sie dabei M2 ein.

4 Analysieren Sie die Darstellung des Kriegszugs Alexanders (M3) anhand des Schemas im Abschnitt „Kompetenzen erwerben" (S. 16–17).

Gemäß einer Sage gründeten die ausgesetzten Königssöhne Romulus und Remus, die von einer Wölfin gesäugt und von einem Hirten aufgezogen wurden, am 21. April 753 v. Chr. die Stadt Rom.

M2

Kapitolinische Wölfin, Datierung strittig; die Figuren der Knaben stammen aus dem Mittelalter, die der Wölfin könnte auch schon im 5. Jh. v. Chr. entstanden sein, Kapitolinische Museen, Rom

Patrizier oder **Plebejer** wurde man mit der Geburt. In den sogenannten Ständekämpfen erlangten die Plebejer wesentliche Rechte gegenüber den Patriziern. Zum Schutz der Plebejer vor ungerechten Maßnahmen der Patrizier wurde beispielsweise das Amt des Volkstribuns (der Legende nach 494 v. Chr.) eingeführt. Auch eine Volksversammlung, die sich nur aus Plebejern zusammensetzte (*concilium plebis*, um 471 v. Chr.) wurde gebildet. Ihre Beschlüsse (*plebiscita*) hatten Gesetzeskraft und wurden 287 v. Chr. auch für Patrizier verbindlich. Weitere Vorteile waren die Kodifikation des Rechtes im *Zwölftafelgesetz* – die vom patrizischen Priesterkollegium gehüteten Rechtssprüche wurden öffentlich einsehbar (um 450 v. Chr.) – und das Recht der Eheschließung (*connubium*) mit den Patriziern. Dadurch wurde die Gleichstellung der Plebejer (445 v. Chr.) und der Zugang zum Konsulat, dem neuen höchsten Amt (367 v. Chr.), möglich. Plebejer konnten damit zur politischen Elite des Staates aufsteigen. So entstand eine neue Adelsschicht, die Nobilität (lat. *nobilitas* = Amtsadel). Auch Geschäftserfolg und Reichtum führten nun in die Oberschicht.

5 Rom

M1

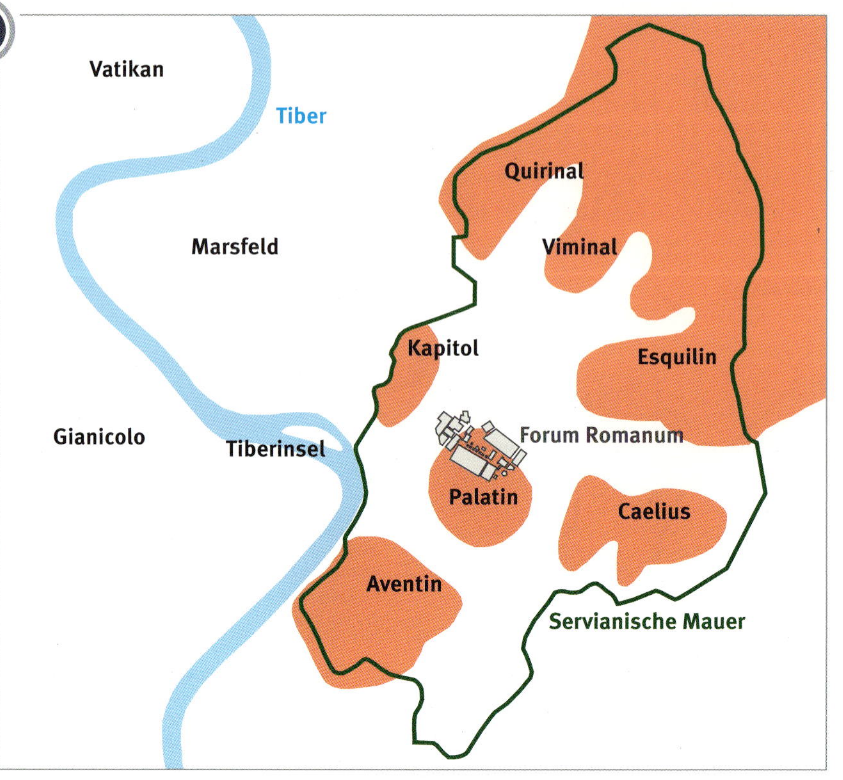

Schematische Darstellung der sieben Hügel Roms

Das Römische Reich ging aus einer wahrscheinlich etruskischen Stadtgründung um 800 v. Chr. hervor. Die Stadt erstreckte sich über sieben Hügel am Unterlauf des Flusses Tiber, der für ihre Versorgung, aber auch für die Entsorgung von Abfall wichtig war. Zentrum der Stadt war das Forum, der Markt mit den Tempeln der Gottheiten. In der Kaiserzeit erfolgte der Ausbau durch eine Reihe neuer Foren, Tempel, Wettkampfarenen (Circus Maximus und Kolosseum) und Paläste. Das politische Zentrum der Republik war der Senat, der an verschiedenen Orten tagte. Im 1. Jh. v. Chr. hatte Rom wahrscheinlich schon mehr als 1 Mio. Einwohnerinnen und Einwohner. Die Wasserversorgung erfolgte über Aquädukte (Wasserleitungen), die Entsorgung über ein Kanalnetz.

Die Res Publica

Römische Geschichtsschreiber nannten sieben etruskische Könige, die bis zum Jahr 510 v. Chr. in Rom geherrscht haben sollen. Neben den Königen bestimmte auch der Senat, der Altenrat, die Politik. Darin vertreten waren die wenigen Adelsfamilien, die Patrizier (lat. *pater* = Oberhaupt einer Familie). Sie besaßen das meiste Land und stellten im Krieg die Reiterei. Nach dem Sturz der Monarchie wurde Rom, vergleichbar mit Athen, eine vom Geburtsadel geführte Republik. Die Res Publica beruhte auf drei Säulen: Senat, Magistrat und Volksversammlung. Die Volksversammlung der landbesitzenden Bauern, der Plebejer (lat. *plebs* = Volk, Menge), und der patrizischen Großgrundbesitzer trat einmal im Jahr auf dem Marsfeld zusammen, stimmte über die Berichte der Magistrate (Verwaltung) und Gesetzesanträge ab, urteilte als oberste gerichtliche Berufungsinstanz und wählte für ein Jahr die Beamten der Magistrate. Gesetzesanträge, Wahlvorschläge oder Anklagen wurden von den Amtsträgern formuliert und eingebracht.

M3

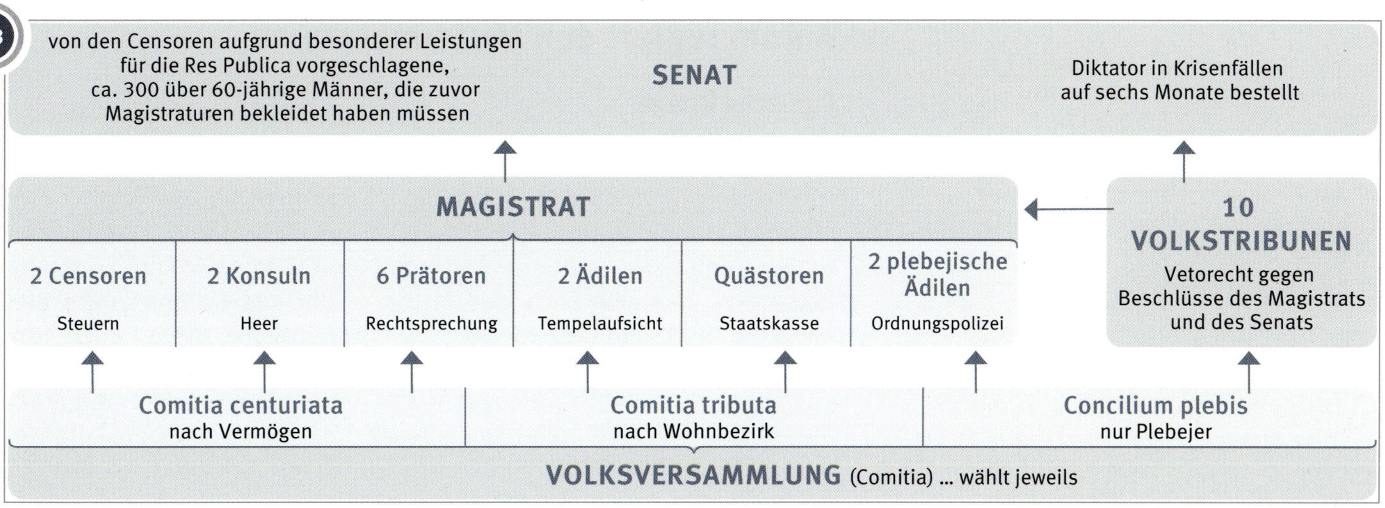

Darstellung der Institutionen der Res Publica

Die römische Expansion

In den ersten Jahrhunderten nach seiner Gründung blieb Rom ein kleiner Stadtstaat an einem alten Handelsweg. Ab dem 5. Jh. geriet die junge römische Republik in Konflikt mit italischen Stämmen, die in die fruchtbaren Küstenebenen vordrangen. In jahrzehntelangen Kriegen besiegte das römische Bauernheer die umliegenden Städte der Etrusker.

Bei der Entstehung des Römischen Reiches gab es wohl keinen Masterplan. Die Römer dehnten ihren Machtbereich in mehreren Kriegen aus, wobei Kriegsgründe und Motive unterschiedlich waren. Beistandsverträge spielten ebenso wie wirtschaftliche Motive, etwa Landerwerb des senatorischen Adels, das Streben nach persönlichem Ansehen und Macht sowie die Aussicht auf Kriegsbeute und Sklaven, eine wichtige Rolle bei der Expansion. Von römischer Seite verwies man oft auf das eigene Sicherheitsbedürfnis und entwickelte die Theorie vom „gerechten Krieg“ (*bellum iustum*). Kriege seien nur zur Verteidigung gerechtfertigt, allerdings in einem sehr weiten Sinn. So wurde die Eroberung keltischer Siedlungsgebiete Mittelitaliens und der Poebene in den folgenden 100 Jahren auch mit der Plünderung Roms durch Kelten in grauer Vorzeit, nämlich im frühen 4. Jh. v. Chr., begründet.

Rom machte die Besiegten zu Bundesgenossen, die Abgaben und Heeresfolge leisten mussten. Innere Angelegenheiten konnten sie selbst regeln, allerdings durften sie sich nicht gegen Rom verbünden. Auf diese Weise konnte Rom in den folgenden Jahrhunderten den gesamten Mittelmeerraum unter seine Kontrolle bringen. Dieses System geriet um 100 v. Chr. in eine Krise, als die Bundesgenossen immer vehementer das römische Bürgerrecht forderten, das sie nach dem Erfolg im Bundesgenossenkrieg (91 – 88 v. Chr.) bekamen. Damit wurde die Grundlage des Imperium Romanum geschaffen.

M4

Der Historiker Ronald Syme schrieb 1939 über den „homo novus“:

Eifersüchtig bewachten die *nobiles* nicht so sehr die Zulassung zum Senat, sondern den Zutritt zum Konsulat. Es war ein Skandal und ein Frevel, wenn ein Mann ohne Vorfahren nach dem höchsten Amt der römischen Republik strebte. Er konnte bis zur Prätur aufsteigen, aber nicht höher, es sei denn, er verband in seltener Weise Verdienste, Fleiß und Protektion. Zwar stand die *nobilitas* nicht wie ein starker Wall da, bereit, alle Eindringlinge abzuwehren. Das war nicht nötig. Der konservative römische Wähler konnte selten dazu gebracht werden, einem Manne seine Stimme zu geben, dessen Name nicht schon seit Jahrhunderten als ein Stück der Geschichte der Republik bekannt war. Darum war der *homo novus* [...] eine seltene Erscheinung in Rom.

R. Syme, Die römische Revolution, Übers. v. Eschweiler u. Degen, 1992, S. 17

i

Ein solcher „homo novus“ war Marcus Tullius Cicero (106 – 43 v. Chr.), der aus einer nichtsenatorischen Familie stammte und 63 v. Chr. Konsul wurde. Cicero galt als brillanter Redner, Schriftsteller und Anwalt.

A

1 Erklären Sie die Entwicklung der Nobilität als neue Oberschicht in der römischen Republik anhand der Informationen auf Seite 24.

2 Beschreiben Sie die Entstehung des Römischen Reiches auf der italienischen Halbinsel. Verwenden Sie Ihren Atlas, um die Entstehung geografisch zu verorten.

3 Diskutieren Sie den römischen Gründungsmythos vor dem Hintergrund Ihrer Kenntnisse der Biologie sowie der römischen Frühgeschichte.

M1

Der griechische Schriftsteller Plutarch schrieb über Marcus Porcius Cato:

Und in einer Sache war er noch ungestümer, nämlich bei der Abstimmung über irgendeine Frage, fügte er stets diese Worte hinzu: „Meiner Meinung nach muss Karthago zerstört werden [ceterum censeo, carthaginem esse delendam].“ Publius Scipio Nasica, im Gegenteil, wenn er für seine Stimme aufgefordert wurde, beendete seine Rede immer mit dieser Erklärung: „Meiner Meinung nach muss Karthago verschont werden.“

Plutarch, Aristeides und Cato der Ältere, 27, 1

M2

Ausschnitt aus einem Relief Ptolemaios XV. Caesarions und seiner Mutter Kleopatra VII., Hathortempel von Dendera, Fotografie, 2011

M3

Der römische Geschichtsschreiber Sueton (1./2. Jh.) berichtet über Caesars Entscheidung, gegen Rom zu marschieren. Er habe erwogen:

Auch können wir noch zurück; wenn wir dieses Brückchen [über den Fluss Rubikon] überschreiten werden, wird alles mit Waffen auszutragen sein. [...] Es gehe dorthin, wo die Zeichen der Götter und das Unrecht der Feinde rufen. Hochgeworfen ist der Würfel [alea iacta est].

Sueton, Divus Iulius 31–33, Übers. d. Verf.

6 Rom regiert den Mittelmeerraum

Punische Kriege

Die ursprünglich von Phönikiern (latenisch als Punier bezeichnet) in Nordafrika gegründete Stadt Karthago hatte sich seit dem 5. Jh. v. Chr. zu einer Handelsmetropole entwickelt. Im Lauf der Zeit baute Karthago seine wirtschaftliche und politische Einflusssphäre zu einem Reich aus, das sich Ende des 4. Jhs. v. Chr. bis Sizilien erstreckte. Zwischen Karthago und Rom entstanden Konflikte, sobald auch Rom zu expandieren begann. Zunächst wurden mehrere Friedensverträge geschlossen, doch als Rom zugunsten der mit ihm verbündeten Stadt Messana auf Sizilien militärisch eingriff, führte dies zu einem langwierigen Krieg mit Karthago. In den drei Punischen Kriegen (264 bis 146 v. Chr.) siegte Rom mehrfach über Karthago.
Während des 1. Punischen Krieges wurde Rom zur Seemacht, indem es die Schiffsbautechnik des Gegners kopierte. Der 2. Punische Krieg (218 bis 201 v. Chr.) begann, als die von Rom beschützte Stadt Sagunt auf der iberischen Halbinsel von karthagischen Truppen zerstört wurde. Unter dem Feldherrn Hannibal (um 247 – 183 v. Chr) siegten die Truppen Karthagos in mehreren Schlachten über römische Legionen. Hannibal wurde für Rom zum Angstgegner und für die Nachwelt zur Legende, als er mit einem Heereszug die Alpen überquerte und dabei auch Kriegselefanten mitführte. Letzten Endes setzten sich die Römer in einer Reihe von Kämpfen durch, zuletzt im Jahr 202 v. Chr. in Nordafrika (Schlacht von Zama). Karthago kapitulierte, doch brachten die Friedensbedingungen die Stadt in große Bedrängnis, insbesondere gegenüber dem benachbarten Numidien, und erlegten ihr gleichzeitig weitreichende und teure Bündnispflichten gegenüber Rom auf. Als der numidische König Massinissa immer wieder Plünderungszüge auf karthagisches Territorium unternahm und Karthago militärische Gegenmaßnahmen ergriff, wertete Rom dies als Bruch der Friedensbedingungen. In Rom wurde ein neuer Krieg gegen Karthago beschlossen. Dieser 3. Punische Krieg endete mit der Zerstörung Karthagos im Jahr 146 v. Chr.

Die militärischen Eroberungen veränderten die Wirtschafts- und Sozialstruktur der Res Publica grundlegend. Rom wurde nach der Vernichtung Karthagos zur Großmacht. Einigen Angehörigen der Oberschicht bot dies die Möglichkeit, reich zu werden, viele Kleinbauern verarmten. Der Bedarf an Soldaten stieg, konnte mit wehrpflichtigen Bauern jedoch nicht einmal annähernd gedeckt werden. Roms Legionen wurden durch eine groß angelegte Heeresreform des Gaius Marius zunehmend zur Berufsarmee. Mit dieser Heeresreform waren die Legionäre (Soldaten) ihrem Feldherrn (*Imperator*) gegenüber verantwortlich, nicht aber der Res Publica. Als Lohn für ihre Dienste erhielten die Legionäre Anteile an der Kriegsbeute sowie Landbesitz in eroberten Gebieten. Rechtlich handelte es sich um öffentlichen Besitz (*ager publicus*). Die italische Landwirtschaft beruhte zunehmend darauf, dass Sklavinnen und Sklaven auf den Latifundien arbeiteten, den großen Grundstücken der Nobilität (Senatsaristokratie). Politisch prägend wurde das Klientelsystem. Wohlhabende, meist adelige Familien sorgten für den Lebensunterhalt stimmberechtigter Römer, die sie im Gegenzug in die offiziellen Ämter (*Magistrate*) wählten. Dies war wiederum Voraussetzung, um Befehlshaber in Kriegen zu werden. Im Erfolgsfall sicherte dies den Machtausbau und die Möglichkeit, sich am Krieg und den Abgaben der Besiegten zu bereichern.

Bürgerkriege

Die Volkstribunen Gaius Gracchus (153 – 121 v. Chr.) und Tiberius Gracchus (162 – 133 v. Chr.) forderten die Aufteilung des öffentlichen Besitzes. Beide wurden auf Befehl des Senats getötet. Die Öffentlichkeit wurde nunmehr von zwei Gruppierungen beherrscht: den senatorisch-konservativen Optimaten und den Popularen, die den Anspruch erhoben, die Interessen des Volkes im Sinne der Gracchen zu vertreten. Auch unter den Popularen waren zahlreiche Angehörige der Senatsaristokratie. Der Konflikt eskalierte und mündete in einen Bürgerkrieg.

Die Führungsrolle aufseiten der Popularen nahm Gaius Marius ein, der Patrizier Lucius Cornelius Sulla stand ihm an der Spitze der Optimaten gegenüber. Dieser Bürgerkrieg endete mit dem Sieg der Optimaten. Sulla ließ sich zum Diktator ernennen und bekleidete diese Funktion von 82 bis 79 v. Chr. Sulla war nicht nur oberster Verwaltungsbeamter und Feldherr, sondern erließ auch Gesetze. Sulla ächtete viele seiner Gegner, indem er ihre Namen auf sogenannte Proskriptionslisten setzen ließ. Wer auf dieser Liste stand, durfte ganz legal getötet werden – den Mördern versprach er hohe Belohnungen. Der Besitz der Getöteten wurde versteigert. Da unter den Proskribierten eine große Zahl an vermögenden Personen war, wurde es möglich, sehr viel Grundbesitz zu vergleichsweise niedrigen Preisen zu erwerben. Davon profitierten vor allem die Anhänger Sullas. Einer von ihnen, Marcus Licinius Crassus, wurde auf diese Weise der reichste Mann Roms, ein anderer war der Feldherr Gnaeus Pompeius, der sich nach einer Reihe militärischer Erfolge im Osten des Reiches mit großem Nachdruck in die römische Politik einbrachte. Einer seiner Unterstützer war Marcus Tullius Cicero, der im Jahr 63 v. Chr. das Konsulat bekleidete. Als Redner und Anwalt übte er Einfluss auf die Entwicklung der römischen Republik aus.

Für Cicero war das Amt des Konsuls nicht nur die Krönung seiner Karriere, sondern auch das Größte und Beste, was die Res Publica zu bieten hatte. Doch die alten Spielregeln und die einst so bedeutsamen Ämter verloren an Bedeutung. Durch die Expansion des Reiches und den Ehrgeiz einiger adeliger Familien sowie einzelner Personen entstanden neue Machtverhältnisse. Um das Jahr 60 v. Chr. verbündeten sich Pompeius und Crassus mit einem aufstrebenden Patrizier und Popularen: Gaius Iulius Caesar. Als Neffe des Marius hätte ihn Sulla beinahe auf eine Proskriptionsliste setzen lassen.

Dieses Bündnis (*Triumvirat*) ermöglichte es Caesar, im Jahr 59 v. Chr. Konsul zu werden. Anschließend ging er als Statthalter in die Provinz Gallien. Im Zuge rücksichtsloser militärischer Eroberungen, die er als Verteidigung oder Schutz für Verbündete tarnte, vergrößerte Caesar die Provinz nach Norden hin bis zum Rhein. Eine immense Beute und hohe Abgaben der Besiegten erlaubten es Caesar, die hohen Schulden zu zahlen und seine politischen Ziele in Rom voranzutreiben.

Crassus fiel 53 v. Chr. im Kampf gegen die Parther. Gegen Caesar bildete sich eine senatorische Opposition, die sich um Pompeius sammelte. 49 v. Chr. entzog der Senat Caesar die Statthalterschaft über Gallien. Daraufhin ließ Caesar seine Truppen gegen Rom marschieren und die Stadt besetzen. Die Armeen des Pompeius unterlagen in einer Reihe von Schlachten, Pompeius selbst wurde in Ägypten ermordet. Caesar griff auch in den ägyptischen Thronstreit ein und festigte Kleopatra VII., seine Geliebte, als Pharaonin.

M4

Detail der Büste Ciceros, 1. Jh. v. Chr., Kapitolinische Museen, Rom

i

Marcus Tullius Cicero (106 – 43 v. Chr.) war ein „homo novus", der aus einer nichtsenatorischen **Ritter**familie stammte und 63 v. Chr. Konsul wurde. Cicero galt als brillanter Redner, Schriftsteller und Anwalt. In den wechselnden Allianzen und Konflikten zwischen Caesar und Pompeius ergriff er die Partei von Pompeius. Octavian und Marcus Antonius setzten ihn später auf eine Proskriptionsliste (Liste von Personen, die getötet werden durften). Cicero wurde 43 v. Chr. bei dem Versuch, Italien zu verlassen, von zwei Offizieren erschlagen.

Ritter (lat. *equites*): Die *equites* bildeten in der späten Republik und während des Prinzipats einen eigenen Stand nach den Senatoren. Ihr Name (Reiter) verweist darauf, dass es sich um wohlhabende Personen gehandelt haben könnte, die in der Lage waren, ein Pferd zu erwerben und zu erhalten. Zugleich waren sie als Reiter vermutlich von großer Bedeutung für die römische Armee. Diese militärische Funktion hatten sie zur Zeit der späten Republik nicht mehr. Ihre soziale Stellung war hoch, der Aufstieg in den Senatsadel blieb schwierig.

M5

Gemma Augustea, arabischer Sardonyx, vermutlich nach 10 n. Chr., Kunsthistorisches Museum, Wien

i

Der geschnittene Halbedelstein zeigt Octavian neben der Göttin Roma, der von Oikumene als Herrin der Erde und Okeanus als Herr der Meere gekrönt wird. Links steigt sein Nachfolger Tiberius vom Wagen, den die Siegesgöttin Victoria lenkt.

Adoptivkaiser: Zwischen 98 und 180 n. Chr. bestimmten die *Principes* ihre Nachfolger selbst durch Adoption der am besten geeigneten Kandidaten.

M6

Trajanssäule, 112/113 n. Chr., Rom, Fotografie, 2016

Das Ende der Republik

Nach Rom zurückgekehrt, behielt Caesar den Oberbefehl über die Truppen und ließ sich zum Diktator ernennen. Er teilte das Land in Provinzen, beschäftigte viele Menschen bei seinen umfangreichen Bauprogrammen und reformierte nach dem Vorbild des ägyptischen Sonnenjahres den Kalender (julianischer Kalender). Das Gerücht, er strebe die Wiedereinführung des Königtums an, führte kurz nach seiner Ernennung zum Diktator auf Lebenszeit im Jahr 44 v. Chr. zu seiner Ermordung. 42 v. Chr. wurde Caesar vom Senat zum Gott erklärt (*divus Iulius*).
Den folgenden Machtkampf gewann schließlich sein Neffe und Adoptivsohn Gaius Octavius (Octavian), der auch Erbe von Caesars Privatvermögen wurde. Sein Verbündeter und späterer Widersacher Marcus Antonius übernahm die Herrschaft im Osten des Reiches. Im Bürgerkrieg gegen Octavian unterlag er 31 v. Chr., floh zu seiner Geliebten Kleopatra und beide begingen Selbstmord. Octavian befahl die Ermordung Ptolemaios XV., des Sohnes Kleopatras und Caesars, um keine Zweifel an seiner Legitimität als Alleinerbe aufkommen zu lassen. Ägypten kam als Provinz Octavians unter römische Herrschaft. Seine Einnahmen aus Ägypten machten Octavian zum reichsten Mann Roms.

Die Res Publica des Prinzipats

Äußerlich vermied Octavian den Anschein einer Autokratie (Selbstherrschaft). Er nahm den Titel „Princeps senatus" (Erster im Senat) an, wurde regelmäßig Konsul und beanspruchte jene Gewalt, mit der er alle Beschlüsse der Magistrate und des Senats aufheben konnte. Die Beibehaltung republikanischer Ämter erleichterte den Senatoren und der Nobilität die Anerkennung der Alleinherrschaft Octavians. Anfang 27 v. Chr. legte er alle Ämter zurück, erhielt aber sofort vom Senat die Macht über die Provinzen an den Außengrenzen und damit über die Legionen sowie den Ehrentitel „Augustus" (der Erhabene). 12 v. Chr. wurde er Pontifex Maximus (wörtlich: „oberster Brückenbauer"), also Vorsitzender des Priesterkollegiums, und bestimmte nun auch über den offiziellen Kult Roms. Nach seinem Tod 14 n. Chr. wurde er, wie Caesar zuvor, vom Senat vergöttlicht. „Imperator Caesar Augustus" wurde der offizielle Titel der römischen Herrscher.
Schon Augustus und seine Nachfolger erweiterten das Römische Reich immer weiter. Es reichte an die Donau, nach Asien und Nordafrika. Die größte Ausdehnung erreichte es zur Zeit der **Adoptivkaiser** unter Trajan. Trajan (98 bis 117 n. Chr.) ließ das größte Forum Roms bauen. In Anerkennung seiner Leistungen widmete ihm der Senat neben diesem Forum eine Siegessäule (M6).
Trotz vieler innerer und äußerer Konflikte war das Römische Reich auch ein riesiger Wirtschaftsraum, der über Straßen, Flüsse und Seewege einen intensiven Austausch von Waren und Wissen ermöglichte. Aufgrund der ständigen Kriege Roms wurde viel Geld benötigt, die Soldaten fehlten in Gewerbe, Handel und Landwirtschaft. Durch Inflation wurde Geld immer wieder wertlos. Siegreiche Feldherren ließen sich zu Kaisern ausrufen, sodass zwischen 193 und 284 n. Chr., der Zeit der sogenannten Soldatenkaiser, etwa 40 bis 50 Kaiser und Gegenkaiser die Herrschaft beanspruchten. Sicherheit und Stabilität der Verwaltung gingen verloren. Am Ende dieser langen, sehr instabilen Periode unternahm Diokletian den Versuch, die Herrschaft über das Reich neu zu organisieren. Nicht nur die Grenzen nach außen sollten gesichert, auch die politischen Machtverhältnisse im Inneren auf lange Sicht geregelt werden.

M7

Darstellung römischer Gebietserwerbungen von 133 v. Chr. – 117 n. Chr.

Der Dominat

Diokletian (Gaius Aurelius Valerius Diocletianus, 244/245 – 312/313 n. Chr.) hatte sich vom einfachen Soldaten zum ranghohen Offizier hochgedient und wurde 285 n. Chr. von seinen Legionären zum Kaiser ausgerufen. Er begründete eine zentrale Herrschaft, in der Mitbestimmung nicht mehr vorgesehen war. Nach dem von ihm beanspruchten Titel „dominus et deus“ (Herr und Gott) wird die beginnende Epoche Dominat genannt. Diokletian teilte das Reich und ernannte Maximian (um 240 bis 310 n. Chr.) zu seinem Mitherrscher. Die beiden Augusti hatten je einen Stellvertreter, Caesar genannt. Diese Viererherrschaft (Tetrarchie) regelte zugleich die Nachfolge, da die Caesares den Augusti nachfolgen sollten.
Nach der Auflösung der Tetrarchie wurde Konstantin (Flavius Valerius Constantinus, 270/288 – 337 n. Chr.) römischer Kaiser und verlegte den Regierungssitz von Rom nach Byzanz, welches er zur neuen Metropole Konstantinopel ausbauen ließ. 313 n. Chr. anerkannte er das Christentum, neben anderen Kulten, als Religion im Römischen Reich. Konstantin selbst konvertierte nicht zum Christentum. 321 bestimmte er den *dies solis*, den Sonnentag, zum Feier- und Ruhetag. Unter Kaiser Theodosius wurde das Christentum 391 zur Staatsreligion. Alle heidnischen Kulte und somit auch die Olympischen Spiele wurden verboten. 476 setzte der römische Heerführer Odoaker den Augustus des Westteiles des Reiches, Romulus Augustulus (Romulus, der kleine Augustus) ab.

i

Der Dominat bezeichnet eine Phase deutlich autoritärerer Herrschaft. Die Herrschaft selbst wird nach außen hin offener ausgeübt. Der Princeps gab sich noch als Verfechter der alten republikanischen Verfassung. Spätestens ab Diokletian handelten die römischen Herrscher als uneingeschränkte Machthaber.

M8

Porphyrrelief der Tetrarchen, 4. Jh. n. Chr., Markusdom, Venedig, Fotografie, 2004

A

1 Beschreiben Sie die Auswirkungen der Punischen Kriege und der Bürgerkriege auf die Herrschaftsverhältnisse in Rom.

2 Analysieren Sie die Darstellung des Augustus und seiner Familie in M5 vor dem Hintergrund zur Schau gestellter Bescheidenheit des Imperators. Berücksichtigen Sie auch, dass große Ehrungen (etwa der Titel „Augustus“) offiziell vom Senat verliehen wurden.

M

Propaganda erkennen

M1

Keltische Scheibe aus Auvers-sur-Oise (Val-d'Oise), Anfang 4. Jh. v. Chr., Gold auf Bronze, Bibliothèque Nationale, Paris

i

Im „freien Gallien" lebten kleinere und größere keltische Stämme und Völker, deren Namen wir aus Caesars Commentarii kennen. Gallien hatte reiche Metallvorkommen (Eisenerz, Kupfer, Zinn, Gold, Silber) und Wälder.

i

Der gallische Aufstand unter Vercingetorix fand 52 v. Chr. statt. Vercingetorix ist der „Held" des Siebten Buchs der Commentarii. Er bündelte den Widerstand zahlreicher Stämme. Er schnitt die römische Armee zeitweilig vom Nachschub ab. Bei Alesia kam es zum Showdown. Vercingetorix ergab sich und wurde 46 v. Chr. hingerichtet.

M2

Julius Caesar, Josef Beyer, Marmor, Parlamentsrampe, Wien, 1900; symbolische Erinnerung an das Urteil der Geschichte, Fotografie, 2009

Demagogie erkennen: Caesars Commentarii

Acht Jahre (58 – 51 v. Chr.) führte Caesar (100 – 44 v. Chr.) mit seinen Legionen Kriege gegen das „freie Gallien", bis der Widerstand der Gallier mit der Niederlage des Vercingetorix gebrochen war. Ausgestattet mit außerordentlichen Vollmachten mehrte Caesar seinen Ruhm als Feldherr, um sich innenpolitisch gegen seine Gegner in Stellung zu bringen. Dank reicher Beute kehrte der vorher hochverschuldete Caesar als reicher Mann nach Rom zurück.

Die Commentarii: Caesars Kriegsberichte

Caesar schrieb seine sieben Bücher der Commentarii vor seiner Rückkehr nach Rom. Sie gelten als einzige zeitgenössische Quelle zu den gallischen Kriegen. Caesar verfasste eine nüchterne Er-Erzählung, um den Eindruck von Subjektivität und Selbstinszenierung zu vermeiden. Bei kritischer Lektüre wird deutlich, wie subjektiv Fakten ausgewählt und präsentiert werden. Moderne Historikerinnen und Historiker werfen Caesar daher bewusste Manipulation seiner Leserschaft und eine Erfindung der Geschichte vor.

Die Bilanz der Kriegsverbrechen

Vor Ankunft der Römer lebten wahrscheinlich 10 Mio. Menschen in Gallien. Caesar schreibt von fast 1,2 Mio. Gefallenen, was übertrieben ist. Hunderttausende wurden versklavt und nach Rom verschleppt. Wie viele Gallier an Hunger und Kälte starben, erschließt sich aus den Quellen nicht. Ganze Landstriche waren zerstört, Gallien wurde ausgeplündert. Sueton berichtet, dass nach Ende des Gallischen Krieges so viel Beutegold nach Rom floss, dass der Goldpreis um ein Viertel fiel. Grausamkeit und menschliches Leid zum Wohle Roms standen *„im Einklang mit den Prinzipien römischer Politik und brauchten nicht verschwiegen oder bemäntelt werden"*. (M. Schauer, Der Gallische Krieg, 2016, S. 165)

M3

Der Altphilologe Markus Schauer über Geschichte und Täuschung in Caesars Commenarii:

Hinzu kommt – und das gilt auch heute noch: Kein aktiver Politiker greift zur Feder, um eine wissenschaftliche Wahrheit zu verbreiten: Er schreibt, um zu wirken. So ist für Caesar das Bellum Gallicum eine Fortsetzung der Politik und des Krieges mit anderen Mitteln. Das Buch hebt die Eroberung ‚ganz Galliens' in das öffentliche Bewusstsein und macht es so zu einem Faktum.

M. Schauer, Der Gallische Krieg, 2016, S. 169

M4

Caesar über Ariovist (gest. um 54 v. Chr.), den Heerführer der Sueben:

Seit aber Ariovist jedoch einmal die Gallier [...] geschlagen habe, regiere er selbstherrlich und grausam, fordere die Kinder des höchsten Adels als Geiseln und strafe und foltere sie auf jede Weise, wenn etwas nicht nach seinem Wink und Willen geschehe. Er sei ein jähzorniger und unberechenbarer Barbar, sie könnten seine Herrschaft nicht länger ertragen. Wenn sie bei Caesar und beim römischen Volk keine Unterstützung fänden, bliebe ihnen allen nur dasselbe übrig wie den Helvetiern, nämlich auszuwandern [...].

Bellum Gallicum I, 11 – 14

M5

Caesar über die Helvetier:

Caesar glaubt, dem [Marsch der Helvetier durch römisches Gebiet] nicht entsprechen zu können, da er noch frisch im Gedächtnis hatte, dass die Helvetier den Consul L. Crassus erschlagen hatten, sein Heer besiegt und unter das Joch geschickt hatten. Zudem war er der Ansicht, daß die romfeindliche Gesinnung der Helvetier sie nicht von Rechtsverletzungen und feindlichen Übergriffen abhalten würde, wenn ihnen einmal der Erlaubnis zugestanden wäre, durch die Provinz [Gallia Narbonensis] zu ziehen. *(Bellum Gallicum I, 7)*
Er erkannte, daß die Durchführung dieses Vorhabens eine große Gefahr für die Provinz [Narbonensis] bedeuten würde: An den Grenzen dieses [...] Landes stünde dann ein kriegerischer und dem römischen Volk feindlich gesinnter Stamm. *(Bellum Gallicum I, 10)*

i

Caesar meint in *Bellum Gallicum I, 7* eine Schlacht 107 v. Chr. Das Joch war ein Unterwerfungs- und Demütigungsritual für den besiegten Feind.

M6

Caesar über Auslieferung und Gefangennahme des Vercingetorix:

Zu den Verhandlungen darüber schickte man Gesandte an Caesar. Er befahl, die Waffen auszuliefern und ihm die führenden Männer vorzuführen. Es selbst nahm auf der Befestigung vor dem Lager Platz. Dort wurden ihm die feindlichen Heerführer vorgeführt. Vercingetorix wurde ausgeliefert, und die Waffen wurden niedergelegt. *(Bellum Gallicum VII, 89)*

M7

Auslieferung und Gefangennahme des Vercingetorix bei Plutarch:

Vercingetorix, der große Führer des Krieges, legte seine glänzenden Waffen an und begab sich auf prächtig geschmücktem Pferd zum Tor aus der Stadt hinaus. Im römischen Lager ritt er einmal um das Tribunal herum, dann sprang er vom Pferd, warf die Rüstung ab und setzte sich zu Caesars Füßen. Dort wartete er schweigend, bis man ihn fortführte, um ihn für den Triumph in Haft zu halten.

Plutarch, Caesar, 27, 8–10; zit. nach: M. Schauer, Der Gallische Krieg, 2016, S. 138–139

M8

Caesar über das Massaker an den Usipetern und Tenkterern:

Als die Germanen das Geschrei hinter sich hörten und sahen, wie die Ihren getötet wurden, warfen sie ihre Waffen weg, ließen die Feldzeichen im Stich und stürzten aus dem Lager. Da ihnen jedoch, als sie zum Zusammenfluss der Maas und des Rheins gelangten, der weitere Fluchtweg abgeschnitten war, kamen dort viele um, während sich die übrigen in den Fluss stürzten. *(Bellum Gallicum IV, 15)*

Mögliche Merkmale von Demagogie und Manipulation

- Wiederholungen
- Emotionalisierung
- Angst wecken
- Übertreibungen
- Verkürzungen, einseitige Darstellung bzw. Vereinfachung komplexer Sachverhalte, Weltbilder, Verschwörungsmythen
- Ausgrenzung anderer, Konstruktion von Feindbildern
- Herabwürdigung des Gegners
- Fehlende Empathie
- Übertreibungen
- Selbstinszenierung

Informationen zur politischen Bildung, Bd. 31, S. 74 (adapiert)

M9

Vercingetorix-Denkmal in Alise-Sainte-Reine (Alesia), Aimé Millet, Bronzefigur auf Steinsockel (Ausschnitt), 1865, Fotografie, 2011

i

Vercingetorix wurde im 19. Jh. zu einem wichtigen Symbol der französischen Nation verklärt. Napoleon III. gab 1865 dieses Denkmal in Auftrag. Die Aufschrift (hier sinngemäß übersetzt) stammt aus einer Rede des Vercingetorix und gilt als Motto des französischen Nationalismus im 19. Jh.:
„Das vereinigte Gallien, das eine einheitliche Nation bildet, die von demselben Geist beseelt ist, kann der ganzen Welt trotzen.“

Caesar, Bellum Gallicum VII, 29

A

1 Ermitteln Sie aus den Materialien (M3, M5 bis M8) Caesars Motive bei der Abfassung der *Commentarii*. Beurteilen Sie, welche Auswirkung auf die Darstellung der Ereignisse zu erwarten ist.

2 Analysieren Sie in Partnerarbeit die Ausschnitte aus den *Commentarii* im Hinblick auf Merkmale von Demagogie und Manipulation (siehe Randspalte rechts).

3 Vergleichen Sie Caesars und Plutarchs Darstellung der Gefangennahme des Vercingetorix (M6, M7).

4 Diskutieren Sie in der Klasse, welche Zusatzinformationen Sie an der Sitzstatue von Caesar (M2) anbringen würden.

M1

Pallas Athene, verkleinerte römische Nachbildung einer Statue des Bildhauers Phidias (5. Jh. v. Chr.) aus dem 3. Jh. v. Chr.

7 Hellenischer und römischer Glaube und Mythos

In der griechischen und römischen Antike glaubten Menschen an die Existenz von Göttinnen und Göttern. Als deren Wohnsitz galt der Berg Olymp, 2918 Meter hoch. Die „Theogonia“ (griech. für „Entstehung der Götter“) des griechischen Dichters Hesiod beschreibt die Entstehung dieser Götterwelt. Dieses Werk entstand um 700 v. Chr. Zur gleichen Zeit entstanden die Epen „Ilias“ und „Odyssee“, die dem Dichter Homer zugeschrieben werden. Auch sie berichten über Göttinnen und Götter, ihr Eingreifen in menschliche Angelegenheiten, vor allem in Kriege. Insgesamt tragen die Gottheiten Homers und Hesiods viele menschliche Züge. Sie ergreifen während des sagenumwobenen Trojanischen Krieges Partei für Gruppen oder einzelne Personen. Letzten Endes heißt es bei Homer, es sei Pallas Athene, eine Tochter des obersten Gottes Zeus und Göttin der Weisheit, gewesen, die es den griechischen Truppen ermöglichte, die Stadt Troja einzunehmen.

Der Lyriker Pindar schrieb im 5. Jh. v. Chr., dass der Mensch ein flüchtiges Wesen sei, den Launen des Tages ausgesetzt. In der Tat entzieht sich vieles im Leben dem Planen und Wollen von Menschen. In der antiken Welt versuchte man dem gegenzusteuern, indem sich jede Polis, aber auch jede Familie unter den Schutz einer Gottheit (oder auch mehrerer Gottheiten) stellte. Die Göttin Athens etwa war Pallas Athene, auch Athena Parthenos, jungfräuliche Athene genannt. Aber auch Dionysos, der Gott der Ekstase und des Weines, war ein wichtiger Gott in Athen, während des 6. Jhs. v. Chr. sogar der wichtigste. Ihm zu Ehren wurden jedes Jahr die Dionysien abgehalten, mehrtägige Festspiele, aus denen die griechische Tragödie hervorging.

i

Ein gemeinsames Heiligtum der antiken griechischen Welt war das Orakel von Delphi. Weithin wurde angenommen, dass dort der Gott Apollon durch die Priesterin Pythia die Zukunft deute. Die Prophezeiungen waren für ihre Mehrdeutigkeit berühmt.

M2

Parthenon auf der Akropolis in Athen (Südseite), Fotografie, 2008

M3

Theatermaske aus dem 3./4. Jh. v. Chr., Agora Museum, Athen

Schutzgottheiten

Rom entstand als Polis und berief sich ebenfalls auf Schutzgottheiten, die *Dei Consentes*, 12 an der Zahl. Diese stammten aus der etruskischen Mythologie. Aus römischer Sicht stimmten diese Gottheiten mit den etruskischen überein, daher auch die Bezeichnung (von lat. *consentire* = übereinstimmen).

M4

Altarstein der Dei Consentes , 1. Jh., Louvre, Paris

Diese zwölf Göttinnen und Götter, allen voran Jupiter, Juno, Minerva und Apollo, wurden im Lauf der Zeit auch mit den griechischen Gottheiten gleichgesetzt (Jupiter mit Zeus, Juno mit Hera etc.).
Sowohl in den griechischen Poleis als auch in Rom war man verpflichtet, den Göttinnen und Göttern öffentliche Verehrung und Opfer darzubringen. Auch wenn sich die Stimmen mehrten, die der Götterwelt skeptisch gegenüberstanden: Offener Unglaube, Asebie (Frevel gegen die Götter), wurde mit strengen Maßnahmen verfolgt, weil man glaubte, Wohl und Wehe der Polis hingen von der Gunst bestimmter Gottheiten ab.

Religion und Politik

Eine Verflechtung von Politik und religiösem Kult zeigte sich auch in Rom, in Gestalt des Priesterkollegiums. Die Mitglieder waren Beamte und zuständig für alle kultischen und sakralen Handlungen. Seit dem 3. Jh. v. Chr. stand dem Kollegium der gewählte Pontifex Maximus (lat. für „oberster Brückenbauer") vor. Ihm unterstanden auch die **Vestalinnen**. Gaius Julius Caesar war der vorletzte Träger dieses Amtes in der Republik. Augustus und seine Nachfolger als Princeps zogen das Amt an sich.
Den Willen der Göttinnen und Götter zu ergründen, oblag teilweise auch anderen Beamten, den Auguren. Diese deuteten Vorzeichen, die sich etwa aus dem Flug der Vögel ergaben, bevor Wahlen oder andere Abstimmungen abgehalten wurden. Dazu gehörte auch die Prüfung von Omen, etwa bei der Amtseinführung von Konsuln. Diese konnte erst vollzogen werden, wenn es der Augur für gut befand. Dies brachte Möglichkeiten der Manipulation, und insofern war es wenig verwunderlich, dass die Principes auch dieses Amt für sich beanspruchten.

A

1 Beschreiben Sie den Zusammenhang zwischen griechischer und römischer Götterwelt.

2 Analysieren Sie die Bedeutung des Politischen im religiösen Kult Roms.

3 Diskutieren Sie den Orakelspruch (M5) in Hinblick darauf, dass die vereinten hellenischen Heere die persischen Truppen in der Seeschlacht von Salamis (480 v. Chr.) schlagen konnten und dass dieser Umstand Herodot beim Abfassen des Textes durchaus bekannt war.

M5

Der Geschichtsschreiber Herodot (5. Jh. v. Chr.) schreibt über einen Orakelspruch des Orakels von Delphi aus dem Jahr 480 v. Chr., als das persische Heer auf Athen marschierte:

Die Athener [...] sind bereit, das Orakel zu befragen. [...] Die Pythia – sie hieß Aristonike – gibt ihnen folgenden Spruch:
„Arme, was sitzt ihr noch hier? Wohlan bis ans Ende der Welt flieht aus dem Haus, aus der rundlichen Stadt hochragenden Felsen! [...] Fort aus dem Heiligtum hier! Und wappnet den Sinn gegen Unheil!"
Die athenischen Gesandten fragen nach und erbitten weitere Prophezeiungen, die allerdings auch eher düster klingen. Am Ende heißt es: „Salamis, göttliche Insel! Die Kinder der Frauen vertilgst du. Sei es zu Demeters Saat oder sei es zum Zeitpunkt der Ernte."
Unter den Athenern lebte ein Mann, der erst seit kurzem zu großem Ansehen gekommen war: Themistokles [...] Er behauptete, die Orakeldeuter legten nicht alles richtig aus, und fügte hinzu, wenn dieses Wort sich wirklich auf die Athener bezöge, wäre der Spruch [...] nicht so milde ausgefallen, sondern etwa folgendermaßen: „Schreckliches Salamis" statt „Göttliches Salamis" [...] Der Spruch sei gegen die Feinde gerichtet, nicht auf die Athener [...].

Herodot, Historien, 7. Buch, 140–143, Übers. v. Josef Feix, gfg. bearb. v. Verf.

Vestalinnen: Priesterinnen der Vesta, einer altitalischen Göttin, die insbesondere für das Herdfeuer der Familien und der Stadt zuständig war. Vesta galt als jungfräulich. Diese Anforderung wurde auch an ihre Priesterinnen herangetragen. Diese übten ihre Ämter dreißig Jahre lang aus und genossen eine Reihe von Vorrechten, etwa von einem Liktor begleitet zu werden und durften im Theater und im Circus auf den Plätzen sitzen, die den Senatoren vorbehalten waren. Auch wurde zum Tode Verurteilten, die auf dem Weg zur Hinrichtung einer Vestalin begegneten, die Vollstreckung der Strafe erlassen.

8 Sport und Spiele

M1

Der Satiriker Juvenal (1./2. Jh.) dachte darüber nach, worum man die Göttinnen und Götter bitten könne:

Zu beten wäre um einen gesunden Geist in einem gesunden Körper [orandum est ut sit mens sana in corpore sano]. Verlange einen tapferen Geist, der frei ist von Todesfurcht, keine Furcht vor dem Tode kennt, ein langes Leben am wenigsten zu den Geschenken der Natur rechnet, jegliche Schmerzen ertragen kann, nichts begehrt [...].

Juvenal, Satire 10, 356–361, Übers. d. Verf.

M2

Sportlerinnen (Frisbee und Ballspiele), Mosaik in der Villa del Casale in Piazza Armerina, Sizilien, 1. Hälfte 4. Jh., Fotografie, 2017

M3

Innenseite einer attischen rotfigurigen Kylix (Schale), um 490 v. Chr., aus der etruskischen Stadt Vulci, Staatliche Antikensammlungen, München

i

Die Abbildung in der Schale zeigt Diskus- und Speerwurf, oben zudem Sprunggewichte für den Weitsprung – also drei Sportarten des Fünfkampfs.

M4

Vasenmalerei, um 530 v. Chr., die Läufer bei den panathenäischen Spielen darstellt, Fotografie, 2009

Olympische Spiele	Zeus	Olympia	Olivenkranz	alle 4 Jahre, im 1. Jahr der Olympiade
Pythische Spiele	Apollon	Delphi	Lorbeerkranz	im 3. Jahr einer Olympiade
Nemeische Spiele	Zeus	Nemea	Sellerie-stängel	im 2. und 4. Jahr einer Olympiade
Isthmische Spiele	Poseidon	Korinth	Fichtenzweig	im 2. und 4. Jahr einer Olympiade
Panathen-äische Spiele	Athene	Athen	Olivenkranz	im 2. und 4. Jahr einer Olympiade
Asklepische Spiele	Asklepios	Epidaurus		9 Tage nach den Isthmischen Spielen

In der Antike fanden in regelmäßigen Abständen sportliche Wettkämpfe statt. In Abständen von zwei oder vier Jahren wurden Veranstaltungen zu Ehren von Athene (Panathenäische Spiele), Zeus (Olympische Spiele) oder anderen Gottheiten abgehalten. An diesen panhellenischen Spielen nahmen Sportler und Künstler aus vielen Poleis teil. Die heute berühmtesten sind die Olympischen Spiele, die zu Ehren des Zeus seit 776 v. Chr. abgehalten wurden. Während dieser Spiele durften keine Kriegshandlungen stattfinden. Zuschauerinnen und Zuschauer konnten so über das schlechte Straßennetz einigermaßen gefahrlos zu den Spielen anreisen. Für die Wettkämpfe waren nur ledige Freie zugelassen. Für Frauen gab es den Frauenlauf im Rahmen der Heräen, Sport- und Festspiele zu Ehren der Göttin Hera, die wahrscheinlich jeweils knapp vor den Olympischen Spielen stattfanden.

M5

Gladiatoren, Bodenmosaik in Zliten, Leptis Magna, heutiges Libyen, 2. Jh. n. Chr., Fotografie, 2008

Auch in Rom fanden seit republikanischer Zeit breit angelegte Spiele statt. Sport und Kampfspiele verschmolzen dabei noch stärker als bei den panhellenischen Spielen. Politiker und Kandidaten für politische Ämter kamen für die Kosten auf, die Spektakel brachten Anerkennung und Zustimmung der Wählerschaft, die auf den Zuschauerrängen Platz nahm. Diese Tradition wurde im kaiserzeitlichen Rom noch verstärkt fortgesetzt. So ließ Kaiser Vespasian das Kolosseum im Jahr 80 n. Chr. mit Spielen eröffnen, die hundert Tage lang dauerten. Es war mit wahrscheinlich 50 000 Plätzen das größte Amphitheater im Römischen Reich.

i

Gladiatoren (von lat. *gladius* = Schwert) kämpften gegeneinander bis zum Tod. Großteils wurden Sklaven für die Kämpfe in Amphitheatern ausgebildet. Ein siegreicher Auftritt in Rom brachte den Besitzern der Gladiatorenschulen viel Geld und weitere gute Angebote. Im Kolosseum wurden neben den Gladiatorenkämpfen, Tierhetzen und Seeschlachten auch öffentliche Hinrichtungen durchgeführt.

M6

Circus Maximus, Rom, 1. Jh. v. Chr., Fotografie, 2017

M7

Amphitheater in Pompeji, 1. Jh. v. Chr., Fotografie, 2005

M8

Juvenal kritisierte das politische Desinteresse des römischen Volkes:

Schon lange, seit wir unsere Stimmen nicht mehr verkaufen, hat das Volk jedes Interesse von sich geworfen; einst verlieh es Befehlsgewalt [imperium], Rutenbündel [fasces], Legionen, alles, jetzt hält es sich zurück und wünscht ängstlich nur zwei Dinge: Brot und Zirkusspiele [panem et circenses].

Juvenal, Satire 10, 77–81, Übers. v. Joachim Adamietz, gfg. bearb. v. Verf.

A

1 Arbeiten Sie die Vorstellungen Juvenals aus M1 heraus. Ordnen Sie diese den Anforderungen zu, die in der Antike an Athletinnen und Athleten gestellt wurden.

2 Vergleichen Sie die panhellenischen Spiele mit den römischen Zirkusspielen und stellen Sie Gemeinsamkeiten sowie Unterschiede heraus.

3 Erklären Sie, welche Veränderungen seit Augustus bzw. seit dem Prinzipat in M8 angesprochen werden.

9 Romanisierung

M1

Der antike Geograf Strabon (um 63 v. Chr. – nach 23 n. Chr.) verweist am Beispiel Roms auf diese Vorsorgeleistungen der Römer, in deren Genuss auch die Städte der Provinzen kamen:

[...] Während nämlich den Griechen vor allem eine glückliche Hand bei ihren Gründungen nachgesagt wurde, weil sie ihr Augenmerk auf Schönheit, natürliche Befestigung, Häfen und wohlbeschaffenes Land richteten, waren sie vor allem bedacht auf die Dinge, um die jene sich wenig kümmerten: Anlage von gepflasterten Straßen, Herbeileitung von Wasser und unterirdische Gänge, die imstande waren, den Schmutz der Stadt in den Tiber zu spülen (sie haben auch die gepflasterten Straßen im Lande angelegt, wobei sie auch Hügel aushieben und Höhlungen zuschütteten, so dass die Lastwagen ganze Bootsladungen aufnehmen können). Die unterirdischen Gänge, die aus regelmäßigen Steinen herabgebogen sind, lassen manchmal Straßen übrig, die für Heuwagen befahrbar wären. Und das durch die Aquädukte hereingeleitete Wasser ist von einer solchen Menge, dass Flüsse durch die Stadt und die unterirdischen Gänge fließen und nahezu jedes Haus Wasserbehälter, Rohrleitungen und reichlich fließende Brunnen hat [...].

Strabon, Geographie, VI, 20–31

Aquädukte: häufig auch als Druckleitung konstruiert. Der Zufluss war deutlich höher als der Abfluss. Dazwischen wurde ein Gefälle eingebaut, sodass das Wasser mit höherem Druck weitergeführt wurde.

Das Römische Reich gilt bis heute als wichtiges Beispiel eines Imperiums, weil es trotz seiner Größe (6 Mio. km²) seinen 50 bis 80 Mio. Einwohnern über Jahrhunderte Kontinuität und Stabilität bot, obwohl es ein „Vielvölkerstaat" war.
Rom herrschte über ein Netzwerk halbautonomer Städte, schuf einen einheitlichen Wirtschaftsraum mit freiem Warenverkehr, einer einheitlichen Währung, einer weitgehenden Niederlassungsfreiheit und einem einheitlichen Rechtssystem. Die Integrationsfähigkeit der römischen Zivilisation beruhte auf der Anerkennung des römischen Rechts sowie der Herrschaft des Senates und seit Augustus der Imperatoren. Loyale, nicht römische adelige Amtsträger behielten oder erhielten Machtbefugnisse. Männer aus den Provinzen konnten über eine Karriere im römischen Heer politischen Einfluss erlangen.

Infrastruktur

Die *Pax Romana*, der römische Friede, beruhte auf der Macht der Imperatoren über die Legionen, die ihre Herrschaft ermöglichten und im Interesse der Herrscher für innere und äußere Sicherheit sorgten. Seit Gaius Iulius Caesar bestimmten die Offiziere der Legionen auch die Erhebung und Absetzung und Ermordung von Imperatoren, ein üblicher Vorgang in Militärdiktaturen.
Die von den Römern (unter Beteiligung der Provinzbewohner) geschaffene Infrastruktur erweckte Bewunderung, Anerkennung und Akzeptanz. Noch heute zeugen die Überreste von **Aquädukten**, Straßen, Theatern und anderen Bauten von den technischen Leistungen der römischen Ingenieure und Baumeister.

M2

Pont du Gard, Frankreich, Fotografie, 2008

i

Der Pont du Gard war Teil einer fast 50 km langen Wasserleitung (Aquädukt), mit der Wasser von den Quellen nahe Ucetia zur römischen Stadt Nemausus (Nîmes) transportiert wurde. Die 275 m lange und 49 m hohe Brücke umfasst drei Etagen. Die größte Bogenspannweite beträgt 24,4 m.

M3

Tabula Peutingeriana, Ausschnitt aus den Segmenten IV, V, VI (Ostalpenraum bis Nordafrika), Abschrift einer älteren Darstellung des spätrömischen Straßennetzes, spätes 12. Jh., Faksimile hg. von Konrad Miller, 1887/1888

i

Die Tabula Peutingeriana (1265, Nationalbibliothek Wien) ist eine Karte eines mittelalterlichen Kopisten, die auf der Kopie einer spätrömischen Straßenkarte (beide verschollen) basiert. Die Karte ist eine schematisierte Darstellung der Straßen, Orte und Entfernungen, nur einzelne orografische Gegebenheiten sind erkennbar (z. B. Donau, Adria, Mittelmeer, Gebirgszüge). Symbole liefern die notwendigen Informationen für die Reisenden: rote Linien mit Haken (Anzahl der Tagesmärsche), Gebäudesymbole (Städte), römische Zahlen (Entfernung in römischen Meilen; 1 Meile = ca. 1,48 km).

Straßen dienten nicht nur der raschen Verlegung von Truppen und dem zügigen Informationsaustausch durch ein effizientes Postsystem. Als Handelswege wurden sie zum Einfallstor für die Verbreitung der römischen Zivilisation. Gebaut wurden sie von den Legionären und mithilfe der einheimischen Bevölkerung. Ihre Anlage war eine technische Meisterleistung. Reste der Römerstraßen sind erhalten, hochrangige Verkehrswege folgen noch heute teils den alten Römerstraßen.

A

1 Erklären Sie die Bedeutung von Straßen und Aquädukten für Entstehung und Ausbau der römischen Herrschaft.

2 Vergleichen Sie die Karte M3 mit einer Karte in Ihrem aktuellen Atlas. Stellen Sie fest, welche Staaten heute auf einer Karte des betreffenden Gebietes eingezeichnet sind.

3 Erklären Sie, inwiefern ein gut ausgebautes Straßennetz auch heute noch vorteilhaft für die Wirtschaft ist.

4 Arbeiten Sie heraus, inwieweit überregionaler Warenaustausch auch einen Kulturtransfer bringt.

M4

„Heidentor“ (mit Rekonsturktionszeichnung) von Carnuntum, nach neuerem Forschungsstand war es ein Triumphtor für Constantius II., 2. Hälfte 4. Jh.

M5

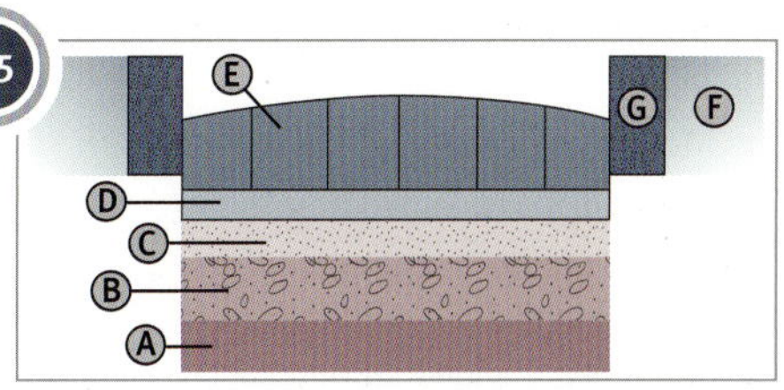

Darstellung einer Römerstraße in Pompeji

i

A Gewachsener Boden, ausgeebnet, fest gestampft. **B** Statumen: faustgroße Steine. **C** Bruchsteine, Zement, Lehm. **D** Nucleus: nussgroße Kiesel, Zementstücke, Steinsplitter, Lehm. **E** Dorsum: gewölbte Oberfläche aus behauenen Steinen. **F** Crepido: erhöhter Fußweg beidseits der Straße. **G** Eckstein.

M6

Der Althistoriker Alexander Demandt (geb. 1937) wertet die Bedeutung Roms als Schule Europas:

Sie hat uns Gesittung (Kultiviertheit) vermittelt. Vieles wirkt kontinuierlich fort, anderes wurde in periodischen Renaissancen wieder aufgegriffen: das Städtewesen und der Steinbau, die Geldwirtschaft und die Zeitrechnung, zahllose technische Fertigkeiten, die Kategorien der Kunst, der Literatur und der Musik. Rom blieb das Zentrum der katholischen Christenheit. [...] Den Römern verdanken wir die Münzen, die Schrift und das Latein, es lebt fort in Wörtern wie Kultur und Zivilisation, Humanität und Rationalität, Staat und Republik, sowie Hunderten von Fremdwörtern aus Wissenschaft, Verwaltung und Technik bis zum Computer – von lateinisch computare, zusammenstellen. Die Römer übermittelten der Nachwelt zugleich die Errungenschaften des griechischen Geistes. Ihr ureigenster Beitrag aber war das römische Recht. [...]. Es wurde [...] die Grundlage der europäischen Rechtskultur, obschon es seine volle Wirkung erst tausend Jahre später entfaltete. Geschichte verlangt Geduld.

A. Demandt, Kleine Weltgeschichte, 2004, S. 87

M7

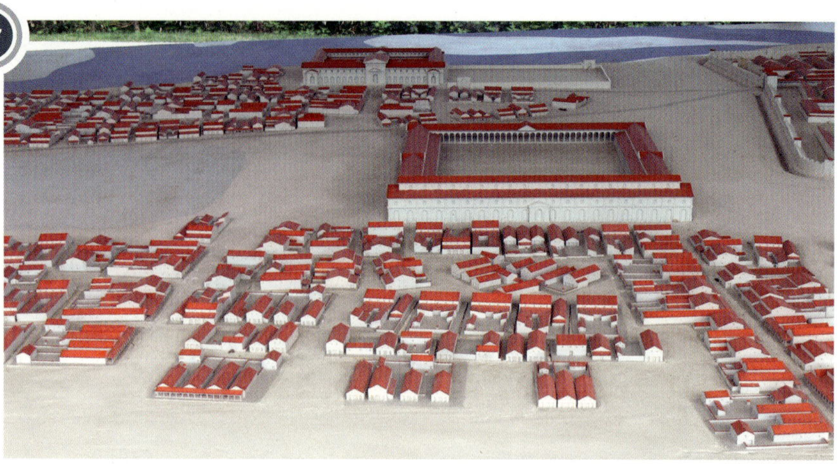

Darstellung von Carnuntum, Modell der Lagerstadt um 210 n. Chr., Fotografie, 2011

i

Im Zentrum der Campus Martius, im Hintergrund die Villa des Statthalters, direkt am Donauufer gelegen, Blick von Süden. Ein festes Heerlager wurde von Tiberius 41 bis 51 n. Chr. in Auftrag gegeben. Carnuntum wurde von Trajan zwischen 103 und 107 n. Chr. zur Hauptstadt der Provinz Panonnia superior erhoben, nachdem er die Legion XII von Vindobona (Wien) hierher verlegt hatte. Septimius Severus (146 – 211 n. Chr.) wurde in Carnuntum zum Imperator Augustus ausgerufen. Er verlieh der Zivilstadt den Rang einer Colonia.

M8

Carnuntum, Rekonstruktion einer „villa urbana“ (städtisches Herrenhaus), Fotografie, 2007

M9

Teurnia, St. Peter im Holz, Kärnten, Bischofskirche des Bischofs (Ende 5. Jh. – 611 n. Chr.) von Noricum, Fotografie, 2008

i

Zu dieser Zeit dürfte Teurnia auch Virinum als Hauptstadt von Noricum mediterraneum abgelöst haben. Die Stadt der Provinz Noricum hatte bis zu 30 000 Einwohnerinnen und Einwohner.

M10

Konservierte Reste der Bodenheizung (Hypokaustum) eines Tribunenhauses, Römermuseum am Hohen Markt, Wien, Fotografie, 2015

i

Von einer zentralen Feuerstelle, meist im Keller eines Hauses, wurde heiße Luft in Gänge im Fußboden geleitet. Nur Wohlhabende konnten sich solche Heizungen leisten, die auch in den Thermen, den öffentlichen Badehäusern, zur Erwärmung des Wassers eingebaut wurden.

i

Florian ist der erste heilig gesprochene Märtyrer Österreichs. Er wurde 2004 neben Leopold III. zum Landesheiligen von Oberösterreich. Der 4. Mai ist seither in Oberösterreich schulfrei.

Mit der Übernahme der römischen Verwaltung und Rechtsvorstellungen setzte sich im Westen des Imperiums auch die lateinische Sprache durch, die bis heute in den romanischen Sprachen weiterlebt. Der Osten blieb hellenisch geprägt, im 7. Jh. setzte sich Griechisch als Reichssprache im Oströmischen Reich durch. Die romanischen Sprachen Französisch, Italienisch, Portugiesisch, Rumänisch und Spanisch leiten sich unmittelbar aus der lateinischen Sprache ab.

Latein blieb im Mittelalter die formelle Sprache der Kirche und der Reichskanzleien, in Ungarn als Amtssprache sogar bis 1848. Die lateinische Sprache beeinflusste auch den Wortschatz anderer Sprachen durch Lehnwörter. Noch heute sind viele wissenschaftliche Fachausdrücke lateinischen (oder auch griechischen) Ursprungs. Bis heute wird Latein an höheren Schulen und Universitäten gelehrt.

i

Die Bilder der sogenannten Donauschule (ein Beispiel dafür ist M11) sind von der naturalistischen Landschaftsdarstellung geprägt, die zum Teil symbolisch überhöht wird.

M12

Christenverfolgung in Österreich:

Der wichtigste Märtyrer im österreichischen Raum ist zweifellos der Heilige Florian. Er fungierte unter Kaiser Diokletian als Vorsteher in der Kanzlei des Statthalters Aquilinus in der Provinz Ufernoricum (*Noricum Ripense*). Durch sein Bekenntnis zum Christentum verlor er hingegen seine Stellung. Er musste den Ort verlassen, an dem seine Familie und seine Freunde lebten – wohl Lauriacum oder Ovilavis, die damalige zivile Hauptstadt von Ufernoricum. Von seinem Exil in Cetium (St. Pölten) aus blieb er freilich im Sinne des Christentums aktiv und engagierte sich für etwa 40 Mitchristen, die in Lauriacum in einem Schauprozess gemartert wurden. Er wurde daraufhin selbst gefangen genommen, gemartert und schließlich zum Tod verurteilt. Am 4. Mai des Jahres 304 wurde er mit einem Mühlstein um den Hals in den Fluss Enns gestürzt.

Österreichische Geschichte, Teil 1: Christian Rohr, Österreich von der Römerzeit bis zum Spätmittelalter; zit. nach: www.sbg.ac.at (12.11.2019)

A

5 Bewerten Sie die Ausführungen M6. Ziehen Sie dazu ergänzend auch M12 heran.

6 Diskutieren Sie die Darstellungen von Märtyrern in M11 und M12. Beurteilen Sie, ob diese einen allzu unkritischen Blick vermitteln. Finden Sie Pro- und Contra-Argumente.

7 In Carnuntum wurde römische Architektur am Originalschauplatz rekonstruiert, zusätzlich kann man einen virtuellen Rundgang im Internet machen. Diskutieren Sie die Vor- und Nachteile einer solchen Rekonstruktion.

M11

Das Martyrium des Florian, Albrecht Altdorfer (um 1480 – 1538), um 1530, Uffizien, Florenz

M13

porta	**fructus**
Fenster	**angelus**
caseus	Kerker
Butter	Frucht
butrius	**murus**
Kampf	**fenestra**
Käse	Pfeffer
saccus	**campus**
piper	Engel
segnen	Straße
Wein	Pforte
Sack	Mauer
Münze	**moneta**
carcer	**vinum**
via strata	**signare**

Latein – Deutsch

Antike, Mittelalter und Neuzeit sind auf den Mittelmeerraum und Europa bezogene Epochen, die sich kaum auf andere Kontinente übertragen lassen. In den Andenregionen Südamerikas und in Mittelamerika bestanden bereits im 1. Jt. v. Chr. Zentren und Reiche, die in vielerlei Hinsicht den alten Hochkulturen Südwestasiens entsprachen. Die Kulturen bzw. Reiche, die vor 1492 bestanden, werden auch in lateinamerikanischer historischer Literatur und in Museen als *präkolumbianisch* (vor Columbus) bezeichnet.

M1

Terrakotta-Armee im Mausoleum Qin Shihuangdis, Xi'an, Fotografie, 2005

König Ying Zheng von Qin, 259 – 210 v. Chr., nannte sich nach dem Sieg über alle Feinde Qin Shihuangdi, erster erhabener Gottkaiser von Qin. Die Terrakotta-Figuren ersetzten wahrscheinlich den Brauch, mit dem Herrscher auch den Hofstaat zu begraben.

Legalismus: Regierungsbeamte setzten die Gesetze durch, die der Herrscher, der Sohn des Himmels, verkündete und die Sprache, Schrift, Maße oder Gewichte normierten.

Daoismus: Der „rechte Weg" (Dao) zielt auf Einklang des Menschen mit der Umwelt.

Konfuzianismus: Lehre des Kǒng Fūzǐ, Meister Kong, um 551 – 479 v. Chr. Das sittliche Prinzip des guten Handelns beruht ihm zufolge auf gegenseitiger Liebe, Rechtschaffenheit, Gewissenhaftigkeit, Gegenseitigkeit und Ehrlichkeit.

10 Außereuropäische Machtzentren

Zwischen Asien, Afrika und Europa bestand seit den alten Hochkulturen bereits ein mehr oder weniger reger Handel. Auch Völkerwanderungen und Eroberungen sorgten für einen Austausch von Waren, Wissen, Religionen oder Herrschaftssystemen. Zeitgleich mit den griechischen Poleis und dem Römischen Reich bestanden in Mesopotamien das Neuassyrische Reich (911 – 605 v. Chr.), das Neubabylonische Reich (626 – 539 v. Chr.) und das Altpersische Reich (550 – 330 v. Chr.). In Nordafrika waren Karthago und Alexandria antike Machtzentren. In Südwestasien waren die Städte Ephesos, Jerusalem, Babylon oder Persepolis Zentren mit einer überregionalen Bedeutung. Kyros II. begründete 550 v. Chr. das Persische Großreich. Die persischen Großkönige verhielten sich gegenüber den regionalen Religionen tolerant. Jüdinnen und Juden wurden aus der babylonischen Gefangenschaft befreit. Dareios I. gründete die Legitimität seiner Herrschaft auf die Religion des Zarathustra. Der Lichtgott Ahura Mazda steht dabei für das Gute und die Wahrheit. Darstellungen dieses Gottes tauchten in vielen Reliefs der neuen Residenz Persepolis auf. Dem Diadochenreich der Seleukiden folgten das Partherreich (um 250 – 224 v. Chr.) und das Sassanidenreich, das 642 von arabisch-islamischen Truppen erobert wurde.

Asien

In Indien, China und Japan erfolgten Reichsbildungen bereits im 1. Jt. v. Chr., während für Südostasien und Afrika südlich der Sahara kaum Befunde über Machtzentren vorliegen.
Der indische Subkontinent bestand in der 1. Hälfte des 1. Jt. v. Chr. aus verschiedenen Fürstentümern, über die es kaum gesicherte Quellen gibt. Um 500 v. Chr. lebte Siddharta Gautama, auf den der Buddhismus zurückgeht. Historisch fassbar sind die Reichsbildungen des Königreichs Magadha (ca. 550 – 350 v. Chr.), des Nandareiches, gefolgt von der Herrschaft der Mauryas (320 v. Chr. – 185 v. Chr.). Das erste historisch belegte Großreich eroberte Ashoka (268 – 232 v. Chr.) aus der Maurya-Dynastie, die Beziehungen zu griechischen Poleis hatte. Römische Münzfunde in Indien belegen die Handelsbeziehungen mit dem Römischen Reich.

Die ältesten Besiedlungsspuren in Japan beginnen um 14 000 v. Chr. mit der Jomon-Kultur (Keramik mit Schnurmustern). Bronze- und Eisenverwendung kamen aus China und Korea. Die erste Einigung zu einem Reich erfolgte japanischen Chroniken aus dem 8. Jh. zufolge im 4. Jh. Der erste japanische Herrscher Jimmu war Enkel einer Gottheit, die von der Sonnengöttin abstammte. Der Mythos der göttlichen Herkunft des Kaiserhauses endete 1945 mit der Kapitulation nach dem 2. Weltkrieg.

Der leistungsorientierte **Legalismus** prägte die Herrschaft der Qin-Dynastie (221 – 207 v. Chr.), die die kaiserliche Bürokratie mit ihrem Beamtenapparat einführte (vgl. S. 78 und 79). **Daoismus** und **Konfuzianismus** bestimmten die Herrschaft der Han-Dynastie (207 v. Chr. – 220 n. Chr.), die aber das bürokratische System zur Durchsetzung ihrer Herrschaft beibehielten. In diese Zeit fällt auch ein wirtschaftlicher Aufschwung, begleitet und gefördert durch eine Reihe von Erfindungen. Mit dem Römischen Reich bestanden lockere Beziehungen, sodass ein Austausch von Wissen wahrscheinlich ist.

Südostasien

Reichsbildungen sind für das 1. Jt. v. Chr. kaum nachweisbar. Es bestanden jedoch Kontakte nach China und Indien und nach Sumatra und Java. Die in Indien entstandenen Religionen Hinduismus und Buddhismus waren in Südostasien zumindest bekannt. Im Mekongdelta gab es im 1. Jh. n. Chr. das von Indien beeinflusste Funanreich, das wahrscheinlich, wie das spätere Chenla-Reich, ein loser Verband von Fürstentümern war.

M3

Angkor Wat, Angkor, Kambodscha, Fotografie, 2018

i

Angkor Wat (Khmer für Stadt und Tempelanlage) wurde unter Suryavarman II. (um 1095 – um 1150) zur Verehrung des Gottes Vishnu gebaut, der die Anlage möglicherweise auch als seine Grabstätte plante, jedoch knapp vor Fertigstellung starb. Die Anlage ist von einer Mauer und Wassergräben umgeben.

Das Reich der Khmer mit dem Zentrum Angkor Wat stand zunächst unter dem Einfluss der javanischen Shailendra-Dynastie und konnte im 8. Jh. n. Chr. die Chenla-Fürstentümer erobern. Die Könige des Khmer-Reiches sind durch Inschriften zum Großteil belegt. Im 14. Jh. wurde Angkor vom Thai-Königreich von Ayutthaya erobert.
Im 15. Jh. wurde, ausgehend von Sumatra und Singapur, der Islam auf die malayische Halbinsel gebracht. Das islamische Sultanat von Malakka wurde zu Beginn des 15. Jh. gegründet, zuvor war der Hinduismus die bestimmende Religion auf der malayischen Halbinsel. Die Reiche Indiens und Südostasiens standen in wechselnd intensiven Handelsbeziehungen. Waren, Landwirtschaftstechniken und kulturelle Errungenschaften wurden ebenso verbreitet wie Religionen.

i

Politisch handelt es sich bei den Mandala-Reichen nicht um Flächenreiche, sondern um von einem Zentrum abhängige, tributpflichtige Gebiete. Die Herrscher hatten persönlich von ihm abhängige, auch verwandtschaftlich geprägte Beziehungsgeflechte.

A

1 Benennen Sie zwei Reiche oder politische bzw. religiöse Zentren, die in Asien um 1000 v. Chr. bestanden haben.

2 Beschreiben Sie zentrale Elemente der Etablierung und Festigung von Herrschaft in der Qin-Dynastie.

3 Arbeiten Sie wichtige Merkmale des Persischen Großreichs im 7. und 6. Jh. v. Chr. heraus.

M2

Borobudur, Java, Indonesien, Fotografie, 2008

i

Der buddhistische Stupa (Grabhügel) auf Java wurde zwischen 750 und 850 während der Herrschaft der Sailendra-Dynastie errichtet. Sie ist das größte buddhistische Bauwerk dieser Art.

M4

Ausschnitt eines Reliefs aus Borobudur, Java, Indonesien, Fotografie, 2008

i

Das Relief zeigt den Schiffstyp (Prau), mit dem die mit den Sailendra-Herrschern verwandten Srivijaya vom 7. bis zum 13. Jh. n. Chr. den Handel von der Straße von Malakka bis Java kontrollierte. In chinesischen Quellen wird die Hauptstadt Palembang auf Sumatra als Umschlagplatz für Waren aus China, Indien und Arabien genannt.

M5

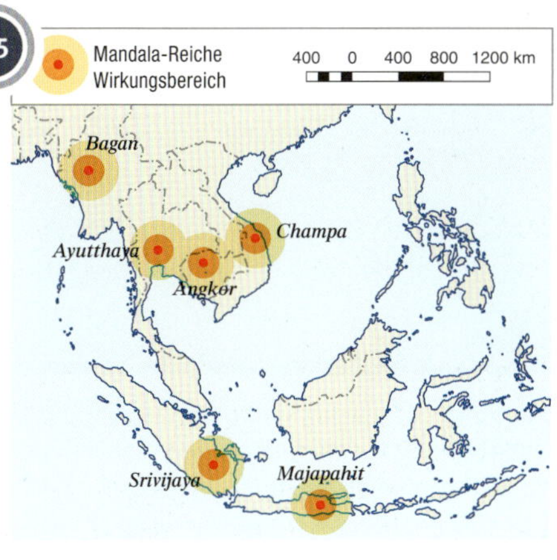

Darstellung der Mandala-Reiche in SO-Asien

M6

Darstellung der Volksgruppen und Reiche vor 1492

M8

Mayanische Glyphe für Kakao, Darstellung

i

Mayas und Azteken tranken Kakao, ein Gemisch aus heißem Wasser, einigen Gewürzen und gerösteten Kakaobohnen. Die Azteken nannten dieses Getränk, das eher den Reichen vorbehalten war, *xocolatl*. Populär wurde das Getränk, das Hernan Cortez nach Spanien brachte, durch Anna von Österreich, die mit Ludwig XIII. von Frankreich verheiratet war.

M9

Angebliche Federkrone Moctezumas II., Nachbildung im Museo Nacional de Antropología e Historia, México.
Das Original mit Quetzalfedern und Goldplättchen ist im Weltmuseum Wien.

Mittelamerika

Die Besiedlung Amerikas erfolgte wahrscheinlich gegen Ende der Wisconsin-Vereisung (von etwa vor 70 000 bis 13 000 Jahren) von Nordostasien, aber auch eine doppelt so alte Besiedlung wäre möglich. Stadtkulturen und Herrschaftsbereiche lassen sich für Mittelamerika und den Andenraum Südamerikas nachweisen.
Die mittelamerikanischen Kulturen verfügten über Schriften. Erhalten blieben fast nur die Inschriften auf Steinen. Die Olmeken siedelten in den Küstengebieten des Golfes von Mexiko. Sie verwendeten eine Glyphenschrift (Schrift mit grafischen Zeichen, Bilderschrift). Der älteste Beleg ist ein auf 900 v. Chr. datierter Stein.

Maya

M7

Der hohe Tempel von Lamanai, Belize, Fotografie, 2016

Lamanai war die älteste Siedlung der Maya, die bereits im 2. Jt. v. Chr. angelegt wurde. Das Siedlungsgebiet der Maya erstreckte sich von der Halbinsel Yucatan bis zur Pazifikküste. Obwohl sie eine gemeinsame Sprache, Schrift und Gottesvorstellungen hatten, gab es kein herrschaftlich organisiertes Reich, sondern einen lockeren Verband von Städten und deren Umland, ähnlich den griechischen Poleis. Die Städte bekriegten sich häufig, ohne Erweiterung der Herrschaftsgebiete. Im Zentrum der Städte standen jeweils Stufenpyramiden, die kultischen Zwecken dienten. Menschenopfer waren üblich. Im 9. Jh. n. Chr. wurden die Städte aus bisher ungeklärten Ursachen aufgegeben.

Azteken

Die Azteken kamen im 13. Jh. n. Chr., vermutlich aus Nordamerika, in das Hochland von Mexiko. Mitte des 14. Jhs. gründeten sie Tenochtitlán. Von den vor ihnen im Hochland lebenden Tolteken übernahmen sie Lebensformen und 1372 den Herrscher Acamapichtli. Militärische Siege über benachbarte Herrschaftsgebiete ließen sich die Aztekenkönige mit Tributen bezahlen. Insofern kann von einer Reichsbildung gesprochen werden, da die unterworfenen Städte nicht mehr autonom waren. Moctezuma II. (um 1465 – 1520) versuchte durch eine Verwaltungsreform stärkeren Einfluss auf die abhängigen Gebiete zu erlangen. Zahlreiche Aufstände und die spanische Eroberung 1517 verhinderten dies.
Der erbliche Adel (Pipiltin) ließ seine Ländereien von Sklaven bewirtschaften. Sklaven durften Familie und Besitz haben, ihre Kinder waren frei. Den Göttern wurden vor allem Kriegsgefangene geopfert. Die größte soziale Gruppe waren die Macehualtin, die auf Ländereien im Gemeinschaftsbesitz arbeiteten.

Ab dem 12. Lebensjahr mussten Mädchen und Buben in Schulen gehen. Ab dem 15. Lebensjahr erhielten die Buben eine militärische Ausbildung. Verheiratete Frauen arbeiteten im Haushalt, wenige auch als Hebammen. Priesterinnen konnten nur Frauen adeliger Herkunft sein.

M10

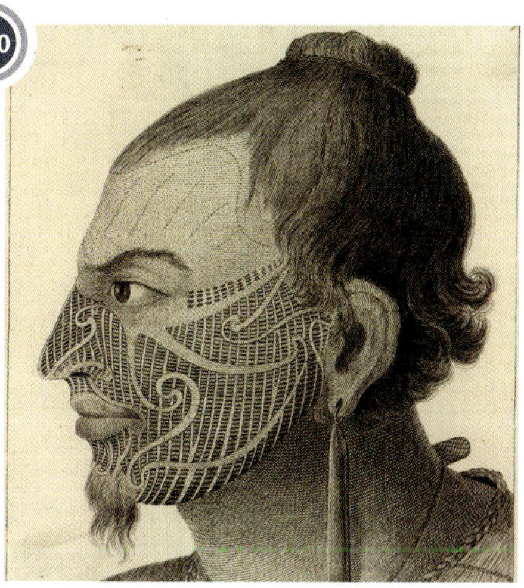

Traditionelle Gesichtstätowierung, Zeichnung von Sydney Parkinson, „A Journal of a Voyage to the South Seas in His Majesty's ship the Endeavour", 1773, British Library, London
Polynesier kannten keine Schrift, bemalten aber Körper dauerhaft mit Symbolen, die auf die Persönlichkeit hinwiesen.

Ozeanien

Die Inseln Ozeaniens wurden zum Teil schon vor dem 1. Jt. v. Chr. besiedelt. Melanesien und Mikronesien waren durch dörflichen Ackerbau geprägt. Polynesier kolonisierten viele unbewohnte Inseln. Ihre Kenntnisse in der Seefahrt ermöglichten es ihnen auch, auf die Ressourcen der unbewohnten Inseln zurückzugreifen. Um 1300 n. Chr. kamen Polynesier auf die Inseln Neuseelands und begründeten die Maori-Kultur. Die Aborigines Australiens waren wie die Volksgruppen Nordamerikas von Stammeszugehörigkeit geprägt. Bevorzugte Siedlungsgebiete ergaben sich aufgrund des Naturraumes.

M11

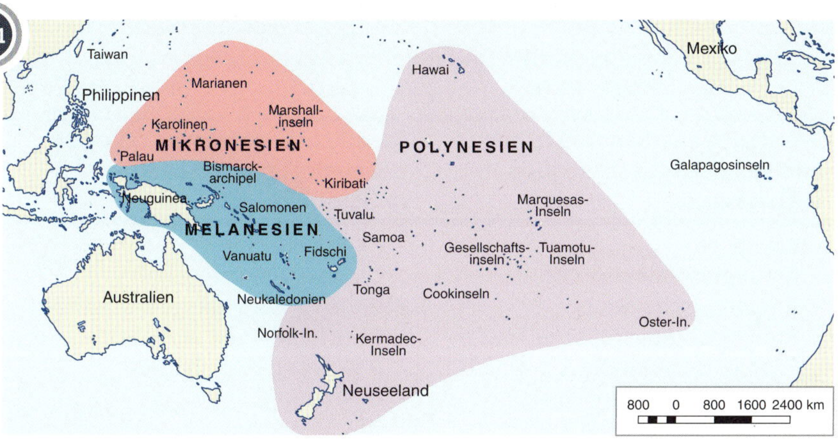

Darstellung der ozeanischen Siedlungsräume

M12

Darstellung der frühen Reichsbildungen: Tiahuanaco-Kultur (Siedlungsbeginn 1500 v. Chr., Höhepunkt der Reichsbildung 600 – 900 n. Chr.) und Wari-Reich (600 – 1100 n. Chr.)

Südamerika

In Südamerika sind stadtähnliche Siedlungen schon für das 2. Jt. v. Chr. nachweisbar. Die aus ungebrannten Lehmziegeln errichtete pyramidenähnliche Anlage von Pampa de las Llamas-Moxeque umfasst ca. fünf Hektar und ist 22 Meter hoch. Sie diente rituellen Handlungen, war Begräbnisstätte und Lager für Nahrungsmittel der Chavin-Kultur. Anhand der Artefakte lässt sich eine in Herrscher bzw. Beamte, Priester und restliche Bevölkerung differenzierte Gesellschaft nachweisen.

Inka

Die größte Reichsbildung erfolgte durch die Inka, eine um die Hauptstadt Cusco lebende Bevölkerungsgruppe. Sie eroberten ein Reich, das die Anden- und Küstenregion der heutigen Staaten Kolumbien, Peru und Bolivien umfasste. Durch ein gut ausgebautes Straßennetz konnten Nachrichten, Truppen und Waren zu Fuß oder mit Tragetieren transportiert werden. 1532 besetzten spanische Conquistadores, Eroberer, die Hauptstadt Cusco, 1572 wurde der letzte Herrscher (Sapa Inka; mögliche Übersetzung: „Ich, der einzige Inka"), Tupac Amaru, hingerichtet.

M13

Huaca Pucllana, Lima-Kultur, 5. Jh. v. Chr., Peru, Fotografie, 2015

A

4 Vergleichen Sie die Kulturen der Maya, Inka und Azteken. Arbeiten Sie Gemeinsamkeiten und Unterschiede heraus.

Religionen sind umfassende Welterklärungen größerer Gruppen von Menschen, deren Glauben an überirdische Vorstellungen oder an eine/n oder mehrere Göttinnen und Götter in gemeinsamen Handlungen bestärkt wird (essentialistischer Religionsbegriff). Der Glaube an transzendentale Einflussnahmen auf das Leben und vor allem Vorstellungen über unterschiedliche Existenzformen nach dem irdischen Tod, die abhängig vom gebotsmäßigem Verhalten auf der Erde sind, prägen lebenspraktische Regeln (funktionalistischer Religionsbegriff).

11 Religion und Politik

Wenn wir uns in Geschichte mit Religionen befassen, können wir deren Gebrauch und deren Spuren in Vergangenheit und Gegenwart verfolgen und kritisch beleuchten. Die Beschäftigung mit Theologie und Glaube ist den Religionswissenschaften vorbehalten. Deren Erkenntnisse können aber Eingang in historische Betrachtungen finden. Besondere Vorsicht ist bei religiösen Schriften, die sich auf göttliche Eingebungen berufen, geboten, da eine historische Interpretation zu anderen Ergebnissen führen kann als eine theologische Lesart.
Religion und Politik erscheinen mitunter sehr eng verbunden. Im westlichen modernen Denken der Aufklärung wurden sie zumindest in der Öffentlichkeit strikt getrennt. So wird Religion heute insbesondere in Europa vielfach als Privatsache verstanden. Zugleich fordern religiöse Institutionen nach wie vor von ihren Gläubigen, religiöse Werte und Vorschriften auch in der Öffentlichkeit zu leben. Insofern greifen religiöse Vorschriften häufig in die Sphäre des Politischen über.
Das österreichische Recht unterscheidet gesetzlich anerkannte Kirchen und Religionsgesellschaften und religiöse Bekenntnisgemeinschaften.

Gesetzlich anerkannte Kirchen und Religionsgesellschaften in Österreich	Staatlich eingetragene religiöse Bekenntnisgemeinschaften in Österreich
• Alevitische Glaubensgemeinschaft • Altkatholische Kirche • Armenisch-apostolische Kirche • Evangelische Kirche A.B. und H.B. • Evangelisch-methodistische Kirche • Freikirchen mit verschiedenen Kirchengemeinden • Griechisch-orientalische (= orthodoxe) Kirche mit verschiedenen Kirchengemeinden • Islamische Glaubensgemeinschaft • Israelitische Religionsgesellschaft • Jehovas Zeugen • Katholische Kirche • Kirche Jesu Christi der Heiligen der Letzten Tage (Mormonen) • Koptisch-orthodoxe Kirche • Neuapostolische Kirche • Buddhistische Religionsgesellschaft • Syrisch-orthodoxe Kirche	• Alt-Alevitische Glaubensgemeinschaft • Bahá'í – Religionsgemeinschaft • Die Christengemeinschaft – Bewegung für religiöse Erneuerung • Hinduistische Religionsgesellschaft • Islamische-Schiitische Glaubensgemeinschaft (Schia) • Kirche der Siebenten-Tags-Adventisten • Pfingstkirche Gemeinde Gottes • Vereinigungskirche

Gesetzlich anerkannte Kirchen und Religionsgesellschaften haben das Recht der gemeinsamen öffentlichen Religionsausübung und der selbstständigen Ordnung und Verwaltung ihrer inneren Angelegenheiten. Darüber hinaus haben sie in verschiedenen Bereichen teils weitgehende Rechte, z.B. das Recht, Religionsunterricht an öffentlichen Schulen oder Privatschulen mit Öffentlichkeitsrecht abzuhalten, oder Begünstigungen im Abgabenrecht. Diese Privilegien kommen staatlich eingetragenen religiösen Bekenntnisgemeinschaften nicht zu.

M1 Prognostizierte Veränderung der Weltbevölkerung

Es wird erwartet, dass die Zahl der Gläubigen aller Weltreligionen – mit Ausnahme des Buddhismus – bis 2050 steigen wird. Aufgrund des vorhergesagten globalen Bevölkerungswachstums werden die Gläubigen prozentuell gesehen im Jahr 2050 jedoch teilweise einen kleineren Anteil der Weltbevölkerung ausmachen als 2010.

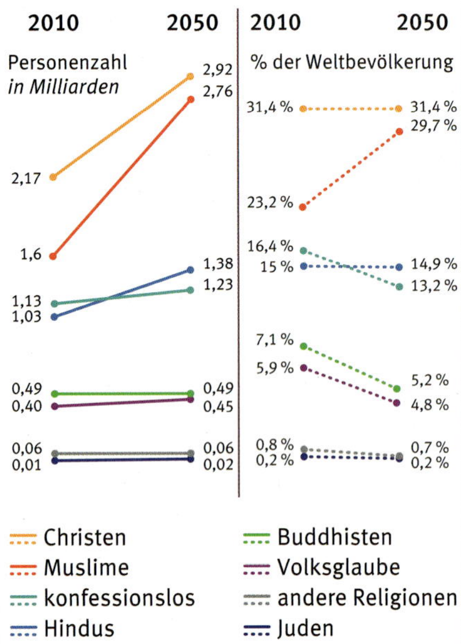

A

1 Diskutieren Sie die Grafik (M1) bezüglich der leicht ansteigenden Bedeutung von Religionen unter Berücksichtigung demografischer Entwicklungen und anderer Einflussfaktoren wie etwa Bildung.

Judentum

Die jüdische Religion ist die älteste monotheistische Religion, aus der auch das Christentum hervorging. Der **Tora** zufolge siedelten 12 Stämme nördlich der Halbinsel Sinai. Im Verteidigungsfall führte sie ein Richter. Teile der Bevölkerung waren in der 2. Hälfte des 1. Jt. v. Chr. wahrscheinlich in Ägypten, von wo sie nach dem biblischen Bericht von Moses zurückgeführt wurden. An der Küste des östlichen Mittelmeeres entstanden im 1. Jt. v. Chr. die Reiche Judäa im Süden und Israel im Norden. Saul, David und Salomon (gest. um 920 v. Chr.) sind belegte Könige. David verlegte die Hauptstadt nach Jerusalem, Salomon ließ hier einen großen Tempel errichten. 586 v. Chr.wurde Jerusalem vom neubabylonischen Herrscher Nebukadnezar II. (um 640 – 562 v. Chr.) zerstört und in erster Linie die jüdische Oberschicht nach Babylon gebracht. Diese babylonische Gefangenschaft endete mit dem Sieg Kyros II. über Nabonid, dem letzten neubabylonischen König.

Römische Legionen unter Pompeius eroberten das Königreich Juda im Jahr 63 v. Chr. Es wurde als Teil des Römischen Reiches von jüdischen Königen, darunter Herodes (73 – 4 v. Chr.) verwaltet. Im Jahr 70 n. Chr. wurde der Aufstand der jüdischen Bevölkerung von Truppen unter dem Befehl des späteren Kaisers Titus niedergeschlagen. Jerusalem und der (zweite) Tempel wurden zerstört und die jüdische Bevölkerung vertrieben und verstreut (**Diaspora**).
In der Stadt Jabne versammelte sich unter Leitung von Jochanaan ben Sakkai eine Gruppe von Schriftgelehrten, die begannen, mündlich überlieferte Erläuterungen zur Tora zu kodifizieren. So entstand die Mishna (hebräisch für „Wiederholung"), in der vor allem religiöse Gesetze des Judentums festgelegt sind.

Tora: erster Teil des Tanach, der jüdischen Bibel, bestehend aus den fünf Büchern Mose. Sie wurde seit dem 5. Jh. v. Chr. in hebräischer und aramäischer Sprache kodifiziert (verschriftlicht) und um 250 v. Chr. in Alexandria von einer Gruppe Schriftgelehrter ins Griechische übersetzt (Septuaginta). Diese Übersetzung enthält auch einige Bücher, die im hebräischen Bibelkanon nicht vorkommen.

M2

Torarolle mit Zeigestab (hebräisch: Jad), Fotografie, 2006

Diaspora: Situation einer religiösen oder ethnischen Gruppe, die in viele Regionen verstreut als Minderheit lebt.

M3

Der Historiker Oded Irshai erläutert „Diaspora" so:

Der Begriff Diaspora, mit dem wir heute die jüdischen Gruppen bezeichnen, die außerhalb Israels leben, ist von dem griechischen Wort für „Verstreuung" abgeleitet. Er steht in scharfem Gegensatz zu dem biblischen Terminus Galut, „Exil". Obwohl beide Begriffe ein Verhältnis zu einem Zentrum beschreiben, stehen sie doch für zwei verschiedene Betrachtungsweisen in unterschiedlichen historischen Situationen. Während Galut die ältere biblische Vorstellung der Verbannung als Strafe reflektiert, steht Diaspora in Ton und Inhalt dem griechischen Konzept der Kolonisation näher. [...] Die babylonische Diaspora wurde zum Modell der Diasporagemeinden. Den Exilierten gelang es in kurzer Zeit, sich in die lokale Gesellschaft zu integrieren und eine tiefe Zuneigung zu der neuen Umgebung zu entwickeln [...].

O. Irshai, Die Entstehung der Diaspora. In: N. Lange (Hg.), Illustrierte Geschichte des Judentums, S. 73 – 75

M4

Eine populärwissenschaftliche Kurzbeschreibung des Judentums lautet folgendermaßen:

In der jüdischen Religion gehören Glauben und Tun zusammen. Das Bestreben, alle Lebensbereiche Tora-getreu, d.h. Gott-gefällig, zu gestalten, führte zu einer Anhäufung von gesetzlichen Bestimmungen. In der Tora [erster Teil des Tanach] werden 613 Mizwot (Pflichten) erwähnt. Mit ihnen konnten aber nicht alle Fälle des Lebens geregelt werden. Darum entstand immer wieder die Notwendigkeit, diese Gebote anderen Zeiten und Situationen anzupassen. [...]
Die Summe aller religiösen Gebote und Verbote nennt man Halacha (Gehen, Wandern, der Weg). Neben der Einhaltung der Zehn Gebote beinhaltet sie z. B. Speisevorschriften, Reinheitsgebote, Ehe und Scheidung, die Pflicht Armen, Witwen und Waisen zu helfen, Kranke zu besuchen, einen Teil des Einkommens zu spenden, Kinder die Tora zu lehren, Feiertage zu halten usw. [...]
Wichtiger Punkt in den religionsgesetzlichen Weisungen sind die rituellen Speisevorschriften: Als koscher (rein, erlaubt) gelten Tierarten, die gespaltene Hufe haben und zugleich Wiederkäuer sind.

religionv1.orf.at/projekt03/religionen/judentum/re_ju_fr_feste_lebensregeln.htm (21.08.2018)

A

2 Analysieren Sie den Unterschied zwischen Diaspora und Exil anhand von M3 und anhand historischer sowie aktueller Beispiele im Zusammenhang mit Migration.

Christentum

Um 28 n. Chr. verkündete der jüdische Prediger Jesus von Nazareth das bevorstehende Ende der Welt. Er sammelte Anhängerinnen und Anhänger und rief zur Besinnung auf einige Grundhaltungen des Judentums auf. Der römische Statthalter Judäas, Pontius Pilatus, ließ ihn als politischen Agitator kreuzigen. Seine als Apostel bezeichneten Gefolgsmänner erklärten, Jesus sei auferstanden und zum Himmel aufgefahren. Seine Anhängerinnen und Anhänger verehrten ihn als den im Judentum lange erwarteten Messias. Die Mehrheit der Jüdinnen und Juden tat dies nicht.

M5

Eine politisch wirkungsmächtige Passage aus dem Brief des Apostels Paulus an die Römer lautet:

1 Jedermann sei Untertan der Obrigkeit, die Gewalt über ihn hat. Denn es ist keine Obrigkeit außer von Gott. Wo aber Obrigkeit ist, die ist von Gott verordnet. 2 Wer sich nun der Obrigkeit widersetzt, der widerstrebt Gottes Ordnung; die aber widerstreben, werden über sich ein Urteil empfangen.

Paulus, Brief an die Römer, 13, 1f., Übers. nach Martin Luther

M6

In der Mailänder Vereinbarung von 313 heißt es:

Nachdem wir beide, Kaiser Konstantin und Kaiser Licinius, durch glückliche Fügung bei Mailand zusammenkamen, um zum Wohle aller [...] zu regeln [...] sowohl den Christen als auch allen Menschen freie Vollmacht zu gewähren [...] ihre Religion zu wählen [...] damit die himmlische Gottheit uns und allen [...] gnädig und gewogen bleiben kann [...]. Wir sind seit langem der Ansicht, dass Freiheit des Glaubens nicht verweigert werden sollte. Darum haben wir befohlen, dass es jedermann erlaubt ist, seinen Glauben zu haben und zu praktizieren, wie er will.

V. Keil (Hg.), Quellensammlung zur Religionspolitik Konstantins des Großen, Lateinisch/Griechisch/Deutsch, S. 58

M7

Apostel Paulus mit erhobenem Zeigefinger und Schwert, Statue in der Lateranbasilika, Rom, Schule Gian Lorenzo Bernini, 1650, Fotografie, 2015

i

Paulus von Tarsos, der Jesus vermutlich nicht persönlich kannte, bezeichnete sich ebenfalls als Apostel und erlangte großen Einfluss auf einige der jungen jüdisch-christlichen Gemeinden. Er war selbst jüdischer Schriftgelehrter gewesen, wandte sich allerdings vom Judentum ab und betonte die Unterschiede zum Christentum. Er begann damit, auch Nichtjuden zu missionieren und bemühte sich um eine verbindliche Zusammenstellung grundlegender religiöser Schriften. Die jüdische Bibel bezeichnete er als „Altes Testament“, die Schriften, die seiner Einschätzung nach die heiligen Texte des Christentums werden sollten, als „Neues Testament“.

Bischöfe (griech. *episkopoi* = Vorsteher, Aufseher) führten die Ortskirchen und besprachen sich auf Versammlungen (Synoden). Die Bischöfe von Rom beanspruchten im Lauf der Zeit eine Vorrangstellung als Nachfolger des Apostels Petrus. Als Monotheistinnen und Monotheisten verweigerten Christinnen und Christen die Verehrung der Gottheiten Roms. Deshalb wurden sie immer wieder von römischen Herrschern und deren Behörden verfolgt. Systematische Christenverfolgungen im ganzen Reich wurden im 3. Jh. von den Imperatoren Decius, Diokletian und Galerius angeordnet. Die heutige Forschung geht aber davon aus, dass diese Befehle regional sehr unterschiedlich befolgt wurden. Die Kaiser Konstantin und Licinius legalisierten das Christentum im Jahr 313 (Mailänder Vereinbarung). Es war von nun an nicht mehr verboten, sich zu diesem Glauben zu bekennen. Theodosius I., der hauptsächlich den östlichen Teil des Reiches regierte, erklärte das Christentum gemeinsam mit seinen Mitkaisern Gratian und Valentinian II. im Jahr 380 zur einzigen verbindlichen Religion des Römischen Reiches (Staatsreligion).

A

3 Erklären Sie, warum das Christentum – oder genauer, das paulinische Christentum – für die römischen Herrscher des 4. Jhs. von Interesse gewesen sein kann. Ziehen Sie dazu auch M6 sowie Kapitel 7 (S. 32 und 33) heran.

Hindu-Religionen

Der Begriff „Hinduismus“ fasst eine Vielzahl religiöser Traditionen zusammen und meint keine einheitliche Religion und auch keinen „Ismus“ im Sinne der Durchsetzung einer Lehre. Die zusammenfassende Bezeichnung „Hindu“ ist als historischer Gegenbegriff zu Muslim zu verstehen. Damit waren alle Personen gemeint, die als Nicht-Muslime seit dem Vordringen islamischer Herrscher nach Indien im 7. Jh. Kopfsteuer zahlen mussten.

M8

Hochzeit des Gottes Shiva mit der Göttin Parvati (Tochter der Berge), Relief aus dem 2. Jh. v. Chr. in der Tempelhöhle der Insel Elephanta (östlich von Mumbai). Hinter der Göttin steht ihr Vater Himavat, der vergöttlichte Himalaya. Shiva (der Zerstörer) gehört neben Brahma (der Schöpfer) und Vishnu (der Erhalter) zu den drei göttlichen Formen (Trimurti) der kosmischen Vereinigung.

M9

Auszug aus der Selbstdarstellung des Hinduismus durch die österreichische hinduistische Religionsgesellschaft:

1.2 Hinduismus ist auch unter dem Namen Sanatana Dharma und Vaidika Dharma bekannt und stellt eine lebendige Synthese der verschiedensten religiösen Erkenntnisse und ihrer Verwirklichung dar [...]. Die Zielsetzungen des Hinduismus werden durch eine Vielfalt von Methoden und geistigen Disziplinen (Zwiesprache mit Gott, Selbsterkenntnis, kosmische Liebe etc.) verwirklicht. Hinduismus ist grundsätzlich auch ein Lebensstil, welcher mit den ewigen geistigen, ethischen, moralischen Gesetzen in Einklang ist [...].

Verfassung der hinduistischen Religionsgesellschaft in Österreich (HRÖ); zit. nach: www.hroe.at/die-verfassung-der-hroe (12.11.2019)

Außerhalb der ständischen Ordnung stehen die Dalit, die „Ureinwohner“, die keiner Varna (Sanskrit; der Begriff entspricht ungefähr dem Begriff „Kaste“) angehören, aber eigene Untergruppen, *jatis*, bilden. Sie werden in der westlichen Literatur mit dem von den Briten verbreiteten Begriff Parias oder auf Deutsch „Unberührbare“ genannt. Mahatma Gandhi, der Begründer der indischen Unabhängigkeit, bestand auf der Beibehaltung der Varnas. Sein Kompromiss mit dem ersten Justizminister des unabhängigen Indiens, Baba Saheb Ambedkar, fand Eingang in die Verfassung, in der Diskriminierung aufgrund der Kastenzugehörigkeit verboten wurde. Seit den 90er-Jahren des 20. Jhs. wurden politische Programme zur Förderung der Kastenlosen („positive Diskriminierung“) umgesetzt, die seit 2006 auch für andere Religionsangehörige gelten. Im Rahmen dieser Programme wurden in öffentlichen Bereichen (z. B. Behörden, Universitäten) auch Quoten für Frauen eingeführt, um der Gleichberechtigung aller Menschen näher zu kommen.

A

4 Beurteilen Sie die politischen Folgen starker sozialer Hierarchien, wie sie in der ständischen Ordnung sowie im Verhältnis zwischen Frauen und Männern im Sinne der Bhagavata (M10) zum Ausdruck kommen.

i

Portugiesische Eroberer und Missionare entdeckten eine ständisch gegliederte Sozialstruktur, deren sozial und wirtschaftlich abgegrenzte Gruppen sie als „casta“ (von lat. *castus* = rein) bezeichneten. Kleinere Bevölkerungsgruppen werden „jati“ genannt. Dieser vielfältige Begriff steht für Geburt, Geschlecht, Familie, aber auch für Staat und Nation. Die Differenzierungen in hunderte verschiedene „jatis“ bestimmen in Indien bis heute Beruf, Heiratskreise oder Wohnplätze in einer Siedlung, selbst bei Gläubigen anderer Religionen.
Die ständische Gliederung geht auf die Rigveda, eine religiöse Schrift aus dem 2. Jt. v. Chr., zurück. Jedem Stand wird eine Farbe (Varna) zugeordnet: Brahmanen („Priester“) weiß, Kshatriyas („Krieger“) rot, Vaishyas („Händler“) gelb, Shudras („Arbeitnehmer“) schwarz. Die Farben entsprechen Eigenschaften, weiß wäre demnach Reinheit, schwarz steht für Lethargie. In diese Varnas werden Menschen jedoch nicht nur hineingeboren, sie sollten nach ihren Eigenschaften respektiert werden.

M10

Auszüge aus der Baghavata:

Wenn jemand die oben beschriebenen Eigenschaften eines Brahmanen, Kshatriya, Vaishya oder Shudra zeigt, auch wenn er in einer anderen Klasse erschienen ist, sollte er nach den Eigenschaften der Klassifikation akzeptiert werden.

Bhagavata, 7.11.35; zit. nach: www.gita-society.com (12.11.2019)

Dem Gatten zu Diensten zu sein, stets dem Gatten freundlich gesinnt sein, ebenso den Verwandten und Freunden des Gatten und den Gelübden des Gatten folgen – das sind die 4 Prinzipien, die von reinen [meist im Sinne von keusch verstanden] Frauen befolgt werden.

Bhagavata, 7.11.25; zit. nach: www.gita-society.com (12.11.2019)

M11

„Die Vier Edlen Wahrheiten“:

Die erste Wahrheit besagt, dass alles Dasein unvollkommen, unbefriedigend und dem Leiden unterworfen ist. Dies ist zu durchschauen! Die zweite Wahrheit besagt, dass die Ursachen dafür vor allem Unwissenheit, Verlangen und Abneigungen im eigenen Geist sind. Diese sind zu überwinden! Die dritte Wahrheit besagt, dass durch das Erlöschen der Ursachen auch das Leiden erlischt. Dies ist zu verwirklichen! Die vierte Wahrheit besagt, zum Erlöschen der Ursachen führt der vom Buddha gewiesene achtfache Pfad. Dieser ist zu üben!

Zit. nach: www.buddhismus-austria.at (12.11.2019)

M13

Angriff des Mara, 2.–3. Jh., Schiefer, Fotografie, 2017

i

Die Gandhara-Kunst zeigt den Buddha als schmucklosen Mönch mit haarknotenförmigem Schädelauswuchs auf dem Kopf und einer Haarflocke auf der Stirn. [...] Bevor er auf diesem Weg zum Buddha, dem Erwachten, wurde, musste er den Versuchungen des Mara (des Herrn über die Sinnenwelt und die Leidenschaften) standhalten. Mara störte Buddhas Meditation mit Unruhe aller Art. Er erschreckte ihn mit Fratzen, Lärm, drohte mit Gewalt, schickte ihm in Form seiner Töchter aber auch sinnliche Verführung.

Zit. nach: www.documenta14.de (12.11.2019)

A

5 Fassen Sie zentrale Kennzeichen des Buddhismus zusammen.

Buddhismus

M12

Die Österreichische Buddhistische Religionsgesellschaft über die Entstehung des Buddhismus:

Der Buddhismus geht auf Siddhartha Gautama zurück, der vor etwa 2500 Jahren in Lumbini, im heutigen Nepal, geboren wurde. Er stammte aus dem Fürstenhaus der Shakyas und wuchs in wohlhabenden Verhältnissen auf. Mit 35 Jahren bezog er einen Mittelweg zwischen Wohlstand seiner Jugend und einer 6-jährigen Askese [Enthaltsamkeit]. Er wurde zum Buddha, dem Erwachten. Der Ort seiner Erleuchtung liegt in Bodhgaya [Nordindien]. Er wollte keine neue Religion gründen, aber aus Mitgefühl mit allen Wesen begann er das Rad der Lehre zu drehen.

Zit. nach: www.buddhismus-austria.at (12.11.2019)

Ziel der Lehre Buddhas ist, aus dem Kreislauf der Geburt und leidvollen Wiedergeburt ins Nirwana („Erlöschen“) zu gelangen. Nirwana ist ein von Zeit und Raum, Leben und Tod unabhängiger Zustand.
Da der Buddhismus keine Gottheit kennt, entwickelten sich einige Anknüpfungen zwischen dem Buddhismus und anderen religiösen Lehren, aus denen auch Mischformen, Synkretismen, entstehen konnten. Der spätantike Manichäismus ist eine Offenbarungsreligion mit Elementen des Buddhismus, des Judentums, des Christentums auf Basis des persischen Zoroastrismus, einer Lehre von Gut und Böse. Buddhismus und Shintoismus (Shinto, japan.: Weg der Götter) existieren in Japan bis in die Gegenwart mit- und nebeneinander.

M14

Begleittext zur documeta 14 über die Gandhara-Kunst:

Zwischen dem 1. und 5. Jahrhundert unserer Zeit erblühte auf dem Gebiet des heutigen Nordwestpakistan die Gandhara-Kunst. In ihren buddhistischen Bildwerken verschmolz Mittelmeerisch-Antikes, damals aufregend zeitgenössisch, mit Indischem und Iranischem zu einem neuen harmonischen Ganzen. Ein Buddha zwischen korinthischen Säulen, ein Herakles als Begleiter des Buddha waren in dieser frühen buddhistischen Bildwelt selbstverständlich. Ermöglicht wurde diese kosmopolitische Bildsprache im Dienste einer indischen Religion durch die Ausbreitung hellenistischer Reiche bis ins Innerste Zentralasiens (4. Jahrhundert v. Chr. bis 1. Jahrhundert v. Chr.), durch Migrationen unterschiedlich „hellenisierter“ Völkerschaften von Zentral- nach Südasien, schließlich auch durch den sprunghaft angestiegenen Fernhandel des Imperium Romanum mit Indien (ab dem 1. Jahrhundert n. Chr.).

Zit. nach: www.documenta14.de (12.11.2019)

Tibetische Mönche erreichten nach der mongolischen Eroberung im 13. Jh. die Übernahme des Buddhismus durch Kublai Khan, dem mongolischen Kaiser Chinas. Der Mongolenfürst Altan Khan (1507–1582) verlieh dem tibetischen Vorsteher des Klosters Drepung den Titel Dalai Lama (mongol. *dalai* = Ozean; tibet. *lama* = Lehrer; meist übersetzt mit „Ozean des Wissens“) als Gegenleistung der Anerkennung mongolischer Oberherrschaft. Damit beginnt die Herrschaft der Gelupga-Schule, einer Form des tibetanischen Buddhismus in Tibet. Die chinesischen Kaiser der Qing-Dynastie (1644–1911 n. Chr.) griffen immer wieder in Kämpfe rivalisierender Adelsgruppen oder Klöster ein, so dass Tibet weitgehend seine Autonomie verlor. Die Nachfolge eines verstorbenen Dalai Lama wird durch die Suche nach dessen Wiedergeburt ermittelt.

Islam

Mohammed stammte aus einer Händlerfamilie und wurde durch die Ehe mit der Kaufmannswitwe Chadidscha wohlhabend. Sie bestärkte ihn auch, seinen Engelserscheinungen zu folgen. Mohammed vertrat einen radikalen Monotheismus und trat für Arme, Sklavinnen und Sklaven ein – denn ihm galten alle Menschen als Geschöpfe Gottes. Auf der arabischen Halbinsel gab es christliche und jüdische Gemeinden, deren Religionen er auf seinen Handelsreisen kennenlernte.
Im Jahr 622 n. Chr. wurde der Prophet Mohammed aus Mekka vertrieben und zog mit seinen Anhängern in die Oase Yathrib, die er befestigen ließ und Medina (Stadt) nannte. Mit der Hidschra (Auswanderung, Flucht) beginnt die islamische Zeitrechnung. 630 eroberte er mit seinen Truppen Mekka und entfernte die Gottesstatuen aus der Kaaba, die zum Zentrum der Religion wurde. Mit ilaha-ill-allah („es gibt keinen Gott außer Gott") und Allahu akbar („Gott ist groß") wird im Islam (Hingabe zu Gott) zum Gebet aufgerufen.

M15

Moschee des Propheten während der Haddsch, Mekka, Fotografie, 2016

M16

Der Koran zum Verhältnis von Frauen und Männern:

Und sag den gläubigen Frauen, sie sollen [statt jemanden anzustarren, lieber] ihre Augen niederschlagen, und sie sollen darauf achten, daß ihre Scham bedeckt ist [wörtl.: sie sollen ihre Scham bewahren], den Schmuck, den sie [am Körper] tragen, nicht offen zeigen, soweit er nicht [normalerweise] sichtbar ist, ihren Schal sich über den [vom Halsausschnitt nach vorne heruntergehenden] Schlitz [des Kleides] ziehen und den Schmuck, den sie [am Körper] tragen, niemand [wörtl.: nicht] offen zeigen, außer ihrem Mann, ihrem Vater, ihrem Schwiegervater, ihren Söhnen, ihren Stiefsöhnen, ihren Brüdern, den Söhnen ihrer Brüder und ihrer Schwestern, ihren Frauen [d. h. den Frauen, mit denen sie Umgang pflegen?], ihren Sklavinnen [wörtl.: dem, was sie (an Sklavinnen) besitzen] den männlichen Bediensteten [wörtl.: Gefolgsleuten] die keinen [Geschlechts]trieb [mehr] haben, und den Kindern, die noch nichts von weiblichen Geschlechtsteilen wissen. Und sie sollen nicht mit ihren Beinen [aneinander] schlagen und damit auf den Schmuck aufmerksam machen, den sie [durch die Kleidung] verborgen [an ihnen] tragen [wörtl.: damit man merkt, was sie von ihrem Schmuck geheimhalten]. Und wendet euch allesamt [reumütig] wieder Gott zu, ihr Gläubigen! Vielleicht wird es euch [dann] wohl ergehen.

Koran, Sure 24, 31, Übers. v. Rudi Paret

i

Sunna und Schia: Unter dem Kalifen (Nachfolger) Omar (634–644) begann die Ausdehnung des Reiches über die arabische Halbinsel hinaus. Damaskus, Antiochia, Jerusalem, das Sassanidenreich und Ägypten wurden erobert. Kalif Othman, ein Schwiegersohn Mohammeds, ließ den Koran aufzeichnen. 657 wurde die *umma*, die islamische Gemeinschaft gespalten in die Anhänger Alis (Schiat ali, Partei Alis, Cousin und Schwiegersohn Mohammeds) und dem zum Gegenkalifen ausgerufenen Statthalter von Damaskus, Muawiya, aus der Mekka vor Mohammed beherrschenden Familie der Umayyaden. 661 wurde Ali ermordet, die *umma* teilte sich in die Schiiten und die Sunniten (sunna al nabi, Handlungsvorgaben des Propheten).

i

Im Zentrum befindet sich die Kaaba, die siebenmal zu umrunden ist. Der *Haddsch* (Pilgerfahrt) ist neben *Schahada* (Glaubensbekenntnis: ... es gibt keinen Gott außer Gott ..., *Salat* (fünfmaliges tägliches Gebet), *Zakat* (Pflicht zur Gabe von Almosen) und *Saum* (Fasten im Ramadan) eine der fünf Säulen des Islam.

i

Vom Koran gibt es keine richtigen oder falschen Übersetzungen, gültig ist allein die hocharabische Version, die Othman aufzeichnen ließ. Aus diesem Grund gelten Übersetzungen des Koran häufig als Interpretationen.

A

6 Diskutieren Sie, ob die Pflicht zur Verhüllung (Hidschab) der Frauen (Sure 24, 31) mit dem Konzept der Gleichberechtigung aller Menschen kompatibel ist.

7 Beschreiben Sie die zentralen Unterschiede zwischen Sunna und Schia.

Politik, Kultur, Religion zur Zeit der Antike

K

- **Historische Methodenkompetenz**
  Schriftliche Quellen beschreiben, analysieren und interpretieren können
- **Historische Sachkompetenz**
  Aussagen und Interpretationen anhand von Belegen nachvollziehen können
- **Historische Orientierungskompetenz**
  Orientierungsangebote in Darstellungen der Vergangenheit erkennen können

A

1 Rekonstruieren Sie anhand von M1 diese Vorstellung der Weltentstehung und erzählen Sie sie in eigenen Worten nach.

2 Vergleichen Sie diesen Mythos mit der Urknalltheorie, die Sie aus dem Physikunterricht kennen. Arbeiten Sie Gemeinsamkeiten sowie Unterschiede heraus.

M1

Der Dichter Hesiod (geboren um 700 v. Chr.) beginnt seinen Mythos der Weltentstehung folgendermaßen:

Wahrlich, als erstes ist Chaos entstanden, doch wenig nur später / Gaia, mit breiten Brüsten, aller Unsterblichen ewig / sicherer Sitz, der Bewohner des schneebedeckten Olympos, / dunstig Tartaros dann im Schoß der geräumigen Erde, / wie auch Eros, der schönste im Kreis der unsterblichen Götter [...] Chaos gebar das Reich der Finsternis: Erebos und die / schwarze Nacht, und diese das Himmelsblau und den hellen Tag, von Erebos schwanger, dem sie sich liebend vereinigt. / Gaia gebar zuerst an Größe gleich wie sie selber / Uranos sternenbedeckt, damit er sie völlig umhülle / und den seligen Göttern ein sicherer Sitz sei für ewig [...].

Hesiod, Theogonie, 116 – 129, Übers. v. Albert v. Schirnding

i

Hesiods „Theogonie" entfaltet einen Weltentstehungsmythos. Sie erzählt, wie sich die Göttinnen und Götter entwickelt hätten. Bevor es diese, die Menschen und andere Wesen (Riesen, Titanen etc.) gegeben hätte, sei Chaos gewesen, aus dem die Göttin Gaia (sie steht für die Erde) und der Gott Uranos (er steht für den Himmel) hervorgegangen seien.

A

3 Untersuchen Sie die Kriegsrhetorik in M2 und M3.

4 Vergleichen Sie die Begründungen in M2 und M3 für die Zulässigkeit eines Krieges. Suchen Sie Unterschiede und Gemeinsamkeiten.

5 Erörtern Sie beide Positionen in Form von Pro- und Contra-Argumenten.

M2

Marcus Tullius Cicero (106 – 42 v. Chr.) zum „gerechten Krieg" (bellum iustum):

Es ist klar, dass kein Krieg vom besten Gemeinwesen [civitas] begonnen wird außer wegen der Treue [gegenüber den Verbündeten] oder für das Wohlergehen [der Mitbürger]. Ungerecht sind jene Kriege, die ohne Grund begonnen wurden. Denn außer aus dem Grund sich zu rächen oder Feinde abzuwehren kann kein gerechter Krieg geführt werden.

Cicero, De re publica 3, 34f., Übers. d. Verf.

i

Aurelius Augustinus stammte aus Thagaste in Nordafrika, wo er auch als Rhetoriklehrer tätig war. Im Jahr 386 ließ er sich taufen und wurde 396 Bischof von Hippo Regius. Er verfasste zahlreiche Schriften und übte vor allem auf die Theologie der katholischen Kirche sehr großen Einfluss aus. Diese hat ihm den Titel „Kirchenlehrer" verliehen, womit seine entscheidende Bedeutung für die katholische Theologie zum Ausdruck gebracht werden soll.

M3

Aurelius Augustinus (354 – 430 n. Chr.) zu demselben Thema:

Doch hat Gottes gebietender Wille selbst einige Ausnahmen von jener Anordnung, keinen Menschen zu töten, verfügt. Es versteht sich nämlich, dass, wenn Gott selbst töten heißt, sei es durch Erlass eines Gesetzes, sei es zu bestimmter Zeit durch ausdrücklichen an eine Person gerichteten Befehl, solch ein Ausnahmefall vorliegt. Dann tötet nicht der, der dem Befehlenden schuldigen Gehorsam leistet, wie das Schwert dem dient, der es führt. So verstießen keineswegs gegen das Gebot „Du sollst nicht töten", die auf Gottes Veranlassung Kriege führten, oder die als Träger obrigkeitlicher Gewalt, das heißt nach dem Gebot vernünftiger Gerechtigkeit, Verbrecher mit dem Tode bestraften.

Augustinus, De Civitate Dei I, 21, Übers. v. Wilhelm Thimme

M4

Detail von der Innenseite des Titusbogens, Forum Romanum (errichtet im Jahr 70). Das Relief zeigt den Triumphzug in Rom mit der Bundeslade und der Menora, dem siebenarmigen Leuchter aus dem Tempel in Jerusalem.

i

Titus (39–81 n. Chr.), Sohn und Nachfolger des Kaisers Vespasian, dessen Truppen im Jahr 70 Jerusalem einnahmen, zog danach als Triumphator in Rom ein. Eine Sequenz dieses Triumphzugs zeigt der Titusbogen.

A

6 Beschreiben Sie die Darstellung des Triumphzugs in M4 und benennen Sie dabei insbesondere Personen und Symbole.

7 Diskutieren Sie den politisch-propagandistischen Stellenwert einer solchen Darstellung.

8 Fassen Sie das in M5 beschriebene Spannungsverhältnis in eigenen Worten zusammen.

9 Analysieren Sie anhand von M5 den sozialen Status von Frauen im antiken Athen.

M5

Die Philologin Edith Hall über Frauen in der griechischen Tragödie:

Zu den herausragenden Zügen der griechischen Tragödie zählen die starken Frauenrollen, worauf wohl zurückzuführen ist, daß uns Stücke wie Medea und die Troerinnen des Euripides auch heute noch so in Bann schlagen können. Bei szenischen Darbietungen in Privathäusern traten auch Schauspielerinnen, Sklavinnen oder Hetären auf [...] Tragödien wurden jedoch nicht nur von Männern geschrieben, sondern auch ausschließlich von Männern aufgeführt. Auch das Publikum bei den Dionysos-Festen hat überwiegend aus Männern bestanden, die sich offensichtlich an den starken Emotionen, die von den Frauengestalten ausgingen, erfreuten.

E. Hall, Sport, Literatur und Theater. In: P. Cartledge (Hg.), Kulturgeschichte Griechenlands in der Antike, 2000, S. 249

M6

Medea tötet einen ihrer Söhne, rotfigurige Amphore aus dem 4. Jh. v. Chr., Louvre, Paris

M7

Der Altertumshistoriker Werner Dahlheim über die propagandistische Nutzung von Literatur unter Augustus:

Mit Augustus gewann der Brauch, die Meister der Feder um sich zu sammeln, eine neue Qualität. Denn der Anspruch, die Besten von ihnen zu Werken zu ermuntern, die die Person des Prinzeps, seine Leistung für den Staat und seine Nähe zu den Göttern ins rechte Licht setzten, konnte mit niemand geteilt werden. Augustus und seine Berater hatten schnell gelernt, dass der Ruhm viele Gesichter haben kann, der von den Literaten gewährte aber fortwährende Dauer verheißt.

W. Dahlheim, Augustus, 2010, S. 259

i

Augustus war bestrebt, seine Herrschaft auch mit Mitteln abzusichern, die wir heute als propagandistisch bezeichnen würden. Dabei unterstützte ihn ein enger Freund und Berater, Gaius Maecenas (um 70–8 v. Chr.), der einige der bedeutendsten zeitgenössischen Dichter für die Sache des Augustus verpflichten konnte, darunter Titus Livius, Publius Vergilius Maro (Vergil) und Quintus Horatius Flaccus (Horaz).

A

10 Beurteilen Sie, inwiefern es wichtig für die Stabilisierung von Herrschaft sein kann, den Herrscher oder die Herrscherin in literarischen Werken zu „verewigen".

11 Erörtern Sie, ob dies heute noch ausreichen würde oder ob der Einsatz anderer Medien erforderlich wäre.

II Gesellschaft, Wirtschaft und Recht in der Antike

K

In diesem Kapitel üben und trainieren Sie folgende Kompetenzen:

- **Historische Fragekompetenz**
  kritische Spurensuche nach dem geistigen und materiellen Erbe der griechisch-römischen Antike; Sensibilisierung für Verwendung und Rezeption der Antike in späteren Epochen
- **Historische Methodenkompetenz (De- und Rekonstruktionskompetenz)**
  schriftliche und bildliche Quellen beschreiben, analysieren und interpretieren; Reflexion über das Vorhandensein unterschiedlicher Quellen in verschiedenen Kulturen am Beispiel bildlicher Darstellungen
- **Historische Sachkompetenz/Basiskonzepte**
  Entwicklung neuer Perspektiven zu den Konzepten Gender, Diversität, Macht und Recht; Aufbau eines entsprechenden Begriffsinventars
- **Historische Orientierungskompetenz**
  Stärkung der Reflexions- und Diskussionskultur zu den Themen Geschlecht, Sexualität, politische Partizipation, Demokratie und Menschenrechte; Entwicklung der Fähigkeit und Bereitschaft, sich mit möglichen zukünftigen Veränderungen in diesen Bereichen auseinanderzusetzen bzw. sich aktiv daran zu beteiligen

Die Errungenschaften der Griechen und Römer waren in vielen Bereichen so bedeutend, dass sie unsere Kultur und unseren Alltag bis heute beeinflussen. Viele Wissenschaften gehen auf antiken Ursprung zurück, Griechisch und Latein galten lange als die bedeutendsten Bildungssprachen, auch unser Rechtssystem hat römische Wurzeln. In Architektur und Kunst haben die Griechen und Römer ebenfalls Maßstäbe gesetzt. Überlieferte Statuen und Bildnisse sprechen bis heute viele Menschen an. Legendär ist die erotische Anziehungskraft der griechischen Liebesgöttin Aphrodite, die bei den Römern Venus genannt wurde. Diese Nachwirkungen und Ähnlichkeiten dürfen aber nicht darüber hinwegtäuschen, dass die Art und Weise, wie die Menschen in der Antike zusammengelebt haben, in vielem anders war, als wir das heute tun. Ihre Beziehungen zueinander in Gesellschaft und Familie hatten andere Strukturen, Liebe und Sexualität wurden verschieden gelebt. Die Idee, dass alle Menschen prinzipiell gleich sind, existierte nicht. Im Gegenteil, Sklaven galten erst gar nicht als Menschen. Sie waren Sachen und als solche ein wichtiger Bestandteil der Wirtschaft.

i

Schönheitsideale werden häufig über bildliche Darstellungen vermittelt. Sie zeigen, wie der Mensch sein soll und liefern damit Vorgaben, die meist nicht oder nur schwer zu erreichen sind. Hinter solchen Idealen stehen oft bestimmte Interessen, wenn etwa Produkte mit dem Versprechen erhöhter Attraktivität verkauft werden sollen. „Schönheit liegt im Auge des Betrachters“ ist ein Ausspruch, der dem griechischen Historiker Thukydides (um 455–396 v. Chr.) zugeschrieben wird.

M1

Diadumenos von Delos, römische Kopie nach einem griechischen Original, um 450 v. Chr., Nationalmuseum, Athen

M2

Römische Statue der Göttin Venus nach dem Vorbild einer Darstellung der griechischen Göttin Aphrodite, 1. bis 2. Jh. n. Chr., Kapitolinische Museen, Rom

M3

Pallas-Athene-Brunnen vor dem österreichischen Parlament, Teophil E. Hansen, 1898, Fotografie, 2006

i

Die Stadtgöttin Athens sicherte dank ihrer Weisheit das friedvolle Zusammenleben in der Stadt. Vor dem österreichischen Parlament ist sie zusammen mit der Siegesgöttin Nike dargestellt. Damit wird die Hoffnung zum Ausdruck gebracht, dass in dem Gebäude dahinter die Weisheit den Sieg davontragen möge.

Brainstorming

Diskutieren Sie in der Klasse die Herausbildung und Verbreitung von Schönheitsidealen und nehmen Sie dabei zu geschlechterspezifischen Unterschieden Stellung. Gehen Sie auch auf die Bedeutung von Nacktheit und/oder Verhüllung mancher Körperpartien in verschiedenen Kulturen ein.

Ermitteln Sie, wann und in welchem Zusammenhang das Parlamentsgebäude in Wien errichtet wurde.

Bewerten Sie die Bedeutung von Parlamenten in modernen Gesellschaften.

18. Jh. v. Chr.
Codex Hammurabi

5. Jh. v. Chr.
Städtebau entsteht

500 – 300 v. Chr.
Klassische Periode der griechischen Philosophie

451/450 v. Chr.
Zwölftafelgesetz in Rom

4. Jh. v. Chr.
Hippokratischer Eid

385 v. Chr.
Gründung der Platonischen Akademie

533 n. Chr.
Corpus Civilis unter Justinian

15./16. Jh. n. Chr.
Wiederentdeckung der Antike in der Renaissance

18./19. Jh. n. Chr.
Hochschätzung der Antike im Klassizismus

M1

Regenbogenfamilie, Fotografie, 2019

i

Im Jahr 2002 wurden in Österreich 46 % aller Ehepaare geschieden, wovon 19 000 Kinder betroffen waren. Die Zahl der Alleinerziehenden stieg an. Auch die Zahl gleichgeschlechtlicher Elternpaare nimmt zu.

Klientelwesen: gegenseitige Unterstützung von zwei Männern unterschiedlichen sozialen Ranges. Der „Patron" hilft seinem „Klienten" in wirtschaftlichen Notlagen oder bei Auseinandersetzungen. Der Klient wiederum hilft seinem Patron mit seiner Stimmabgabe bei der Wahl in politische Ämter.

M2

Grabrelief des Thraseas und der Euandria, um 360 v. Chr., Staatliche Museen, Berlin

i

M2 zeigt das Ehepaar Thraseas und Euandria. An der Tracht des Mannes erkennt man, dass es sich um einen griechischen Bürger handelt. Im Hintergrund ist eine Dienerin zu sehen.

1 Gesellschaft in der Antike – die Welt der Hauswirtschaft

Die bestimmende gesellschaftliche Einheit in der Antike war der Familienverband, der bei Griechen und Römern ähnlich strukturiert war. Er weist allerdings große Unterschiede zu heutigen Familienformen auf.

oikos und familia

Die griechische Gesellschaft war vorwiegend eine bäuerliche, bestehend aus kleinen und mittleren Bauern sowie aristokratischen Großgrundbesitzern. Die Landwirtschaft als Existenzgrundlage prägte das Leben der Menschen in Hausgemeinschaften, die nach Autarkie strebten. Autark heißt, dass sie alles, was sie für den täglichen Bedarf brauchten, weitgehend selbst herstellten. Es handelte sich also um eine Einheit von Produktion und Konsum. Eine solche Gemeinschaft (*oikos*) umfasste nicht nur Vater, Mutter und Kinder, sondern auch die Großeltern, nicht verheiratete Schwestern des Mannes sowie Dienstboten und gegebenenfalls auch (ehemalige) Sklavinnen und Sklaven. Für diesen breiten Personenkreis waren zwei Ziele zentral: Erhalt und Mehrung des materiellen Besitzes sowie dessen Verwendung für ein „gutes Leben". Dies geht aus der Schrift „Oikonomikos" des griechischen Autors Xenophon (430/425 – 355/352 v. Chr.) hervor. Trotz ihrer offensichtlichen Ungleichheit wurde die Hausgemeinschaft durch die Solidarität ihrer Mitglieder zusammengehalten. Die Bandbreite ihres rechtlichen Status reichte von quasi allmächtig bis rechtlos. Die archaische römische Familie (*familia*) war nach den gleichen Prinzipien strukturiert. Zusätzlich gab es in Rom das **Klientelwesen**.

Archäologische Funde belegen, wie sich die Lebensbereiche Wohnen, Arbeiten und Konsum im griechischen *oikos* berührten. Wohntrakt, Stallungen und Vorratsräume gruppierten sich um einen Innenhof. Das Zentrum eines solchen Baus war das *mégaron*, eine große rechteckige Halle mit Bänken zu allen Seiten und einem Herd in der Mitte. In römischen Häusern waren die Eingangsbereiche sehr großzügig gestaltet. Dort empfing der Patron nämlich seine Klienten. Was wir heute als „öffentlich" und „privat" verstehen, mischte sich also stark.

Patriarchat

In der griechischen Gesellschaft kam es noch zu Lebzeiten des Vaters zur Hof- und damit auch zur Machtübergabe an den Sohn. Häufig heiratete dieser mit ca. 30 Jahren eine meist viel jüngere Frau. Dann wechselte er an die Spitze der häuslichen Hierarchie, der Vater trat in die zweite Reihe zurück.

M3

Aristoteles (384 – 322 v. Chr.) über das Verhältnis zwischen Mann und Frau:

Denn die Seele regiert den Körper in der Weise eines Herrn [...] Gleichberechtigung oder gar das umgekehrte Verhältnis wäre für beide Teile schädlich. [...] Desgleichen ist das Verhältnis des Männlichen zum Weiblichen von Natur aus so, dass das eine besser und das andere geringer ist, dass das eine regiert und das andere regiert wird.

Aristoteles, Politik, 1. Buch, 5. Kapitel, Übers. hier von Franz Susemihl

Der Status der Alten ist in der griechischen Kultur zwiespältig. Mit zunehmendem Alter schwanden die für die Arbeit in der Landwirtschaft nötigen Kräfte, was natürlich ein Nachteil war. Man anerkannte zwar den möglichen Wert der Lebenserfahrung, aber auch nicht uneingeschränkt. Sie beinhaltete nämlich nach griechischer Wahrnehmung die Gefahr, dass ältere Menschen misstrauisch und unentschlossen würden. Diese beiden Eigenschaften wurden als nicht günstig für die Gesellschaft eingestuft.

Da es nach der Hofübergabe oft zu Spannungen zwischen Vater und Sohn kam, wurde in manchen Poleis festgelegt, dass die Söhne ihre alten Eltern ernähren mussten. Eine staatliche Altersversorgung gab es nicht. In hellenistischer Zeit übernahmen häufig Sklaven die Altersversorgung ihres früheren Herrn, nachdem sie unter dieser Auflage die Freiheit erhalten hatten. Aufgrund der weit geringeren Lebenserwartung war der Anteil der Alten an der Gesamtbevölkerung aber insgesamt viel kleiner als heute.

Die Macht der Männer

In der römischen Gesellschaft war die Macht des *pater familias* (des Familienoberhaupts) über alle Mitglieder der Gemeinschaft inhaltlich und zeitlich unbegrenzt, sie erlosch erst mit seinem Tod. Die Töchter unterstanden seiner Disziplinargewalt bis zu ihrer Verehelichung, die Söhne entkamen ihr gar nicht. Sie konnten von ihrem Vater sogar versklavt oder getötet werden. Der Vater hatte auch die alleinige Verfügungsgewalt über das Vermögen der Familie. Allerdings gab es die Möglichkeit, einen Teil davon in Form eines **peculiums** abzugeben. Diese Einrichtung ermöglichte es den Söhnen auch zu heiraten und nicht erst den Tod des Vaters abwarten zu müssen. Anders als bei den Griechen hatten die Römer Respekt vor hohem Alter. Gleich war beiden Kulturen, dass nur Männer politische Funktionen ausüben durften, wie man z. B. an den Sitzungen des römischen Senats sehen kann. Die Männer der griechischen und römischen Oberschicht blieben in der Regel von der Notwendigkeit körperlicher Arbeit verschont. Sie widmeten sich den typischen aristokratischen Beschäftigungen, zelebrierten Jagdgesellschaften und Trinkgelage, führten Kriegszüge durch und nahmen politische Führungsaufgaben wahr.

M4

Römische Statue, Museo dei Conservatori, Rom

i

Dieser römische Aristokrat präsentiert stolz Darstellungen seiner männlichen Vorfahren. Sie genossen wie er eine besondere Stellung als Familienoberhäupter. Zahlreiche schriftliche Quellen belegen, dass der *pater familias* formal alle Entscheidungen über die Familienmitglieder alleine traf. Die jüngste Forschung weist allerdings verstärkt darauf hin, dass wir mangels Quellen nicht sagen können, wie groß der etwaige informelle Einfluss anderer Familienmitglieder auf den Haushaltsvorstand war. Rechtslage und soziale Praxis müssen nicht immer übereinstimmen.

M5

Cesare Maccari, Ciceros Anklage gegen Catilina (Ausschnitt), Wandgemälde, 1888, Palazzo Madama, Rom

peculium: Der Vater stellte einem Mitglied der Familie einen Teil des Vermögens zur Verfügung. Formal blieb es Eigentum des Vaters, in der Praxis konnte die/der Begünstigte aber frei darüber verfügen.

i

Sexualkontakte unter Männern waren in der Antike durchaus häufig und gesellschaftlich akzeptiert. Zumindest belegen Quellen das eindeutig für Athen. Dort gehörte unter anderem die Knabenliebe zwischen einem jüngeren Partner, dem *eromenos*, und einem älteren Liebhaber, dem, der dem Jüngeren häufig Geschenke machte, zu den gesellschaftlich akzeptierten Beziehungen. Obwohl solche Praktiken weit verbreitet waren, gab es sprachlich keine Unterscheidung zwischen Hetero- und Homosexualität.

M6

Symposion, Wandbild aus Paestum, 475 v. Chr., Museo Archeologico di Paestum

M7

Zeus und Ganymed, Mosaik, 3. Jh. n. Chr., Tunis Museum

i

Auch Götter verliebten sich in junge Männer. Zeus' Favorit war Ganymed, ein schöner Prinz aus Troja. Um ihn zu entführen, verwandelte sich der Göttervater in einen Adler und brachte Ganymed auf den Olymp.

M8

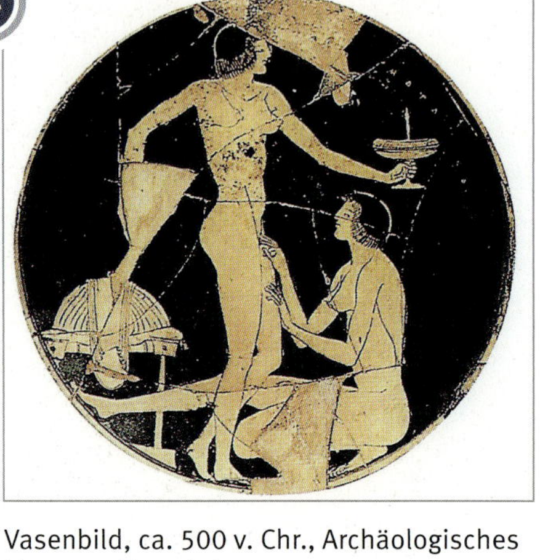

Vasenbild, ca. 500 v. Chr., Archäologisches Museum, Tarquinia

Symposien

Bei Essenseinladungen in römischen Häusern waren auch die Ehefrauen anwesend bzw. begleiteten ihre Ehemänner in andere Häuser. Anders bei griechischen Festen, den berühmten Symposien. Diese sollten allein die Freundschaft zwischen Männern und damit den Zusammenhalt der Gesellschaft stärken. Ein weiteres Ziel war es, mit dem eigenen Wohlstand und den eigenen Fähigkeiten anzugeben. Es soll auch fallweise zu Raufereien gekommen sein. Bei solchen Festen wurde ausgiebig gegessen und getrunken. Man trug literarische Texte vor, lauschte musikalischen Darbietungen und diskutierte philosophische Fragen.

Zur Unterhaltung der Männer waren bestimmte Frauen anwesend, sogenannte Hetären. Es handelte sich dabei um unverheiratete, oft sehr gebildete Frauen, die aber nicht mit einfachen Prostituierten verwechselt werden dürfen. Allerdings konnten auch Prostituierte oder Sklavinnen anwesend sein, die ebenfalls die Wünsche der Männer zu erfüllen hatten. Neben diesen Frauen, die sangen und tanzten, waren junge attraktive Männer Teil der Gesellschaft, die ebenfalls für die geistige und körperliche Unterhaltung der Gäste zur Verfügung standen. Es gibt zum Thema Symposion zahlreiche Quellen wie Vasenmalereien oder Wandbilder. Berühmt ist ferner das gleichnamige Werk des Philosophen Platon (428/427 – 348/347 v. Chr.). Es gilt als der erste Text der abendländischen Literatur, der versucht, das Wesen von Liebe und Leidenschaft zu ergründen. Dabei wird auch auf die gleichgeschlechtliche Liebe unter Männern eingegangen. Über die Liebe zwischen Frauen wissen wir mangels Quellen weniger. Berühmt ist allerdings das Werk der im 6. Jh. v. Chr. lebenden Dichterin Sappho von der Insel Lesbos. In ihren Gedichten rühmt sie die weibliche Schönheit.

Sexualität hatte in der Antike, zumindest für Männer, nichts mit Sünde zu tun. Sie wurde als etwas Natürliches erlebt, das auch nicht den ausschließlich „privaten" Charakter späterer Zeiten hatte.

A

1 Fassen Sie die Merkmale eines *oikos* und einer *familia* zusammen.

2 Analysieren Sie in der Gruppe, welche dieser Merkmale auf heutige Familien zutreffen.

3 Suchen Sie im Internet Informationen über die rechtlichen Veränderungen für gleichgeschlechtliche Partnerschaften in Österreich in den letzten Jahren.

4 Diskutieren Sie in der Klasse die Frage, ob es auch heute Vorurteile gegenüber Homosexualität und homosexuellen Menschen gibt und wie man diese abbauen könnte.

Lebenswelten der Frauen

In der Antike war der Spielraum des einzelnen Menschen, sein Leben zu gestalten, sehr gering. Welche Möglichkeiten man dazu hatte, hing nicht nur vom sozialen Status, sondern sehr stark auch vom **Geschlecht** ab. Insbesondere die griechischen Frauen hatten wenig Freiheit. Ihr „natürlicher" Lebensraum war das Haus, was man mit angeblichen biologischen Unterschieden zu erklären versuchte. Aufgrund ihrer niedrigeren Körpertemperatur wären Frauen nicht so widerstandsfähig wie Männer. Deshalb sollten sie Kleidung tragen, sich in geschlossenen Räumen aufhalten und die Öffentlichkeit meiden. Da eine Frau nur beschränkt rational denken könne und sehr leichtgläubig wäre, galt sie nicht als geschäftsfähig. Es bestünde beim Kauf oder Verkauf von Gütern die Gefahr, auf Betrüger hereinzufallen. Daher brauchte eine Frau in allen Lebenslagen einen männlichen Vormund. In der Regel war das zuerst der Vater und später der Ehemann.

Dass sich die griechische Bürgersfrau vor allem im Haus aufhalten sollte, hatte einen weiteren Grund. Nur so könne die Ehre der Familie garantiert werden. Hielt sich eine Frau nämlich zu oft außerhalb ihres Hauses auf, wurde ihr rasch unterstellt, Ehebruch begehen zu wollen. Im Falle einer Schwangerschaft könne man dann nicht sicher sein, ob das Kind rechtmäßig im Rahmen einer Ehe gezeugt worden sei. Das aber war für den Fortbestand des Hauses unumgänglich, da ja auch Erbansprüche damit verbunden waren.

Die zentrale Rolle der Frau war also die der Ehefrau und Mutter. Darauf wurde sie in ihrer häuslichen Erziehung vorbereitet, bevor sie mit ungefähr 15 Jahren verheiratet wurde. Zwischen den Ehepartnern bestand meist eine enorme Differenz bezüglich Alter, Lebenserfahrung und Bildung. Dieser Umstand festigte die Abhängigkeit und Unmündigkeit der Ehefrau zusätzlich.

M10

Hochzeitszug, Amasis-Maler, attische schwarzfigurige Vase (Ausschnitt), um 540 v. Chr., Metropolitan Museum, New York

Die Eheschließung folgte einem Ritual. In der griechischen Frühzeit übergab der Bräutigam dem Brautvater das Brautgeschenk und erhielt im Gegenzug die junge Frau. In der späteren Zeit kehrte sich das um. Die Braut brachte ein Geschenk in die Ehe mit – die Mitgift. Sie stammte aus dem Vermögen des *oikos* und sollte vor allem ein Schutz vor schlechter Behandlung sein. Im Falle einer Scheidung, die von beiden Seiten her möglich war, ging die Mitgift nämlich wieder an das Haus der Frau.

Geschlecht: „Männlichkeit" und „Weiblichkeit" sind gesellschaftliche Konstrukte. Das bedeutet, dass Männern und Frauen in einer Gesellschaft gewisse Eigenschaften zugewiesen werden. Oft sind damit Interessen wie der Machterhalt von Männern verbunden. Wie sich Männer und Frauen zu verhalten haben, wird Kindern von Geburt an vermittelt. Diese Vorgaben können von Kultur zu Kultur sehr verschieden sein.

M9

Dazu der Historiker Thomas Kühne:

Kulturelle Vielfalt und historischer Wandel zeigen, dass Männlichkeit und Weiblichkeit nicht ein für allemal feststehen, sondern „gemacht" werden.

T. Kühne, Männergeschichte als Geschlechtergeschichte, 1996, S. 8

i

Der Ausschnitt aus einem antiken griechischen Hochzeitszug (M10) findet sich auf einer Lékythos, einem Gefäß zur Aufbewahrung von Ölen. Braut und Bräutigam werden symbolträchtig von einem von Maultieren oder Ochsen gezogenen Wagen zum Haus des Ehemannes geleitet, wo sich die Braut nun integrieren musste. Damit galt sie als erwachsen. Die Bemalungen von Lékythos können uns viel über das Alltagsleben oder die Vorstellungen zur Götterwelt verraten.

M11

Lékythos mit einer Darstellung der Jagdgöttin Artemis, 460 – 450 v. Chr., Nationalmuseum, Prag

M12

Zwei Hebammen helfen bei einer Geburt, Schild einer Hebamme, Relief, Archäologisches Museum, Ostia

M13

Der Schriftsteller Varro (116–27 v. Chr.) schreibt zur Zeit der späten römischen Republik über die Zuständigkeiten der Gottheiten:

Fluvionia ernährt das Kind in der Gebärmutter, für das Wachstum in der Gebärmutter ist Alemona zuständig; Vitumnus stärkt die Lebens-, Seninus die Sinneskraft des Fötus. Die drei Schicksalsgöttinnen Parca, Nona und Decima sorgen für die Geburt zur rechten Zeit, nämlich im neunten oder zehnten Monat. Als Diespater führt Jupiter die Leibesfrucht zum Tag, Lucina bringt sie ans Licht.

Zit. nach: J. u. U. Rüpke, Die 101 wichtigsten Fragen, 2010, S. 76

M14

Die evangelische Theologin Christina Tuor-Kurth zu möglichen Motiven für Kindesaussetzungen in der Antike:

Als Gründe für eine Kindesaussetzung finden sich in den Quellen: Armut bzw. ökonomische Motive, zu denen auch Erbschaftsüberlegungen zählten, Kinderzahlbegrenzung, uneheliche Geburt, Behinderung sowie das Geschlecht des Kindes. Die Mehrheit der gegenwärtigen Forschung zieht daraus den Schluss, dass Aussetzung je nach gesellschaftlicher Situation, Not oder anderen Umständen häufiger bzw. weniger häufig, gezielter bzw. spontaner oder auch versteckter geschehen konnte.

C. Tuor-Kurth, Kindesaussetzung und Moral in der Antike, S. 18 f.

Innerhalb des *oikos* gab es eine klare geschlechterspezifische Arbeitsteilung. Die Frauen mussten kochen, Brot backen, Käse herstellen, Wasser vom Brunnen holen, weben und sich um kranke Familienmitglieder kümmern. Manche von ihnen machten nichts von alldem: Es gab genug Sklavinnen und Sklaven zur Verrichtung dieser Arbeiten. Den römischen Frauen oblagen grundsätzlich die gleichen Arbeiten, allerdings genossen sie mehr Freiheit. In den römischen Häusern waren die Wohnbereiche der Frauen und Männer nicht so strikt getrennt wie in den griechischen, die Frauen konnten sich freier bewegen. Zur Zeit des Kaisers Augustus wurden sie auch von der Notwendigkeit eines Vormundes befreit, vorausgesetzt sie hatten bereits drei Kinder geboren. Wohlhabendere Frauen konnten dieses Recht auch erlangen, ohne dass sie Kinder zur Welt brachten.

Kinder und Familie

Die Geburt eines Kindes war ein bedeutendes Ereignis. Auf den Nachwuchs warteten wichtige Aufgaben. Die Söhne sorgten für den notwenigen militärischen Zuwachs und übernahmen die politischen Pflichten. Die ältesten Söhne waren die legitimen Erben des Familienvermögens und führten das Haus weiter. Zu viele Söhne konnten daher problematisch werden, da sie den Besitz aufteilten und damit die ökonomische Basis der Familie schwächten. Blieb eine Ehe kinderlos, wurde die Verantwortung dafür nur bei den Frauen gesehen. In diesem Fall gab es die Möglichkeit der Adoption, die allerdings auch bestand, wenn keine Kinderlosigkeit vorlag.

Aufgrund mangelnder hygienischer Bedingungen und medizinischer Versorgung stellten Schwangerschaft und Geburt hohe Risiken für Mutter und Kind dar. Entsprechend lang ist die Liste der Gottheiten, die für den Prozess von der Zeugung bis zur Versorgung der Neugeborenen zuständig waren.

Nach der Geburt entschied sowohl bei den Griechen als auch bei den Römern ausschließlich der Vater darüber, ob das Kind in die Familie aufgenommen oder ausgesetzt wurde. Entweder er hob das Kind, das die Hebamme auf den Boden gelegt hatte, auf oder nicht. Der Wunsch der Mutter spielte dabei keine Rolle. Gründe für die Aussetzung konnten unter anderem Armut, unrechtmäßige Geburt oder körperliche Gebrechen sein. Wir können allerdings keine ernsthaften Aussagen über das tatsächliche Ausmaß derartiger Kindesaussetzungen machen. Die These, dass Mädchen in ungleich höherer Zahl ausgesetzt worden seien, lässt sich wissenschaftlich nicht belegen. Man brauchte sie ja auch als spätere Mütter. Im Jahr 374 n. Chr. wurde die Aussetzung unter Strafe gestellt. Die Praxis endete jedoch nicht schlagartig. Noch in christlicher Zeit sind Aussetzungen belegt. Nicht selten wurden Kinder dann vor oder in Kirchen abgelegt.

A

5 Beschreiben Sie in Partnerarbeit die Darstellung in M10.

6 Präsentieren Sie Hochzeitsrituale, die Ihnen bekannt sind, und vergleichen Sie diese in der Klasse. Beleuchten Sie insbesondere kulturelle Unterschiede.

7 Vergleichen Sie die rechtliche, soziale und ökonomische Position von Frauen in der griechischen Antike mit solchen in heutigen Gesellschaften. Arbeiten Sie Gemeinsamkeiten und Unterschiede heraus.

Gesinde, Sklaven und Freigelassene

Wenn eine Kleinbauernfamilie zu arm war, um alle Familienmitglieder zu ernähren, wurden die Kinder als Dienstboten zu reichen Grundbesitzern geschickt. Je reicher der Arbeitgeber war, umso sicherer war ihre Stellung. In diesem Fall konnten sie auch eheähnliche Lebensgemeinschaften untereinander eingehen. Musste aber ihr Arbeitgeber selbst immer knapp kalkulieren, wurden sie oft wieder weggeschickt, sobald die eigenen Kinder arbeitsfähig waren.
Das Gesindewesen war in der griechischen Welt vor allem vor dem 5. Jh. verbreitet, als der Kaufpreis für Sklaven noch sehr hoch war. Als sich das änderte, war es für die Großgrundbesitzer ökonomisch günstiger, Sklaven zu erwerben, als Lohnarbeiter einzusetzen. Für bisherige Lohnarbeiter eröffneten sich im 5. Jh. neue Betätigungsfelder im Handwerk, Handel, Bergbau und im Flottendienst. Sie konnten nun selbst einen *oikos* gründen und sich vielleicht ein bis zwei Sklaven leisten. In den römischen *familiae* konnten sich die Haussklaven relativ frei bewegen. Sie durften zwar nicht heiraten, aber eheähnliche Beziehungen eingehen. Kinder aus solchen Verbindungen wurden automatisch Sklaven ihres Herrn.

M17

Der Althistoriker Paul Veyne beschreibt dies folgendermaßen:

[Ein] Römer der Oberschicht hat Dutzende von Dienern in seinem Hause, ein Römer der Mittelschicht (der noch immer so reich ist, daß er nicht arbeiten braucht), hat ein, zwei, drei Sklaven. [...] Das Verhältnis der Sklaven zu ihrem Herrn ist sehr unterschiedlich, und der Sklave als Komplize, der Sklave, der seinen Herrn an der Nase herumführt, kommt nicht bloß in der Komödie vor [...]. Der Herr und die Herrin des Hauses beauftragen die Sklaven ihres Vertrauens mit dem Ausspähen von „Freunden" und Klienten, aber auch von Hauslehrern, Philosophen und anderen Domestiken von freier Geburt; auf diese Weise gewinnt man Kenntnis von den heimlichen Intrigen und Skandalen der Hausgemeinschaft.

P. Veyne, Das Römische Reich, 1999, S. 65 f.

Gelegentlich lebten freigelassene Sklaven weiterhin im Haus ihrer früheren Herrschaft. Bei den Griechen erfolgten Freilassungen seltener als bei den Römern. Der Status Freigelassener war mit dem der Metöken vergleichbar, sie hatten also keine Bürgerrechte. Eine Freilassung konnte auch als Teil eines religiösen Aktes erfolgen. Der Sklave oder die Sklavin wurde an einen Gott verkauft, der Tempel erhielt einen Teil der Freikaufsumme. In Rom lebten die meisten Haussklaven in der realistischen Hoffnung, mit einem gewissen Alter freigelassen zu werden. Dadurch ersparte sich der Herr die Fürsorgepflicht und bekam zudem häufig Geld, weil sich die Sklaven oft freikaufen mussten. Aus dem Sklaven wurde in der Regel ein Klient, der seinem Herrn weiterhin verbunden blieb. Manche von ihnen waren begnadete Kaufleute und wenige wurden sehr reich. Bürgerrechte bekamen sie trotzdem nicht, diese konnten erst ihre Söhne erlangen. Letzteren war es seit der späten Republik allerdings sogar möglich, Senatoren zu werden.

A

8 Arbeiten Sie aus der Textstelle (M17) die Beschreibung des Verhältnisses zwischen Herrn und Sklaven heraus.

9 Vergleichen Sie diese Darstellung mit den Informationen, die Sie den bildlichen Quellen auf dieser Seite entnehmen können.

M15

Marmorrelief aus Izmir, um 200 n. Chr., Ashmolean Museum, Oxford

i

Dieses Relief zeigt einen römischen Soldaten, der zwei gefangene Sklaven an einer Kette führt.

M16

Darstellung eines vermutlich germanischen Sklaven, um 375 n. Chr.

i

Der Sklave trägt ein Sklavenhalseisen (M16), wie es auch in M18 abgebildet ist. Die Inschrift verspricht eine Belohnung, falls jemand den entlaufenen Sklaven seinem Eigentümer zurückbrächte.

M18

Sklavenhalseisen mit einer Bronzeplatte, 4.–5. Jh. n. Chr.

In der Anfangszeit der Grabungen auf der Agora in Athen um 1930 arbeiteten eine Handvoll Archäologen und manchmal mehr als 100 Arbeiter, die bis zu 10 000 Tonnen Erde pro Ausgrabungsgang bewegten.

M1

„Krugflicker" bei der Arbeit, Fotografie, um 1930

Die sogenannten „Krugflicker" waren ortsansässige Kunsthandwerker, die versuchten, die **Artefakte** in einen Zustand zu bringen, der dem Original möglichst ähnlich war.

Artefakte: von Menschen erzeugte Gegenstände, die etwa bei Ausgrabungen gefunden werden.

M2

Modernes Restaurierungslabor, Fotografie, um 2005

Heute wird in Restaurierungslabors gearbeitet und der Dokumentation der Funde mehr Aufmerksamkeit geschenkt als ihrer Rekonstruktion.
Im gut erhaltenen Tempel auf M3 links verehrte man vermutlich Athene, die Göttin der Weisheit, und Hephaistos, den Gott der Schmiedekunst.

2 Gesellschaft in der Antike – Öffentlichkeit

Das öffentliche Leben spielte sich in der Antike weitgehend im Freien ab und wurde von Männern dominiert.

Männer beherrschen das Stadtbild

In der griechischen Polis fanden die religiösen Kulthandlungen nicht im Tempel, sondern vor diesem statt. Im Tempelinneren wurden eine Kultstatue und der Tempelschatz verwahrt.
Eine zentrale Rolle im öffentlichen Leben nahm die Agora ein, der Marktplatz. Sie war der Versammlungsort aller freien Bürger, der Ort, an dem diese ihre Auffassung von Demokratie lebten. Dort wurden politische und militärische Fragen diskutiert und Entscheidungen getroffen. Auch Gerichtsverhandlungen hielten die Bürger auf der Agora ab. Weiters wurde der Platz für Theateraufführungen, religiöse Prozessionen, militärische Übungen und sportliche Wettkämpfe genutzt. Ringsum befanden sich öffentliche Gebäude wie die Münzprägestätte, die Büros der Beamten oder Archive. Bei Ausgrabungen fand man unter anderem Stimmkärtchen aus Bronze für Wahlen und eine Wasseruhr, die zur Zeitmessung bei Reden verwendet wurde. Funde zu ehemaligen Läden belegen die Funktion der Agora als Marktplatz, wo Töpfer, Schuster, Bronzeschmiede und Bildhauer ihre Waren zum Kauf anboten. Säulenhallen am Rande des Platzes lieferten Schatten für alle, die mit Freunden herumflanierten und dabei über Geschäfte, Philosophie oder Politik diskutierten.
Der Ablauf politischer Prozesse war auf der Agora sichtbar und beobachtbar, Akteure und Beobachter waren allerdings nur Männer. Ihre Mitbestimmungsrechte hingen von ihrer Abstammung und ihrem sozialen Status ab. In der griechischen Frühzeit spielte zudem das Alter eine Rolle. Über 50-Jährige durften in der Volksversammlung als erste sprechen. Damit gaben sie eine Meinung vor, der Jüngere meist folgten. Im Laufe des 5. Jhs. v. Chr. wurde diese Praxis allerdings abgeschafft.

M3

Blick von der Akropolis auf die Überreste der griechischen Agora in Athen, Fotografie, 2008

Ab dem 4. Jh. v. Chr. wurden in Athen Tagegelder für die politische Arbeit bezahlt, um auch ärmeren Bürgern die Möglichkeit zu geben, an den pro Jahr etwa 400 Sitzungen der Volksversammlung teilzunehmen. Was dort besprochen wurde und welche Beschlüsse zur Abstimmung kamen, bereitete der sogenannte Rat vor. Seine Mitglieder wurden zum Teil gewählt, zum Teil per Losentscheid bestimmt.

Die Kunst der Rede

Wollte man sich bei der Volksversammlung oder bei einer Gerichtsverhandlung Gehör verschaffen, musste man gut reden können. Das haben die Griechen früh erkannt und eine handwerkliche Kunst daraus gemacht, die man erlernen konnte. Der Rhetorik (Redekunst) wurde eine Göttin zugeordnet, Peitho. Sie war ursprünglich im Bereich der Erotik für die Kunst des Schmeichelns und Überredens zuständig. In Handbüchern und Schulungen wurde die Kunst der Rede unterrichtet. Sie konnte vor allem bei Gericht über Sieg oder Niederlage entscheiden. Es wurde empfohlen, viel Zeit in die Vorbereitung der Rede zu investieren oder diese von einem Profi, einem Logographen, ausarbeiten zu lassen. Natürlich müsse man sie dann selbst frei vortragen, ohne sich dabei von seinen Emotionen überwältigen zu lassen. Bereits in der Einleitung sollte es gelingen, beim Publikum eine positive Grundstimmung und wohlwollendes Interesse zu erzeugen. Im Anschluss empfehlen einschlägige Ratgeber die Darstellung des Sachverhalts und die Darlegung der eigenen Argumente. Eine erfolgreiche Rede endet mit einem Schlussappell, in dem schließlich auch die Emotionen des Redners aufblitzen dürfen.

Ein berühmter Redenschreiber und Lehrer war Isokrates (436 – 338 v. Chr.). Wegen seiner schwachen Stimme sprach er nie selbst vor Publikum. Er hat sich dafür eingesetzt, Rhetorik zu unterrichten.
Als herausragender Redner gilt Demosthenes (384 – 322 v. Chr.). Seine schwächliche Konstitution und Stimme prädestinierten ihn zwar nicht dazu, aber seine Motivation war umso stärker. Sein früh verstorbener Vater hinterließ ihm ein Erbe, das unter schlechten Verwaltern dahinschmolz. Dagegen wollte Demosthenes vorgehen und trainierte angeblich mit unkonventionellen Methoden. Bei Reden an einsamen Stränden versuchte er, das Meeresrauschen zu übertönen. Und um seine Aussprache zu verbessern, übte er mit Kieselsteinen im Mund.

Neben den Reden vor Gericht spielte die politische Rede eine große Rolle. Die Mitglieder des Rates und der Volksversammlung entwickelten eine hohe Erwartungshaltung den Rednern gegenüber, die auch in Mimik, Gestik und Stimmführung überzeugen mussten.
In Rom schätzte man gute Redner auch im öffentlichen Leben. Viele von ihnen erlernten diese Kunst bei griechischen Lehrern.

A

1 Ermitteln Sie in der Gruppe anhand einer Internetrecherche die Geschichte der Grabungen auf der Agora in Athen. Fassen Sie Ihre Ergebnisse zusammen.

2 Reflektieren Sie Ihre Präsentationstechnik und überlegen Sie, inwiefern sie den oben beschriebenen Regeln der Rhetorik entspricht.

3 Schildern Sie das Zustandekommen von Entscheidungsprozessen auf der Agora.

M4

Detailansicht des sogenannten Hephaistos-Tempels auf der griechischen Agora in Athen, Fotografie, 2005

M5

Marmorbüste der Aspasia, römische Kopie nach einem griechischen Original, 5. Jh. v. Chr., Vatikanmuseum, Rom

i

Aspasia aus dem 5 Jh. war berühmt für ihre Schönheit und ihren **„Esprit“**. Sie soll die Kunst der Rede beherrscht haben, wahrscheinlich war sie darin nicht die einzige Frau. Ihr Name fand aufgrund ihrer Beziehungen zu berühmten Männern wie dem Athener Staatsmann Perikles in die Geschichtsschreibung Einzug.

Esprit: französisch für Geist oder Witz; man sagt, eine Person hat Esprit, wenn sie sehr geistreich, witzig und schlagfertig ist.

M6

Der Althistoriker Paul Veyne schreibt über die politische Kultur Roms:

Die öffentlichen Ämter standen im Zeichen privater Würden, und den Zugang zu diesen Würden erschloß das Instrument privater Gefolgschaft. Nur allzu viele Historiker vergessen, daß Rom kein Staat im modernen Verstande des Wortes war [...]. Nach moderner Auffassung ist ein Beamter kein wirklicher Staatsdiener, wenn er von seinen Ämtern profitiert und sich persönlich bereichert oder wenn er seinen privaten Ehrgeiz über das Allgemeinwohl stellt.

P. Veyne, Das Römische Reich, 1999, S. 101f.

M8

Polyeuktos, Herme des Demosthenes (384 – 322 v. Chr.), um 280 v. Chr., Glyptothek, München

i

415 v. Chr. ereignete sich ein mysteriöses Attentat: Nach einem Bericht des Geschichtsschreibers Thukydides (ca. 460 – 396 v. Chr.) wurden eines Nachts die meisten Hermen auf der Agora zerstört – ein böses Omen angesichts eines bevorstehenden Angriffs auf Sizilien oder gar eine weibliche Protestaktion gegen den bevorstehenden Krieg der Athener? Der Vorfall passierte nämlich während des geschilderten Adonia-Festes im Juli, das den Frauen „gehörte“.

Keine Trennung von privat und öffentlich in Rom

Die reichen und adeligen Römerinnen und Römer genossen Macht sowie Prunk ihres Reichs. Dabei unterschieden sie kaum zwischen persönlicher Würde und öffentlichen Aufgaben, zwischen öffentlichen Geldern und Privatvermögen. Auch Schmiergelder und Korruption gehörten zum politischen Alltag. Hatte man ein öffentliches Amt erlangt, musste man sich spendabel zeigen. Als ernannter Prätor oder Konsul musste man allerlei Vergnügungen für das Volk finanzieren: Theateraufführungen, Wagenrennen oder Gladiatorenkämpfe, die besonders kostspielig waren. Später holten sich die großzügigen Spender nach Möglichkeit das Geld über die Verwaltung einer Provinz wieder zurück.

M7

Römisches Wagenrennen, Relief aus dem 2. oder 3. Jh., 1944 zerstört

In den Städten des Römischen Reiches wurden die meisten öffentlichen Gebäude von den örtlichen Notabeln, den einflussreichen Adeligen, aus eigener Tasche bezahlt. Ebenso die meisten Amphitheater. Diese Praxis kann man als eine Mischung aus privater Großzügigkeit und öffentlicher Verpflichtung sehen.

Frauen und Öffentlichkeit

Die Frauen der Oberschicht durften bei den Griechen nur in Begleitung ihrer Sklavinnen und Sklaven das Haus verlassen. Ärmere Frauen hatten diesbezüglich mehr Freiheit. Die Öffentlichkeit der Agora war der männlichen Elite Athens vorbehalten. Dass dieser Raum der männlichen Sphäre zuzuordnen war, zeigten auch die zahlreichen Hermen. Dies waren religiöse Statuen, mit denen man Straßenecken oder Gebäudeeingänge markierte. Es handelte sich dabei um rechteckige Säulen mit einem Phallus auf halber Höhe, die ursprünglich mit dem Kopf des Hermes gekrönt waren.

Eine gewisse Form der Öffentlichkeit durften Frauen bei manchen Festen für sich in Anspruch nehmen. So beim Fest der Adonia, das Ende Juli stattfand und von dem Männer ausgeschlossen waren. Dabei trauerten Frauen um den Gott Adonis, der allzu jung von einem Keiler getötet worden war. Mindestens eine Nacht lang tanzten, tranken und sangen die Frauen in der Dunkelheit auf den Dächern ihrer Häuser. Dieses Ritual wurde von den Männern zwar misstrauisch beäugt, aber nicht verhindert.

Bei der Einschätzung der Rechtlosigkeit der griechischen Frauen in der Antike dürfen wir nicht vergessen, dass alle Quellen dazu von Männern stammen. Sie geben sicher einen gesellschaftlich erwünschten Status wieder, allerdings verraten sie uns wenig darüber, wie sehr man sich in der Praxis daran hielt.
Die römischen Frauen nahmen aktiver am öffentlichen Leben teil. Zwar durften auch sie keine politischen Ämter bekleiden, doch gab es bedeutende Orte in der Stadt, an denen sie präsent waren. Dazu zählte z. B. der Vestatempel auf dem Forum, der römischen Agora. Dieser Tempel enthielt das heilige Feuer. Es symbolisierte das Leben der Stadt und durfte nie verlöschen. Die Hüterinnen dieses Feuers waren die sechs Vestalinnen.

Das Militär

Die griechisch-römische Kultur setzte sich gegenüber anderen Kulturen nicht zuletzt aufgrund ihrer militärischen Stärke durch. Dabei wandelte sich die Organisationsform des Militärs jeweils mit der gesamtgesellschaftlichen Entwicklung von temporären Bürgerwehren bis zur Berufsarmee.
Der typische griechische Soldat war der Hoplit, ein Fußsoldat, der entweder Bürger einer Polis oder Söldner war und bewaffnet mit Schild, Helm, Langspeer und Langschwert in kleinen Grenzkonflikten kämpfte. Typische Kampfform war die Phalanx (Walze), eine dicht geschlossene Kampfgemeinschaft von Bauern und Bürgern, deren stampfendes Heranrücken und lautes Geschrei die Gegner in die Flucht schlagen sollte. Die Hopliten mussten selbst für ihre Rüstung aufkommen. In pferdereichen Regionen wie Thessalien und Makedonien wurden Reiterarmeen gebildet. Themistokles (525 – 459 v. Chr.) setzte gegen große Widerstände in Athen den Aufbau einer Flotte durch, vor allem, weil er eine Invasion der Perser fürchtete. Die Flotte bestand aus eigens entwickelten Schiffen, den Trieren (vgl. S. 18).
Im Römischen Reich vollzog sich mit Kaiser Augustus (geb. 63 v. Chr. als Gaius Octavius) ein bedeutsamer Wandel. Er führte ein stehendes Heer ein, also eine Art Berufsarmee. Sie umfasste etwa 250 000 bis 300 000 Mann. Die Bauern und Handwerker der vormaligen Milizheere mussten ihre Arbeit nun im Kriegsfall nicht mehr niederlegen. Der einfache römische Soldat, Legionär genannt, wurde nach strengen Kriterien ausgewählt, hart trainiert und regelmäßig entlohnt. Er gehörte einer Legion an, dem größten Truppenverband des römischen Heeres. In der Kaiserzeit umfasste das römische Heer etwa 30 Legionen. Unterstützt von sogenannten Hilfstruppen, deren Angehörige keine römischen Bürger waren, trugen sie wesentlich zum Ausbau des Imperium Romanum und seinem Erhalt bei. An der Spitze des Heeres stand der Kaiser, worauf der Titel „Imperator“, also Feldherr, hinweist.

A

3 Vergleichen Sie in Partnerarbeit Möglichkeiten und Spielräume von Frauen im antiken Rom und im antiken Athen, direkt oder indirekt politische Macht auszuüben.

4 Recherchieren Sie im Internet weitere Büsten römischer Frauen. Stellen Sie Unterschiede und Gemeinsamkeiten der Darstellungen fest.

5 Diskutieren Sie in der Klasse die Verbreitung und mögliche politische Bedeutung von Frisuren in unserer Gesellschaft.

6 Beurteilen Sie, inwiefern militärtechnische Neuerungen zu grundlegenden Veränderungen in Athen und Rom beigetragen haben.

M9

Porträt der Livia, ca. 31 v. Chr., Louvre, Paris

M10

Porträt der Domitia, 90 v. Chr., Louvre, Paris

M11

Porträt der Plotina, 110 – 120 n. Chr., Museo Nazionale Romano, Rom

i

Die Frisuren entsprachen unterschiedlichen Moden, die durch berühmte Trägerinnen eingeführt und im Imperium verbreitet wurden.

Arbeitswelten in der Antike

Die Landwirtschaft bildete im archaischen Griechenland die Existenzgrundlage der allermeisten Menschen, von den kleinen Bauern bis zu den Aristokraten, die ihre Felder oft von Sklaven bewirtschaften ließen. Landbesitz war die Basis für den Bürgerstatus in einer griechischen Polis, also die Voraussetzung dafür, politisch mitmischen zu dürfen. Griechische und römische Großgrundbesitzer, die ihre Zeit lieber auf der Jagd und bei ausgiebigen Trinkgelagen verbrachten, suchten häufig nach verlässlichen Verwaltern. Diese sollten die Arbeit auf den Ländereien bestmöglich anleiten und kontrollieren.
Auch wenn die Mehrheit der Bevölkerung in der griechischen und römischen Antike weiter auf dem Land lebte, entstanden ab dem 5. Jh. v. Chr. immer mehr Städte. Der Städtebau erfuhr eine erste Blüte. Die Menschen, die in die Städte zogen, hatten der Landwirtschaft den Rücken gekehrt und fanden andere Erwerbsfelder für sich, etwa im Dienstleistungsbereich oder im Handwerk. Im griechischen wie auch im römischen Kulturraum war das Handwerk meist kleinräumig organisiert. Der Eigentümer, seine Familienangehörigen und vielleicht einige Sklaven arbeiteten in einer Werkstatt, die gleichzeitig Verkaufsraum war.

M12

Der römische Schriftsteller Columella beschreibt das ideale „Jobprofil" für einen Verwalter:

Des Schlafens und Weintrinkens soll er sich möglichst weitgehend enthalten; denn beides sind grimmige Feinde einer gewissenhaften Arbeit. Dem Trunkenbold entschwindet mit dem Gedächtnis der Gedanke an die Pflicht, und der Schlafmütze entgeht das meiste. [...] Ferner sei der Verwalter amourösen Abenteuern abgeneigt; gibt er sich denen hin, dann kann er an nichts anderes denken als an das, was ihn lockt.

Zit. nach: K.-W. Weeber, Das Landleben, 2012, S. 102

i

Als Begründer des modernen Städtebaus im Mittelmeerraum gilt Hippodamos von Milet, der im 5. Jh. v. Chr. lebte. Er erfand den sogenannten Schachbrett-Grundriss (M13). Dabei wird die Fläche in rechteckige Grundstücke geteilt, die entlang breiter Hauptstraßen angeordnet werden. Im rechten Winkel dazu verlaufen schmälere Nebenstraßen. Das Herzstück der Stadt bilden die Agora bei den Griechen bzw. das Forum bei den Römern.

M13

Darstellung des Schachbrett-Grundrisses nach Hippodamus von Milet am Beispiel von Piräus, Karl Baedecker, Greece: Handbook for Travellers, 1908, S. 95

Frauen arbeiteten sehr häufig als Ammen und in sozialen Berufen. Sie waren Hebammen, Erzieherinnen und – in seltenen Fällen – Ärztinnen. Auch im Textilgewerbe und als Verkäuferinnen waren Frauen tätig. Ganz selten ist in den Quellen von Juristinnen oder Unternehmerinnen die Rede. Die Frauen der Oberschicht konzentrierten sich meist ausschließlich auf die Haushaltsführung.

M14

Teilansicht vom Grab eines Metzgers, vermutlich 2. Jh. n. Chr., Rom

Spezialisierung der Arbeitswelt

Im Laufe der Antike nahm die Spezialisierung in der Arbeitswelt zu. In der Wirtschaftsmetropole Rom, in der damals bis zu einer Million Menschen lebten, sind mehr als 200 verschiedene Gewerbe und Berufe bezeugt. Trotzdem finden wir in den Schriften römischer Aristokraten eine große Ablehnung diesen Tätigkeiten gegenüber. Als ehrenhafte Arbeit wird allein jene des selbstständigen Bauern gelobt, der sein eigener Herr ist und nicht von Aufträgen und Anweisungen seiner Kunden abhängig ist.

In manchen Bereichen finden wir auch bereits größere Produktionsstätten, in denen z. B. Waffen hergestellt wurden und die oft im Eigentum der Polis oder der römischen Republik standen. Ein wichtiger Rohstoff für die Waffenproduktion wurde mittels Bergbau herbeigeschafft. Die Polis Athen verpachtete die Erzgruben oft an private Unternehmer. Quellen belegen, dass im 5. und 4. Jh. v. Chr. bis zu 30 000 Sklaven in diesen Gruben schufteten. Sie gehörten zum Teil den Bergwerksbetreibern, zum Teil Athener Bürgern, die sie vermieteten. Die Sklavinnen und Sklaven waren aus der antiken Arbeitswelt, in der es keine Maschinen gab, nicht wegzudenken.

„Freizeitvergnügen" in der Therme

Öffentliche Badeanlagen spielen bis heute eine große Rolle bei unserer Freizeitgestaltung. Baden in freier Natur war auch bei den Griechinnen und Griechen beliebt. Im 4. Jh. v. Chr. begann man, bei den Sportanlagen eigene Badebereiche einzurichten.
Während bei den Griechen noch die sportliche Betätigung im Vordergrund stand und das anschließende Bad hauptsächlich der Reinigung diente, wandelte sich die Badekultur in Rom zu einem Alltagsphänomen, bei dem das Vergnügen zählte. Die Thermen wurden zunehmend luxuriöser ausgestattet und täglich von Tausenden Menschen besucht. In der Kaiserzeit kann man von einem Vollausbau dieser Anlagen sprechen, mit einer feststehenden Abfolge von Heiß-, Warm- und Kaltwasserbecken. Außerdem gab es Umkleideräume, Dampf- und Schwitzbäder, Ruheräume, Hallen für Gymnastik und Ballspiele, Massageräume und sogar Bibliotheken. Zu den prunkvollsten Anlagen dieser Art zählten die Caracalla-Thermen in Rom, die von 206 bis 216 n. Chr. erbaut wurden.

M16

Caracalla-Thermen, Rom, Fotografie, 2014

Die Benutzung der Thermen stand allen offen, auch den Frauen und Sklaven. Der Eintrittspreis war gering oder der Zutritt überhaupt gratis, wenn das Bad von einem reichen Politiker gesponsert wurde.
Das Römische Reich erstreckte sich unter anderem über Regionen, die später zum islamischen Kulturkreis zählen sollten. Dort erlangte das Bad eine ebenso wichtige Funktion, und manche Forscherinnen und Forscher meinen, dass dies auf die römische Antike zurückgehe. Diese Meinung ist allerdings umstritten, da andere altorientalische Einflüsse auf die islamische Bädertradition für bedeutungsvoller halten.

A

7 Formulieren Sie in Gruppenarbeit eine Stellenanzeige, in der eine Verwalterin bzw. ein Verwalter für einen heutigen landwirtschaftlichen Betrieb gesucht wird. Zeigen Sie die Unterschiede zur Quelle von Columella auf (M12).

8 Arbeiten Sie aus der Textstelle von Cicero (M15) die Unterschiede in der gesellschaftlichen Anerkennung von Arbeit heraus. Diskutieren Sie, nach welchen Kriterien Arbeit heute bewertet wird.

M15

Cicero schreibt 44 v. Chr. über das „Elend der Handarbeit":

Nunmehr noch ein Wort über die verschiedenen Erwerbszweige. Zu der Frage, welche dem freien Manne angemessen sind, welche dagegen als schmutzig zu bezeichnen sind, gilt als herkömmlich etwa Folgendes: Erstens werden alle diejenigen Gewerbe als verpönt angesehen, die, wie das der Zöllner und Wucherer, nur darauf hinauslaufen, sich bei den Mitmenschen verhaßt zu machen. Als unedel und unsauber gilt ferner der Erwerb aller ungelernten Tagelöhner, deren Dienstleistungen man bezahlt [...]. Zu den schmutzigen Geschäften rechnet man auch alle Zwischenhändler, die, was sie vom Großhändler kaufen, sofort wieder verkaufen. Sie würden gar nichts verdienen, wenn sie sich nicht ganz auf Lügerei verlegten. Alle Handwerker fallen auch unter die unsaubere Zunft, was kann schon eine Werkstatt Edles an sich haben?

Zit. nach: K.-W. Weeber, Alltag im Alten Rom, 2000, S. 19

M17

Darstellung des Innenraums der Caracalla-Thermen, Zeichnung von Abel Blouet, 1899

M18

Caracalla-Thermen, Innenansicht, Fotografie, 2017

M Arbeiten mit Bildern

Kontextwissen: Informationen über die zeitlichen, räumlichen und sozialen Umstände, unter denen ein Ereignis stattgefunden hat oder ein Kunstwerk geschaffen wurde. Bildliche Quellen werden durch Kontextwissen in ihren historischen Entstehungszusammenhang eingeordnet.

M1

Mosaik aus einem Haus in Utica, ohne Datum, Tunesien

M2

Münze mit dem Porträt des römischen Kaisers Vespasian, 9 – 79 n. Chr.

i

Auf der Rückseite der Münze wird der Sieg über den Aufstand in Judäa im Jahr 70 n. Chr. dargestellt.

M3

Darstellung der Dichterin Sappho (630/612 – um 570 v. Chr.) auf einem Kalathos (Arbeits- oder Blumenkorb), um 470 v. Chr.

Historische Bilder interpretieren

„Ein Bild sagt mehr als 1000 Worte." – Dieser Ausspruch mag zwar oft richtig sein, aber er darf uns nicht zu der Annahme verleiten, dass Bilder immer selbsterklärend sind. Gerade bei der Interpretation historischer Bilder braucht man ein gewisses **Kontextwissen**, um den Bildinhalt zu verstehen. Man muss sich auch der Tatsache bewusst sein, dass manches nicht eindeutig zu interpretieren ist bzw. dass jeder Mensch ein Bild anders wahrnehmen kann. Außerdem entwickelt sich die diesbezügliche Forschung weiter. Neue Erkenntnisse sind daher nie auszuschließen. Historikerinnen und Historiker interpretieren Bilder als historische Quellen zudem mit einem anderen Fokus als dies Kunstexpertinnen und -experten tun.

Schritte der Bildanalyse

Der Geschichtsdidaktiker Reinhard Krammer schlägt drei Schritte für die Arbeit mit Bildern vor. Er beruft sich dabei auf den Kunsthistoriker Erwin Panofsky. Natürlich müssen nicht für jede Bildanalyse alle Fragen „abgearbeitet" werden.

Dreistufiges Frageschema zur Bildanalyse

Erster Schritt: Bildbeschreibung

1. Was ist auf dem Bild zu sehen?
2. Welche Personen sind abgebildet, was machen sie?
3. Welche Gegenstände und Symbole sehen Sie?
4. Aus welcher Zeit und welcher Region stammt das Bild?
5. Welchen Eindruck haben Sie von diesem Bild? Welche Fragen haben Sie, wenn Sie es ansehen?

Zweiter Schritt: Bildanalyse

1. Wie werden die Personen dargestellt?
2. Falls Symbole am Bild gezeigt werden: Was bedeuten sie?
3. Welcher Ausschnitt wird dargestellt? Was sehen wir nicht?
4. Wie werden die Farben verwendet?
5. An wen richtet sich das Bild?

Dritter Schritt: Interpretation der Bildaussage

1. Warum wurde das Bild gemacht?
2. Was wissen wir über die Entstehung des Bildes?
3. Wo befindet sich das Original?
4. Was möchte die Künstlerin oder der Künstler zeigen?
5. Lassen sich die Aussagen des Bildes durch andere Quellen (Bilder, Texte, Gegenstände) bestätigen, ergänzen, korrigieren oder widerlegen?

(Frageschema nach Krammer/Panofsky, adaptiert)

Bilder aus der Antike – die Antike in Bildern

Wir verfügen über zahlreiche bildliche Quellen zur Antike, z. B. Mumienporträts, Sarkophagreliefs, Grabsteine, Wandmalereien, Mosaike, Statuen, Münzporträts etc. Die Antike ist aber oft auch Thema in Werken anderer Epochen. Aus der Zeit des Klassizismus (spätes 18., frühes 19. Jh.) haben wir etwa Porträts von Italienreisenden, in denen die Bedeutung der Antike für die Bildung zum Ausdruck kommt.

M4

Doppelporträt aus einem Haus in Pompeji, 1. Jh. n. Chr. , Archäologisches Museum, Neapel

i

Das Doppelporträt zeigt ein Paar aus Pompeji. Lange Zeit hielt man sie für Paquius Proculus und seine Frau – eine heute umstrittene Zuschreibung. Die Gegenstände, die sie in den Händen halten, Papyrusrolle und Schreibzeug, sollen auf Bildung und Gelehrsamkeit hinweisen.

M5

Porträt von Charles Crowle, Pompeo Batoni, Öl auf Leinwand, ca. 1761/62, Louvre, Paris

i

Der britische Anwalt Charles Crowle ließ sich ein Porträt zur Erinnerung an seine Romreise malen.

M6

Goethe in der Campagna, Johann Heinrich Wilhelm Tischbein, Öl auf Leinwand, 1787, Städel Museum, Frankfurt

i

Der deutsche Dichter Johann Wolfgang von Goethe (1749–1832) reiste 1786 nach Rom. Dort freundete er sich mit dem Maler Johann Heinrich Wilhelm Tischbein an, der ihn porträtierte. Goethe ruht auf Gesteinsquadern, die von einem ägyptischen Obelisken stammen. Dahinter sehen wir Relikte aus der Antike.

A

1 Beschreiben Sie eine der Abbildungen.

2 Wählen Sie aus dem dreistufigen Frageschema pro „Schritt" eine Frage aus und beantworten Sie diese.

3 Beurteilen Sie die Bedeutung von bildlichen Quellen für das historische Lernen.

M1

Der Kunsthistoriker Ernst H. Gombrich (1909–2001) schreibt zur Frage der Definition von Kunst:

Genaugenommen gibt es „die Kunst“ gar nicht. Es gibt nur Künstler. Einstmals waren das Leute, die farbigen Lehm nahmen und die rohen Umrisse eines Büffels auf eine Höhlenwand malten. Heute kaufen sie ihre Farben und entwerfen Plakate für Fleischextrakt; dazwischen taten sie noch manches andere. Es schadet natürlich nichts, wenn man alle diese Tätigkeiten Kunst nennt, man darf nur nicht vergessen, daß dieses Wort in verschiedenen Ländern und zu verschiedenen Zeiten etwas ganz Verschiedenes bedeuten kann [...].

E. H. Gombrich, Die Geschichte der Kunst, 1996, S. 15

i

Auf dieser Unterseite einer Vase (M2) wird die Werkstatt eines griechischen Bildhauers dargestellt. Rechts bearbeitet ein Mann eine Statue, deren Kopf vor ihm auf dem Boden liegt. Links ist ein Schmelzofen zu sehen, darüber hängen Skizzen an der Wand.

M3

Vase „Abschied des Kriegers“, etwa 510–500 v. Chr., Staatliche Antikensammlung München

3 Kunst und Architektur in der Antike

Eine Definition von Kunst ist schwierig. Jeder Mensch kann darunter etwas anderes verstehen, und jede Epoche und Kultur hat ihre eigenen Ansichten über Kunst. Entsprechend verschieden ist die Wahrnehmung von Künstlerinnen und Künstlern. Ihre Erzeugnisse bezeichnet man als künstlerische Werke. In der Antike umfassten diese viele unterschiedliche Gattungen, von monumentalen Bauwerken bis zu filigranen Schmuckstücken.

Die gesellschaftliche Stellung der Künstler

Die frühen griechischen Maler und Bildhauer, deren Werke wir zum Teil heute noch bewundern, waren gesellschaftlich wenig angesehen. Anders als Schriftsteller oder Philosophen, die hohes soziales Prestige genossen, arbeiteten sie ja mit ihren Händen. Sie saßen verschwitzt an den Schmelzöfen oder bearbeiteten wie Schwerarbeiter den harten Marmor. Diese Arbeitsbedingungen rückten sie in der gesellschaftlichen Wahrnehmung in die Nähe von Sklavinnen und Sklaven. Erst im Verlauf des 4. Jhs. holte die bildende Kunst auf.

M2

Unterseite einer Vase, um 480. v. Chr., Staatliche Museen Berlin

Die Entwicklung der Malerei

Griechische Vasenmalereien sind nicht nur eine wichtige Quelle für die Erforschung des Alltagslebens, sie geben uns auch Aufschluss über die stilistische Entwicklung. Die griechischen Maler entfernten sich vom ägyptischen Vorbild der starren Figurendarstellung im Profil. Personen wurden nun auch von vorne gezeichnet. Vielen gilt dies als ein Wendepunkt in der Geschichte der Kunst.

Kopie oder Original?

Wir finden heute in Museen nur wenige griechische Originale. Die meisten „griechischen Statuen“ sind Kopien, die in der Römerzeit für zahlungskräftige Reisende als Andenken oder Schmuck für Gärten und Bäder hergestellt wurden.
In manchen Fällen hat die Kopie nur wenig mit dem Original zu tun. Ein Beispiel dafür ist die berühmte Pallas Athene von Phidias (s. dazu S. 32, M1). Er schuf die elf Meter hohe Figur als Kultstatue für den ihr gewidmeten Tempel auf der Akropolis, den Parthenon.

Dieser Tempel war unter Perikles nach der kriegsbedingten Zerstörung durch die Perser neu aufgebaut worden. Leider ist die Pallas Athene des Phidias nicht erhalten, sie wurde aber vielfach kopiert. Wir verfügen außerdem über eine genaue Beschreibung der Originalfigur aus zeitgenössischen Texten. Demnach war sie aus Holz, hoch wie ein Baum, mit kostbarem Material überzogen, die Augen bestanden aus farbigem Stein. Ihr Schild glänzte in leuchtenden Farben.
Zu den erhaltenen Originalen zählt der bronzene Wagenlenker (M6), bei dem sogar die Augen aus farbigen Steinen noch intakt sind. Derartige Standbilder von Athleten säumten ursprünglich den Tempel in Olympia.

Hellenistische Kunstwerke

Die griechischen Bildhauer sind berühmt für die Lebendigkeit ihrer Figuren und ihre zunehmend realistische Darstellung. Während bei Phidias noch idealisierte, symmetrisch geschönte Gesichtszüge zu sehen sind, gibt der Hofbildhauer von Alexander dem Großen, Lysippos (4. Jh. v. Chr.), den Figuren erstmals persönliche Züge.
Mit der Gründung eines Weltreiches durch Alexander wurde die griechische Kunst bestimmend für die Bildersprache weiter Teile der Welt. Reiche Städte wie Alexandria in Ägypten, Antiochia in Syrien und Pergamon in Kleinasien stellten Künstler vor neue Herausforderungen: Alles wurde größer, üppiger, dynamischer. Ein typisches Beispiel dafür ist die viel bewunderte „Laokoon-Gruppe“ aus dem 2. Jh. v. Chr.

M5

Laokoon und seine Söhne, Marmorkopie nach dem hellenistischen Original, etwa 175 – 50 v. Chr., Museo Pio Clementino, Vatikan

A

1 Fassen Sie die Thesen von Gombrich (M1) in eigenen Worten zusammen.

2 Recherchieren Sie unterschiedliche Definitionen von Kunst und wählen Sie Ihren Favoriten. Begründen Sie Ihre Wahl und diskutieren Sie in der Klasse über die gesellschaftliche Rolle von Kunst in verschiedenen Kulturen heute.

M4

Darstellung einer Amazone, römische Kopie einer dem Bildhauer Phidias (um 500/490 bis 430/420 v. Chr.) zugeschriebenen Bronzestatue, Kapitolinische Museen, Rom

Laokoon: Name eines berühmten Priesters aus Troja.

i

Der Wagenlenker von Delphi gilt als eine der am besten erhaltenen originalen Bronzestatuen der griechischen Antike.

M6

Wagenlenker von Delphi, Bronze, etwa 475 v. Chr., Archäologisches Museum Delphi

M7

Parthenon in Athen während seiner Renovierung, Fotografie, 2005

i

Säulen sind typische Elemente der antiken Architektur. Man unterscheidet dorische (A), ionische (B) und korinthische (C) Säulen.

M9

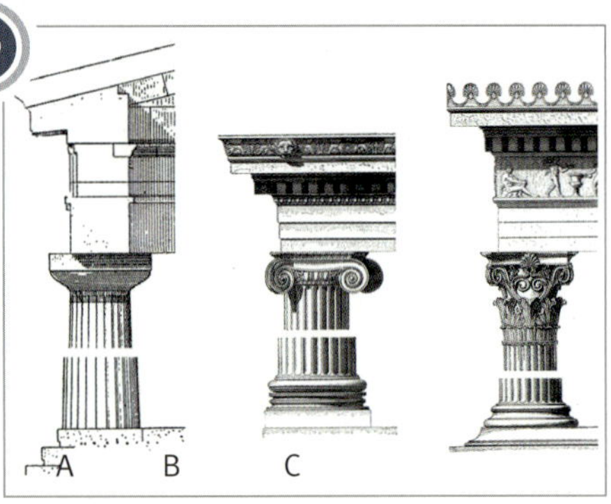

Darstellung der klassischen Säulenordnung, W. Lübke und M. Semrau, Grundriß der Kunstgeschichte, 1908

documenta: weltweit bedeutendste Ausstellung für zeitgenössische Kunst. Sie wurde 1955 gegründet und findet alle fünf Jahre in der deutschen Stadt Kassel statt.

M10

Theater an der Akropolis, Fotografie, 2015

i

An der Akropolis befand sich auch ein Theater mit pädagogischer Funktion. Am Beispiel der Schauspieler sollte heldenhaftes Benehmen vorgeführt werden. Komödien sollten unterhalten, Tragödien brachten ernstere Inhalte.

Die Akropolis

Das heutige Erscheinungsbild der Akropolis, des Burgbergs im Zentrum Athens, geht auf Perikles zurück. Die imposante architektonische Neugestaltung des berühmten Hügels sollte nicht nur die vorangegangenen Verwüstungen durch die Perser vergessen lassen, sondern den Führungsanspruch Athens gegenüber den anderen Poleis unterstreichen. Die Vermengung von dorischen und ionischen Stilelementen diente ebenfalls diesem Zweck. Mit dem Parthenon entstand ein Tempel, der hinsichtlich Größe und Ausgestaltung neue Maßstäbe setzte. Er ist der Stadtgöttin Athene geweiht, die Giebel zeigen ihre Geburt sowie ihren Streit mit Poseidon, dem Gott des Meeres, um die Vorherrschaft in Attika. Anlässlich der **documenta** 2017 wurde das Bauwerk in einem aktuellen Kontext zitiert.

M8

Parthenon der verbotenen Bücher auf der documenta 2017 in Kassel, Olaf Kosinsky

Dieser Nachbau des Parthenon-Tempels durch die argentinische Künstlerin Marta Minujín in Originalgröße besteht aus ca. 100 000 Büchern, die einst irgendwo auf der Welt verboten waren oder es heute noch sind. Zum Schutz vor Nässe sind sie in Folie eingeschweißt und an Metallstangen befestigt. Rechts davon befindet sich das Fridericianum, ein Museumsbau aus dem 18. Jh., der ebenfalls die Antike zitiert.

Griechische und römische Privathäuser

In antiken Städten gab es eine klare Trennung zwischen den Wohnvierteln der reichen und jenen der armen Bevölkerung. Während letztere sehr beengt und unter miserablen hygienischen Bedingungen hauste, boten die Häuser der Oberschicht viel Raum und Komfort. Innerhalb des Hauses gab es in der griechischen Gesellschaft eine klare räumliche Aufteilung nach Geschlechtern. Man nimmt heute an, dass die vorderen, straßenseitigen Räume vom Ehemann und den Söhnen bewohnt wurden. Dort fanden auch die Symposien statt, zu denen die Ehefrauen keinen Zutritt hatten. Gemeinsame Schlafzimmer der Eheleute gab es ebenfalls nicht.

Die Architektur eines römischen Wohnhauses war zwar dem griechischen sehr ähnlich – alle Räume gruppierten sich um einen Innenhof und zeigten sich nach außen geschlossen –, aber das Leben darin war deutlich offener.

In der Spätantike verlagerten viele römische Aristokraten ihren Lebensmittelpunkt auf das Land. In ihren prunkvollen Anwesen zeugen kunstvoll gelegte Mosaike von der Wertschätzung des ländlichen Lebens, das oft mit Götterdarstellungen verbunden wurde.

M11

Römisches Mosaik zur Hochzeit von Dionysos und Arianna in ländlicher Umgebung, 2. Jh. n. Chr., Bardo Museum, Tunis

Die Umgestaltung Roms

Der Schwerpunkt der römischen Baukunst lag lange Zeit auf technisch-militärischem Gebiet, im Hafen-, Straßen-, Brücken- und Festungsbau. Für Zwecke des Handels und des Gerichtswesens entwickelten die Römer die neue Form der **Basilika**.
Dies änderte sich erst im 1. Jh. v. Chr. Aus dieser Zeit stammt auch das erste umfassende, bis heute erhaltene Werk zur Architekturtheorie. Sein Autor, der Architekt Vitruv, widmete sein Werk Augustus. Dieser nimmt für sich in Anspruch, die aus Ziegeln erbaute Stadt in eine Stadt aus Marmor verwandelt zu haben. Zeitgenössische Dichter schreiben ihm weiters zu, Rom vergoldet zu haben. Das dürfte sich auf die Verwendung vergoldeter Bronze für Dachziegel und Statuen beziehen.
Das große Amphitheater, das Kolosseum, ist heute das am besten erhaltene antike Großgebäude Roms. Sein Bau unter Kaiser Vespasian veränderte das Stadtbild. Die Gesamtanlage umfasste neben dem Amphitheater noch Gladiatorenkasernen, ein Hospital, Waffenlager und weitere Nebengebäude. Die Arena konnte sowohl für Tierjagden als auch, mit Wasser gefüllt, für Seeschlachten verwendet werden. 50 000 Besucher fanden Platz. Den Männern wurden Plätze nach gesellschaftlichem Rang zugeordnet. Ob Frauen überhaupt Zutritt hatten und wenn ja zu welchen Plätzen, entschied der jeweilige Herrscher.

A

3 Beurteilen Sie, welche Gründe Marta Minujín veranlasst haben könnten, gerade den Parthenon-Tempel als Zitat für ihr Parthenon der verbotenen Bücher zu wählen (M8).

4 Analysieren Sie Vitruvs Einschätzung des Architektenberufs (M12). Erklären Sie, inwieweit dieses komplexe Wissen und das handwerkliche Können tatsächlich erforderlich sind.

5 Diskutieren Sie in der Klasse die These Kolbs (M13) hinsichtlich des Zusammenhangs zwischen Politik und Städtebau.

M12

Der römische Architekturtheoretiker Vitruv über das Anforderungsprofil an Architekten:

Das Wissen des Architekten speist sich aus mehreren Disziplinen und verschiedenen Wissensfeldern. Immerhin muss der Architekt in der Lage sein, alles zu beurteilen, was von den übrigen Künsten hervorgebracht wird. Dazu bedarf es handwerklicher Fähigkeiten und vernünftiger Überlegung.

Vitruv, De architectura I, 1, 1, Übers. von Curt Fensterbusch

Basilika: Bauform, ursprünglich für Markt- und Gerichtshallen, später für Kirchenbauten. Typischerweise handelt es sich um ein langgestrecktes Gebäude mit hohem Mittelschiff und niedrigen Seitenschiffen.

M13

Der Althistoriker Frank Kolb schreibt zum Umbau Roms:

Das Zentrum Roms lockte jetzt mit glanzvollen Plätzen und Säulenhallen, Gärten und Tempeln. Dort ließ es sich genüsslich flanieren und ästhetisch genießen. Dem Volk von Rom wurde für seine Entpolitisierung Ersatz geboten, auch durch Gladiatorenspiele und Tierjagden, Theateraufführungen und Circusrennen. Die Thermen des Agrippa, die Theaterbauten und ein kleines steinernes Amphitheater sowie ein noch als Holzbau errichtetes Stadion für Wettkämpfe griechischen Stils auf dem Marsfeld [...] boten dem Volk ein reichhaltiges Spektrum an Zerstreuungen.

F. Kolb, Das antike Rom, 2009, S. 54

M14

Teilansicht des Kolosseums in Rom, Fotografie, 2013

i

Zu den bekanntesten Sophisten zählt Protagoras (485 – um 415 v. Chr.). Er prägte den viel diskutierten Ausspruch „Der Mensch ist das Maß aller Dinge.“ Damit wollte er vermutlich zum Ausdruck bringen, dass es immer mehrere Sichtweisen auf einen Sachverhalt und nicht eine allgemeingültige Wahrheit gibt. Die Sicht auf die Wirklichkeit ist demgemäß subjektiv und wandelbar.

M1

Büste des Cicero, 1. Jh. n. Chr., Kapitolinische Museen, Rom

i

Der römische Anwalt, Philosoph und Politiker Cicero setzte Maßstäbe. Viele seiner Reden wurden Teil eines **Bildungskanons.**

Bildungskanon: Wissen, das in einer Kultur als zentral angesehen und über die Bildungseinrichtungen vermittelt wird.

M2

Büste des Sokrates (470 – 399 v. Chr.), römische Kopie nach einem griechischen Original, Neues Museum Berlin

4 Ursprünge der Wissenschaft und Bildung in der Antike

Die griechisch-römische Antike prägt bis heute auch unser Herangehen an die Bereiche Wissenschaft und Bildung. Im 7. und 6. Jh. v. Chr. vollzog sich an den Küsten des Mittelmeers ein bedeutsamer Wandel: Das rationale Denken und die Vernunft hielten in die europäische Geschichte Einzug. Damit waren die Grundlagen für die Entstehung der modernen Wissenschaften gelegt. Es entstanden bis zur Gegenwart wirkende Bildungsideale.

Rhetorik und die „Liebe zur Weisheit“

Jede Wissenschaft und auch unser moderner Schulunterricht beruhen auf der Idee, dass wir mithilfe eines durch Vernunft bestimmten Denkens zu Erkenntnissen gelangen können, die für andere Menschen nachvollziehbar und nachprüfbar sind. Dass sich die Idee vernünftigen Denkens im 7. und 6. Jh. v. Chr. in den griechischen Kolonien im Mittelmeerraum allmählich herausbildete, hatte verschiedene Ursachen. Ein reger Handel brachte nicht nur wirtschaftlichen Wohlstand, sondern auch Kontakte mit anderen Kulturen. Deren Erkenntnisse in Bereichen wie Mathematik, Astronomie oder Geografie wurden übernommen. Errungenschaften wie das Papier, der Kalender und das Münzwesen erreichten die verschiedenen Poleis. Somit erweiterte die Auseinandersetzung mit fremden Kulturen den Horizont und brachte einzelne Menschen dazu, über sich selbst und ihre Position in der Welt nachzudenken. Zudem begann in dieser Zeit der Übergang von der Adelsherrschaft zu anderen politischen Formen wie Tyrannis oder Demokratie. Manche nahmen diese Entwicklungen in ihrem Alltag als Krisen wahr und hatten Angst vor einer sich schnell verändernden Welt.

Die Entstehung der Demokratie, die auf Diskussion und Austausch von Argumenten beruht, verlangte außerdem vom Bürger, sich elegant und überzeugend ausdrücken zu können. Sogenannte Sophisten, „Lehrer der Weisheit“, griffen diese Bedürfnisse auf und lehrten im 5. Jh. v. Chr. Bildung und Beredsamkeit gegen Bezahlung. Die Bürger sollten lernen, wie sie ihre Anliegen durch wirkungsvolle Reden in der Gemeinschaft vertreten konnten. In diesem Zusammenhang entstand die bei den Griechen so zentrale Redekunst (Rhetorik), die später bei den Römern eine erneute Hochblüte erlebte. Römische Redner wie Cicero waren so einflussreich, dass die Rhetorik endgültig zu einem festen Bestandteil von Bildung wurde.

Sokrates, Platon und Aristoteles

Mit den Sophisten setzte eine verstärkte Kritik an der Religion ein. Bedeutende Denker zweifelten daran, dass ihr Leben von einer mystischen Götterwelt bestimmt sei. Sie machten sich auf die Suche nach natürlichen, rationalen Prinzipien, die sie hinter der Ordnung der ihnen bekannten Welt vermuteten. Der „Logos“, die vernünftige Überlegung, solle den Menschen dazu befähigen, die Welt zu erkennen, Irrtümer zu vermeiden und zur Wahrheit zu finden. Entsprechend bedeutet das griechische Wort „Philosophie“ auch „Liebe zur Weisheit“. Philosophie strebt danach, die grundlegenden Fragen des Menschseins zu erkunden. Athen wurde zum geistigen Zentrum. Sokrates gilt als Begründer dieser klassischen Periode der griechischen Philosophie.

Die Frage, was das Gute sei, stand im Mittelpunkt seiner geistigen Anstrengungen. In vielen Gesprächen, oft auf der Agora, also dem Marktplatz von Athen, ermahnte Sokrates seine Mitbürgerinnen und Mitbürger zu einer gerechten Lebensführung. Dies sorgte bei vielen für Unmut. 399 v. Chr. wurde Sokrates wegen Gotteslästerung und Verführung der Jugend zum Tode verurteilt. Zu Sokrates' Schülern zählte der griechische Philosoph Platon. Er gründete 385 v. Chr. die Platonische **Akademie**, in der man philosophische Probleme diskutierte. Der Unterricht war üblicherweise kostenlos. Vereinzelt sind auch Frauen als Schülerinnen belegt. Die Akademie verbreitete Platons Lehren über die gesamte antike Welt. Sie bestand fast 1000 Jahre lang und wurde 529 n. Chr. unter dem byzantinischen Kaiser Justinian I. geschlossen.

M4

Darstellung der Platonischen Akademie (Ausschnitt), Mosaik in Pompeji, 1. Jh. n. Chr.

i

In der Bildmitte ist vermutlich Platon dargestellt, der auf einen Globus deutet. Heute befindet sich das Mosaik im Archäologischen Museum Neapel.

Aristoteles war ein Schüler Platons und ebenfalls ein bedeutender Denker der sogenannten Schule von Athen, die später vor allem in der Epoche der Renaissance große Bewunderung genoss.

M5

Die Schule von Athen, Raffael, Wandfresko (Ausschnitt), um 1510, Vatikan

M3

Kopf des Platon, römische Kopie nach einem griechischen Original, 4. Jh. v. Chr., Glyptothek, München

i

Zu den Grundfragen menschlicher Existenz gehören nach Platon die Fragen: Was ist das Wahre, das Gute und das Schöne? Solche Probleme beschäftigen uns bis zur Gegenwart.

Akademie: Darunter verstand man in der Antike keine Schule in unserem Sinne, sondern eine Lehr- und Lebensgemeinschaft von Denkern und ihren Schülerinnen und Schülern. Das Wort verwenden wir heute noch für Einrichtungen, die Wissenschaft, Forschung und Kunst fördern oder der Bildung dienen.

i

In der Renaissance, also mit dem Übergang vom Mittelalter zur Neuzeit, befassten sich die gebildeten Menschen besonders intensiv mit der Antike. Deren kulturelle Errungenschaften, wie etwa in der Philosophie und Bildung, galten als vorbildlich und sollten wiederbelebt werden. Dazu dienten auch bildliche Darstellungen wie das Wandfresko in M5, das der Maler Raffael (1483 – 1520 n. Chr.) für Papst Julius II. schuf. Es zeigt die Philosophenschule von Athen, in der Bildmitte sind Platon und sein Schüler Aristoteles zu sehen.

M6

Büste des Aristoteles, römische Kopie nach einem griechischen Original, 1. oder 2. Jh. n. Chr., Louvre, Paris

Aristoteles (384 – 322 v. Chr.) beschäftigte sich nicht nur intensiv mit den Vor- und Nachteilen der verschiedenen Staatsformen, sondern auch mit menschlichen Tugenden. Diese sollten immer in der „rechten Mitte" zwischen zwei Extremen angesiedelt sein. Darüber hinaus leistete er wichtige Beiträge zur Logik, also der Lehre vom folgerichtigen und geordneten Denken. Er war so berühmt, dass er 342 v. Chr. zum Lehrer Alexanders des Großen berufen wurde. Bis an die Schwelle zur Neuzeit wagte es kaum jemand, ihn zu kritisieren.

Entstehung der Einzelwissenschaften

Die Philosophie oder die „Liebe zur Weisheit" kann man als Basis aller Wissenschaften bezeichnen. Davon ausgehend entwickelte sich eine Reihe von Einzelwissenschaften, die sich später besonders in der Zeit des Hellenismus weiter spezialisierten. Die Stadt Alexandria wurde ein neues Zentrum der Wissenschaften. Einzelwissenschaften untersuchen jeweils einen bestimmten Ausschnitt der Wirklichkeit. Thales von Milet (625 – um 547 v. Chr.) ist beispielsweise einer der ersten bekannten Vertreter der Mathematik. Nach Pythagoras von Samos (um 570 – 500 v. Chr.) und seinen Schülern ist der pythagoreische Lehrsatz ($a^2 + b^2 = c^2$) benannt.
Der griechische Arzt Hippokrates (um 460 – 370 v. Chr.) gilt als Begründer der Medizin. In seiner Schule wurde ein rational-natürliches Verständnis von Krankheit propagiert. Damals glaubten die meisten Menschen, Krankheiten hätten religiös-magische Gründe. Ärzte sollten bei ihrer Tätigkeit ein hohes Verantwortungsbewusstsein an den Tag legen. Mit dem nach Hippokrates benannten Eid wurde vermutlich erstmals im 4. Jh. v. Chr. die **Ethik** ärztlichen Wirkens ein Thema. In der überlieferten Form geht der Eid zwar aller Wahrscheinlichkeit nach nicht direkt auf den griechischen Arzt zurück, und eine intensive Auseinandersetzung damit ist erst ab dem Mittelalter belegt, die darin formulierten feierlichen Versprechen beeinflussen die Medizin aber bis heute. Wie in vielen anderen Bereichen übernahmen die Römer auch in der Medizin das Wissen der Griechen.

M7

Hippokratischer Eid nach einer Übersetzung von Karl Deichgräber:

(4) Nie werde ich, auch nicht auf eine Bitte hin, ein tödlich wirkendes Mittel verabreichen oder auch nur einen Rat dazu erteilen; gleichfalls werde ich niemals einer Frau ein fruchtabtreibendes Zäpfchen geben. [...] (8) Was ich auch bei der Behandlung sehe oder höre oder außerhalb der Behandlung im Leben der Menschen, soweit man es nicht ausplaudern darf, werde ich darüber schweigen, in der Überzeugung, dass hier Schweigen heilige Pflicht ist.

Zit. nach: F. Steger, Erbe des Hippokrates, 2008, S. 34

Griechisch und Latein als Bildungssprachen

Die überragende Bedeutung der griechischen Gelehrsamkeit zeigt sich daran, dass Griechisch im Altertum als die bedeutendste Bildungssprache galt. Mit der Expansion der römischen Herrschaft erfuhr die lateinische Sprache ebenfalls einen Aufschwung. Die **romanischen Sprachen** basieren auf ihr. Sogar nach dem Ende des Weströmischen Reiches 476 n. Chr. blieb Latein in vielen Bereichen, nicht nur in der katholischen Kirche, über Jahrhunderte hinweg die Bildungssprache. Es wird noch immer an Schulen und Universitäten unterrichtet.

Ethik: Lehre vom sittlich richtigen Handeln.

Romanische Sprachen: Darunter versteht man eine Gruppe von Sprachen, die auf dem Boden des Römischen Reiches aus dem Lateinischen hervorgegangen sind. Heute am weitesten verbreitet sind davon Italienisch, Französisch, Spanisch, Portugiesisch und Rumänisch.

Erziehung der Jugend

In der antiken griechischen Vorstellung galten Kinder als unvollkommene Erwachsene. In Handwerker- und Bauernfamilien mussten sie frühzeitig mitarbeiten, um die Fähigkeiten zu erwerben, die sie als Erwachsene benötigten. Kinder von Sklavinnen und Sklaven wurden so bald wie möglich zur Arbeit eingespannt. Die außerhäusliche Erziehung begann mit etwa sieben Jahren. In einer Elementarschule, die manchmal auch Mädchen besuchen durften, wurde Lesen, Schreiben und Rechnen gelehrt. Männliche Jugendliche erhielten oft eine weiterführende schulische Ausbildung.

Begleitend fanden sportliche Ertüchtigung in einem **Gymnasion** und eine musische Bildung statt. Jugendliche aus privilegierten Schichten begaben sich im Anschluss daran oft in eine Stadt wie Athen. Dort konnten sie etwa an einer Philosophenschule höhere Bildung erwerben. Mädchen erhielten selten eine weitere Ausbildung. Sie erlernten im Haus, was sie nach Ansicht der Gesellschaft als verheiratete Frauen wissen mussten.

Gymnasion: Anlage zur sportlichen Betätigung und Erziehung. Sie bestand aus einem Hof, Plätzen und Räumen für Wettkämpfe, Körperpflege und zum Lernen und verfügte über eine Bibliothek. Auch der Name unserer heutigen Schulform leitet sich von dem Wort Gymnasion ab.

M8

Gymnasion auf der Insel Kos, Fotografie, 2009

M9

Bibliothekskatalog eines Gymnasions, hellenistische Periode, 1969 in Taormina gefunden

Sparta stellte auch hinsichtlich der Erziehung der Jugend eine spezielle Polis dar. Die führende Gruppe der männlichen Spartiaten musste zur Unterdrückung der Umlandbewohner und der Heloten, also jener Einwohner Spartas, die kein Bürgerrecht hatten und auf den Erbhöfen der Spartaner arbeiteten, ständig auf der Hut sein und ihre Kampfkraft trainieren. Die Buben wurden mit sieben Jahren aus der Familie und der Obhut der Mutter genommen. Sie erhielten in einem Lager unter der Leitung junger männlicher Erwachsener eine Ausbildung, die auf hartes körperliches Training, Abhärtung, Tapferkeit und Gehorsam ausgerichtet war. Dabei waren sie von den jungen Spartiatinnen getrennt, die ebenfalls eine gymnastische Ausbildung durchliefen. Gleichgeschlechtliche Beziehungen zwischen Männern waren häufig und wurden gefördert, weil sie den Zusammenhalt stärken sollten.
In den Städten des Römischen Reiches gab es wie in vielen griechischen Städten Schulen, die mit den Elementarschulen vergleichbar waren. Ob die Kinder einer Familie sie besuchten, hing alleine von der Entscheidung des *pater familias* ab. Die wichtigste Instanz zur Vorbereitung auf das spätere Leben war der Hausverband. Kleinkinder wurden von der Mutter betreut. In Familien der Oberschicht gab es Ammen und Hauslehrer, die sich um die Kinder kümmerten. Dabei kam auch das kindliche Spiel nicht zu kurz. Den Vätern war die Erziehung der Söhne ein großes Anliegen, sollte doch einer von ihnen später die Rolle des Familienoberhauptes übernehmen.

M10

Der Altertumswissenschaftler Charles Hupperts über die Beziehungen unter Männern in Sparta:

Eine Beziehung zwischen einem gestandenen Soldaten und einem jungen Rekruten galt als ideale Grundlage für die Entwicklung des Jüngeren. Liebhaber und Geliebter dürften sich häufig nebeneinander auf dem Schlachtfeld wiedergefunden haben.

C. Hupperts, Homosexualität in der Antike, 2007, S. 31

M11

Römisches Kind beim Reifenspiel, Kindersarkophag, ohne Datum, Vatikanische Museen, Rom

A

1 Vergleichen Sie M4 und M5. Stellen Sie Unterschiede und Gemeinsamkeiten in der Darstellung einer Philosophenschule heraus.

2 Beurteilen Sie mögliche Bedeutungen „gerechter Lebensführung" (Sokrates) heute und diskutieren Sie Ihre Standpunkte in der Klasse.

3 Büsten haben Denkmalcharakter. Interpretieren Sie die im Kapitel dargestellten Büsten im Hinblick auf ihre Funktion als Denkmäler.

5 Wirtschaft im Mittelmeerraum

Die Mittelmeerwelt wuchs nicht nur kulturell, sondern auch wirtschaftlich zusammen. Darüber hinaus war sie in den Fernhandel – unter anderem bis nach China – eingebettet.

M1

Mosaik (Teilansicht), 4. Jh., Dom von Aquileia

i

Der Mann auf diesem Bodenmosaik verteilt Brot aus einem gefüllten Korb. Schon zur Zeit der Republik veranlasste der Senat in Rom, stark verbilligtes Getreide an die Armen abzugeben. In anderen Städten des Reiches übernahmen manchmal reiche Spender diese Aufgabe. Ziel war es, Hungerrevolten zu verhindern und für eine positive, regierungsfreundliche Stimmung zu sorgen.

Ostia: Hafenstadt bei Rom.

Getreide als Grundnahrungsmittel

Der überwiegende Teil der arbeitenden Bevölkerung in der griechisch-römischen Antike war in der Landwirtschaft tätig. Die Versorgung mit Lebensmitteln erfolgte im Rahmen des *oikos* bzw. des *domus*, was auf dem Land kein Problem darstellte. Athen und Rom hingegen waren zu groß, um vom Umland ernährt werden zu können. Die Griechen tauschten daher wahrscheinlich schon im 6. Jh. v. Chr. hochwertige Keramik gegen Getreide aus Sizilien und der Schwarzmeerregion. Schätzungen besagen, dass Athen im 4 Jh. v. Chr. die Hälfte des Getreides einführen musste.
In Rom war die Getreideversorgung ein politisch und wirtschaftlich sensibles Thema, da man Angst vor Hungerrevolten hatte. Der Getreidehandel lag daher in den Händen wichtiger römischer Persönlichkeiten, die der Oberschicht angehörten und städtische Ämter bekleideten. Das Getreide kam hauptsächlich aus Ägypten, Nordafrika und Sizilien. Es wurde auf Segelfrachtern in den Hafen von **Ostia** gebracht und in riesigen Speichern gelagert. Der Transport in die Stadt Rom erfolgte schließlich über den Tiber.

M2

Mosaik mit Booten in einem römischen Haus in Rimini, Museo della città, Rimini

In Rom mussten auch die Soldaten ernährt werden, das waren bis zu 50 000 Mann. Die Armee verfügte über eine eigene Logistik zur Versorgung der Kasernen. Truppen, die sich im Reich bewegten, mussten von Privatleuten untergebracht und ernährt werden.

M3

Attische schwarzfigurige Schale, ca. 570 v. Chr., Louvre, Paris

i

Diese Schale zeigt eine Komosszene, einen feierlichen Umzug zu Ehren des Gottes Dionysos.

Korinth: griechische Polis.

Erste Massenanfertigungen

Die Griechen hatten die geniale Idee, durch Keramikprodukte preiswerten Ersatz für das von den Phöniziern hergestellte Tafelgeschirr aus Edelmetall zu produzieren. Keramik gab es zwar vorher schon in anderen Kulturen, nun entstanden aber große Zentren für solche Massenanfertigungen. Diese waren **Korinth** und später Athen. Deren Erzeugnisse unterschieden sich in der Farbe: Die Feinkeramik aus Korinth war schwarzfigurig, jene aus Athen rotfigurig.
Gegenstände aus Keramik standen auf den Tischen aristokratischer Häuser rund um das Mittelmeer. Die kunstvollsten Stücke wurden nun erstmals signiert, was vom Stolz der Handwerker auf ihre Arbeit zeugt. Aber nicht in alle Töpferware wurde so viel Können investiert. Wir finden auch in Serie produzierte Objekte für einen größeren, weniger finanzkräftigen Kundenkreis. Dazu gehörten z. B. kleine

Terrakottafiguren, für die Tonrohlinge in Hohlformen gepresst wurden. Zur Herstellung der Formen brauchte man Facharbeiter, der Rest konnte von ungelernten Kräften erledigt werden. Nach einer bedeutenden Produktionsstätte nennt man sie Tangara-Figuren. Sie waren im gesamten Mittelmeerraum beliebt. Die Statuetten verkörperten das Schönheitsideal ihrer Zeit und wurden vor allem als Talismane und Grabbeigaben verwendet.
Auch Rom verfügte über einige Produkte, die – das belegen archäologische Funde – Eingang in den Alltag des gesamten Mittelmeergebietes fanden. Dazu zählte beispielsweise das rot glänzende Tafelgeschirr, in der Forschung „Terra Sigillata" genannt. Die Keramik wurde vor dem Brennen mit einem Glanzton versehen, eine Technik, die bereits für das 2. Jh. v. Chr. für den Raum Antiochia belegt ist. Wie sie nach Mittelitalien gelangte, ist nicht bekannt, manche vermuten durch einwandernde Töpfer. Nach der Eroberung Galliens galt dieses Geschirr als Statussymbol für die lokalen Eliten. Mit seiner Verwendung wollten sie ihre Romanisierung unter Beweis stellen.

Ressourcen der Natur

Die Nutzung des Meeres stellte einen bedeutenden Wirtschaftsfaktor dar. Fisch und Salz standen dabei im Mittelpunkt. Vor allem im westlichen Mittelmeergebiet, in Marokko, auf der Iberischen Halbinsel sowie in der Bretagne entstanden Manufakturen zum Einsalzen von Fisch. Besonders beliebt war das *garum*, eine Art Fischsauce, die in Klein- und Mittelbetrieben hergestellt und auch exportiert wurde.
Die Förderung von Edelmetallen war für das Münzwesen zentral, daher war ihr Abbau seit der römischen Kaiserzeit staatliches Monopol. Da die Soldaten mit Silbermünzen bezahlt wurden und man keine Aufstände infolge Ausbleibens von Sold riskieren wollte, mussten die Kaiser sicher sein, dass die Münzproduktion nicht ins Stocken geriet. Ebenso wichtig war Eisen für die Waffenproduktion. Die Legionäre wussten, dass ihr Überleben von der Qualität ihrer Schwerter und Schilde abhing. In der Spätantike entstanden überall im Reich Waffenmanufakturen. Man vermutet, dass sie die größten gewerblichen Betriebe in der Antike waren.

Luxusgüter aus der Ferne

Mit den hellenistischen Reichen und ihrer Liebe zur **Repräsentation** entstanden neue Konsumbedürfnisse. Ein Markt für Luxus- und Prestigegüter tat sich auf. Die neuen Herrscher und ihr Umfeld bei Hof, die römischen Kaiser sowie die römische Oberschicht waren Abnehmer für Edelmetalle, Edelsteine, Perlen, Elfenbein, Seide und andere exotische Güter. Dazu gehörten ferner Weihrauch und Pfeffer, zwei Produkte, die sich auch weitere Bevölkerungsschichten leisten konnten. Vor allem Weihrauch gehörte zum Alltag. Er wurde bei Zeremonien rund um den Hausaltar verwendet. Bei Begräbnissen steuerten oft Freunde der Trauerfamilie den Weihrauch als Zeichen der Anteilnahme bei. Die Luxusgüter aus dem Orient erreichten Italien sowohl auf dem Seeweg als auch zu Lande. Die Oasenstadt Palmyra, auf halbem Weg zwischen dem Euphrat und dem Mittelmeer, entwickelte sich zu einer Drehscheibe des Fernhandels. Römische Kaufleute trieben außerdem Handel mit dem Baltikum, von wo Bernstein in die Mittelmeerwelt gelangte.

M4

Rotfigurige Schale, ca. 480 v. Chr., Louvre, Paris

i

Die Innenseite dieser Schale zeigt einen jungen Mann bei einem Trankopfer. Er verschüttet eine Flüssigkeit an einer heiligen Stätte.

M5

Tangara-Figur, ca. 330 – 300 v. Chr., Louvre, Paris

i

Diese 33 cm hohe Terrakottafigur wurde als „Dame in Blau" bekannt.

Repräsentation: Zurschaustellung von Macht und Reichtum.

M6

Die Journalistin Gabriele Riedle schreibt über diese Zufallsentdeckung:

Und es war auch das Ende von geplanten Baumaßnahmen der italienischen Eisenbahn auf diesem Teil des Geländes – bei größeren Erdbewegungen muss man in Italien, zum Glück der Archäologen und zum Unglück der Bauherren, eigentlich immer damit rechnen, auf antike Hinterlassenschaften zu treffen, die auch die ehrgeizigsten Bauvorhaben zum Stillstand bringen können.

G. Riedle, Haie und kleine Fische, GEO Epoche 5, 2001, S. 58f.

i

Ein Sensationsfund in Pisa hat interessante Erkenntnisse über den Import von Gütern aus der Ferne geliefert. Am 1. Dezember 1998 fand man dort bei Bauarbeiten am Bahnhofsgelände, das zehn Kilometer von der Küste entfernt auf dem Festland liegt, ein hölzernes Schiff. Es befand sich vier Meter unter der Erdoberfläche und stammt aus dem 4. oder 5. Jh. n. Chr. Nach und nach entdeckten die Forscherinnen und Forscher 15 weitere Schiffe ...

M7

Plinius der Ältere (23 – 79 n. Chr.) klagt über die Kosten des Luxus:

Nach den niedrigsten Schätzungen entziehen Indien, die Serer (Chinesen) und die Halbinsel Arabien unserem Staat alle Jahre 100 Millionen Sesterzen; so viel kosten uns Luxus und Frauen!

Naturalis historia XII, 84; zit. nach: N. Luttmer, Die Männer aus Ta Ch'in, GEO Epoche 5, 2001, S. 164

Plinius der Ältere: Gelehrter und Offizier; er wurde vor allem mit seinem umfangreichen Werk „Naturalis historia", einer auf 37 Bände angelegten Enzyklopädie, berühmt.

Die ersten chinesischen Seidengewebe tauchten um 150 v. Chr. in Rom auf und lösten einen Sturm der Begeisterung bei den Reichsten aus – bei Frauen und Männern. Bereits die Griechen hatten sich dafür interessiert. Der Feldherr Nearchos (um 360 – nach 314 v. Chr.) soll laut den Schriften des griechischen Geschichtsschreibers und Geografen Strabon (ca. 63 v. Chr. – nach 23 n. Chr.) Seidengewänder als Beutegut aus der Teilnahme an den Feldzügen von Alexander dem Großen besessen haben. Und Alexander soll seinem Lehrer Aristoteles echte Seidenraupen geschenkt haben. In Rom wurde Seide von eigenen Händlern vertrieben. Man verarbeitete sie zu Bettdecken, Polsterbezügen und vor allem Kleidern. Waren diese mit kostbarem Purpur gefärbt, stieg ihr Wert noch mehr.

Mit Seide verband man sowohl Erotik als auch Reichtum und Macht. Nur so kann man verstehen, dass Caesar bei einem triumphalen Einzug in Rom Seidenbahnen über den Köpfen der Menge aufspannen ließ. Der begehrte Stoff rief aber auch Kritiker auf den Plan. Der römische Historiker Tacitus (55 – 120 n. Chr.) etwa warnte vor der Verweichlichung der Männer, die sich in Seide kleideten. Und **Plinius der Ältere** (23 – 79 n. Chr.) klagte vor allem über die Kosten, die mit dem steigenden Luxuskonsum einhergingen. Wer aber waren die Chinesen, die Rom diesen umstrittenen Luxus brachten?

Das Kaiserreich China

Der Name China geht auf das Herrscherhaus Qin (221 – 206 v. Chr.) und das gleichnamige Fürstentum zurück, von dem die Reichsgründung ihren Ausgang nahm. Davor kämpften verschiedene Königshäuser um die Vorherrschaft auf dem chinesischen Territorium. König Zhen gelang es schließlich, zwischen 230 und 221 v. Chr., Alleinherrscher zu werden. Er nannte sich Erster Kaiser, Qin Shihuangdi. Der imperiale Anspruch der Qin zeigte sich auch in den Lobeshymnen, die man auf Inschriftensäulen meißelte. Diese wurden überall im Land an markanten Stellen aufgestellt.

M8

Darstellung des heutigen chinesischen Raums von 221 v. Chr. bis 220 n. Chr.

Zukunft statt Vergangenheit

Die gesamte Politik des Kaisers war gegenwarts- und zukunftsorientiert. Dadurch machte er sich die einflussreichen **konfuzianischen Philosophen** zu Feinden, auch weil er alle Schriften verbieten ließ, in denen das alte Denken gelobt und das neue kritisiert wurde. Nur bestimmte Sachbücher aus den Bereichen Medizin, Land- und Forstwirtschaft sowie Orakelbefragung blieben erlaubt. Als der älteste Sohn des Kaisers versuchte, die Anhänger des Konfuzius vor Verfolgung zu schützen, wurde er vom Vater zur Strafe in den Norden geschickt, um am Bau der **Großen Mauer** mitzuarbeiten.

Die Terrakotta-Armee des Qin Shihuangdi

Die Qin-Dynastie blieb vor allem durch einen weltberühmten archäologischen Fund im Jahre 1974 in Erinnerung. In der Nähe der Grabanlage des Ersten Kaisers fand man Kriegerfiguren in Armeestärke sowie Pferde aus Ton – beides jeweils in Lebensgröße.

M10

Grabanlage des Qin Shihuangdi, Fotografie, 2015

Die Han-Zeit

Nach dem Tod des Ersten Kaisers 210 v. Chr. gab es Aufstände und Kämpfe um die Nachfolge. Erst unter den Han-Herrschern (206 v. Chr. – 220 n. Chr.) endeten diese Konflikte wieder. Im Bereich der Landwirtschaft gab es technische Fortschritte. Die verbesserte Lebensmittelversorgung, weniger Kriege sowie die Ausdehnung des Landes sorgten für eine Bevölkerungszunahme. Im Jahr 2 n. Chr. ergab eine Volkszählung 58 Millionen Einwohner, etwas mehr als im Römischen Reich zu jener Zeit.

A

1 Fassen Sie in Partnerarbeit die Probleme der Nahrungsmittelversorgung in der antiken Mittelmeerwelt zusammen.

2 „Des einen Freud, des anderen Leid." – Diskutieren Sie in Form eines runden Tisches die Interessenskonflikte bezüglich archäologischer Funde am Beispiel des Sensationsfundes von Pisa (M6).

3 Suchen Sie Informationen zu den gegenwärtigen Handelsbeziehungen zwischen China und der EU und vergleichen Sie diese mit dem Handel zwischen Rom und China in der Antike. Präsentieren Sie Ihre Ergebnisse in Form einer Grafik.

M9

Die Historikerin Patricia Ebrey über Kaiser Qin Shihuangdi:

Spätere chinesische Historiker feierten den Ersten Kaiser nicht als einen der größten Eroberer aller Zeiten (wie dies die griechischen oder römischen Geschichtsschreiber wahrscheinlich getan hätten), sondern kritisierten ihn vielmehr als grausamen, willkürlichen, jähzornigen, mißtrauischen und abergläubigen **Megalomanen** [...]. Das Festhalten an lokalen Zahlungsmitteln, Maßen und Gewichten und die Verwendung lokaler Schriften wurde zu einem Akt des Verrats erklärt.

P. Ebrey, China, 1996, S. 61

Konfuzianismus: philosophische Lehre, begründet durch Konfuzius, Kǒng Fūzǐ (wahrscheinlich 551 – 479 v. Chr.). Dieser hielt den Menschen prinzipiell für gut, vorausgesetzt, er wird richtig erzogen. Respekt vor dem Alter und den Traditionen bildeten im konfuzianischen Denken die Grundlagen für ein harmonisches Zusammenleben. Gesetze hingegen wurden abgelehnt.

Große Mauer: Sie wurde über Jahrhunderte hinweg zum Schutz gegen die nördlichen Steppenvölker erbaut, anfangs aus Lehm, später aus festem Material.

Megalomane: ein größenwahnsinniger Mensch.

M11

Chinesische Mauer, Fotografie, 2004

i

Heute ist die Chinesische Mauer ein Anziehungspunkt für Touristinnen und Touristen aus aller Welt.

6 Anfänge des Rechts

Österreich ist ein demokratischer Rechtsstaat. Staatliche Herrschaft und unser Zusammenleben werden durch eine Vielzahl von institutionalisierten Regeln bestimmt, den Normen des Rechts. Die Anfänge einer solchen Rechtsordnung reichen weit zurück, wobei das Recht seinen Charakter im Laufe der Zeit stark veränderte. Wer unter welchen Bedingungen Macht über andere ausüben kann, war in diesem Zusammenhang immer eine zentrale Frage. Sie ist eng damit verknüpft, wie Herrschaft legitimiert, also begründet wird und wie eine „gerechte“ Herrschaft aussehen kann.

Macht und Recht

Die Geschichte der Menschheit ist eine Geschichte der Ausübung von Macht. Darunter versteht man die Fähigkeit, in einer sozialen Beziehung den eigenen Willen durchzusetzen, auch wenn dies möglicherweise den Interessen anderer widerspricht. Es kann viele Ursachen haben, warum ein Mensch oder eine Gruppe in der Lage ist, über andere Menschen Macht auszuüben: körperliche oder geistige Überlegenheit, eine höhere Stellung in der gesellschaftlichen Hierarchie oder auch nur die bloße Androhung oder Ausübung von Gewalt.
Herrschaft ist eine spezielle Erscheinungsform von Macht. Anders als bei willkürlicher Machtausübung basiert Herrschaft darauf, dass die Unterlegenen die starke Position des Mächtigen als berechtigt akzeptieren bzw. als gegeben hinnehmen. Befehle und Anweisungen werden befolgt, ohne sie zu hinterfragen oder Widerstand zu leisten. Die spartanische Gesellschaft beispielsweise würden wir heute als extrem ungerecht empfinden. Ihr langes Bestehen lässt sich nur dadurch erklären, dass sich viele der untergebenen Heloten in ihre dienende Rolle gegenüber den Spartiaten einfügten. Menschen ordnen sich aus verschiedenen Gründen einer Herrschaft unter.

M3

Der Althistoriker Bernhard Linke schreibt zu diesem Thema:
Die Gründe für die Akzeptanz der sozialen Überlegenheit können in den traditionellen Strukturen einer Gesellschaft liegen („traditionale Herrschaft“). Aber auch die Fähigkeit eines Menschen, seine Mitmenschen durch charismatisches Auftreten von der Berechtigung seiner führenden Position zu überzeugen, kann die Quelle einer herrschaftlichen Stellung werden („charismatische Herrschaft“). Schließlich wird die Herrschaft in modernen Gesellschaften vor allem durch die Etablierung von Regelsystemen und bürokratischen Strukturen begründet.
B. Linke, Macht und Herrschaft, 2010, S. 53

Das Recht ist eines dieser Regelsysteme zur Etablierung, aber auch Kontrolle von Macht. Die im modernen Rechtsstaat fixierten Rechtsnormen nehmen auf unser Verhalten Einfluss und geben uns Orientierung. Bei Nichtbeachtung drohen Sanktionen. Dafür, dass wir die staatliche Herrschaft anerkennen und uns deren Regeln unterordnen, haben wir die Sicherheit, dass sich die staatlichen Organe ebenfalls an die Regeln halten. Zusätzlich sorgen staatliche Organe wie Gerichte für die Durchsetzung des Rechts. Recht in unserem modernen Verständnis ist somit etwas anderes als religiös bestimmte Moral, Sitten oder Bräuche, die Menschen anleiten, etwas zu tun oder nicht zu tun.

i

„Österreich ist eine demokratische Republik. Ihr Recht geht vom Volk aus.“ *Artikel 1, Bundes-Verfassungsgesetz*
Der erste Artikel des österreichischen Bundes-Verfassungsgesetzes in der Fassung von 1929 regelt, dass alle allgemein verbindlichen Normen (Gesetze, Verordnungen) in ihrem Zustandekommen grundsätzlich auf das Volk zurückführbar sein müssen. Dabei ist jedoch für den Großteil des Entscheidungsprozesses Mittelbarkeit vorgesehen. Das bedeutet, dass gewählte Repräsentativkörperschaften wie das Parlament an Stelle des gesamten Bundesvolkes entscheiden. Wir sprechen von repräsentativer Demokratie. Mit der Volksabstimmung, dem Volksbegehren und der Volksbefragung sind in der Verfassung allerdings auch Elemente direkter Demokratie vorgesehen.
www.demokratiezentrum.org/wissen (10.10.2017, adaptiert und gekürzt)

M1

Amtlicher Stimmzettel
für die
Volksabstimmung am 5. November 1978
Soll der Gesetzesbeschluß des Nationalrats vom 7. Juli 1978 über die friedliche Nutzung der Kernenergie in Österreich (Inbetriebnahme des Kernkraftwerkes Zwentendorf) Gesetzeskraft erlangen?
Ja ◯ **Nein** ◯

Stimmzettel für die Volksabstimmung zum Kernkraftwerk Zwentendorf 1978

M2

Amtlicher Stimmzettel
für die
Volksabstimmung am 12. Juni 1994
Soll der Gesetzesbeschluß des Nationalrates vom 5. Mai 1994 über das Bundesverfassungsgesetz über den Beitritt Österreichs zur Europäischen Union Gesetzeskraft erlangen?
Ja ◯ **Nein** ◯

Stimmzettel für die Volksabstimmung zum österreichischen EU-Beitritt 1994

i

In Österreich fanden bislang zwei Volksabstimmungen statt. 1978 zur Frage, ob das Kernkraftwerk Zwentendorf in Betrieb genommen werden solle, 1994 wurde das Volk zum EU-Beitritt befragt.

Frühgeschichte des Rechts

Über die Ausübung von Macht und die Frühgeschichte des Rechts bei den Jägern und Sammlern wissen wir wenig. Jäger lebten meist in herumziehenden Horden, die aus nahen Verwandten bestanden. Soweit bekannt, existierte kein festgelegtes Regelsystem. Die Ältesten konnten im Streitfall schlichten. Ab dem 10. oder 9. Jt. v. Chr. gingen Teile der Menschheit immer mehr zur Sesshaftigkeit über. Stämme, also Verwandtschaftsgruppen, lebten nebeneinander. Zunehmend kristallisierten sich Anführer dieser Stämme heraus. Konflikte wurden vermutlich durch Verhandlungen, manchmal durch Beiziehung eines Schiedsrichters, friedlich beendet. Unfriedliche Lösungen wie Selbsthilfe mittels Gewalt oder Racheakten dürften ebenfalls üblich gewesen sein. Mit der steigenden Bedeutung von religiös-mystischen Vorstellungen und Magie konnten zudem **Orakel** zur Schlichtung von Auseinandersetzungen beitragen. Recht und Religion scheinen sich immer stärker vermischt zu haben. Rechtsfindung wurde eine „göttliche Angelegenheit". Durch die Herausbildung der ersten archaischen Staaten wie Mesopotamien, Ägypten oder China im 3. Jt. etablierten sich hierarchische soziale Ordnungen mit einer Person oder einer kleinen Gruppe an der Spitze. Könige oder Fürsten erweiterten ihren Einflussbereich bzw. Landbesitz durch Kriege. Zur Absicherung der Herrschaft wurden von den Herrschenden Gerichte eingesetzt. Da die Mächtigen ihre Herrschaft oft religiös legitimierten, verfestigte sich die Verbindung von Recht und Religion erneut. Könige erließen nun Recht und beriefen sich dabei auf göttliche Aufträge. Auf diese Weise entstanden die ersten Gesetze. Das bekannteste ist der „Codex Hammurabi" des babylonischen Königs Hammurabi aus dem 18. Jh.

Recht in den griechischen Poleis

In den griechischen Poleis hatte die Ausbildung einer Rechtsgemeinschaft mit verbindlichen, schriftlich fixierten Normen eine wichtige Funktion bei der Sicherung des Fortbestands der Gemeinschaft. Seit der Mitte des 7. Jts. vollzog sich ein bedeutsamer Wandel. Die Bürger, die sich nun verstärkt als Angehörige einer politischen Gemeinschaft begriffen, wurden etwa in Volksversammlungen zu Trägern von Recht. Die Frage nach gerechter Herrschaft beschäftigte die Philosophen. Auch wenn Mystik, Moral und Sitte weiterhin eine große Rolle spielten, lockerte sich damit die Einheit von Recht und Religion. Ein bekanntes Beispiel dafür ist der von Kleisthenes in Athen eingeführte Ostrakismus, das Scherbengericht. Es wurde erstmals 487 angewandt. Die Stimmberechtigten konnten auf diese Weise einen einzelnen Bürger auf zehn Jahre aus Athen verbannen, wenn sie etwa glaubten, er sei ein Anhänger der Tyrannis. Sie schrieben den entsprechenden Namen auf Tonscherben (*Ostraka*). Wiesen 6 000 Tonscherben einen Namen auf, wurde dessen Träger verbannt. Diese Form der Machtausübung des Volkes bewährte sich nicht. Sie wurde vielmehr ein Instrument zur Ausschaltung unliebsamer Politiker. 416 fand das letzte Scherbengericht statt.

A

1 Erörtern Sie in Kleingruppen, ob es sinnvoll ist, soziale Beziehungen und politische Macht durch Rechtsnormen zu regeln. Bewerten Sie, was es bedeutet, bestimmte Bereiche ungeregelt zu lassen.

2 Recherchieren Sie die Vorwürfe gegen Themistokles (M5) und den Ausgang seines Ostrakismus im Internet. Verschriftlichen Sie Ihre Ergebnisse stichwortartig. Beurteilen Sie, ob er „gerecht" war.

Orakel: Sie dienten in vielen alten Kulturen dazu, die Zukunft zu deuten oder etwas Unbekanntes zu erforschen. Oft erfüllten Priesterinnen oder Priester diese weissagende Funktion an mystisch-religiösen Orten.

M4

Stele des Hammurabi (Ausschnitt), 18. Jh., Louvre, Paris

Stele: hoher, freistehender Pfeiler.

i

Die ca. 2,25 Meter hohe Stele zeigt den König in betender Haltung vor einer Gottheit stehend. Ein Text bekräftigt die göttliche Legitimation des Königs und führt 280 Gesetzesparagrafen an. Die Schriftzeichen auf der Stele nennt man Keilschrift. Sie entstand zu Beginn des 3. Jts. in Südbabylonien und ist nach ihren keilförmigen Schriftzeichen benannt.

M5

Ostraka aus dem Scherbengericht gegen den Athener Feldherren Themistokles (ca. 524 – 459), 482, Museum in der Stoa, Athen

M1

Justitia-Statue im Foyer des Justizpalastes in Wien, Emanuel Pendl, um 1880, Fotografie, 2016

i

Der von 1875 bis 1881 erbaute Justizpalast im ersten Wiener Gemeindebezirk ist ein zentrales Gebäude für das Rechtswesen in Österreich. Die römische Göttin der Gerechtigkeit Justitia thront als monumentale Statue mit vergoldetem Schwert und Gesetzbuch in der Hand in der Eingangshalle. Sie symbolisiert die enge Verbindung unseres Rechtssystems mit dem römischen Recht.

Verfassung: regelt die Grundordnung eines Staates. Im modernen Sinn besteht die Verfassung aus allen grundlegenden Gesetzen über die Organisation und Funktionsweise des Staates sowie über die Rechtsstellung Einzelner im Staat. Die Römische Republik verfügte über keine geschriebene Verfassung. Ihre Regeln, beispielsweise zur Besetzung der höchsten Ämter, bildeten sich im Laufe der Zeit heraus. Geschriebene Verfassungen gibt es seit dem 18. Jh. n. Chr.

Privatrecht: regelt die Beziehungen zwischen rechtlich gleichgestellten Rechtssubjekten. Im Falle des Zwölftafelgesetzes waren dies soweit bekannt römische Bürger. Heute können es natürliche, also „reale" Personen, oder Personenvereinigungen wie Aktiengesellschaften sein.

7 Römisches Recht – Grundlage unserer Rechtsordnung

Wie in vielen anderen Bereichen wurden die Römer auch im Recht von griechischen Errungenschaften beeinflusst. Dennoch schufen sie ein eigenes Rechtswesen, das große Bedeutung erlangte. Manche römischen Rechtsgrundsätze sind, teils in abgewandelter Form, bis heute gültig. Unser moderner Rechtsstaat basiert also auf einem römischen Erbe.

Die Entwicklung des Römischen Rechts

Unter Römischem Recht wird meist das Recht des antiken Römischen Reiches verstanden, das sich in der langen Zeit von der Mitte des 5. Jhs. v. Chr. bis zur Mitte des 6. Jhs. n. Chr. entwickelte. Davor existierte primär ein Gewohnheitsrecht. Damit ist gemeint, dass die von den Vorfahren überlieferten Bräuche und Sitten, häufig sakraler Herkunft, größeres Gewicht hatten als Gesetze.
In der Zeit der Republik änderte sich dies allmählich. Es gab zwar weiterhin ein Sakralrechtswesen, das sich mit „göttlichem Recht" befasste. Die Gunst der Götter zu erlangen blieb wichtig. Daneben etablierten sich eine weltliche Rechtsprechung sowie die Rechtswissenschaft (Jurisprudenz).
Im 5. Jh. herrschten große Spannungen zwischen den adeligen Patriziern und den sozial unterlegenen Plebejern, dem Großteil des Volkes. Die Plebejer forderten Gleichberechtigung und eine **Verfassung**. Diese sollte nach dem Wunsch der Plebejer die Macht der patrizischen Konsuln einschränken und ein für alle Bürger gleiches Recht garantieren (vgl. S. 25).

Das Zwölftafelgesetz

451/450 v. Chr. entstand das Zwölftafelgesetz. Es heißt so, weil seine Gesetze auf zwölf Holztafeln aufgeschrieben wurden. Man stellte sie auf dem Forum auf, damit sich alle darüber informieren und im Falle einer Gerichtsverhandlung auf das gleiche Recht berufen konnten. Mit dem Zwölftafelgesetz waren Rechtsgleichheit für alle Bürger und Rechtssicherheit erreicht – heute noch Grundsätze unseres Rechtsstaats. Da die Tafeln später zerstört wurden, sind nicht alle ihre Bestimmungen bekannt. Wahrscheinlich regelten viele das **Privatrecht.**

M2

Darstellung des Zwölftafelgesetzes am Reichsgerichtsgebäude in Leipzig, Fotografie, 2010

Das Zwölftafelgesetz stellte die Basis für die permanente Weiterentwicklung des Römischen Rechts in den folgenden Jahrhunderten dar. Über neue Gesetze wurde dabei in der Volksversammlung abgestimmt. Gewählte Prätoren waren als Beamte (Magistrate) für die Rechtsprechung zuständig. Ihre Entscheidungen zur Anwendung des Rechts wurden in sogenannten Edikten bekanntgemacht. Die Prätoren führten den Vorsitz bei Geschworenengerichten. Prozesse wurden öffentlich auf dem Forum abgehalten. Dieser Öffentlichkeitsgrundsatz gilt immer noch bei Gerichtsverfahren, ebenso der Grundsatz **„in dubio pro reo“**. Anwälte standen den Angeklagten bei und etablierten sich als eigene Berufsgruppe. Außerdem bestimmte der Senat die Entwicklung des Rechts mit. Seinen Empfehlungen leistete man meist Folge.

M3

Schriftzug SPQR, Fotografie, 2006

In der Kaiserzeit oblag die Gesetzgebung dem Herrscher, der zudem oberster Richter war. Unter dem oströmischen Kaiser Justinian I. (um 482 – 565 n. Chr.) wurde 533 mit dem „Corpus Iuris Civilis“ eine verbindliche Auswahl geltender Rechtsnormen getroffen.

Das Fortwirken des Römischen Rechts

Die Gesetzessammlung Justinians wurde Jahrhunderte später zum Kernstück einer Renaissance des Römischen Rechts. Nachdem es lange vergessen war, studierte man die alten Texte ab dem 12. Jh. n. Chr. erneut. Seit dem 14. Jh. galt das Römische Recht in Mitteleuropa als „gemeines Recht“. Im 19. Jh. ging es in die entstehenden europäischen **Privatrechtskodifikationen** wie den „Code Civil“ in Frankreich 1804 oder das österreichische Allgemeine Bürgerliche Gesetzbuch 1811 ein. Über die Nachfolgegesetze solcher Privatrechtskodifikationen, die auch die Gesetzgebung in Ländern wie der Türkei, Japan, Thailand oder China beeinflussten, erlebten einzelne Grundsätze des Römischen Rechts eine weltweite Verbreitung. Ein Hauptgrund dafür ist, dass es ein abstraktes Recht der Vernunft darstellt. Es bezieht sich auf allgemeine Probleme des menschlichen Zusammenlebens und beruft sich nicht auf eine religiöse Grundlage. Daher konnte es in andere Länder verbreitet und an die dortigen Verhältnisse angepasst werden.

A

1 Fassen Sie in Partnerarbeit die heute noch gültigen Grundsätze des Römischen Rechts zusammen.

2 Recherchieren Sie, unter welchen Umständen Sie einer Gerichtsverhandlung beiwohnen können. Stellen Sie Voraussetzungen und Kontaktadressen zusammen. Bereiten Sie den Besuch einer öffentlichen Verhandlung mit Ihrer Klasse vor.

„in dubio pro reo“: „im Zweifel für den Angeklagten“. Niemand darf vor Gericht verurteilt werden, wenn noch Zweifel an seiner Schuld bestehen.

i

Andere weiterhin gültige römische Rechtsgrundsätze lauten: „ne bis in idem“ und „nulla poena sine lige“. Ersteres bedeutet, dass niemand für dasselbe Vergehen zweimal verurteilt werden darf. Laut zweiterem Satz darf nur bestraft werden, wer gegen ein gültiges Gesetz verstößt.

i

SPQR war das vielerorts vorzufindende Hoheitszeichen des antiken Rom. Der Schriftzug ist die Abkürzung für **S**enatus **P**opulus**q**ue **R**omanus, was „Senat und Volk von Rom“ bedeutet. Beide sollen in der Republik gemeinsam die Macht ausüben und das Recht bestimmen.

Kodifikation: systematische Gesamtregelung eines Rechtsgebiets. Das Allgemeine Bürgerliche Gesetzbuch (ABGB), das 1811 in der österreichischen Monarchie entstand, ist eine solche Kodifikation des Privatrechts. Mit mehreren Änderungen, sogenannten Novellierungen, hat es bis heute Gültigkeit.

M4

Allgemeines
bürgerliches Gesetzbuch
für die
gesammten deutschen Erbländer
der
Oesterreichischen Monarchie.
I. Theil.

Wien.
Aus der k. k. Hof- und Staats-Druckerey.
1811.

Titelblatt des ABGBs von 1811, Universitätsbibliothek Wien

II Gesellschaft, Wirtschaft und Recht in der Antike

K

- **Historische Methodenkompetenz**
  Schriftliche und bildliche Quellen beschreiben, analysieren und interpretieren können
- **Historische Sachkompetenz**
  Aussagen und Interpretationen anhand von Belegen nachvollziehen können
- **Historische Orientierungskompetenz**
  Stärkung der Reflexionskultur zu den Themen Demokratie und Menschenrechte sowie Bildung

A

1 Fassen Sie den Text in M1 kurz zusammen.

2 Ordnen Sie die aufgezählten Fähigkeiten der Struktur einer Rede zu.

3 Beurteilen Sie, ob die geschilderten Elemente einer Rede auch heute noch relevant für den Aufbau eines Vortrags sind.

4 Bewerten Sie die im Text vorgenommene Definition eines Vortrags.

M1

Fähigkeiten eines Redners (Rhetorica ad Herennium, ca. 80 v. Chr.):

Der Redner muss also verfügen über die Fähigkeit der Auffindung des Stoffes, der Anordnung des Stoffes, der stilistischen Gestaltung des Stoffes, des Sich-Einprägens, des Vortrages.
Die Auffindung des Stoffes ist das Erfinden wahrer oder wahrscheinlicher Tatsachen, die den Fall glaubhaft machen sollen.
Die Anordnung des Stoffes ist das Ordnen und Verteilen der Einzelpunkte; sie macht kenntlich, was an welchem Platze anzuordnen ist.
Die stilistische Gestaltung des Stoffes ist die zur Stoffauffindung passende Anwendung geeigneter Wörter und Sätze.
Das Sich-Einprägen ist das feste geistige Erfassen der Gegenstände, der Worte und der Gliederung.
Der Vortrag ist der maßvoll abgestufte, anmutig feine Einsatz von Stimme, Mienenspiel und Gebärden.
All die genannten Fähigkeiten können wir durch drei Mittel gewinnen: durch theoretische Unterweisung, Nachahmung und Übung.

Rhetorica ad Herennium 1, I, hg. u. übers. v. Theodor Nüßlein

i

Die Rhetorica ad Herennium stammt aus den achtziger Jahren des 1. Jh. v. Chr. Wer sie verfasst hat, ist unbekannt. Das Werk hatte großen Einfluss auf Selbstverständnis und Ausbildung römischer Redner.

Ius respondendi (ex auctoritate principis): vom Kaiser an einzelne Juristen verliehenes Recht, in seinem Namen Rechtsfragen zu beantworten.

A

5 Fassen Sie den Text in M2 kurz zusammen.

6 Vergleichen Sie die aufgezählten Rechtsquellen: Welche entfalten die größte Wirkung?

7 Rekonstruieren Sie anhand des Textes tatsächliche politische Machtverhältnisse.

M2

Der römische Jurist Gaius zu den Rechtsquellen im Römischen Recht:

Die Rechtsvorschriften des römischen Volkes bestehen aber aus Gesetzen, Volksbeschlüssen, Senatsbeschlüssen, kaiserlichen Konstitutionen, den Edikten derer, die das Recht haben, Edikte zu erlassen, und aus den **Responsa** der Rechtsgelehrten. [...] Die Responsa sind die Ansichten und Meinungen derjenigen, denen gestattet ist, Recht zu setzen. Wenn die Meinungen aller übereinstimmen, so hat das, was sie sagen, Gesetzeskraft. Wenn sie aber uneinig sind, so hat der Richter unter den vorgeschlagenen Meinungen die Wahl.

Gaius, Institutionum commentarii I, 2 und 7; zit. nach: Bretone, Geschichte des römischen Rechts, 1992, S. 139

i

Von dem Juristen, der die Textpassage in M2 verfasst hat, ist nichts als ein Teil des Namens, Gaius, bekannt. Er veröffentlichte zwischen 150 und 180 n. Chr. eine Reihe von Schriften, darunter die „Institutiones“, aus denen auch hier zitiert wurde. Es handelte sich um ein häufig zitiertes Lehrbuch der Rechtswissenschaft.

i

Den Menschen der Antike war ein Grundprinzip der Menschenrechte fremd, nämlich dass alle Menschen frei und gleich sind. Vielmehr standen bestimmte Menschen im Eigentum anderer Menschen, die umfassend über ihr Schicksal bestimmten. Sklavenhaltung war ein zentrales Merkmal der antiken Welt, es gab sie aber ebenso in anderen Kulturen. Auch abgesehen von der Sklaverei als extremster Form der Ungleichbehandlung waren die Menschen in der Antike keinesfalls gleich. Frauen etwa verfügten über keine politischen Mitspracherechte und hatten weder das aktive noch das passive Wahlrecht inne.
Es gab also noch keine Menschenrechte in der Antike, diese werden erst später in der Neuzeit ausformuliert. Trotzdem finden sich manche Grundelemente davon bereits in der antiken Philosophie. Freiheit und Gleichheit galten prinzipiell als akzeptierte Werte in der griechischen Polis. Sie wurden auch in der römischen Philosophie intensiv diskutiert, etwa im Zusammenhang dessen, was die Würde eines Menschen ausmache. Zunehmend erhielten die Einzelnen gewisse Rechte, die ihnen „von Natur aus“ zustehen. Allerdings galten diese weiterhin nur für einen privilegierten Teil der Gesellschaft. Unser Verständnis von Demokratie ist heute untrennbar mit dem **allgemeinen und gleichen Wahlrecht** verbunden.

M3

Plakat des Bundesministeriums für Gesundheit, Familie und Jugend zur Einführung des Wahlrechts ab 16, 2008

Allgemeines und gleiches Wahlrecht: Jede Staatsbürgerin und jeder Staatsbürger darf unabhängig von Geschlecht, Besitz, Bildung, Religion wählen. Das dafür notwendige Alter beträgt in Österreich seit 2007 sechzehn Jahre.

M4

Plakat der Frauenbewegung, 1914

A

8 Beschreiben Sie das Plakat zum Frauentag (M4). Recherchieren Sie in der Gruppe die Daten der Erlangung des Frauenrechts in ausgewählten Ländern, z.B. der Schweiz, und skizzieren Sie den jeweiligen historischen Kontext.

9 Analysieren Sie das Plakat (M3) und diskutieren Sie die Doppeldeutigkeit der darauf abgebildeten Texte. Recherchieren Sie in der Gruppe Pro- und Contra-Argumente zur 2007 erfolgten Senkung des Wahlalters und bewerten Sie diese.

10 Diskutieren Sie in der Kleingruppe, wovon Ihr Interesse an politischer Partizipation abhängt. Führen Sie die Ergebnisse in der Klasse zusammen.

III

Migration, Expansion, Reichsbildungen und Kulturtransfer

K

In diesem Kapitel üben und trainieren Sie folgende Kompetenzen:

- **Historische Methodenkompetenz (De- und Rekonstruktionskompetenz)**
  mit schriftlichen und bildlichen Quellen kritisch arbeiten; Bewertungen historischer Akteure erkennen (am Beispiel von Karl dem Großen); unterschiedliche Darstellungen eines Ereignisses vergleichen; Perspektiven in Quellen und Darstellungen erkennen (am Beispiel Islam); Geschichtskarten analysieren

- **Historische Sachkompetenz/Basiskonzepte**
  ausgehend von Vorwissen mit historischen und politischen Fachbegriffen und Definitionen arbeiten und diese vertiefen; erkennen und reflektieren, wie historisches Wissen entsteht (Belegbarkeit, Konstruktivität, Perspektive, Auswahl); sich mit dem Konzept von Diversität auseinandersetzen

- **Historische Orientierungskompetenz**
  Orientierungsangebote in Darstellungen der Vergangenheit erkennen (am Beispiel von Flucht- und Migrationserfahrungen der Vergangenheit)

M1

Rohingya-Flüchtlingskind an der Grenze zwischen Myanmar und Bangladesh, Muse Mohammed/IOM, Fotografie, Oktober 2017

M2

Zelte in einem französischen „Flüchtlingslager", dem „Dschungel von Calais", Fotografie, Oktober 2015

Gegenwärtig sind sehr viel mehr Menschen „in Bewegung" als jemals zuvor, so dass vor einer neuen „Völkerwanderung" gewarnt wird.

Jene Migrantinnen und Migranten, die es in die reichen Länder schaffen, sind eine Minderheit. 90 % der Flüchtlinge bleiben in ihrer Region und viele von ihnen sind Kinder und Jugendliche.

Solange die Zahl der übernommenen Menschen nicht übermäßig groß war, [konnten] sie [die Germanen] in die soziale Welt eigebunden werden [...]. Sie lernten Lateinisch, passten sich den Gebräuchen der römischen Zivilisation an, zahlten Steuern – und sind spätestens in der zweiten Generation zu Römern geworden.

A. Demandt, 2015; zit. nach: www.welt.de/geschichte/article146277646 (12.11.2019)

Gründe für Migration gab und gibt es viele: Hunger, Naturkatastrophen, Klimawandel, Kriege, die Hoffnung auf ein besseres Leben.

Die Migrationen der Germanen und die Expansion der Araber veränderten das Machtgefüge um das Mittelmeer und in Europa entscheidend. Das Weströmische Reich löste sich in den Wirren der „Völkerwanderung" auf.

Fränkische Heerführer verteidigten mit ihren Gefolgsleuten die römischen Grenzen, denn germanische Rekruten erhielten nur ein Sechstel des Solds der römischen Soldaten.

Die Migration von arabischen Stammesangehörigen führte zu einer Arabisierung und gegenseitigen Durchdringung von Traditionen. Die Berber konvertierten zum Islam, behielten aber ihre Sprache. Im Iran nahmen selbst arabische Muslime die persische Sprache, Gebräuche und Sitten an.

M3

Where are you from?, Simon Kneebone, Karikatur, 2014

M4

Die Journalistin Barbara Coudenhove-Kalergi schreibt 2015:

Europa bekommt ein neues Gesicht, ob es den Alteingesessenen passt oder nicht [...]. Auf manchen Strecken der Londoner U-Bahn sieht man heute mehr braune und schwarze als weiße Gesichter in den Wagons. Berlin-Kreuzberg ist überwiegend türkisch, Paris-Clichy überwiegend nordafrikanisch. Überall sind antiimmigrantische Parteien und Bewegungen entstanden, es fehlt nicht an Konflikten und Zusammenstößen.

derstandard.at/2000010102927/Eine-Voelkerwanderung (12.11.2019)

M5

Ausländische Staatsangehörige in Österreich – Top 20 Nationalitäten

1. Jänner 2017

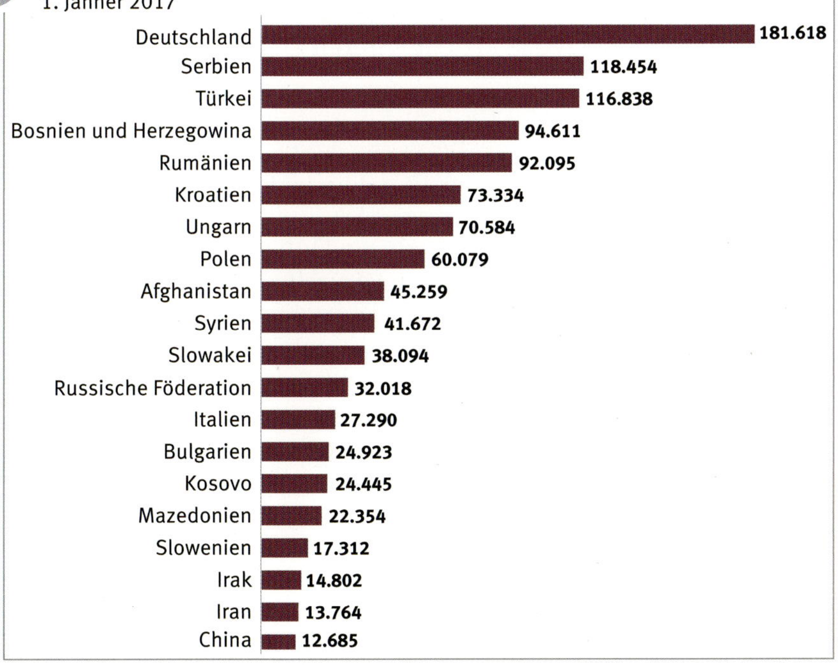

Statistik des Bevölkerungsstandes, Statistik Austria, 2017

Brainstorming

Erstellen Sie in der Klasse ein Tafelbild/Plakat zum Thema „Migration“ mithilfe der Materialien M1 bis M5.

Diskutieren Sie, warum das Thema Migration die Menschen „bewegt“.

Formulieren Sie zu jedem der nebenstehenden Statements eine Frage.

4. – 6. Jh.
Migrationen der Germanen
„Völkerwanderung“
Untergang Westroms

Um 800
Neue Mächte:
Byzanz (Ostrom)
Araber
Franken

4. – 9. Jh.
Migration und Eroberungen der Franken

4. – 12. Jh.
Österreich im Früh- und Hochmittelalter: vom Durchzugsland zum Herzogtum

6. – 15. Jh.
Byzanz

7. – 11. Jh.
Eroberungen und Migrationen der Araber

1453
Eroberung von Konstantinopel durch die Osmanen

2015/2016
Migrationsbewegungen: Österreich als Einwanderungsland

1 Migration – ein Dauerbrenner der Menschheitsgeschichte

Migration: Aus- und Einwanderung von Menschen; Migrationen früherer Epochen („Wanderungen“) unterscheiden sich von modernen Bevölkerungsbewegungen. Irreguläre/Illegale Migration erfolgt durch illegalen Grenzübertritt.

Migrationshintergrund: haben Personen, die selbst oder deren Vorfahren aus einem anderen Staat eingewandert sind. In Österreich werden so Personen bezeichnet, deren Elternteile beide im Ausland geboren wurden.

Binnenmigration: Migration innerhalb einer festgelegten Region (z. B. vom Land in die Städte).

Flüchtlinge: Menschen, die ihre Heimat verlassen müssen, weil ihnen in ihrem Herkunftsland Gefahr durch Krieg, Unterdrückung und Verfolgung droht.

Anerkannte Flüchtlinge: Flüchtlinge, die ein Bleiberecht bekommen, weil im Asylverfahren festgestellt wurde, dass im Herkunftsland tatsächlich Verfolgung droht.

Asyl: Schutz vor Gefahr und Verfolgung sowie die vorübergehende Aufnahme von Verfolgten. Menschen, die Asyl beantragen, heißen Asylwerber.

Asylant: Asylwerber; der Begriff wird von manchen als abwertend empfunden und von den Behörden nicht verwendet.

Wirtschaftsmigranten/„Wirtschaftsflüchtlinge“: Menschen, die auswandern, um ihre persönlichen Lebensbedingungen zu verbessern.

Arbeitsmigration: Wanderung von Menschen zur Arbeitsaufnahme (Gastarbeiter; Entsendung von Arbeitskräften innerhalb der EU).

Abschiebung: erzwungene Rückreise einer Person ohne Aufenthaltsberechtigung in ihr Herkunftsland.

Integration: Prozess der Aufnahme von Zugewanderten in die Gesellschaft; dazu gehören Spracherwerb, Bildung und Arbeitsmarkt. Integration ist eine Herausforderung für alle Beteiligten.

Während Europa heute Ziel vieler Zuwanderer und Flüchtlinge ist, verließen im 19. Jh. und in der ersten Hälfte des 20. Jhs. etwa 50 Millionen Menschen Europa, meist in Richtung USA. Innerhalb Europas ließ **Binnenmigration** die Bevölkerung der Städte anwachsen. Die beiden Weltkriege und die Zeit danach bedeuteten für Millionen von Menschen Vertreibung und Umsiedlung.

Migration nach und innerhalb Europas

Heute wandern jährlich Hunderttausende Menschen innerhalb der EU, meist auf der Suche nach Arbeit oder um zu studieren, manchmal nur für wenige Monate, oft auch auf Dauer. Dazu kommt die Zuwanderung von außerhalb Europas – einerseits wandern **Flüchtlinge** und andererseits **Wirtschaftsmigrantinnen und -migranten** zu. Diese Zuwanderer sorgen dafür, dass Europas alternde Bevölkerung jünger wird und trotz geringer Geburtenraten (ca. 1,6 Geburten pro Frau; Stand 2017) wächst. In einigen osteuropäischen Ländern schrumpft die Bevölkerung.

Österreich – Einwanderungsland

Ab der zweiten Hälfte des 19. Jhs. gab es eine Massenmigration von Menschen aus den ehemaligen Kronländern der Monarchie. In den Jahren 1914/15 flüchteten 137 000 Menschen aus Galizien und der Bukowina vor dem Krieg nach Wien. Wiens Bevölkerung erreichte 1916 mit 2,24 Mio. einen Höchststand. Während der Flüchtlingskrise hundert Jahre später (2015/16) migrierten etwa 100 000 Menschen nach Österreich.
Von 1945 bis 1990 kamen ca. 650 000 Vertriebene und Flüchtlinge (darunter Ungarn 1956, Tschechen 1968, Polen 1981/82 sowie Juden aus der ehemaligen Sowjetunion) ins Land, oft nur auf der Durchreise. Österreich erwarb sich den Ruf eines **Asyl**landes.
Der Anteil der Bevölkerung mit einem ausländischen Pass blieb aber gering. Durch gezielte Anwerbung von **Arbeitsmigranten** („Gastarbeiter“) stieg deren Zahl Mitte der Siebzigerjahre auf 4 %. Anfang der Neunzigerjahre erhöhte sich dieser Anteil durch Zuwanderung (Zerfall des ehemaligen Jugoslawien) auf 8 %. Die Erweiterung der Europäischen Union sowie Kriege und Krisen im Nahen Osten und im Mittelmeerraum führten ab 2005 zu verstärkter Zuwanderung. Österreich wurde zu einem Einwanderungsland.

M1 **Wanderungssaldo Österreichs 1961–2017**

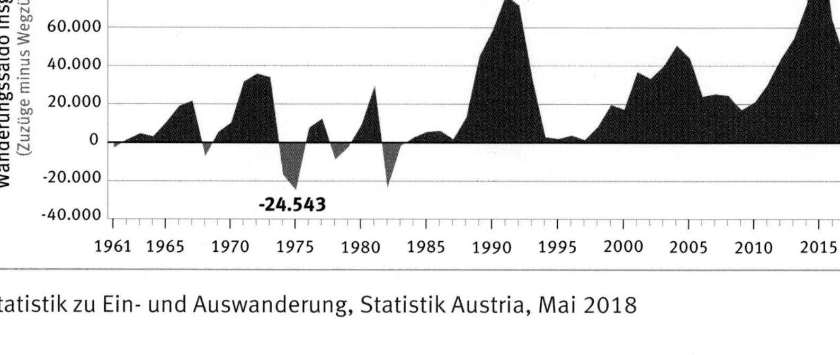

Statistik zu Ein- und Auswanderung, Statistik Austria, Mai 2018

Diversität als Herausforderung

Europa wird durch **Migration** noch vielfältiger. Migrantinnen und Migranten, darunter auch die Flüchtlinge der Jahre 2015/2016, sprechen andere Sprachen und gehören oft anderen Religionsgesellschaften an. Diese wachsende Diversität prägt moderne Gesellschaften, führt aber auch zu Ängsten, Vorurteilen, Ablehnung und Diskriminierung.

M2

Bericht der Medienservicestelle über eine Studie der Bertelsmann-Stiftung aus dem Jahr 2013:

Als besorgniserregend bezeichnen die AutorInnen der Studie den Umgang der ÖsterreicherInnen mit Diversität. Die Dimension „Akzeptanz von Diversität" benennt die Toleranz gegenüber Minderheiten (u. a. EinwanderInnen und Homosexuelle) und deren Lebensstil. Österreich war im Zeitraum 1989 – 2003 hinsichtlich Akzeptanz von Vielfalt im Mittelfeld bzw. oberen Mittelfeld angesiedelt. Im dritten Erhebungszeitraum (2004 – 2008) fiel Österreich in die Schlussgruppe zurück. Im vierten und letzten Erhebungszeitraum (2009 – 2012) ist Österreich zwar wieder eine Gruppe höher platziert, liegt aber immer noch im unteren Mittelfeld.

www.medienservicestelle.at/migration_bewegt (08.04.2018)

Kann Integration gelingen?

Integration ist eine große Herausforderung, sowohl für die Migrantinnen und Migranten als auch für die Aufnahmegesellschaft. Sie umfasst Bereiche wie Bildung, Wohnen, Beschäftigung, Gesundheit und Zusammenleben, aber auch unterschiedliche Wertvorstellungen.

M4

Aus dem Programm der österreichischen Bundesregierung (Dez. 2017):

Integration ist ein langfristiger Prozess, der nicht von heute auf morgen vollendet werden kann. Für eine gelingende Integration der bzw. des Einzelnen sind der Erwerb der deutschen Sprache, die Akzeptanz unserer Werte und die Teilnahme am Arbeitsmarkt Voraussetzungen. Österreich bietet weiterhin alle Chancen zur Integration. Wer diese Chancen nicht annimmt und seine Integration verweigert, muss mit Sanktionen rechnen. Erfolgreiche Integration hängt zudem wesentlich von der Anzahl der zu integrierenden Personen und deren Qualifikationen ab. Integrationspolitik kann falsche Einwanderungspolitik nicht reparieren.

www.bundeskanzleramt.gv.at/documents/131008/569203/Regierungsprogramm, S. 37 (15.05.2019)

A

1 Erheben Sie Migrationserfahrungen und Vielfalt (sprachlich, kulturell) in Ihrer Klasse bzw. in Ihrem Umfeld.

2 Beschreiben Sie die Entwicklung der Migration nach Österreich in den letzten Jahrzehnten (M1, Autorentext).

3 Begründen Sie mithilfe von M5 und des Autorentexts, warum Österreich ein Einwanderungsland ist und Einwanderung braucht.

4 Vergleichen Sie die Aussagen in M5 mit dem Bericht in M2.

5 Diskutieren Sie in der Klasse Kriterien für eine „erfolgreiche Integration" und die Rolle der Bildung in diesem Prozess.

6 Diskutieren Sie unter Bezug auf M2 die folgende Aussage: „Bei Diversity geht es nicht um die Anderen – es geht um dich!"

Diversity/Diversität: Diversity ist der Ausdruck für das Vorhandensein gesellschaftlicher Vielfalt und Unterschiedlichkeiten von Menschen. Im Umgang mit Diversität geht es um das Erlernen eines aktiven Umgangs mit Unterschieden.

M3

Factbox der Medien-Servicestelle Neue ÖsterreicherInnen (Stand Feb. 2017):

- 23,8 % der SchülerInnen sprechen eine andere Umgangssprache als Deutsch.
- In Wien liegt der Anteil bei 49,7 %.
- BKS [Bosnisch, Kroatisch, Serbisch] und Türkisch werden von den meisten SchülerInnen gesprochen.
- SchülerInnen mit arabischer Umgangssprache verzeichneten höchsten Zuwachs.
- Muttersprachlicher Unterricht ist erstmals seit 2005 rückläufig.

vgl. medienservicestelle.at/migration_bewegt/ (14.05.2019)

M5

Der Migrationsforscher Heinz Faßmann im März 2015:

Wie man die Menschen in Österreich so weit bringt, dass sie auch Platz machen für die, die Platz nehmen möchten? Durch eine Aufklärung, dass Zuwanderung nicht zum kulturellen Ende des Landes führt, sondern ganz im Gegenteil: Eine Form der Zuwanderung, die einigermaßen kontrolliert und auch zahlenmäßig begrenzt ist, ist für dieses Land notwendig angesichts einer demographischen Entwicklung, die klar Lücken auf dem Arbeitsmarkt und in der Gesellschaft hinterlässt.

medienportal.univie.ac.at (12.11.2019)

M6

70,8 Millionen Menschen sind weltweit auf der Flucht.
3,9 Millionen Menschen sind staatenlos.
92 400 Flüchtlinge wurden neu angesiedelt (**Resettlement**).
ca. 80 % der Flüchtlinge weltweit leben in Entwicklungsländern.

Die drei größten Herkunftsländer von Flüchtlingen
(in Mio.; Stand Juni 2019)

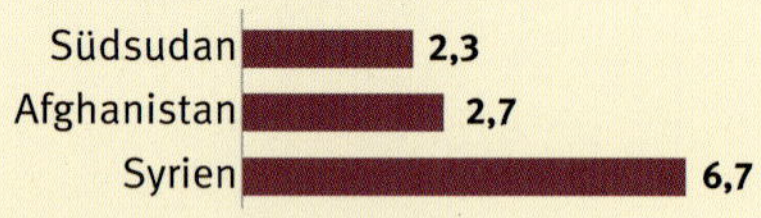

Die Hauptaufnahmeländer von Flüchtlingen
(in Mio.; Stand Juni 2019)

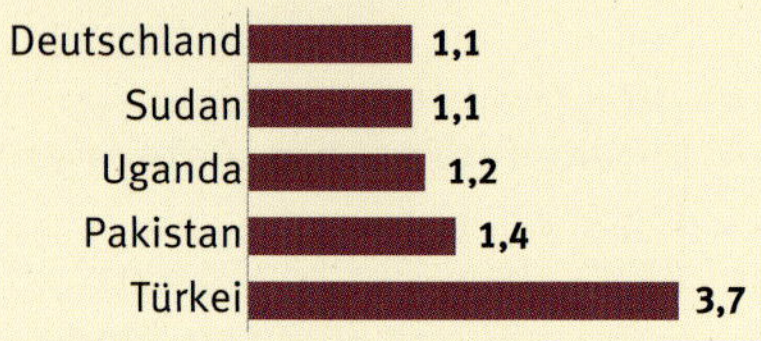

Statistiken zum Thema Flucht, www.unhcr.org (12.11.2019)

Resettlement: die Aufnahme besonders schutzwürdiger Menschen direkt aus Krisenländern; Österreich nahm 2014 bis 2017 1 900 Flüchtlinge aus Syrien auf. Ende 2017 lief das Programm aus.

M7

Die freie Journalistin Clara Akinyosoye zum Thema Migration:

Ignoriert wird [...], dass der Großteil der Flüchtlinge eben nicht im reichen Europa, sondern in wirtschaftlich schwächeren Ländern wie dem Libanon, in Jordanien, Pakistan, der Türkei und vielen afrikanischen Staaten wie Uganda und Äthiopien untergekommen ist. [...] Doch das wird in unseren sehr aufgeregten, eurozentristischen Diskursen über Asyl und Mirgration selten oder nur am Rande zur Sprache gebracht.

MO – Magazin für Menschenrechte Nr. 48, Sept. 2017, S. 39

Pushfaktor: Druck im Herkunftsland, der zur Auswanderung bewegt.

Pullfaktor: Anreize, um in ein bestimmtes Land auszuwandern.

Globale Herausforderungen – Flucht und Migration

Die Kriege in Syrien, im Irak, Afghanistan und Libyen, Hungersnöte und Bürgerkriege in einigen afrikanischen Staaten führten 2015 zu einer enormen Zunahme der Zahl von Flüchtlingen und Zuwanderungswilligen aus diesen Ländern nach Europa. Nur ein kleiner Teil der 70,8 Mio. Flüchtlinge schafft es nach Europa oder Nordamerika. Nicht jede Migrantin bzw. jeder Migrant ist ein Flüchtling, der nach der Genfer Flüchtlingskonvention Anspruch auf Schutz und Asyl hat. Da es kaum legale Zuwanderungsmöglichkeiten nach Europa und in die USA gibt,kommen viele als illegale Migrantinnen und Migranten.

Migrationsgründe

Moderne Migration ist eine Folge der politischen und wirtschaftlichen Ungleichheit in der globalisierten Welt. Kriege, Krisen, Armut und Bevölkerungswachstum erhöhen den Migrationsdruck zusätzlich. Dazu kommen die globale Vernetzung durch Verkehrswege und das Internet. Die Migrationsforschung unterscheidet **Push-** und **Pullfaktoren**.

Pushfaktoren	Pullfaktoren
▸ Kriege	▸ Sicherheit
▸ Arbeitslosigkeit	▸ Arbeitsmöglichkeiten
▸ Bevölkerungsdruck	▸ bessere Löhne
▸ politische und religiöse Verfolgung	▸ Freiheit und Demokratie
▸ Armut	▸ Familiennachzug
▸ (Banden-)Kriminalität	▸ bessere Bildungschancen
▸ Umweltprobleme	▸ medizinische Versorgung

Allerdings werden die Erwartungen von Migrantinnen und Migranten oftmals enttäuscht. 2018 ertranken geschätzte 2 300 Menschen auf der Überfahrt von Nordafrika nach Italien. Die EU bemüht sich um Abkommen mit den Herkunftsländern der Flüchtlinge, um die ungeregelte Migration und die Zahl der gefährlichen Überfahrten einzudämmen. Diese Politik ändert allerdings wenig an den Migrationsgründen. Und so flüchten weiterhin Menschen ohne Chance auf Asyl.

M8

Migranten bei der riskanten Überfahrt über das Mittelmeer, Francesco Malavolta/IOM, Fotografie, 2016

Routen schließen, Mauern bauen?

In vielen Aufnahmeländern – im Süden (z. B. Jordanien, Bangladesch) wie auch im Norden – nimmt die Akzeptanz gegenüber Zuwanderung ab. Negative gesellschaftliche Auswirkungen der Migration (z. B. Probleme bei der Integration in den Arbeitsmarkt, sehr unterschiedliche Wertvorstellungen) lösen bei vielen Menschen Ängste und Ablehnung aus. Nach einer Erhebung im Februar/März 2017 zeigten sich knapp zwei Drittel der befragten österreichischen Staatsangehörigen mit dem Integrationsprozess unzufrieden. Unter dem Druck **rechtspopulistischer** Parteien beschränken viele Regierungen Zuwanderung und Asylgewährung.

i

Die Genfer Flüchtlingskonvention (1951) legt fest, wer als Flüchtling gilt und welche Rechte Flüchtlinge haben (z. B. Asyl). Sie definiert auch die Pflichten der Flüchtlinge gegenüber dem Gastland. Der Status von „Armuts- und Umweltflüchtlingen“ wird von der Konvention nicht erfasst.

Rechtspopulismus: ist eine politische Strategie, die auf Polarisierung, das Schüren von Ängsten sowie Ab- oder Ausgrenzung setzt, um bei Wahlen Stimmen zu gewinnen.
(Nach: Politiklexikon für junge Leute)

M9

Der österreichische Ethnologe und Politikberater Werner T. Bauer schreibt:

In nahezu allen europäischen Ländern sind rechtsextreme und rechtspopulistische Parteien auf dem Vormarsch. Ihr politisches Angebot ist weitgehend übereinstimmend: Sie sind gegen jede weitere Zuwanderung und prangern den „Asylmissbrauch“ an, bringen Kriminalität und Drogenhandel in Zusammenhang mit Ausländern und offenen Grenzen, kritisieren daher die EU und lehnen einen Beitritt der Türkei ab, und treten gesellschaftspolitisch für die traditionelle Familie, für den Tierschutz und gegen die „Homoehe“ auf. An die Stelle des Antisemitismus früherer Zeiten ist vielfach der Antiislamismus getreten.

www.politikberatung.or.at/studien/rechtspopulismus (12.11.2019)

i

Die Kreuze tragen die Namen von Menschen, die beim Versuch eines illegalen Grenzübertritts zu Tode kamen.

M10

Ein Mexikaner beim Versuch, die Sperranlagen an der US-mexikanischen Grenze bei Tijuana/San Diego zu überwinden, Thomas Castelazo, Fotografie, 2007

M11

Der Kurier schreibt im Juni 2017 über die Flüchtlingspolitik des damaligen Außenministers Sebastian Kurz:

In den Flüchtlingszentren in Nordafrika soll es nach den Vorstellungen des österreichischen Außenministers für die Schutzsuchenden keine Möglichkeit geben, einen Asylantrag zu stellen. „Das halte ich für falsch, weil wenn wir das machen, dann führt das ja zu einem Pull-Faktor, dass Menschen aus ganz Afrika nach Ägypten oder Tunesien aufbrechen“, sagt er.
Der einzige legale Weg für Kriegsflüchtlinge nach Europa zu kommen, wären damit Resettlement-Programme. „Resettlement“ heißt, Menschen werden in Krisengebieten von internationalen Organisationen für die Umsiedlung ausgewählt. In Europa ist die Bereitschaft zur Aufnahme von „Resettlement-Flüchtlingen“ aber seit dem Flüchtlingsandrang der Jahre 2015 und 2016 sehr gering.

www.kurier.at/politik/ (12.11.2019)

A

7 Beschreiben Sie die Bilder (M8, M10) und diskutieren Sie in Partnerarbeit die mögliche Wirkung dieser Bilder auf Menschen, die Migration ablehnen.

8 Nehmen Sie anhand der Zahlen und Diagramme (M6) sowie des Statements von Akinyosoye (M7) Stellung zur Migrationskrise und zu Abschottungstendenzen in Europa.

9 Begründen Sie mithilfe von M6 und M7, warum eine eurozentristische Sicht auf Flucht und Asyl zu kurz greift.

10 Bewerten Sie den Einfluss der Migrationsfrage auf das politische Meinungsklima (M9).

11 Fassen Sie die Vorschläge des ehemaligen Außenministers Sebastian Kurz zusammen (M11). Begründen Sie, warum das „Resettlement“ nicht funktioniert.

III Migration, Expansion, Reichsbildungen und Kulturtransfer

Migration als Regelfall der Geschichte

Migrationen bestimmen die Geschichte der Menschheit seit ihren Anfängen, als alle Menschen als Nomaden lebten. Nur so konnten sie ihre Existenz sichern. Solange die Erde dünn besiedelt war, führten Migrationen meist nicht zu Konflikten.

Out of Africa – die frühgeschichtlichen Wanderungen	Die Anfänge der Menschheit liegen in Afrika. Die Geschichte der Evolution und die Ausbreitung der Menschen nach Asien und Europa muss aufgrund neuer Funde und Thesen immer wieder neu geschrieben werden. Vor etwa 100 000 Jahren begann die Ausbreitung des Homo sapiens in großen Teilen der Welt.
Die griechische Kolonisation	Die Vorfahren der späteren Griechen wanderten um 2000 v. Chr. vom nördlichen Balkan in Griechenland ein. Ob dieser Prozess der Landnahme mit Kriegen verbunden war, lässt sich nicht mehr feststellen. Zwischen 1200 und 800 v. Chr. wanderten Gruppen von Hellenen nach Kleinasien aus. Ab 750 v. Chr. gründeten hellenische Siedler zahlreiche Handelsstützpunkte und Kolonien an den Küsten des Mittelmeers.
Zwangsmigration und Sklavenhandel	Auch die Versklavung von Kriegsgefangenen und Besiegten und ihre Deportation löste Migrationsbewegungen aus. Angetrieben wurde der Sklavenhandel durch die wachsende Nachfrage nach Sklaven in Griechenland und vor allem in Rom.
Die Migrationen der Steppenvölker	Über viele Jahrhunderte drangen Gruppen nomadischer Reitervölker – Skythen, Hunnen, Awaren, Mongolen – entlang des Steppengürtels Eurasiens nach Westen vor. Sie verbreiteten mit ihren schnellen Vorstößen bis ins Mittelalter Angst und Schrecken, vermittelten den Europäern aber auch wichtige Techniken wie Reflexbogen oder Steigbügel.
Die „Völkerwanderung" – Migration der Germanen	Traditionell gilt der Einfall der Hunnen 375 n. Chr. als Auslöser für die Migration germanischer Gruppen ins Römische Reich. Allerdings integrierten sich Gruppen von Germanen dort schon viel früher als Siedler und Angehörige des Heeres. Germanische Heerführer bildeten mit ihren Gefolgsleuten neue Reiche und schufen damit neue gesellschaftliche und politische Verhältnisse in Europa.
Die arabische Expansion	Im 7. und 8. Jh. eroberten die Araber weite Teile des vorderen Orients. Die Migration von arabischen Stammesangehörigen führte zu einer Arabisierung und gegenseitigen Durchdringung von Traditionen und zur Verbreitung des Islam.
Migration im Mittelalter	Im Hochmittelalter nahm die Bevölkerung zu. Menschen wanderten vom Land in die Städte. Die Landesherren im östlichen Mitteleuropa und in Osteuropa warben um „Experten" für Landwirtschaft, Wein- und Bergbau, den Bau von Deichen und das Handwerk. Jüdinnen und Juden wurden immer wieder vertrieben.
Migrationen der Neuzeit	In der frühen Neuzeit wurden Protestanten (Salzburg) und Hugenotten (Frankreich) aufgrund ihres Glaubens vertrieben. Immer mehr Menschen verließen Europa und siedelten sich in den Kolonien, insbesondere in Nord- und Südamerika an. Dorthin wurden auch Millionen von Menschen aus Afrika verschleppt und versklavt. Die Industrialisierung des 19. Jhs. löste dann eine Binnenmigration vom Land in die rasch wachsenden Städte aus.

Fluchterfahrungen von Kindern und Jugendlichen im 20. und 21. Jh.

M12

Die Wiener Jüdin Gerda Feldsberg (1930–2008) über ihre Flucht mit dem letzten Kindertransport nach England im Jahr 1939:

Im habe Wien 1939 mit dem letzten Kindertransport der Kultusgemeinde nach England verlassen. Die Eltern durften die Kinder nicht bis zum Zug bringen, aber mein Vater war schon damals im Vorstand der Israelitischen Kultusgemeinde und hat mich und meine drei jüdischen Freundinnen aus der Porzellangasse zum Bahnhof begleiten können. Meine Mutter musste zu Hause bleiben, in der Nacht war es sehr gefährlich.

Ich werde den Abschied nie vergessen: Meine Mutter konnte nicht reden. Sie hat nicht gewusst, ob sie mich je wiedersehen wird. Ich kann es heute noch nicht glauben, ich sehe noch immer, wie ihre Tränen rinnen. Meine Eltern hatten gesagt, dass sie nachkommen würden. Aber als der Zug losgefahren und mein Vater am Bahnsteig gestanden ist, war es schrecklich.

www.centropa.org/de/biography/gerda-feldsberg (12.11.2019)

Gerda Feldsberg als junge Frau, Fotografie, ohne Datum

A

12 Erläutern Sie die Beweggründe für die Entscheidung jüdischer Eltern, ihre Kinder alleine ins Ausland zu schicken. Diskutieren Sie die damit verbundenen Ängste und psychischen Belastungen.

13 Recherchieren Sie zum Stichwort „Kindertransporte" im Internet.

M13

Melisa Erkurt, geboren in Sarajevo (1991), ist freie Journalistin und Lehrerin an einer AHS in Wien (2019):

Nachdem klar geworden war, dass der Krieg in unserer Heimat nicht in ein paar Tagen vorbei sein würde, als sich Frauen und Kinder aus der Nachbarschaft in unserem Keller vor den Bomben und den Soldaten versteckten, als mein Vater und die anderen Männer eingezogen wurden, da wusste auch meine Mutter, dass wir wegmussten [...]. Tag für Tag lief sie mit mir auf dem Arm im Bombenhagel zur Busstation, in der Hoffnung, es würde ein Bus nach Österreich fahren. Eines Tages hatten wir Glück. Auf der Fahrt wurde der Bus von serbischen Soldaten angehalten, einer kontrollierte die Pässe, wortlos schickte er einige Frauen und Kinder raus. „Melisa", las er aus meinem Pass, „ein schöner Name." Wir durften weiterfahren. „Weil Melisa kein muslimischer Name ist", sagt meine Mutter heute ernst, „oder weil du das süßeste Baby der Welt warst", fügt sie lachend hinzu.

Falter 10/19, 06.03.2019, S. 9

Melisa Erkurt, Marko Mestrovic, Fotografie, 2019

A

14 Beschreiben Sie Umstände und Grund der Flucht von Melisa Erkurt und ihrer Mutter.

15 Erklären Sie, welcher glückliche Zufall die erfolgreiche Flucht aus Bosnien ermöglichte.

M14

Der Flüchtling Shokat Ali Walizadeh aus Afghanistan (2014):

Als ich mein Zuhause verließ und mich von meiner Familie verabschiedete, war mir klar: Ich werde sie nie wieder sehen, nie nach Afghanistan zurückkehren. Ich hatte nichts dabei, kein Gepäck, keine Erinnerungsstücke. Meine Reise war lang und beschwerlich, mehr als einmal dachte ich, ich würde es nicht schaffen. Zu wissen, dass mein altes Leben Vergangenheit und meine Zukunft unbekannt war, half nicht. In Österreich lebte ich anfangs in einem Flüchtlingsheim. Ich dachte, meine Flucht war schlimm – doch die richtigen Schwierigkeiten begannen hier. Ich war wie ein neugeborenes Baby – ich konnte mich nicht verständigen oder verstehen, da niemand meine Sprache sprach, mich kaum fortbewegen, da ich nicht wusste wie oder wohin. Ich wusste nicht, wie man sich in der neuen, fremden Kultur verhält. Wie ein Kind musste ich erst alles lernen – Schritt für Schritt, Wort für Wort. Monatelang konnte ich nichts machen außer essen, schlafen, herumsitzen. Jeden Tag dasselbe.

stories.unhcr.org/de/shokat-ali-wie-ich-ein-zweites-mal-auf-die-welt-kam-p316.html (02.04.2018)

Shokat Ali Walizadeh, Helmut Wimmer/UNHCR, Fotografie, 2014

A

16 Ermitteln Sie die Probleme Shokat Ali Walizadehs in den ersten Monaten nach seiner Ankunft in Österreich. Rekonstruieren Sie anhand von M14 seine vermutlich unangenehmste Erfahrung.

17 Recherchieren Sie im Internet die Rechte von unbegleiteten minderjährigen Flüchtlingen (UMF) in Österreich.

M1

Westgotische Adlerfibel, 6. Jh. n. Chr., Fundort: Alovera/Guadalajara, Spanien, Bronze, Email und Glas, MAN, Madrid

i

Der Adler, ein römisches Heereszeichen, wurde zu einem beliebten Symbol bei den Goten. Fibeln waren Würdezeichen und fixierten Umhänge an den Schultern.

Hunnen: Reitervolk aus Zentralasien. Die genaue Herkunft ist nicht geklärt. Unter ihrem König Attila verlangten sie hohe Tribute von Ostrom. Ihr Vormarsch wurde von römischen und gotischen Verbänden 451 gestoppt.

Stamm: größere Gruppe von Menschen, die glauben, durch Abstammung und Verwandtschaftsbeziehungen verbunden zu sein.

Volk: durch gemeinsame Kultur und Geschichte (und Sprache) verbundene große Gemeinschaft von Menschen.

Barbaren: ursprünglich griechische Bezeichnung für Menschen/Gruppen, die nicht griechisch sprachen. Die Römer übernahmen den Begriff für alle Menschen ohne griechisch-römische Bildung und damit für die Völker jenseits der Reichsgrenzen. Das Wort galt schon in der Antike als abwertende Bezeichnung für fremde Völker.

2 Die „Völkerwanderung“: Migration, Invasion, Integration?

Die historische Forschung sieht die „Völkerwanderung“ heute als Migrationsprozesse germanischer Gruppen in Richtung Mittel-,West- und Südeuropa zwischen dem 4. und 6. Jh. n. Chr. Traditionell gilt noch immer der Einfall der **Hunnen** 375 als Auslöser. Für die antiken Autoren waren das Klima, die Übervölkerung, Missernten und die Gier nach Gold Gründe für die Wanderbewegungen. Auch Konflikte zwischen Gruppen waren wohl Auswanderungsgründe.

Wer waren die Germanen?

Die Bezeichnung der Germanen und der einzelnen **Stämme** sind Fremdbezeichnungen der Römer für Bevölkerungsgruppen, die östlich des Rheins oder nördlich der Donau ansässig waren. Sie lebten dort von Jagd, einfacher Landwirtschaft und Viehzucht. Unser Wissen über sie stammt aus römischen Quellen und Bodenfunden. Für die Römer waren die Germanen Störenfriede, mit denen sie seit der Invasion der Kimbern und Teutonen (ca. 130 v. Chr.) immer wieder in Kämpfe verwickelt wurden. Eine gemeinsame Abstammung spielte bei den Stammesverbänden keine wichtige Rolle. Häufig schlossen sich während der Migrationsprozesse und Märsche waffenfähige Männer unterschiedlicher Herkunft an. Daraus entwickelten sich neue Verbände, die gemeinsam kämpften, sich auf dem Gebiet des Römischen Reiches niederließen und erst dort zu **„Völkern“** wurden. Moderne Historikerinnen und Historiker hinterfragen die herkömmliche Darstellung der Völkerwanderung auf Geschichtskarten.

M2

Der Historiker Walter Pohl zu den traditionellen Völkerwanderungskarten:

In historischen Atlanten werden die Wanderwege der Goten, Vandalen oder Langobarden mit bunten Pfeilen markiert, ein verwirrendes Geflecht von Zügen quer durch Europa. Dennoch täuscht der lineare Wanderweg eine Kohärenz und Folgerichtigkeit vor, die es nicht gab. Gewandert ist nicht ein Volk […], sondern verschiedene Gruppen, die sich nach mehrfachen Brüchen immer wieder neu bildeten […].

W. Pohl, Die Völkerwanderung, 2005, S. 23 – 24

M3

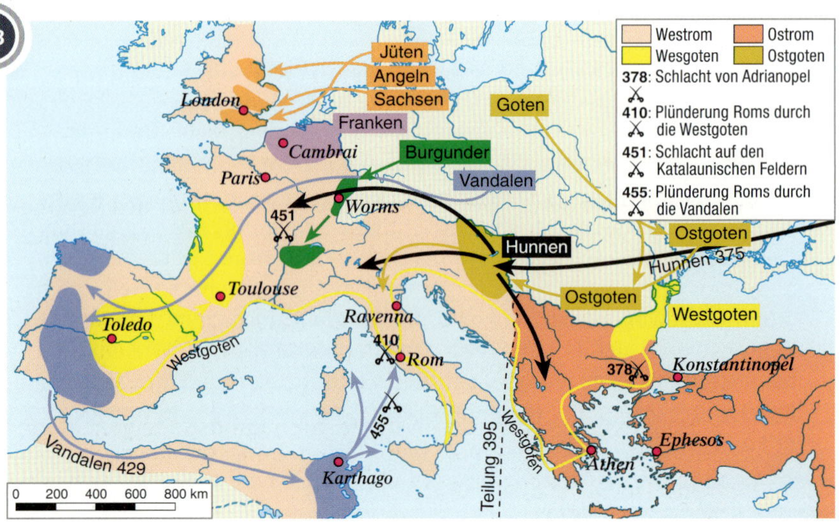

Traditionelle Darstellung der „Völkerwanderung“

Invasion der Barbaren – der Untergang Westroms?

Schon lange vor der Völkerwanderung entwickelte sich eine geregelte Migration von **„Barbaren“**. Die Römer siedelten sogar größere Gruppen von Germanen als Bauern und Hirten innerhalb der Reichsgrenzen an. Diese passten sich an, wurden romanisiert und integriert. Junge germanische „Warlords“ (lokale militärische Machthaber) konnten – so wie Flavius Stilicho (M4) – mit ihrer Gefolgschaft im römischen Heer rasch zu Heermeistern (*magistri militi*) und damit zu Kaisermachern werden. Da es nach der Reichsteilung von 395 n. Chr. mehrere Hauptstädte und mehrere Kaiser gab, stiegen die Chancen solcher Aufsteiger auf Karriere und Anschluss an die römischen Eliten. Erst als Rom diese Erwartungen nicht mehr erfüllen konnte, kam es zu Konflikten und bewaffneten Auseinandersetzungen.
Manche römischen und frühmittelalterlichen Autoren beschrieben die Migrationsprozesse zwischen dem 4. und 6. Jh. als Zeit der Bedrohung, die letztlich zum Untergang Westroms führte.
Moderne historische Forschungen zeichnen ein anderes Bild: Es gibt eine Reihe von Theorien über den Untergang Roms (siehe M5). Barbaren standen im „Kampf um Rom“ auf beiden Seiten. Sowohl Ostrom wie Westrom bedienten sich germanischer Kriegerverbände, um andere Barbaren oder Konkurrenten um die Macht zu bekämpfen. Aus diesen Verbänden konnten sich – wie unter dem Ostgotenkönig Theoderich (gest. 526) – auch größere Heere bilden. Diese kämpften schließlich um die Macht im Römischen Reich in wechselnden Bündnissen mit.

M4

Stilicho, Diptychon (Ausschnitt), Elfenbeinrelief, ca. 395 n. Chr., Domschatz von Monza

i

Stilicho trägt die typische Kleidung und Bewaffnung eines römischen Heermeisters (General). Es war der Sohn eines romanisierten Vandalen und einer Römerin. Er war mit einer Nichte Kaiser Theodosius' verheiratet. Trotz einer Reihe von Erfolgen gegen barbarische Heere wurde er 408 wegen Hochverrats hingerichtet.

M5

Der Historiker Alexander Demandt zum Vergleich der Flüchtlingskrise der Jahre 2015/2016 mit der Völkerwanderung der Spätantike:

Damals wie heute handelt es sich um den Druck aus armen, aber bevölkerungsreichen Ländern auf reiche, aber überwiegend kinderarme Völker. Der wichtigste Unterschied besteht darin, dass die Germanen in der Völkerwanderung bewaffnet kamen, während die Flüchtlinge heute natürlich unbewaffnet sind. [...]
In der Spätantike bestand das römische Heer sogar überwiegend aus Germanen [...], bis sie eines Tages gesagt haben: Die Römer sind nicht mehr in der Lage, ihre eigene Herrschaft auszuüben. Da ließen sie andere Germanen über die Grenzen und setzten den Kaiser ab. Das war es dann mit der römischen Zivilisation.

www.welt.de/geschichte/article146277646 (12.11.2019)

A

1 Erklären Sie, warum es sich bei der Karte (M3) um eine „traditionelle“ Darstellung der „Völkerwanderung“ handelt (M2).

2 Zeigen Sie anhand der beiden Abbildungen (M1, M4) den Einfluss der römischen Kultur auf die Germanen und welche Integrationschancen das römische Heer bot.

3 Analysieren Sie anhand von M5 mögliche Gemeinsamkeiten und Unterschiede zwischen der „Völkerwanderung“ und den Migrationsbewegungen 2015/2016.

4 Beschreiben Sie mithilfe der in der rechten Randspalte genannten Theorien die Bedeutung der „Völkerwanderung“ für den Untergang des Weströmischen Reiches.

i

Theorien zum Untergang des Weströmischen Reiches

- Innenpolitische Missstände, Korruption, Bürgerkriege
- Bedrohung von außen durch die Germanen („Völkerwanderung“)
- Wirtschaftlicher Niedergang, Mangel an Sklaven, Verarmung der Bevölkerung durch wachsende Steuerlast
- Naturwissenschaftliche Erklärungen: Epidemien, Ausbeutung der Umwelt, Erosion
- Militärische Erklärungen: sinkende Heeresstärke, höhere Verteidigungskosten
- Kulturpsychologische Erklärung: Erschöpfung, Dekadenz

Mittelalter: Der Begriff ist eine Schöpfung von Humanisten des 14. Jhs. Sie interpretierten die Zeit zwischen dem Ende des Weströmischen Reiches 476 n. Chr. und der Rückbesinnung auf die Antike ab dem 14. Jh. als „Zwischenzeit“, als „dunkles Zeitalter“.

M1

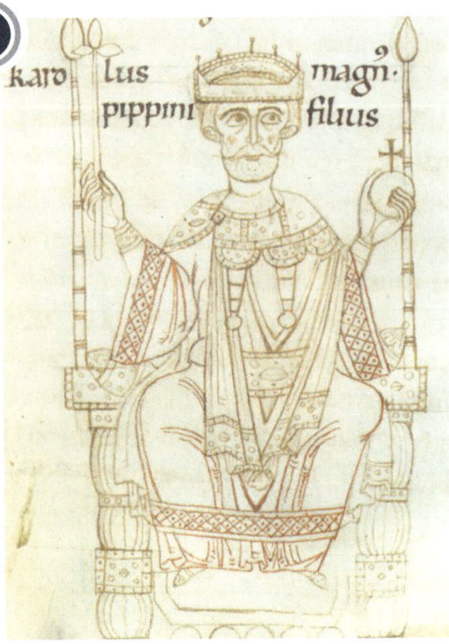

Darstellung Karls I. als römischer Kaiser, Chronik des Ekkehard von Aura, um 1112/1114

i

In diesem römischen Alabaster-Sarkophag aus dem 3. Jh. wurde möglicherweise Karl I. 814 im Aachener Dom beigesetzt. Das Motiv auf der vorderen Schauseite zeigt den Raub der Prosperina (griech. Persephone), ist also ein „heidnisches“ Motiv.
Einhard, der Biograf Karls I., berichtet, dass der Sarkophag von Ravenna nach Aachen gebracht wurde.

3 Wechselwirkungen: Wie kam die antike Kultur ins Mittelalter?

Wann ging die Antike eigentlich zu Ende? Wann begann das **Mittelalter**? Moderne Historiker beschreiben den Übergang von der Spätantike zum Mittelalter als einen Transformationsprozess und Wandel. Solche Prozesse verlaufen langsam und erfassen nicht alle Lebensbereiche, so dass es neben Wandel auch Kontinuität gibt.

Herrschaft	800 krönte Papst Leo I. den fränkischen König Karl I. (768 – 814) zum römischen Kaiser. Die römische Herrschaft wurde an die Franken übertragen (*translatio imperii*).
Kirche/Christentum	Kaiser Theodosius machte 380 das Christentum zur Staatsreligion. Die fränkischen Herrscher übernahmen es und gingen ein Bündnis mit dem Papst ein.
Lateinische Sprache	Latein blieb im Westen die Schrift- und Gelehrtensprache. Urkunden wurden in Latein abgefasst. Latein war die „lingua franca“ der Gebildeten.
Römisches Recht	Kaiser Justinian (527 – 565) ließ die Rechtsnormen sammeln (Codex Justinianus). Das römische Recht lebt in unserer Rechtstradition weiter.
Stadtkultur	Im heutigen Italien, Spanien und Frankreich bestand die Römische Stadtkultur weiter. Könige und ihre Truppen, Händler und Pilger reisten weiterhin auf den Römerstraßen.
Materielle Kultur/ Technik	Die Klöster vermittelten handwerkliche und landwirtschaftliche Techniken (Weinbau, Steinbau) an die Germanen.
Wirtschaft	Die Germanen behielten die Eigentumsverhältnisse der Römer bei. Großgrundbesitz blieb erhalten und ging an die neuen Herren oder die Kirche über.

M2

Prosperina-Sarkophag, römischer Marmor-Sarkophag , 3. Jh., Aachener Domschatz

M3

Basilica di Sant'Apollinare in Classe, 6. Jh., Ravenna, Fotografie, 2015

i

Die frühchristliche Kirche mit byzantinischen Wandmosaiken wurde 549 n. Chr. eingeweiht. Die Architektur orientiert sich an der römischen Basilika, die als Gerichts- und Geschäftshalle diente. Während früher in der Apsis (halbrunder Zubau) der Kaiser oder Richter Platz nahmen, befinden sich in christlichen Kirchen dort der Altar und Sitze für den Klerus. Rundbögen, Säulen und die Halbkuppel der Apsis sind typisch für die römische Architektur. Aus dieser Bautradition entwickelte sich der romanische Kirchenbau. Die römische Baukunst hatte prägenden Einfluss auf die Architektur Europas.

Kultursprache Latein

In österreichischen AHS erfreut sich Latein seit einigen Jahren wieder steigender Beliebtheit. Warum wurde diese tote Sprache vom „Schülerschreck zur Trendsprache"?

M5

Die Tageszeitung „Die Presse" schreibt 2009 zu Latein als Trendsprache:

Den Trend zu Latein spiegeln auch Verkaufserfolge wie Harry Mounts „Latin Lover" oder Fibeln mit Titeln wie „Latein für Angeber" oder „Schimpfen und Flirten auf Latein" wider: Wer möchte nicht mit der Frage „Quo vadis?" auftrumpfen oder erklären können, was das berühmte „PS" am Ende des Briefes bedeutet? [...]

Auch Experten betonen den (späteren) Nutzen des Erlernens „toter Sprachen" wie Latein und Griechisch. Das logische und vernetzte Denken werde gefördert; Menschen, die Latein gelernt haben, täten sich auch beim Erlernen lebender Fremdsprachen ungleich leichter. Und schließlich sei da noch die Kenntnis von Fremdwörtern und Fachausdrücken, die im späteren (Berufs-)Alltag weiterhelfe – ebenso wie jenes Bündel an Wissen, das gerne als „humanistische Bildung" beschworen wird.

www.diepresse.com/home/bildung/schule/ (12.11.2019)

M4

Der spätantike christliche Dichter Prudentius (348 – nach 405) zu Roms geschichtlicher Bestimmung:

Was ist das Geheimnis von Roms geschichtlicher Bestimmung? Gott will die Einheit des Menschengeschlechtes, weil die Religion Christi den Frieden unter den Menschen und die Freundschaft unter den Völkern verlangt. Bis dahin wurde die ganze Erde vom Osten bis zum Westen von ständigem Streit auseinandergerissen. Um diesem Wahnwitz Einhalt zu tun, hat Gott die Völker gelehrt, alle demselben Gesetz zu gehorchen und alle Römer zu werden [...]. Der Friede Roms hat der Ankunft Christi den Weg bereitet.

Zit. nach: www.spiegel.de, 2009, (12.11.2019)

A

1. Recherchieren Sie im Internet mögliche Zeitpunkte für den Beginn des Frühmittelalters und begründen Sie, warum man von starren Epochengrenzen abgekommen ist.
2. Diskutieren Sie in einer Gruppe, welche Ereignisse/Erfindungen Historikerinnen und Historiker in 50 Jahren als Beginn des Informationszeitalters festlegen könnten.
3. Analysieren Sie den Zusammenhang zwischen dem „Frieden Roms" und der „Religion Christi" bei Prudentius (M4).
4. „Das Nachlebende wirkt weiter fort, ändert sich und anderes lebt – wie eben die Antike im Mittelalter noch lebendig ist [...] im Bereich des Rechts, der Philosophie, der Kirche [...]." (A. Esch, Wiederverwendung von Antike im Mittelalter, S. 21). Zeigen Sie anhand einiger Beispiele, in welchen Bereichen diese Aussage zutreffend ist.

M6

Darstellung des Covers „Latein für Angeber", Gerald Drews, Weltbild, 2007

4 Neue Mächte – Dreiteilung der antiken Welt

Die Migrationen der Germanen und die Expansion der Araber veränderten das Machtgefüge um das Mittelmeer und in Europa entscheidend. Das Weströmische Reich löste sich in den Wirren der „Völkerwanderung" auf. Einige frühe Reiche der Germanen (Ostgoten, Vandalen, Langobarden) waren nur von kurzer Dauer, bevor sie von den Franken oder Ostrom erobert wurden. Justinian (um 428 – 565), der bedeutendste Herrscher der Spätantike, konnte im 6. Jh. noch einmal weite Teile des Weströmischen Reiches zurückerobern. Er gab auch eine umfangreiche Rechtssammlung (Corpus Juris Civilis) in Auftrag und prägte damit die europäische Rechtsgeschichte. Als letzter oströmischer Kaiser sprach er noch Latein.
Um 800 waren drei neue Reiche an die Stelle des Römischen Reiches getreten: das Frankenreich, das Oströmische Reich und die arabischen Kalifate. Das Oströmische Reich hatte schon im 7. Jh. wichtige Gebiete seines Reiches an die Araber verloren. Diese drei neuen Machtzentren traten das Erbe der Antike an und entwickelten es auf unterschiedliche Weise weiter.

Das Frankenreich als „Entwicklungsland"

Nur in Teilen des ehemaligen Galliens und in Italien überlebte die römische Stadtkultur. Der Lebensstandard der Bevölkerung ging drastisch zurück. Die von den Franken neu eroberten Gebiete waren nur dünn besiedelt und häufig dicht bewaldet. Die Kirche versuchte, die kirchliche Verwaltung zu bewahren und Aufgaben der weltlichen Verwaltung zu übernehmen. Das Frankenreich hatte keine Hauptstadt, sondern wurde von **Reisekönigen** und ihren Sendboten verwaltet.

Verflechtungen im Mittelmeerraum

Auch nach dem Ende des Römische Reiches und dem Entstehen neuer Machtzentren gab es im Mittelmeerraum Handel und Kulturaustausch.

M3

Der Byzanz-Spezialist Johannes Preiser-Kapeller von der Österreichischen Akademie der Wissenschaften schreibt:

Die [...] politische Einheit des Mittelmeerraums zerbrach endgültig mit der Expansion der Araber [...]. Das Oströmische/Byzantinische Reich sah sich auf Kleinasien sowie Teile des Balkans und Italiens zurückgeworfen, hielt aber innerhalb dieses reduzierten Raumes weiterhin die Verbindung zwischen Westen und Osten aufrecht, etwa durch Getreidelieferungen aus Sizilien nach Konstantinopel (auf diesem Weg gelangte 747 auch noch einmal die Pest in die Hauptstadt). Mittlerweile ist klar, dass auch darüber hinaus weiterhin Menschen, Güter und Ideen in beträchtlichem Ausmaß ihre Wege von Westeuropa in den Osten bzw. in die Gegenrichtung fanden.

Byzanz und der Westen, Ausstellungskatalog, 2018, S. 83

Auch die Araber suchten Beziehungen zum Westen zu Karl I., dem zum Kaiser gekrönten Herrscher im Frankenreich. Kalif Harun al-Raschid (786 – 809 n. Chr.) schickte 801 den jüdischen Kaufmann Isaak von Bagdad in Begleitung des Elefanten Abul Abaz' nach Aachen. Dort kam er 802 an. Der Elefant wurde zu einem lebenden Machtsymbol Karls.

M1

Die Historikerin Judith Herrin zur Dreiteilung der antiken Welt:

Der Aufstieg und das Scheitern des Islam führten zu einer grundlegenden Dreiteilung der antiken Welt in ungleiche Teile: den muslimischen Osten, der sich von Syrien und Ägypten an der afrikanischen Küste entlang bis tief nach Spanien hinein erstreckte, den westlichen Teil, der den Namen „Europa" bekam, und den östlichen Teil, das Herzstück von Byzanz.

J. Herrin, Byzanz, 2013, S. 351

M2

Der Historiker Achim Thomas Hack in einer Biografie von Abul Abaz:

Abul Abaz war ein Geschenk vom Kalifen von Bagdad, Harun al-Raschid (in den Quellen: Aaron) an Karl den Großen. Er dokumentiert die guten Beziehungen zwischen beiden Herrschern. Abul Abaz war ein Luxusgut, in dessen Besitz der karolingische Hof über den Austausch von Geschenken gekommen ist; zugleich zeigt er an, von welch besonderer Bedeutung die Beziehungen zwischen den Herrschern sind. Zu den Grundprinzipien des Schenkens gehört die Gegenseitigkeit, die exotische Qualität der Geschenke und das damit verbundene Prestige bei Schenker und Beschenktem.

A. T. Hack, Abul Abaz. Zur Biographie eines Elefanten, 2011, S. 28ff.

M4

Elefant und Burg, Fresko in San Baudelio, erste Hälfte 12. Jh., heute im Prado, Madrid

M5

Darstellung der Expansion der Araber im 7. und 8. Jh. und der neuen Machtzentren um 800

Byzanz hingegen fühlte sich durch die Krönung Karls I. zum römischen Kaiser durch Papst Leo im Jahr 800 herausgefordert und zögerte mit einer Anerkennung.

Die Migration der Slawen

Jenseits des fränkischen Einflussbereiches drangen Awaren und Slawen in die Gebiete nach, die einst von den Germanen verlassen worden waren. Slawische Stämme siedelten sich auch am Balkan an und gerieten dort in Kontakt und in Konflikt(e) mit dem Oströmischen Reich und dem Frankenreich.

A

1 Analysieren Sie die Karte (M5) mithilfe des Analyseschemas für Geschichtskarten (siehe S. 17) und beschreiben Sie anhand der Karte die Dreiteilung der antiken Welt um 800. Ziehen Sie dabei M1 heran.

2 Begründen Sie anhand von M2, M3 und M6 die These, dass es im Mittelmeerraum weiterhin enge wirtschaftliche und kulturelle Verflechtungen gab.

3 Entwickeln Sie ausgehend von den Materialien M2 und M6 mindestens zwei Fragen zu dem exotischen Geschenk des Kalifen an Karl I.

4 Recherchieren Sie im Internet die mögliche Reiseroute des Elefanten von Bagdad nach Aachen.

5 Diskutieren Sie die diplomatischen Absichten des Kalifen gegenüber dem Byzantinischen Reich.

Reisekönigtum: Herrschende reisten mit Familie und Hofstaat durch das Reich und übten so ihre Macht aus.

M6

Aus Einhards Vita Caroli Magni, 16:

Mit dem König Aaron von Persien [Kalif Harun al-Raschid], der mit Ausnahme Indiens fast das ganze Morgenland beherrschte, stand er [Karl] in so freundschaftlichem Einvernehmen, dass dieser seine Huld der Freundschaft aller Könige und Fürsten des ganzen Erdreiches vorzog und ihn allein hoch ehren und beschenken zu müssen glaubte [...]. Und wie die Gesandten heimkehrten, so gesellte er ihnen seine eigenen bei, und überschickte dem König neben Kleidern und Wohlgerüchen und anderen Kostbarkeiten des Morgenlandes noch ungemein reiche Geschenke, nachdem er wenige Jahre vorher ihm den einzigen Elefanten, den er damals besaß, geschickt hatte.

A. Heine, Einhard, o. J., S. 62

5 Machtzentrum Byzanz – das neue Rom

Nach dem Ausbau zur Residenzstadt 313 durch Kaiser Konstantin I., wurde Byzanz, nunmehr Konstantinopel genannt, zu einer der größten Städte der Welt. Mit der Absetzung des weströmischen Augustus 467 verblieb die Herrschaft über das Imperium Romanum in Konstantinopel, dessen Bevölkerung sich *Rhomaioi* nannte. Ab dem 7. Jh. ersetzte die griechische Sprache zunehmend das Lateinische.
Die Lage zwischen Marmarameer, Bosporus, Goldenem Horn und den Stadtmauern im Norden sicherte die Stadt. Nur zweimal konnte Konstantinopel erobert werden: im Zuge des 4. Kreuzzugs 1204 und von osmanischen Truppen 1453 unter Sultan Mehmed II. (1432 – 1481).

Wirtschafts- und Kulturmetropole

Bemerkenswert war die Versorgung der Stadt mit Gemüse, das in Gärten innerhalb und außerhalb der Stadt angebaut und zweimal pro Jahr geerntet wurde. In der Hauptstadt des Byzantinischen Reiches lebten bis zu einer halben Million Menschen. Konstantinopel war der wichtigste Umschlagplatz für Waren aus Asien und Europa und ein Zentrum des Sklavenhandels. Fremde Händler durften drei Monate in der Stadt bleiben und mussten 10 Prozent Zoll auf alle Waren bezahlen. Handel und Gewerbe wurden von kaiserlichen Beamten kontrolliert. Neben dem Handel bestimmte die Religion mit über 300 Klöstern und annähernd 500 Kirchen im 12. Jh. das Leben in der Stadt. Neben den Kirchen gab es auch Moscheen für die arabischen Händler.

Orthodoxie – der Bruch mit Rom

Als Staatsreligion wurde das Christentum zu einer wichtigen Grundlage von Staat und Gesellschaft. Die kirchlichen Würdenträger waren dem Kaiser untergeordnet. Die Kirche übernahm das römische Recht. 1054 führten theologische Differenzen und der Vormachtanspruch des Papstes in Rom zu einer Kirchenspaltung. Die byzantinisch-orthodoxe Kirche sah sich immer als die einzige rechtgläubige Kirche an. Von ihr leiten sich alle heutigen orthodoxen Kirchen ab.

M1

Der byzantinische Staatsmann und Geschichtsschreiber Niketas Choniates (um 1155 – 1217) berichtet über das Verhalten der Kreuzfahrer in der Stadt:

Die Freveltaten, die sie in der Großen Kirche [Hagia Sophia] verübten, sind kaum zu glauben. Der Altartisch aus lauter edlen, im Feuer aneinander gefügten Stoffen [Edelmetallen] [...] wurde von den Plünderern zerstückt und verteilt, desgleichen auch der ganze Kirchenschatz, der ungeheuer groß und unendlich prachtvoll war. Als sie [...] die allerheiligsten Geräte und Gefäße von unübertrefflicher Kunst und Schönheit und aus seltenem Material [...] aus der Kirche fortschaffen wollten, führten sie Maulesel und Packtiere bis zum Allerheiligsten vor und beluden sie schwer.

Zit. nach: M. Angar/C. Sode, Byzanz ein Schnellkurs, 2010, S. 165

i

Die Schedel'sche Weltchronik ist als universalhistorische Darstellung angelegt. Sie ist ein Werk des Nürnberger Arztes und Humanisten Hartmann Schedel (1440 – 1514): 1493 gedruckt ist der Holzschnitt von Konstantinopel eine der ältesten Ansichten der Stadt.

M2

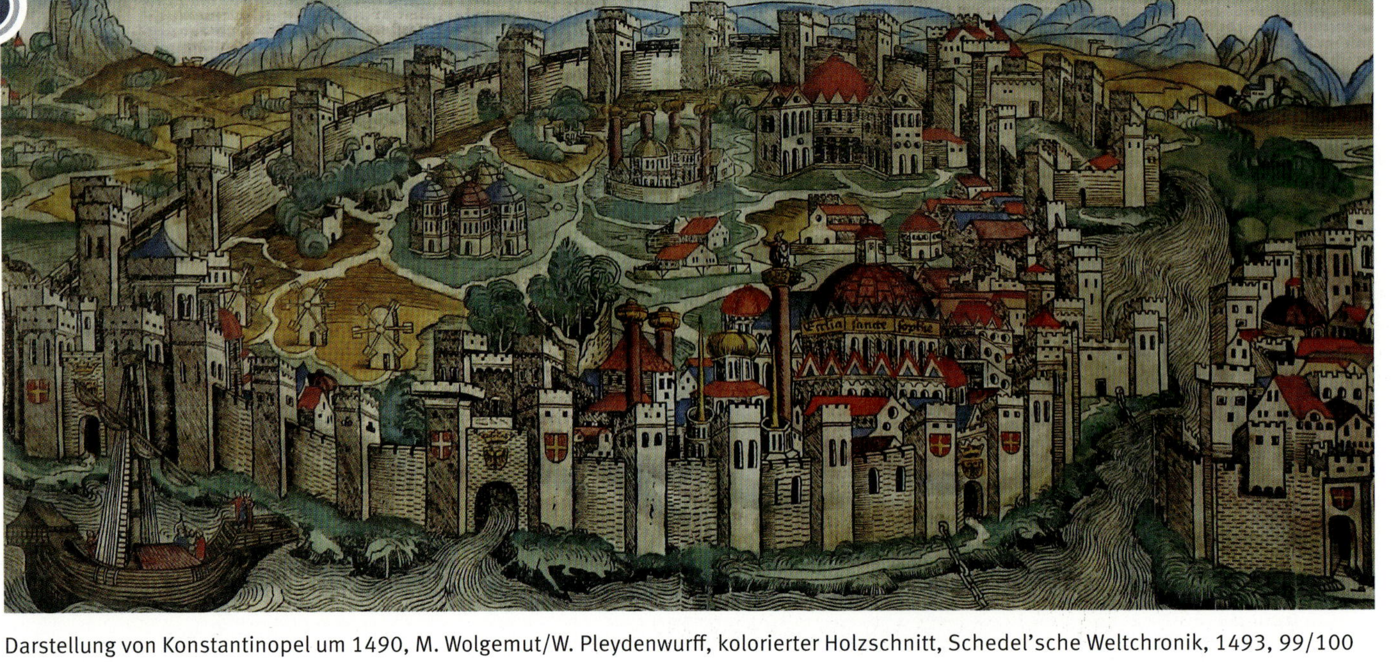

Darstellung von Konstantinopel um 1490, M. Wolgemut/W. Pleydenwurff, kolorierter Holzschnitt, Schedel'sche Weltchronik, 1493, 99/100

Missionierung der Slawen

Im 9. und 10. Jh. vergrößerte die byzantinische Kirche ihren Einfluss bis nach Mitteleuropa. Die beiden „Slawenapostel“ Kyrill und Method missionierten im Großmährischen Fürstentum, ihre Schüler verbreiteten das Christentum und die byzantinische Kultur unter Serben und Bulgaren. In der Liturgie nutzten sie die Volkssprache (Altslawisch). Für die Aufzeichnung der Bibel und anderer Texte wurde am bulgarischen Hof das kyrillische Alphabet entwickelt. Es wird in Russland, der Ukraine, Bulgarien und Serbien bis heute verwendet.

Die Eroberung durch Kreuzfahrer und Osmanen

Die von Venedig veranlasste Eroberung und Zerstörung Konstantinopels durch westliche Kreuzfahrer schwächte den christlichen Osten entscheidend. Die Osmanen eroberten die Reiche der Serben und Bulgaren sowie Kleinasien. Hilfe aus dem Westen blieb aus. Nur die in der Stadt ansässigen Händler aus Venedig, Genua und Katalonien kämpften für die Verteidigung der Stadt, allerdings vergeblich. 1453 wurde Byzanz von den Osmanen erobert. Nach den negativen Erfahrungen mit der Herrschaft der Kreuzfahrer im 13. Jh. zogen viele Bewohner von Byzanz offenbar die Herrschaft der Osmanen vor.

M4

Die Eroberung von Konstantinopel, Philippe de Mazerolles (?), französische Miniatur, 3. Viertel des 15. Jh., Bibliothèque Nationale de France, Paris

i

Im Vordergrund befindet sich das osmanische Heerlager. Soldaten richten ihre Kanonen auf die Landmauern. Andere schleppen Schiffe über Land ins Goldene Horn.

Byzantinische Traditionen blieben erhalten. Obwohl Sultan Mehmed II. die Hagia Sophia mit Minaretten versah und zur Moschee umwandelte, lebten weiterhin viele Christen in der Stadt.

A

1 Beschreiben Sie die Darstellung Konstantinopels (M2) genau. Arbeiten Sie heraus, was auf die Eroberung durch die Osmanen hindeutet.

2 Vergleichen Sie die Darstellung der Stadt (M2) mit der Darstellung des Angriffs der Osmanen (M4).

3 Ermitteln Sie anhand der Ausstellungsbeschreibung M3 mögliche Fragestellungen der Ausstellungsmacher. Analysieren Sie das Bild, das von Byzanz und seinen Beziehungen zum Westen gezeichnet wird.

4 Rekonstruieren Sie anhand von M1 und M5 die Erfahrungen der Bewohner von Byzanz mit den Eroberern von 1204 und 1453.

M3

Aus dem Folder der Byzanz-Ausstellung auf der Schallaburg 2018:

Trotz der Trennung reisen Menschen weiterhin von Ost nach West, vor allem aber von West nach Ost: Viele kommen, um Geld zu verdienen, indem sie für Byzanz kämpfen. [...] Manche bleiben in der Ferne und beginnen dort ein neues Leben. Andere kehren zurück. In ihrem Gepäck haben sie kostbare Gegenstände, neue Ideen und fantastische Geschichten.
Byzanz strahlt. Es glänzt. Seine Schätze sind im Westen heiß begehrt. Wer zur absoluten Elite zählen will, trägt byzantinische Seide, besitzt Reliquien von östlichen Heiligen oder heiratet gar eine Prinzessin. Doch die Byzantiner geben ihre Schätze nur ausgesuchten Freunden als Geschenke. So lassen sich Feinde beschwichtigen und Freunde gewinnen. Politische und religiöse Differenzen, Sprachbarrieren und entgegengesetzte Interessen belasten die Beziehung zwischen Byzanz und dem Westen zunehmend. [...]

www.schallaburg.at/de/ausstellungen/byzanz-und-der-westen (12.11.2019)

M5

Aus einem Erlass von Sultan Mehmed II. nach der Eroberung von Byzanz:

Es ist verboten, einen Bischof von seinen Pflichten abzuhalten, einen Priester von seiner Kirche fernzuhalten und einen Eremiten von seiner Unterkunft. Ein Muslim darf eine Christin, die er geheiratet hat, nicht daran hindern, in ihrer Kirche Gott zu verehren und den Schriften ihrer Religion Genüge zu tun. Wer sich gegen diese Anordnungen stellt, soll als Feind Allahs und seines Gesandten betrachtet werden. Muslime sind verpflichtet, sich bis ans Ende der Welt an diese Anordnungen zu halten.

Zit. nach: G. Mayrhofer, Die Reise zum Goldenen Apfel, 2014, S. 130

M1

Langhaariger Soldat, Seitenpanel des Barberini-Diptychons, Elfenbeinschnitzerei, frühes 6. Jh., Louvre

i

Langhaariger Soldat in kaiserlichen Diensten: Jüngere Forschungen gehen davon aus, dass nicht nur merowingische Herrscher langes Haar trugen. Es gehörte in der Spätantike für die kriegerische Elite fränkischer wie romanischer Herkunft zum barbarischen Stil (*habitus barbarus*). Kleidung und Bewaffnung entsprechen der eines römischen Soldaten.

Merowinger: ältestes Königsgeschlecht der Franken vom 5. Jh. bis 751 n. Chr.

Karolinger: Herrschergeschlecht der Franken, das ab 751 die Königswürde im Frankenreich hatte. Die Karolinger waren zunächst die Palastvorsteher (Hausmeier) der Merowinger. Im 10. Jh. starb die Dynastie aus.

6 Die Franken – Einwanderer, Eroberer, Reichsgründer

Die Herkunft der „Franken" ist ungeklärt. Kleinere und größere Gruppen siedelten ursprünglich rechts des Rheins und drangen auf Beutezügen, aber auch als Wehrbauern und Söldner in den Norden des Römischen Reiches ein. Auf dem Gebiet des heutigen Belgien (um Tournai) gründeten die **Merowinger** im 5. Jh. ein Reich, das als einziges der neuen germanischen Herrschaftsgebiete auf dem Gebiet des Weströmischen Reiches Bestand hatte. Nach der Eroberung der Reiche auf dem Boden der ehemaligen gallischen Provinzen durch fränkische Könige, entstand das neue Rom in Aachen.

M2

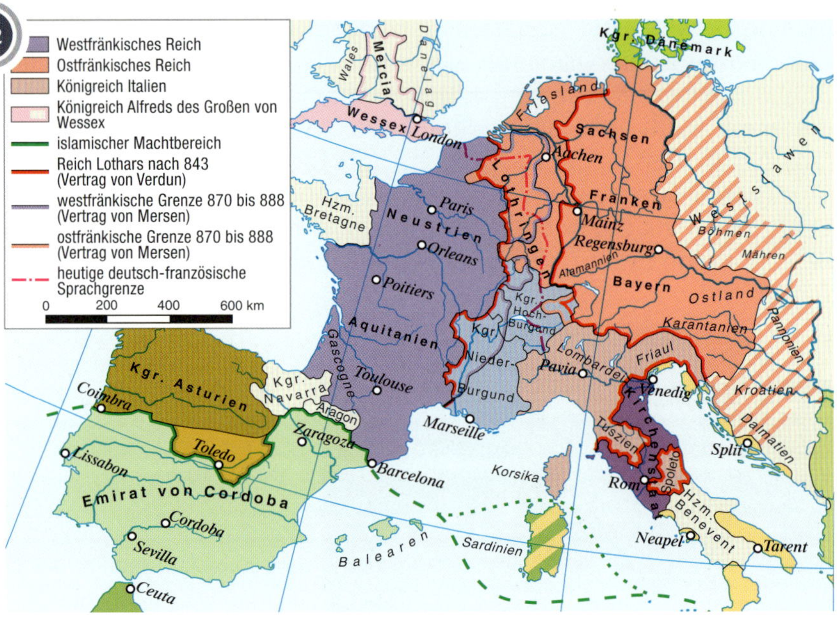

Entwicklung und Teilung des Frankenreiches bis zum 9. Jh

Romanisch-germanische Integration

In den nördlichen Teilen Galliens lebten seit dem 4. Jh. Gallo-Romanen und Germanen, heirateten untereinander und bestatteten ihre Toten auf gemeinsamen Friedhöfen. Fränkische Heerführer verteidigten die römischen Grenzen, denn germanische Rekruten erhielten nur ein Sechstel des Solds der römischen Soldaten. Diese Heerführer sprachen Latein und machten Karriere im römischen Heer.
Andererseits übernahmen einheimische Gallo-Romanen den „barbarischen Stil" und begannen Hosen und langes Haar zu tragen. Selbst die Sprache der Einwanderer war für die Einheimischen attraktiv, wie folgender Ausschnitt aus einem spätantiken Brief zeigt.

M3

Aus einem Brief des Senators Sidonius Apollinaris an seinen Neffen:

Es bestürzt mich zu sehen, mit welcher Leichtigkeit du dir die Kenntnis der germanischen Sprache angeeignet hast, [...] du, der du Enkel eines Konsuls bist, und das in männlicher Linie, der du also dem Samen eines Poeten entspringst. Ich will, dass du mir sagst, weshalb in deiner Brust plötzlich eine fremde Sprache wohnt.

Zit. nach: B. Jussen, Die Franken, 2014, S. 21

Chlodwig – Machtsicherung mit Gewalt und Taufe

Chlodwig (466–511) war ursprünglich ein romanisierter fränkischer Kleinkönig, römischer Militärbefehlshaber und „Verwalter“ der Provinz Belgica. In wenigen Jahren besiegte er seine römischen und fränkischen Gegner, ließ sie entmachten oder töten. Er übernahm das römische Staatsland, das Münzwesen und die Steuerverwaltung. Mithilfe der römischen Garnisonen und Waffenschmiede unterwarf er mit seinem Heer Burgunder, Alemannen und die **arianischen** Westgoten und schuf damit die Basis für ein Fränkisches Reich. Seine Söhne setzten die Expansionspolitik fort.

Um 500 brach Chlodwig mit den heidnischen Traditionen und ließ sich taufen. Er übernahm das römische Christentum der meisten seiner Untertanen und sicherte sich damit die Unterstützung der einheimischen Adeligen und der Bischöfe. Die katholischen Bischöfe wurden eine wichtige Stütze der Verwaltung.

M5

Taufe Chlodwigs I. durch den heiligen Remigius (um 500 n. Chr.), Elfenbeinschnitzerei, 9. Jh., Musée de Picardie, Amiens

i

Zu sehen ist Chlodwig (mit langem Haar als Zeichen der Königswürde) in einem Taufbecken. Dahinter ist eine römische Basilika erkennbar. Die Bischöfe sind nach römischer Tradition gekleidet. Links ist Chlodwigs zweite Frau Chrodechild (mit Krone) abgebildet. Sie war eine christliche burgundische Prinzessin und spielte eine wichtige Rolle bei Chlodwigs Taufe.

508 erfolgte die Anerkennung durch den oströmischen Kaiser. Eine Delegation übergab Chlodwig die Ernennung zum Ehrenkonsul, eine Purpurtunika und ein Diadem. Aus dem fränkischen Warlord war ein anerkannter Partner des mächtigen Kaisers in Byzanz geworden.

A

1 Beschreiben Sie anhand der Karte (M2) die Phasen der fränkischen Expansion. Überlegen Sie, wie „realistisch“ die eingezeichneten Grenzen sind.

2 Ermitteln Sie anhand von Autorentext und Materialien (M1, M3, M6) drei Beispiele für die erfolgreiche Integration der Franken.

3 Erklären Sie, welche Rolle die Taufe Chlodwigs für die Absicherung seiner Herrschaft spielte.

M4

Oktogon der Pfalzkapelle von Aachen, Fotografie, 2013. Diese Kirche wurde 936 mit der Krönung Ottos I. die Krönungsstätte der gewählten römischen Könige (*reges romanorum*) des Mittelalters.

i

Das frühmittelalterliche Frankenreich hatte keine Hauptstadt. König Karl I. zog mit seinem Hofstaat von Pfalz zu Pfalz und blieb, bis die Vorräte verzehrt waren. Aachen lag im Zentrum des **karolingischen** Grundbesitzes, daher konnte der Hofstaat hier recht gut versorgt werden. Mit zunehmendem Alter bevorzugte Karl die Pfalz, die er wegen der Heilquellen zu einer Residenzstadt ausbauen ließ.

M6

Der Historiker Bernhard Jussen zur Integration der Franken:

Vandalen, West- und Ostgoten waren als Eroberer anscheinend peinlich auf Identitätswahrung bedacht und betrieben eine ausgeprägte Trennungspolitik zwischen romanischer Urbevölkerung und der eingedrungenen Kriegerbevölkerung. Der Zusammenhalt dieser neuen Eroberungsgesellschaften aus einheimischer und eingewanderter Bevölkerung war in der Hauptsache militärisch gesichert. Der Franke Chlodwig hingegen, der wie seine Leute längst integriert war, hat nie eine Trennungspolitik betrieben und konnte sich dank der generationenlangen Assimilierung auch auf kulturelle Gemeinsamkeiten verlassen.

B. Jussen, Die Franken, 2014, S. 31

Arianismus: christliche Lehre, die nach Arius (3. Jh.) benannt ist. Anhänger des Arianismus lehnen die Vorstellung von der Dreifaltigkeit Gottes ab.

M7

Fränkischer Panzerreiter, Stuttgarter Psalter, um 825

i

Ursprünglich kämpften die Germanen vorwiegend mit Fußtruppen. Karl Martell begann mit dem Aufbau einer schwer bewaffneten Reitertruppe. Panzerreiter trugen eine Rüstung aus Metall, Helm, Beinschienen, Buckelschild und Lanze.

M8

Karls Biograf Einhard zur Machtübernahme durch die Karolinger:

Das Geschlecht der Merowinger, aus dem die Franken ihre Könige zu wählen pflegten, endete nach der gewöhnlichen Annahme mit König Childerich, der auf Befehl des römischen Papstes Stephan abgesetzt, geschoren und ins Kloster geschickt wurde. Aber obwohl es erst mit ihm ausgestorben zu sein scheinen könnte, so war es doch schon längst ohne alle Lebenskraft und hatte außer dem leeren Königstitel nichts Ruhmvolles an sich; denn die Macht und die Gewalt der Regierung waren in den Händen der Palastvorsteher, [...] die die ganze Macht hatten.

Zit. nach: B. Jussen, Die Franken, 2014, S. 53

M9

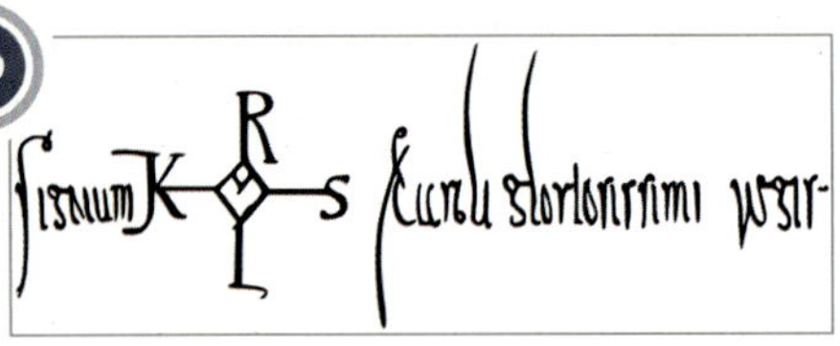

Signum Karls I. mit karolingischen Minuskeln in einer Urkunde vom 31. August 790

Die Karolinger

Im 7. Jh. verloren die Merowinger an Macht und Ansehen. Gleichzeitig gewannen die Palastvorsteher (Verwalter der Königsgüter) in den verschiedenen Teilreichen des Frankenreiches an Einfluss. Im Kampf um die Macht im Gesamtreich setzten sich die Karolinger durch. Karl Martell (688/691 – 741) besiegte mit seinem Heer 732 bei Tours und Poitiers die Araber. Sein Sohn Pippin (714 – 768) schickte den letzten Merowingerkönig ins Kloster und ließ sich selber zum König der Franken wählen. Pippin ließ sich seine neue Position von Papst Zacharias (679 – 752) absegnen. Dessen Nachfolger brauchte Pippins Unterstützung, weil Rom von den Langobarden bedroht wurde. Nach einem erfolgreichen Feldzug gegen die Langobarden erhielt der Papst von Pippin Rom, Ravenna und Gebiete in Mittelitalien. Diese „Pippinische Schenkung“ (754) begründete den Kirchenstaat (bis 1870).

Karl I. – „Kriegsverbrecher“

Pippins Sohn und Nachfolger Karl I. (747/748 – 814) führte mit seinen Panzerreitern fast ständig Kriege – erfolgreiche gegen die Awaren, Baiern und Langobarden, erfolglose gegen die Araber in Spanien und besonders langwierige und grausame gegen die Sachsen (772 – 804). Diese lebten zwischen Rhein und Elbe und hatten das Christentum nicht angenommen. Der Widerstand der Sachsen wurde mit noch mehr Krieg, mit Unterdrückung, Geiselnahme und Zwangsmissionierung schließlich gebrochen.

Karl I. – „Imperator und Augustus“ der Römer

800 wurde Karl zum „Imperator und Augustus“ gekrönt. Dieser symbolträchtige Akt war das Ergebnis eines Deals zwischen Karl und Papst Leo III. (750 – 816), der im Kampf mit den römischen Adeligen Karls Unterstützung brauchte. Da in Byzanz mit Irene eine Frau herrschte („Weiberkaisertum“), schien der Zeitpunkt für die Kaiserkrönung günstig. Trotzdem dauerte es noch Jahre, bis Karl auch vom byzantinischen Kaiser Basileus anerkannt wurde.

Karl I. – Reformer und Erneuerer

Als Kaiser eines erneuerten Römischen Reiches musste Karl seine Herrschaft auch nach innen absichern. Um die Macht der Stammesherzöge zu brechen, setzte er Grafen als königliche Bevollmächtigte ein. Sie mussten dem König einen Treueeid leisten. Außerdem ließ Karl die geltenden Rechtsnormen in den Kapitularien zusammenfassen.
Karl berief zahlreiche Gelehrte an seine Lieblingspfalz in Aachen, um Bildung, Wissenschaft und Kultur zu fördern. Auch die Schriftkultur wurde erneuert. Die karolingische Minuskel ersetzte die lateinischen Großbuchstaben und wurde zur Grundlage unserer Druckschrift.

Die Teilung des Frankenreiches

Unter Karls Nachfolgern wurde das Reich durch innere Streitigkeiten und die Einfälle der Wikinger und Magyaren geschwächt. 843 wurde es unter seinen Enkeln dreigeteilt. Der Teilungsvertrag von Verdun war zweisprachig abgefasst. Im Westreich sprachen die Menschen Altfranzösisch, im Ostreich althochdeutsche Dialekte. Aus diesen beiden Reichen entstanden Frankreich und das Heilige Römische Reich.

M10

Karl der Große, Albrecht Dürer, Malerei auf Lindenholz (Ausschnitt), 1511/1513, Germanisches Nationalmuseum, Nürnberg

i

Idealporträt, angefertigt für die Stadt Nürnberg. Karl wird im vollen Kaiserornat gezeigt. Der Reichsapfel wurde erstmals 1191 verwendet, die Bügelkrone entstand wohl um 965. Schwerter in dieser Form gab es erst im 13. Jh. Das Bild wurde in mehreren Versionen erstellt. Eine Kopie hängt in der Schatzkammer in Wien.

A

4 Beschreiben Sie anhand des Autorentextes wichtige Leistungen Karls I.

5 Analysieren Sie in Partnerarbeit Elemente politischer Propaganda in den Texten der Hofschreiber Karls I. (M8, M11).

6 Suchen Sie im Internet andere Darstellungen Karls I. Analysieren Sie das Bild (M10) mithilfe der Kontextinformationen und versuchen Sie dabei insbesondere die Wirkung zu ergründen, die der Künstler beabsichtigt haben könnte.

7 Diskutieren Sie in der Klasse, ob Karl I. den Beinamen „der Große" verdient und als „Vater eines geeinten Europas" gelten kann. Hinterfragen Sie dabei auch den Begriff „Europa" (M12).

Propaganda und Wirklichkeit

Pippin und Karl I. ließen zahlreiche (Propaganda-)Erzählungen zur Legitimation ihrer Politik anfertigen. Nach seinem Tod wurde Karl zum idealen Herrscher stilisiert. Zahlreiche Bilder und Statuen tradierten sein Heldenimage. Sogar im 21. Jh. gilt er noch immer als „erster Einiger Europas", in dessen Namen in Aachen alljährlich der Karlspreis verliehen wird.

Problematische Aspekte seines langen Lebens wurden ausgeblendet: sein Umgang mit Frauen, die Verbrechen an den Sachsen oder die prekäre Existenz seiner Untertanen.

M11

Die fränkischen Reichsannalen berichten über das Vorgehen Karls I. im Kampf gegen die Sachsen 772:

Damals hielt der milde König Karl eine Versammlung in Worms und begab sich von hier erstmals nach Sachsen, eroberte die Ehresburg, gelangte bis zur Ermensul [sächsisches Heiligtum], zerstörte dieses Heiligtum und brachte das Gold und Silber, das er dort fand, mit.

Deutsche Geschichte in Quellen und Darstellungen, Bd. 1, Stuttgart 2008, S. 38

M12

Der Kölner Historiker Karl Ubl schrieb 2014:

Man kann Karl den Großen nicht mehr als Idealfigur hinstellen, wenn man sich Europa als eine multikulturelle und multireligiöse Einheit ansehen will, da ist eine Idealfigur Karl der Große, die mit Christentum, vor allem auch mit dem katholischen Christentum verbunden wird, nicht mehr geeignet für Europa so eine Identifikationsfigur darzustellen.

www.deutschlandfunk.de (12.11.2019)

7 Die arabisch-islamische Expansion

M1

Muslimische Mädchen posieren vor der Istiqlal-Moschee in Jakarta vor der Kamera, Henrik Hansson, Fotografie, 2006

i

Muslimische Mädchen an der Istiqlal-Moschee in Jakarta, Indonesien. Mit 191 Mio. Muslimen (fast 90 % der Bevölkerung, größtenteils Sunniten) ist Indonesien heute der bevölkerungsreichste muslimische Staat. Die Islamisierung begann mit der Ankunft arabischer Händler im 10. Jh. Das erste islamische Fürstentum entstand gegen Ende des 15. Jhs.

Ab 630 eroberten arabische Beduinenkrieger von der Arabischen Halbinsel weite Gebiete im Nahen und Mittleren Osten, ganz Nordafrika, mehrere Inseln im Mittelmeer und die Iberische Halbinsel. Sie verbreiteten den Islam und die arabische Sprache und schufen eine arabisch-islamische Kultur, die bis heute in vielen Ländern prägend ist.

Die Einigung Arabiens

Um 600 war die Arabische Halbinsel in Städte (Mekka, Medina) und Stammesgebiete zersplittert. Die Beduinenstämme bildeten wechselnde Bündnisse zur Kontrolle der einträglichen Handelsrouten. Trotz der gemeinsamen Sprache, Schrift und Literatur entwickelte sich keine einheitliche arabische Identität und Religion. Nichts deutete darauf hin, dass den beiden mächtigen Nachbarn – dem Byzantinischen und dem **Sasanidenreich** – Gefahr drohen könnte.
Der politischen Einigung ging ein religiöser Aufbruch voraus, die Schaffung einer neuen – monotheistischen – Religion durch den Propheten Mohammed. Ausgehend von Medina schuf er mit der *umma* (Einheit der Muslime) die Keimzelle eines arabischen Staates. Mohammed und seine Anhänger setzten diese Einheit auch mit kriegerischen Mitteln durch, indem sie z. B. die jüdischen Clans aus Medina vertrieben und *Mekka* (mit der Kaaba, s. S. 49) eroberten. Nach Mohammeds Tod (632) wurden weitere Stämme unterworfen.

M2

Der US-amerikanische Islamwissenschaftler Marshall G. S. Hodgson:

Die islamische Geschichte sollte [...] als ein wesentliches Element nicht nur für die Gestaltung der Menschheit studiert werden [...]. Nicht nur in den ersten Jahrhunderten, sondern auch in späteren Perioden ist das Schicksal des Islam von weltweiter Bedeutung [...]. Denn die spätere islamische Geschichte ist von Relevanz für die Frage, wie es zu der zeitgenössischen Situation unserer Welt gekommen ist.

Zit. nach: B. Tibi, Einladung in die islamische Geschichte, 2001, S. 37

Sasanidenreich: erstreckte sich zwischen dem 3. und 7. Jh. über die Gebiete der heutigen Staaten Iran, Irak, Aserbaidschan, Turkmenistan, Pakistan und Afghanistan. Innere Unruhen und Grenzkonflikte im Osten und im Oströmischen Reich schwächten das Reich, so dass die Araber um die Mitte des 7. Jh. bis ins Zentrum der iranischen Macht vordringen konnten. Die Eroberung Irans erwies sich für die Araber als verlustreich.

M3

Mohammed unterwirft die Banu Nadir, Illustration aus einer Sammlung persischer Chroniken mit dem Titel Dschami' at-tawarich, 1314 – 1315

i

Mohammed akzeptiert vom Pferd aus die Unterwerfung der Banu Nadir, eines der jüdischen Clans von Medina. Der persisch-mongolische Künstler stellt Mohammed entgegen vorherrschenden Konventionen seiner Zeit sogar mit unverhülltem Gesicht dar. Der Adler galt im frühen Islam als Symbol für eine göttliche Botschaft.

Koran und Dschihad

M4

Aus dem Koran:

[4.95] Diejenigen Gläubigen, die daheim bleiben [statt in den Krieg zu ziehen] – abgesehen von denen, die eine [körperliche?] Schädigung [...] haben –, sind nicht denen gleich [...], die mit ihrem Vermögen und mit ihrer eigenen Person um Gottes willen Krieg führen [...]. Gott hat diejenigen, die mit ihrem Vermögen und mit ihrer eigenen Person Krieg führen, gegenüber denjenigen, die daheim bleiben, um eine Stufe höher bewertet. Aber einem jeden Gläubigen [...] hat Gott das [Aller]beste [d. h. das Paradies] versprochen. Doch hat Gott die Kriegführenden gegenüber denen, die daheim bleiben, mit gewaltigem Lohn ausgezeichnet [...].

Der Koran, Übersetzung von Rudi Paret; zit. nach: koransuren.com/sure4.html (12.11.2019), gekürzt

M6

Der Islamkritiker Hamed Abdel-Samad:

[...] den Koran zu lesen ist ein bisschen wie der Gang in einen Supermarkt, man findet dort fast alles: Mitgefühl und Hass; Toleranz und Intoleranz; Vergebung und Rache. Wenn moderate Muslime heute den Islam als Religion des Friedens bezeichnen, stützen sie sich vor allem auf die frühen Suren aus Mekka. Radikale Fundamentalisten verwenden eher Verse aus Medina. Beide Seiten aber halten der Gegenseite vor, sich nur die Textzeilen herauszupicken, die ihnen nützen. Das ist kein Dialog.

www.zeit.de/2016/42/ (12.11.2019)

M7

Die Islamhistorikerin Gudrun Krämer schreibt:

Der Islam diente den rivalisierenden Stammesgruppen ohne Zweifel als einigende, mobilisierende Kraft, wobei sich Glaubensinhalt und Glaubenseifer der frühen Muslime nicht exakt bestimmen lassen: Der Islam war als Lehre und Praxis zu dieser Zeit im Einzelnen ja noch gar nicht ausgearbeitet. Auf jeden Fall erhöhte er den Kampf um Sieg und Beute zum Einsatz „auf dem Wege Gottes“: Spirituelles Heil und materielles Wohl fielen somit tendenziell in eins. Ohne die reiche Beute hätten die Eroberungen ihre Durchschlagskraft kaum bewahrt; ohne sie wären sie auch gar nicht zu finanzieren gewesen.

G. Krämer, Geschichte des Islam, 2005, S. 33

A

1. Benennen Sie anhand einer Karte in Ihrem Atlas oder im Internet jene Länder, in denen der Islam heute die vorherrschende Religion (Sunniten, Schiiten, Aleviten) ist.
2. Erläutern Sie anhand von M6, warum sich mit dem Koran sowohl ein friedliches Miteinander wie auch Gewalt rechtfertigen lassen.
3. Analysieren Sie M5, M6 und M7 im Hinblick auf die These von der Gewaltbereitschaft des Islam.
4. Diskutieren Sie in der Klasse anhand aktueller Medienberichte und persönlicher Erfahrungen, welche Rolle der Islam zu Beginn des 21. Jhs. in Westeuropa spielt.

i

Problem bei Koranübersetzungen: Der Koran ist ein so komplexer Text, dass jede Übersetzung zugleich einen Kommentar oder eine Interpretation darstellt. Im Deutschen gilt die kommentierte Übersetzung von Rudi Paret als wissenschaftliches Standardwerk. Paret versucht durch Klammerzusätze zu verdeutlichen, was gemeint ist.

M5

An-Nuri Moschee in Mossul nach der Sprengung durch die Milizen des Islamischen Staates (IS), Fotografie, 2019

i

Kriege und rasche militärische Expansionen prägten schon früh das Image des Islam als gewaltbereite Religion. Religiöse und politische Fanatiker verstärken dieses Bild bis heute. Denn gewaltbereite islamische Einzelpersonen, Gruppen und Milizen legitimieren ihre Terrorakte mit dem Dschihad. Sie stehen damit im Widerspruch zu vielen islamischen Rechtsgelehrten und Theologen.

Terrorakte wie 9/11 oder in Paris, London, Berlin und Barcelona führten zu kontroversen Diskussionen über die friedliche oder gewalttätige Ausrichtung des Islam.

In Abgrenzung zum Islam werden radikal-islamische Gruppen auch als Islamisten oder Dschihadisten bezeichnet.

Allerdings wird oft vergessen, dass die meisten Muslime ihre Religion friedlich leben, Gewalt ablehnen und sich vom Terror distanzieren. Die meisten Opfer islamistischen Terrors sind in islamischen Ländern zu beklagen.

M8

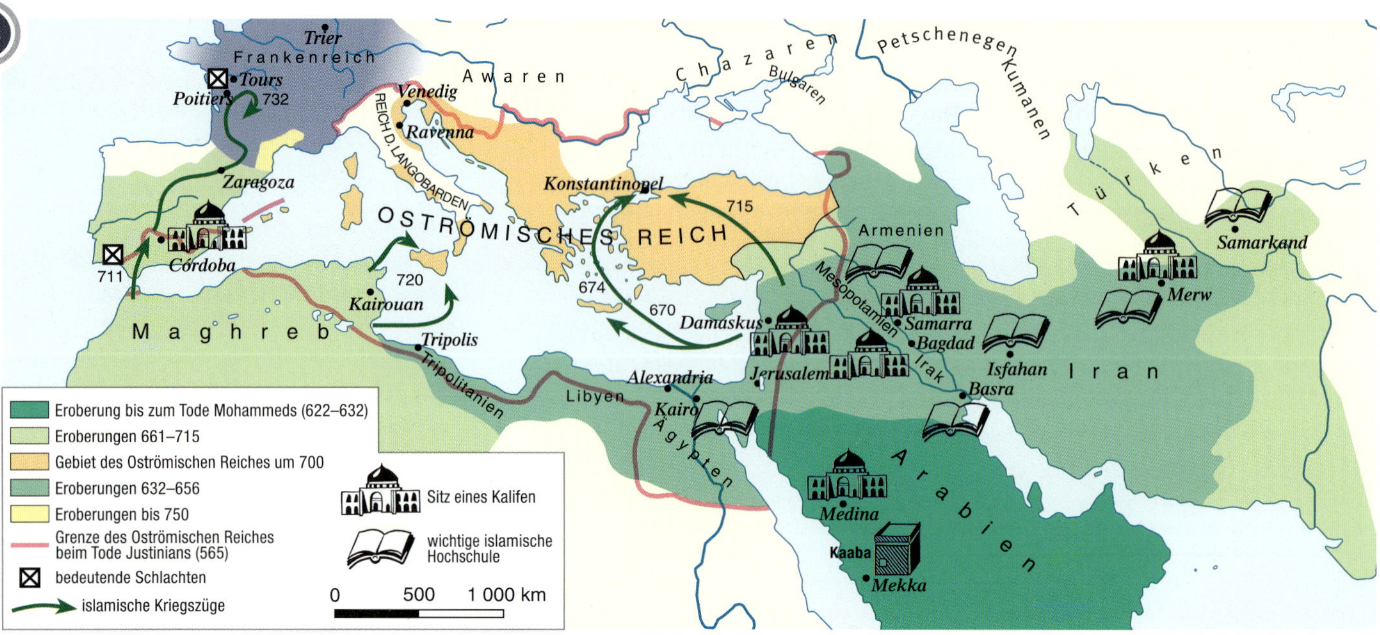

Darstellung der Expansion der Reiche der Kalifate zwischen 622 und 750 n. Chr.

M9

Umayyadenmoschee in Damaskus, Innenhof, Fotografie, 2005

Ein islamisch-arabisches Weltreich entsteht

Die rasche Expansion stellte die Kalifen (Nachfolger des Propheten) vor neue Herausforderungen. Das Reich musste verwaltet, die Kriegsbeute verteilt und die Einheit des Islam aufrechterhalten werden. Mehrere Dynastien kämpften um das Kalifat. Die islamische Gemeinschaft spaltete sich in Schiiten und Sunniten. Die **Umayyaden** schufen die Grundlagen für die arabisch-islamische Kultur. Die Migration von arabischen Stammesangehörigen führte zu einer Arabisierung und gegenseitigen Durchdringung von Traditionen. Die Berber konvertierten zum Islam, behielten aber ihre Sprache. Im Iran nahmen selbst arabische Muslime die persische Sprache, Gebräuche und Sitten an. Der Widerstand gegen die neuen Herren war in vielen Gebieten nicht allzu groß. Für die Verwaltung wurden einheimische Beamte herangezogen. Nicht-Araber wurden vermehrt als Soldatensklaven oder Söldner in die Armee integriert. Christen und Juden wurden toleriert und standen gegen Zahlung einer Steuer (Dhimma) unter Schutz. Durch Alltagskontakte und den Wunsch, Steuern zu sparen, konvertierten viele Menschen zum Islam.

i

Diese Moschee ist eine der ältesten Moscheen der Welt. Sie war ursprünglich eine christliche Basilika (die einen spätrömischen Jupitertempel ersetzte). Sie wurde nach der Eroberung von Damaskus durch die Araber 70 Jahre von Christen und Muslimen gemeinsam genutzt. Der Umbau zu einer Moschee erfolgte zu Beginn des 8. Jhs. und zeigt römisch-byzantinische Einflüsse.
Im Innenhof befindet sich das Wasserbecken für die Waschung vor dem Gebet. Die Gebetsnische (Mihrab) und der Thron des Kalifen sind im Hauptschiff.

M10

Die Islamhistorikerin Gudrun Krämer zur islamischen Expansion:

Die Eroberungen dienten in erster Linie der Ausbreitung islamischer Herrschaft, nicht der Zwangsbekehrung der lokalen Bevölkerung. Insofern wurde bereits zu früher Stunde zwischen Religion und Politik ein Unterschied gemacht.

G. Krämer, Geschichte des Islam, 2005, S. 62

A

5 Ermitteln Sie anhand der Karte (M8) die Phasen der arabisch-islamischen Expansion.

6 Fassen Sie die Bedeutung der Städte für Kultur und Handel in einer Infografik zusammen.

7 Bewerten Sie in der Kleingruppe das Verhalten der arabischen Machthaber gegenüber Juden und Christen (M10, Autorentext).

Städte als kulturelle Zentren

Vom Aufschwung des Handels in diesem riesigen Reich profitierten vor allem die Städte. Damaskus, Bagdad, Kairo und Córdoba oder auch Palermo auf Sizilien wurden zu wirtschaftlichen, politischen, religiösen und kulturellen Zentren. Bereits bestehende Städte wurden vom Islam geprägt. Um die Hauptmoschee entstand der Suq (Basar), ein meist einstöckiges Geschäfts- und Handwerksviertel. Die Suqs waren auch Zentren des Fernhandels mit Gewürzen, Luxusgütern und Sklaven sowie des Finanz- und Kreditwesens.
Schulen (Madrasas) sorgten für die Ausbildung von Gelehrten für den Islam (Ulemas) und das Recht (Kadis). Viele Kalifen förderten die Kunst und vor allem die Wissenschaft. Philosophen, Astronomen, Mediziner und Mathematiker eigneten sich in den jüdischen und christlichen Hochschulen Syriens das Wissen der alten Kulturen (vor allem der Griechen) an. Durch rege Übersetzungstätigkeit entwickelten und vermittelten sie dieses Wissen weiter.
Zahlreiche Frauen wirkten als Kopistinnen und schufen die Grundlage für riesige Bibliotheken. Im arabisch-islamischen Raum wurden Universitäten gegründet. Auch dabei spielten Frauen eine wichtige Rolle: Fatima al-Fihri, Tochter einer reichen Händlerfamilie, gründete 859 die weltweit älteste Universität, al-Qarawīyīn, im marokkanischen Fès.

Bagdad – die runde Stadt

Bis zu ihrer Zerstörung durch die Mongolen (1258) war Bagdad („Stadt des Friedens“) mit 300 000 Einwohnern eine der größten Städte der Welt. Die berühmte runde Stadt war ein Meisterwerk kreativer Stadtplanung, ihre Errichtung innerhalb von nur fünf Jahren eine logistische Meisterleistung. Im Zentrum befanden sich die große Moschee und der Palast des Herrschers umgeben von Parks. Zwischen Euphrat und Tigris wurden Kanäle angelegt. Für den Transport von Personen und Waren standen tausende schnelle Flussboote zur Verfügung. Am Schnittpunkt wichtiger Karawanenwege gelegen wurde Bagdad zur Wirtschaftsmetropole der **Abasiden**.

M13

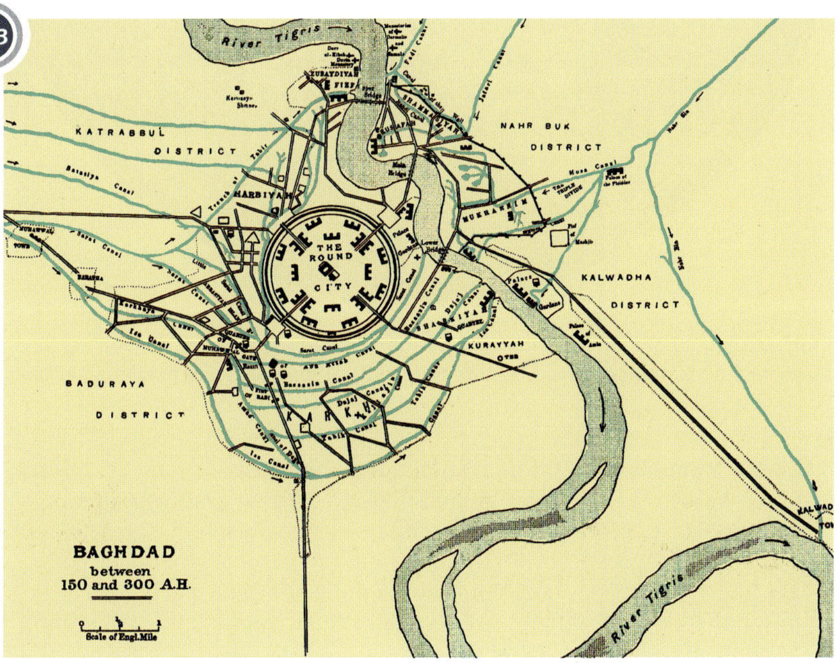

Darstellung der Stadt Bagdad zwischen 767 – 912, William Muir, Rekonstruktion von 1883

Umayyaden: herrschten 661 – 750 n. Chr. über das islamische Weltreich und im 10./11. Jh. im Kalifat von Córdoba.

Abasiden: regierten im 8./9. Jh. von Bagdad aus.

M11

Arabisches Handelsschiff auf dem Weg von Oman nach Basra, Miniatur aus den Makamen von al-Hariri, ca. 1240, Bibliothèque Nationale de France, Paris

i

Araber und Perser kontrollierten vom 8. bis 16. Jh. den Handel im Indischen Ozean. Auf dem Schiff bestand die Mannschaft aus Indern, die Passagiere waren Araber.

M12

Abu Zayd in der Bibliothek von Basra, Miniatur aus den Makamen von al-Hariri, ca. 1240, Bibliothèque Nationale, Paris

A

8 Zeigen Sie anhand der Abbildungen (M9, M11, M12, M13) kulturelle Errungenschaften des arabisch-islamischen Weltreichs.

M14

Die Historiker Tarif Al Samman und Otto Mazal über den Einfluss der arabisch-islamischen Kultur auf Europa:

Ein Niedergang Europas war durch die verkehrsmäßige Absperrung und geistige Isolierung gegenüber der arabischen Welt nicht aufzuhalten gewesen. Als sich trotz mancher Widerstände das Abendland dem arabischen Orient und dem Osthandel öffnete, begann auch wieder sein ökonomischer Aufschwung. Die Übernahme der technischen, hygienischen, wissenschaftlichen [...] und kulturellen Errungenschaften der arabischen Welt brachte neues Leben in das erstarrte Europa.

T. Al Amman und O. Mazal, Die arabische Welt und Europa, 1988, S. 36

M15

Der Historiker Richard Fletcher zum Bild der Muslime im Mittelalter:

In Spanien wie auch anderswo gab es nur sehr wenige Schriften über den Islam und absolut keine Diskussion mit ihm. [...] Ein Interesse an den heiligen Schriften des Islam hatte man nicht. Erst nach 1140 wurde der Koran ins Lateinische übersetzt, aber der Anstoß zu diesem Werk kam von einem französischen Mönch, von Petrus Venerabilis, dem Abt von Cluny. [...] Es gab in der islamischen Gesellschaft jedoch Dinge, auf die sich durchaus das Interesse der Christen richtet: Zu ihnen gehörten vor allem der Reichtum und daneben auch das Wissen ihrer muslimischen Nachbarn.

R. Fletcher, El Cid, 1999, S. 81f.

M17

Miniatur des Arztes Ibn Sina (um 980 – 1037), der im lateinischen Westen Avicenna genannt wurde, ohne Ort und Datum

Arabischer Kulturtransfer nach Europa

Spanien und Sizilien wurden zu Drehscheiben der Kulturvermittlung an Europa. Die arabischen Wissenschaften wurden zum „Fundament unserer Kultur" (Jim Al-Khalili). Die Europäer übernahmen das Dezimalsystem und die „arabischen" Ziffern (die eigentlich aus Indien stammen) sowie die noch heute gelehrte Trigonometrie und die Annäherungsmethode.

Die Araber kannten den Blutkreislauf und erforschten systematisch die Wirkung von Heilpflanzen. Chirurgische Eingriffe und Behandlungen wurden genau dokumentiert. Das Werk des Arztes Ibn Sina wurde in lateinischer Übersetzung zu einem Standardwerk bei der Ausbildung europäischer Ärzte.

Die Araber vermittelten Erfindungen der Chinesen an Europa, z. B. das Papier, den Kompass oder das Schießpulver. Die italienischen Kaufleute lernten von Arabern die Grundsätze des modernen Rechnungswesens. Seefahrer profitierten von den astronomischen Kenntnissen der Araber. In der Sternwarte von Bagdad wurde rund 500 Jahre vor Kopernikus das heliozentrische Weltbild berechnet. Die Araber verfassten zahlreiche Bücher über Klima, Bewässerung, Aussaat und Gartenkultur. Sie brachten Baumwolle, Zuckerrohr, Reis, Zitrusfrüchte und die Seidenraupenzucht nach Europa.

Nach der Rückeroberung Toledos (1085) wurden dort, wo Christen, Juden und Muslime zusammenlebten, wissenschaftliche und philosophische Schriften (z. B. von Aristoteles, Platon, Galen) vom Griechischen und Arabischen ins Lateinische übertragen und Westeuropa zugänglich gemacht.

Damit veränderte sich auch das Bild von den Muslimen. Anfangs begegnete man den Muslimen mit Desinteresse, Ablehnung und offener Feindschaft. Als sie jedoch in Spanien und Sizilien zurückgedrängt wurden (**Reconquista**), stieg die Bereitschaft zur Auseinandersetzung mit dem Islam und der islamisch-arabischen Kultur.

M16

Krönungsmantel der Kaiser des Hl. Römischen Reiches, detaillierte Darstellung aus Meyers Konversations-Lexikon, 5. Auflage, 1893; Original in der Schatzkammer Wien

i

Dieser Mantel wurde für den Normannenkönig Roger II. im 12. Jh. in einer Werkstatt in Palermo angefertigt. Er ist eine arabisch-normannische Arbeit. Die Motive entstammen der islamischen Kunst: eine Palme (Lebensbaum) sowie Löwen, die ein Kamel schlagen. Die Inschrift am Saum ist kufisch (alte Form des Arabischen) und nach dem islamischen Kalender datiert: 528 nach der Hidschra (das ist 1133 oder 1134 nach chistlicher Zeitrechnung).

M18

Großer Betsaal der Mezquita-Catedral von Córdoba, Fotografie, 2017. Erbaut 8. – 10. Jh.; mit 856 Säulen eines der größten Sakralgebäude der Welt. Im 16. Jh. wurden die Säulen in der Mitte entfernt, um Platz für eine katholische Kirche zu schaffen.

Die spanisch-muslimische Kultur in Al-Andalus

Im 10. Jh. wurde das multikulturelle Córdoba zu einem der wichtigsten kulturellen Zentren der damaligen Welt. Viele Juden und Christen übernahmen die arabische Sprache, ohne zum Islam zu konvertieren. Die Beziehungen zwischen ihnen und den Muslimen reichten von friedlichem Zusammenleben bis zu blutigen Kriegen und Verfolgungen. Al-Andalus als Vorbild für Toleranz zwischen den Religionen wird von Historikerinnen und Historikern daher heute hinterfragt. Die Umayyaden-Kalifen ließen in Córdoba eine Moschee (Mezquita) errichten. Zahlreiche arabische und berberische Siedler wanderten ein. Es gab fließendes Wasser, gepflasterte Straßen. Die Bibliothek war mit 400 000 Bänden eine der größten in der islamischen Welt.

Das Ende von Al-Andalus

Im 15. Jh. beherrschten die Mauren (Bezeichnung für nordafrikanische Berber) nur mehr ein kleines Gebiet um Granada. Während 1492 mehr als 100 000 Sepharden (spanische Juden) vertrieben wurden, durften die meisten der 400 000 Mauren im Land bleiben. Sie mussten aber den christlichen Glauben annehmen. Etwa 300 000 dieser Moriscos wurden 1609 deportiert. „Spanien wurde in seiner Entwicklung fast um ein Jahrhundert zurückgeworfen“, stellt der spanische Arabist Luis Fernando Bernabé fest. (zit. nach: www.t-online.de, 12.11.2019).

A

9 Ordnen Sie in Partnerarbeit die Wörter im Kasten „Wortkunde“ bestimmten Kategorien (z. B. Wissenschaft, Kleidung, Nahrung ...) zu.

10 Erklären Sie die Bedeutung des arabisch-islamischen Kulturtransfers für die Entwicklung des mittelalterlichen Europas (M14, M15, Autorentext).

11 Formulieren Sie mithilfe der Materialien (M15, M18, M20) und des Autorentexts eine Frage zum Verhältnis von Muslimen und Christen auf der Iberischen Halbinsel.

M19

Aus einem Rechtsgutachten des Gelehrten Ibn Abdun aus der Zeit um 1100 (Sevilla):

Ein Muslim darf einen Juden nicht massieren, auch nicht einen Christen. Er darf nicht ihren Abfall beseitigen und nicht ihre Latrine reinigen; es ist angemessener, dass Juden und Christen dieses Gewerbe ausüben, denn es ist das Gewerbe der am meisten Verachteten (Nr. 153).

www.weltwoche.ch (12.11.2019)

M20

Ein Christ und ein Muslim spielen Schach, christliche Buchmalerei, Spanien, 1283, Madrid, Escorial

i

Das Schachspiel stammt aus Persien und wurde von muslimischen Eroberern nach Spanien gebracht. Dort wurde es – auch bei Christen – bald ein beliebtes Spiel.

i

Kleine „arabische“ Wortkunde
Admiral, Alchemie, Algebra, Algorithmus, Alkohol, Almanach, Aloe, Aprikose, Artischocke, Banane, Benzin, Damast, Gaul, Gitarre, Haschisch, Ingwer, Jacke, Kaffee, Kamel, Konditorei, Kümmel, Lack, Laute, Limonade, Magazin, Marzipan, Mokka, Muskat, Matratze, Mumie, Mütze, Natrium, Papagei, Rakete, Reis, Safran, Sirup, Soda, Sofa, Smaragd, Spinat, Tarif, Tarock, Tasse, Trafik, Ziffer, Zimt, Zucker

Reconquista: Rückeroberung der Iberischen Halbinsel. Über einen Zeitraum von 750 Jahren drängten christliche Heere vom Norden her die Araber zurück.

M1

Aus der Vita Severini von Eugippius:

Jenseits der Donau hatte sich der germanische Stamm der Rugier niedergelassen. Sie führten viele römische Bewohner als Gefangene mit sich fort. Severin [...] konnte nicht verhindern, dass immer wieder Römer über den Fluss entführt wurden. Die Einwohner von Batavis [Passau] baten Severin, er möge bei ihnen auch ein Kloster gründen. Sie versprachen sich davon Schutz gegen Überfälle der Alemannen. Nachdem Severin ihrer Bitte entsprochen hatte, blieben die Alemannen wirklich eine Zeitlang fern. In Passau war noch eine Gruppe römischer Soldaten stationiert. Schon lange hatten sie keinen Sold erhalten. Kameraden, die sie nach Italien geschickt hatten, das Geld zu holen, wurden nach einigen Tagen vom Inn tot angespült. Severin sah voraus, dass Passau nicht zu halten war.

Zit. nach: H. Schmid, Fragen an die Geschichte 1, 1981, S. 160

M2

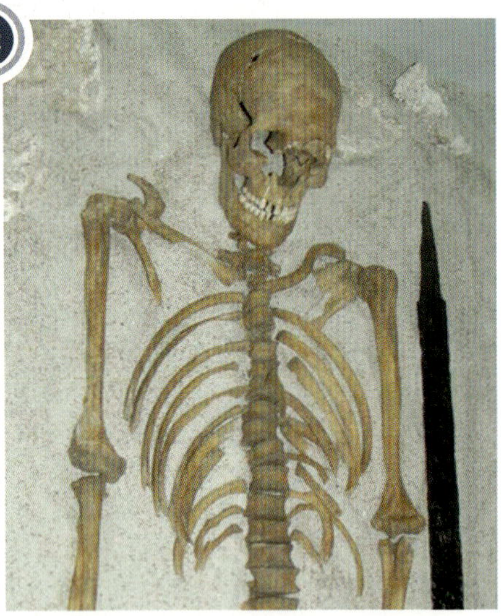

Bajuwarische Bestattung aus dem 6./7. Jh. aus einem Gräberfeld in Linz-Zizlau, Stadtmuseum Wels

i

Das Schwert zeigt, dass selbst christianisierte Bajuwaren den heidnischen Brauch von Grabbeigaben pflegten. Neben Bajuwaren waren auch Hunnen, Awaren und Langobarden bestattet. Der Friedhof wurde im Zuge des Baus der Hermann-Göring-Werke (heute VOEST) entdeckt.

8 Österreich im Früh- und Hochmittelalter

Im Donau- und Alpenraum lebte ab dem 2. Jh. eine mehrheitlich romanisierte Mischbevölkerung. Nördlich der Donau siedelten die germanischen Markomannen. Ab dem 3. Jh. breitete sich das Christentum in den Donauprovinzen aus. Nach dem Zerfall der römischen Ordnung wurde Norikum zum Durchzugsgebiet für Rugier, Hunnen, Ostgoten und Langobarden. Ortsnamen wie Wallersee oder Straßwalchen sind ein Beleg für den Fortbestand der „welschen“ (= romanischen) Bevölkerung südlich von Salzburg und im Inntal. Nur exponierte Orte an der Donau und die römischen Truppen wurden evakuiert. Davon berichtet eine wichtige Quelle aus dieser Zeit, die Vita Severini (482) von Eugippius, einem Mönch und Schüler des Heiligen Severin.

Abwanderung – Durchzugsland – Begegnungszone

Alemannen drangen in den Alpenraum westlich des Arlbergs ein. Nach dem Abzug der Langobarden (568) besiedelten Slawen (Mährer und Slowenen) sowie Awaren den Osten und Süden Österreichs, wovon noch heute zahlreiche topografische Bezeichnungen (z. B. auf *-itz* und *-ach*) zeugen. Noch im 9. Jh. wurde das Gebiet östlich der Enns „Slawenland“ genannt.

Bajuwaren

Im 6. Jh. entstand ein bayerisches Herzogtum unter fränkischer Oberhoheit. Bei ihrem Vordringen entlang der Donau integrierten die Bajuwaren Slawen, Awaren, Romanen und andere Gruppen. Als Volkssprache setzten sich deutsche Dialekte durch, wie viele Ortsnamen mit den Endungen *-heim*/*-ham* und *-ing* noch heute zeigen. Slawische Sprachen wurden immer weiter zurückgedrängt, nur im heutigen Kärnten konnte sich eine slawische Sprachgruppe behaupten.

Eine wichtige Rolle bei der Zurückdrängung der Slawen spielte die Missionierung. Irische, schottische und westfränkische Wandermönche bauten eine Kirchenorganisation mit Bistümern (Bischofssitze) und Klöstern auf. Diese wurden zu kulturellen Zentren. Die bayerischen Herzöge gründeten in der zweiten Hälfte des 8. Jhs. die Klöster Mondsee, Mattsee, Innichen und Kremsmünster. Ab etwa 800 war ein Großteil des heutigen Österreich als Grenzland unter fränkischer Oberhoheit.

Karantanien – ein slawisches Fürstentum im Süden

Das Fürstentum der Karantanen umfasste im 8. Jh. etwa ein Drittel des heutigen österreichischen Staatsgebiets (Kärnten, Osttirol, den Lungau und Teile des Pongaus sowie Teile der Steiermark und den Süden von Ober- und Niederösterreich). Zu seiner Hinterlassenschaft gehört das älteste Symbol weltlicher Macht in Österreich, der sogenannte Fürstenstein (der untere Teil einer römischen Säule aus Virunum). Die Einsetzung der Herzöge von Kärnten auf dem Fürstenstein erfolgte bis ins Spätmittelalter in windischer (= slowenischer) Sprache.

Aufgrund von Auseinandersetzungen mit den Awaren geriet Karantanien in bayerische bzw. fränkische Abhängigkeit und wurde zu einer Grenzmark. Im 10. Jh. wurde die Mark an der Mur (heute Steiermark, benannt nach Burg und Stadt Steyr) abgespalten. Die Steiermark (mit Teilen von Oberösterreich) wurde 1180 ein Herzogtum.

Missionierung und Machterweiterung der Bajuwaren

In Salzburg schuf Bischof Rupert mit der Gründung des Klosters St. Peter die Basis des späteren Bistums (739 gegründet). Salzburgs Einfluss reichte bis an die Drau und nach Pannonien. Unter Bischof Virgil wurde in Salzburg ein mächtiger Dom errichtet. 798 wurde der Bischof von Salzburg zum Erzbischof erhoben. Im 13. Jh. erhielten die Erzbischöfe vom Kaiser die Landeshoheit über das Erzbistum. Salzburg kam erst nach dem Wiener Kongress an die Habsburger.
Im Raum Tirol kämpften um 600 Bajuwaren, Slawen, Franken und Langobarden um Macht und Einfluss. Große Teile Tirols fielen an das Herzogtum Bayern. Allmählich setzte sich dort die bayerische Volkssprache durch.

Der Donauraum unter fränkischer Herrschaft

Zwischen Enns und Wienerwald wurde eine Grenzmark (Awarische Mark) eingerichtet. Das Gebiet wurde von Passau aus missioniert und von Bajuwaren besiedelt. Im 9. Jh. kam es zu Auseinandersetzungen mit dem mährischen Fürstentum (östliches Tschechien und Slowakei) und den Missionierungsbestrebungen der „Slawenapostel" Kyrill und Method.
Die Lage im Donauraum blieb unsicher, ganze Landstriche waren entvölkert. Die unter Karl I. eingerichtete Awarische Mark geriet zunehmend unter Druck der Magyaren, die sich in der ungarischen Tiefebene angesiedelt hatten. Das Alpenvorland wurde zum Durchzugsgebiet für ungarische Heere, die dort mordeten und Klöster plünderten.
Erst nachdem Otto I. (912–973) die Magyaren 955 in der Schlacht auf dem Lechfeld besiegt hatte, konnte die bayerische Herrschaft an der Donau reorganisiert werden. Zwischen Enns und Traisen wurde südlich der Donau erneut eine Grenzmark eingerichtet.

Die Anfänge der Babenberger

976 wurde Leopold I. (Luitpold, 940–994) aus dem bayerischen Adelsgeschlecht der Babenberger mit der Verwaltung der Grenzmark betraut. Die Herkunft dieser Familie ist bis heute nicht geklärt. Die Babenberger konnten ihren Besitz durch Schenkungen der Könige vermehren. Als Markgrafen waren sie für Heer und Verteidigung zuständig.
Durch konsequenten Landesausbau – die Gründung von Klöstern und Rodungen – entwickelten Bischöfe und Adelige unter den Babenbergern das dünn besiedelte Gebiet. Neue bajuwarische Siedler wurden ins Land geholt. Zur Sicherung der Grenze gegen die Ungarn wurden Wallburgen errichtet. Leopolds Burg befand sich auf dem Felsen von Melk. Sein Sohn Heinrich I. (gest. 1018) erweiterte den Einflussbereich der Babenberger bis ins Wiener Becken und an die March.

A

1. Rekonstruieren Sie anhand des Auszugs aus der Vita Severini (M1) die Verhältnisse an der Donaugrenze um 500.
2. Zeigen Sie an drei Beispielen den Einfluss von Migrations- und Expansionsprozessen auf die Entwicklung des heutigen Österreich (M2, Autorentext).
3. Skizzieren Sie die in M5 beschriebenen Kriegsfolgen.
4. Erörtern Sie im Rahmen einer Pro-und-Contra-Diskussion die Sinnhaftigkeit von politischer Identitätsbildung unter Verwendung historischer Symbole.

M3

Slowenische 2-Cent-Münze, European Commission – Economic and Financial Affairs, Fotografie, 2012

i

Seit Einführung des Euro in Slowenien (2007) ist der Fürstenstein auf der slowenischen 2-Cent-Münze abgebildet, was in Kärnten auf Kritik stieß. Dort gilt der Fürstenstein als ureigenstes Symbol der Landesgeschichte.

M4

Reproduktion des Tassilokelches, Andreas Püttmann, Fotografie, 2010

i

Der Kelch entstand vermutlich nach 768/769 in Salzburg. Wahrscheinlich ein Geschenk des bayerischen Herzogpaars bei Gründung seines Prestigeprojekts, Stift Kremsmünster (777), wo der Kelch heute aufbewahrt wird.

M5

Aus den Annales Fuldenses, 894

Die Ungarn verübten zahlreiche Scheußlichkeiten. Während sie alle Männer und alten Frauen töteten und junge Mädchen zur Befriedigung ihrer Lüste wie Vieh mit sich schleppten, zerstörten sie fast ganz Pannonien [...].

Zit. nach: Wagner, Bildatlas, 1995, S. 64

M6

Detail aus der Schenkungsurkunde, Faksimile, hg. von A. Wandruszka, 1995

i

Privilegium minus ist die Bezeichnung einer kaiserlichen Urkunde aus dem Jahr 1156, in der die Mark der Babenberger in ein eigenständiges, erbliches Herzogtum umgewandelt wurde. Die Herzogswürde konnte nun an männliche wie an weibliche Nachkommen vererbt werden. Militärisch unterstützen (Heerfolge) mussten die Babenberger den Kaiser nur noch gegen Nachbarländer ihres Herzogtums. Die Bezeichnung *Privilegium minus* wurde erst viel später eingeführt, in Abgrenzung zum sogenannten *Privilegium maius*, einer Sammlung von Dokumenten, die der Habsburgerherzog Rudolf IV. 1358/1359 fälschen ließ, um seine Position im Reich zu verbessern.

M8

Österreichs ältester Sakralbau, das ottonische Oktogon (Achteck) von Wieselburg, Fotografie, 2013

Die „Ostarrîchi-Urkunde" – Geburtsurkunde Österreichs?

Um die Jahrtausendwende hatte das Grenzland an der Donau noch keinen Namen. Der Name Ostarrîchi tauchte erstmals 996 in einer Schenkungsurkunde für das Kloster Freising auf (ausführliche Textquelle s. S. 124).

M7

Auszug aus der Schenkungsurkunde von Kaiser Otto III. (980 – 1002) an das Kloster Freising:

Alle unsere eifrigen Getreuen, die gegenwärtigen wie die zukünftigen, mögen wissen, dass wir, auf die Bitten unseres überaus geliebten Vetters Heinrich, des Herzogs der Baiern, gewisse Besitzungen unseres Rechtes in einer Gegend, die im Volksmund Ostarrîchi [Österreich] heißt, in der Mark und in der Grafschaft des Grafen Heinrich, des Sohnes des Markgrafen Luitpald [Leopold], in dem Ort, der Niuvanhova [Neuhofen an der Ybbs] genannt wird, [...] dem Schoße der Freisinger Kirche, der jetzt unser getreuer Gottschalk, der ehrwürdige Bischof, vorsteht, [...] zu eigenem und ewigem Gebrauch überlassen und durch unsere kaiserliche Macht fest übergeben haben [...].

Schenkungsurkunde Kaiser Ottos III. vom 1. Nov. 996, Monumenta Germaniae Historica, Diplomata Otto II. et Otto III., 1893, S. 647, Nr. 23

Ostarrîchi bedeutet wörtlich übersetzt „Ostreich", womit allerdings nur ein begrenztes Herrschaftsgebiet gemeint war. Um das Jahr 1000 entstanden dann auch andere Bezeichnungen wie „in orientali regno" (östliches Herrschaftsgebiet), „Osterlant" oder „Austria". Ein eigenständiges – von Bayern unabhängiges – Herzogtum wurde die Grenzmark erst 1156 (Privilegium minus). Dieses umfasste aber nur einen Teil des heutigen Niederösterreich. Es wurde im Lauf der Geschichte zum Kerngebiet der Landesbildung.

i

Das Oktagon ist heute in die Pfarrkirche integriert und wurde im letzten Viertel des 10. Jhs. als imposante Wehrkirche im spätantiken Stil erbaut.

Der Weg zum Land Österreich

Im 11. Jh. änderte sich das Aussehen des Landes. Immer mehr Siedlungen entstanden. Zahlreiche Klöster wurden gegründet, darunter Melk und Klosterneuburg, Heiligenkreuz und Zwettl. Neben den Babenbergern gewannen auch mächtige Familien wie die Kuenringer an Einfluss. Eine wichtige Rolle spielte Leopold III. (1073 – 1136). Er wurde im 15. Jh. heilig gesprochen und 1663 zum Landespatron für Österreich ober und unter der Enns erklärt. Sein Sohn Heinrich II. („Jasomirgott", 1107 – 1177) machte Wien zum neuen Mittelpunkt seines erweiterten Herrschaftsgebiets. Seine Residenz befand sich Am Hof. Er gründete das Schottenstift und legte den Grundstein zum Bau des Stephansdoms. Seine Heirat mit der byzantinischen Prinzessin Teodora Komnena vergrößerte sein Prestige enorm.
Die Babenberger bekamen in den Auseinandersetzungen zwischen König und Herzögen (Staufer und Welfen) das Herzogtum Bayern verliehen, was eine gewaltige Machterweiterung bedeutete. Als dieser Konflikt beigelegt wurde, mussten sie Bayern wieder abgeben und wurden dafür 1156 in Form eines Privilegs mit Vorrechten (Privilegium minus) entschädigt. Die Mark wurde zum Herzogtum erhoben.

M9

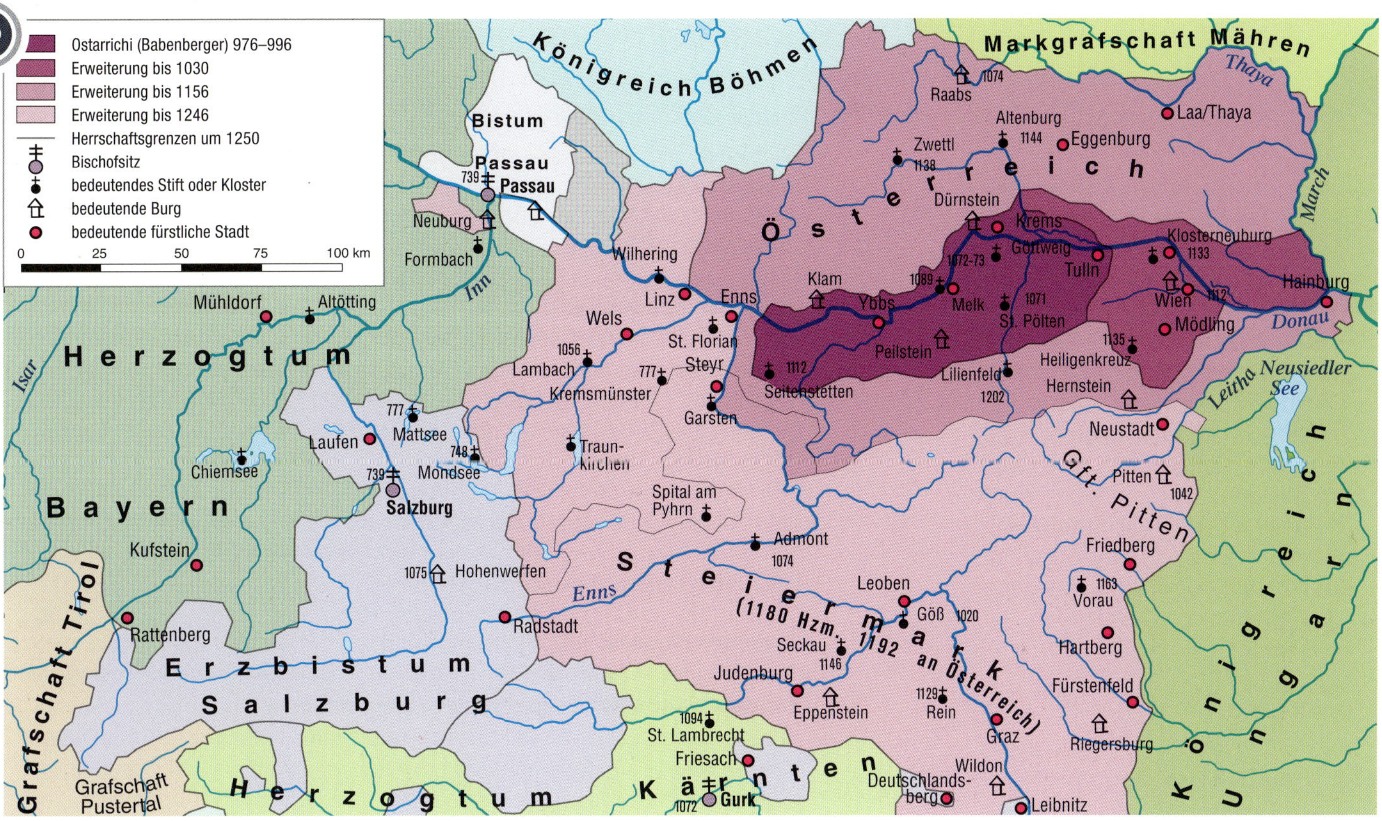

Entwicklung der babenbergischen Besitzungen von 976 – 1246

Reiches Lösegeld zur Grenzsicherung

Im Zuge des Dritten Kreuzzugs (1190/91) kam es zu einem Konflikt zwischen dem Babenberger Leopold V. (1157 – 1194) und dem englischen König Richard Löwenherz (1157 – 1199). Dieser wurde bei seiner Rückreise durch das Gebiet der Babenberger erkannt und im heutigen Erdberg festgenommen und in der Burg Dürnstein festgesetzt, bis mit Kaiser Heinrich VI. (1165 – 1197) die Lösegeldmodalitäten ausgehandelt wurden. Da Kreuzfahrer nicht verhaftet werden durften, wurde Leopold vom Papst aus der Kirche ausgeschlossen. Das Lösegeld investierte der Herzog in die Sicherung und den Ausbau seines Landes.

In den letzten Jahrzehnten der babenbergischen Herrschaft gewannen die Städte immer größere Bedeutung. Leopold VI. (1176 – 1230) machte Enns (1212) und Wien (1221) zu Städten mit entsprechenden Marktrechten. Unter den Babenbergern entwickelte sich auch die weltliche Kultur: Die Minnesänger Walter von der Vogelweide und Neidhard von Reuental hielten sich zeitweilig am Hof der Babenberger auf. Es bildete sich eine Art Landesbewusstsein.

Der letzte Babenberger, Friedrich der Streitbare (1211 – 1246), fiel 1246 in der Schlacht an der Leitha. Er hinterließ keinen männlichen Erben. Ottokar II. von Böhmen heiratete die Schwester Friedrichs und übernahm die babenbergischen Gebiete.

A

5 Fassen Sie den Ausschnitt aus der Schenkungsurkunde (M7) in zwei Sätzen zusammen.

6 Zeigen Sie anhand der Karte (M9) die Gebietserweiterungen der Babenberger. Erklären Sie, welche Rolle der Bau von Burgen und die Gründung von Klöstern spielte.

7 Erläutern Sie anhand von M10 die Bedeutung des Lösegelds für Richard Löwenherz für die Entwicklung Österreichs.

M10

Die Salzburger Nachrichten zur Löwenherz-Ausstellung in Speyer:

Das zu fordernde Lösegeld wollten sich der Staufer [Heinrich VI.] und der Babenberger [Leopold V.] teilen. Es sollte das höchste Lösegeld werden, das je im Mittelalter für eine Einzelperson gezahlt wurde: 100 000 Silbermark nach Kölner Gewicht. Das ergab 23 300 Kilogramm reines Silber. [...]

Herzog Leopold V. setzte seine Hälfte für Verteidigung ein: Er baute Wiener Neustadt, an dessen Stelle eine Wiese mit Blick auf jene Schneise zwischen Leitha- und Rosaliengebirge war, durch die eroberungslustige Ungarn schnurstracks galoppieren konnten. Weiter im Norden, an der „Ungarischen Pforte“ der Donau, befestigte er Hainburg. Zudem erneuerte er die Stadtmauern in Enns sowie in Wien [...]. Als er aber zwei Jahre nach dem Erdberger Coup im Sterbebett lag, wurde ihm mulmig: Da beteuerte er dem Salzburger Erzbischof Adalbert, er wolle den Rest des Lösegelds retournieren. Aber da waren es nur noch 4 000 Mark.

www.pressreader.com (12.11.2019)

M Arbeiten mit Texten

Urkunde: Privilegium minus

M1

Der Historiker Ernst Bruckmüller zum Privilegium minus:

Die Rückgabe Bayerns an die Welfen bedeutete für den Babenberger Heinrich „Jasomirgott" einen schmerzlichen Verlust an Macht und Ansehen. Außerdem war seine Frau eine byzantinische Prinzessin, für die dieser Prestigeverlust ebenfalls unerfreulich sein musste. Um diese Verluste auszugleichen, [...] erhob der Kaiser Österreich zum Herzogtum. Außerdem erhielt Heinrich einige Erleichterungen in Bezug auf Heerfahrt und Verpflichtung zu Hoftagen. Der sogenannte „Gerichtsparagraf" war mehr ein Versprechen für die Zukunft.

Autorentext

M2

Auszug aus dem Privilegium minus:

Wir haben auf dem allgemeinen Hoftag in Regensburg am 8. September in Gegenwart vieler frommer und rechtgläubiger Fürsten den Streit und die Zwietracht, die zwischen unserem lieben Oheim [Onkel] Heinrich, Herzog von Österreich, und unserem teuren Vetter Heinrich, Herzog von Sachsen, lange um das Herzogtum Bayern ausgetragen wurden, auf folgende Weise beendet:
Der Herzog Österreichs hat uns das Herzogtum Bayern zurückgegeben, das wir sofort als Lehen an den Herzog von Sachsen übergeben haben; der Herzog Bayerns gab uns die Markgrafschaft Österreich mit allen Rechten und Lehen zurück, die einst Markgraf Leopold vom Herzogtum Bayern hatte. Damit aber dadurch nicht Besitz und Ruhm unseres lieben Oheims vermindert erscheine, haben wir auf Rat und Urteil der Fürsten, das vom erlauchten Herzog Böhmens, Wladislaw, verkündet und von allen Fürsten bestätigt wurde, die Markgrafschaft Österreich zum Herzogtum gemacht und dieses mit allen Rechten unserem genannten Oheim Heinrich und seiner edlen Gemahlin Theodora andauernd zu Lehen gegeben und bestimmt, daß sie selbst und nach ihnen ihre Kinder, seien es Söhne oder Töchter, das Herzogtum Österreich nach Erbrecht vom Reich haben und besitzen sollen. Sollte der genannte Herzog Österreichs, unser Oheim, und seine Frau ohne Kinder sterben, so haben sie das Recht, das Herzogtum, wem sie wollen, zu übertragen. Wir haben auch beschlossen, daß kein Großer oder Geringer im Herrschaftsgebiet des Herzogtums ohne Zustimmung und Erlaubnis des Herzogs irgendeine Gerichtsbarkeit ausüben darf. Der Herzog Österreichs muß von seinem Herzogtum dem Reich folgende Dienste leisten: nur zu den Hoftagen, die der Kaiser in Bayern ansetzt, muß er kommen, wenn er geladen wird. An keinem Feldzug muß er sich beteiligen, außer der Kaiser ordnet ihn in Österreich benachbarte Reiche oder Gebiete an.

Zit. nach: H. Rauscher (Hg.), Das Buch Österreich, 2005, S. 94

i

Arten von schriftlichen Quellen
Verträge, Verfassungen, Urkunden, Annalen, Chroniken, Gesetze, Rechtstexte (Verhörprotokolle, Urteile), Reiseberichte, Zeitungen, Reden, Aufrufe, Flugblätter, Plakate, Memoiren, Tagebücher, Briefe, Inschriften, Protokolle, Akten, Parteiprogramme, Augenzeugenberichte, literarische Textquellen ...

A

1 Teilen Sie den Text der Urkunde (M2) in logische Absätze und fassen Sie diese in Stichworten zusammen.

2 Arbeiten Sie die Bestimmungen zu Erbfolge und Gerichtsbarkeit heraus.

3 Bewerten Sie mithilfe von M1 die Bedeutung des Privilegium minus.

4 Beurteilen Sie, inwiefern die damalige Vorgangsweise heute fremd anmutet.

5 Noch im Jahr 2018 gelang es nicht, den Jugendschutz (z. B. die Regelung von Ausgehzeiten) in allen Bundesländern zu vereinheitlichen. Erörtern Sie Vor- und Nachteile der Eigenständigkeit der Bundesländer.

Quellenarbeit am Beispiel von Textquellen in drei Schritten

Erster Schritt: Beschreiben
1. Quellengattung
2. Datierung
3. Ereignis/Thema
4. Schriftart/Aussehen
   (wenn ein Bild der Originalquelle verfügbar ist)

Zweiter Schritt: Analysieren
1. Hauptaussage der Quelle
2. Struktur der Quelle: Paragrafen, Absätze etc.
3. Schlüsselbegriffe suchen und klären
4. Verfasserin bzw. Verfasser sowie Adressatinnen und Adressaten klären

Dritter Schritt: Interpretieren
1. Intention der Quelle
2. Einbeziehen des historischen Umfelds
   (Recherche im Buch oder im Internet)
3. Bedeutung der Quelle für die weitere Entwicklung
4. Glaubwürdigkeit der Autorin bzw. des Autors prüfen
   (z. B. durch Vergleichsquellen)

Geschichte und Identität

Die Erinnerung an die Vergangenheit – die „österreichische" Geschichte – ist wichtig für die Herausbildung einer gemeinsamen Identität. Das heutige Österreich entstand erst 1918 nach dem Zusammenbruch der Habsburgermonarchie. Damals war sogar der Name des neuen Staates umstritten. Viele glaubten nicht an den neuen Kleinstaat und befürworteten einen Anschluss an Deutschland. Erst nach den Erfahrungen von Nationalsozialismus und Zweitem Weltkrieg entwickelten sich Österreichbewusstsein und Nationalstolz. Nach Umfragen prägen das kulturelle Erbe, die schöne Landschaft oder auch sportliche Leistungen das Nationalbewusstsein.
Die Geschichte des heutigen Österreichs mit Wien als Zentrum war über Jahrhunderte eng mit der Geschichte des Habsburgerreiches verbunden und von ihm beeinflusst. Die Herrschaftssymbole der Habsburger und des Heiligen Römischen Reiches werden in Wien aufbewahrt: Die Wiener Ringstraße erinnert in ihrer Pracht daran, dass der heutige Kleinstaat Österreich einst Teil eines Reiches mit 50 Millionen Menschen war.

M4

Parlamentsgebäude, Fotografie, 2010; Ende des 19. Jhs. von Theophil Hansen für den Reichsrat der cisleithanischen Reichshälfte der Habsburgermonarchie errichtet.

A

6 Erstellen Sie in der Gruppe eine Liste von Traditionen, Gebäuden und sonstigen Dingen, die Sie als typisch für Ihr Bundesland ansehen.

7 Beschreiben Sie für eine Gastschülerin oder einen Gastschüler, worauf Sie als junge Menschen aus Österreich stolz sind und was „typisch" österreichisch ist.

8 Führen Sie mit der Fragestellung von M5 eine Umfrage in Ihrer Klasse durch. Werten Sie das Ergebnis aus und vergleichen Sie es mit dem österreichweiten Umfrageergebnis von 2012.

9 Ermitteln Sie anhand von M3, wie Identität „konstruiert" wird und welche Rolle „die anderen" dabei spielen.

10 Für Zugewanderte und Flüchtlinge gibt es sogenannte „Wertekurse" zur Integration. Diskutieren Sie, welche Werte (z. B. Demokratie, Meinungsfreiheit ...) für eine demokratische österreichische Gesellschaft unverzichtbar sind.

M3

Monika Sommer, Direktorin des Hauses der Geschichte, über österreichische Identität:

Identität ist ein ambivalenter Begriff. Die Zugehörigkeit zu einer Nation ist vor allem das Bekenntnis zu den Werten einer Gesellschaft – Österreicher zu sein bedeutet das Bekenntnis zu Demokratie und Menschenrechten. Dazu gehört auch ein Geschichtsbewusstsein, das sich daran orientiert. Aber dazu muss man nicht in Österreich geboren sein. Ganz allgemein gesprochen werden Identitäten aber auch durch Unterscheiden und auch Ausschließen hergestellt. Es braucht für die Existenz von „Identität" also die Beziehung zum „anderen". Um sich vorstellen zu können, was ein „Wir" ist, braucht man „die anderen". Man findet Identität über Sprache, Geisteshaltung, Landschaft, Musik, Essen, Moden, aber auch über Leistung, wie z. B. im Sport.

kurier.at/wissen (12.11.2019)

M5

Umfrage zum österreichischen Nationalstolz (2012):

Würden Sie sagen, Sie sind stolz darauf, Österreicher zu sein? Sagen Sie mir bitte auf einer Skala von 1 bis 10, wie stolz Sie darauf sind, Österreicher zu sein. 10 bedeutete „sehr stolz", 1 „gar nicht stolz". Dazwischen können Sie abstufen.

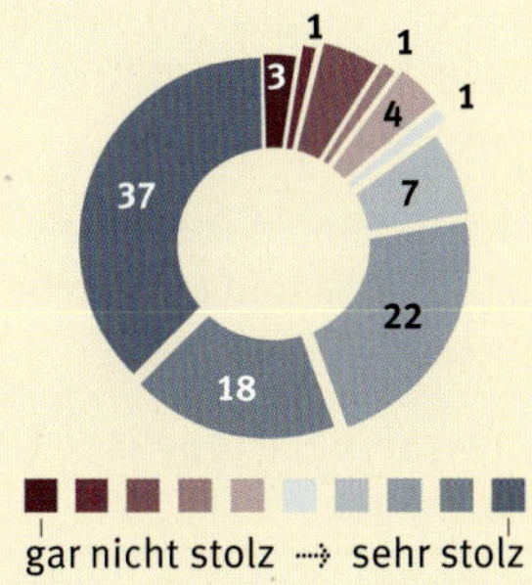

derstandard.at (12.11.2019)

Migration, Expansion, Reichsbildungen und Kulturtransfer

K

- **Historische Methodenkompetenz**
  Schriftliche Quellen beschreiben, analysieren und interpretieren können
- **Historische Orientierungskompetenz**
  Orientierungsangebote in Darstellungen der Vergangenheit erkennen können
- **Historische Sachkompetenz**
  Aussagen und Interpretationen anhand von Belegen nachvollziehen können

A

1 Ermitteln Sie anhand des Textes von Seneca Gründe für Migration und seine persönliche Einstellung dazu. Unterstreichen Sie die entsprechenden Stellen im Text.

2 Vergleichen Sie diese mit den Push- und Pull-Faktoren (s. S. 90) der modernen Migrationstheorie.

3 Analysieren Sie, inwiefern dem Brief Senecas ein Orientierungsangebot für den aktuellen Migrationsdiskurs entnommen werden kann.

i

Seneca (4 v.Chr.–65 n.Chr.) war ein einflussreicher römischer Philosoph und Politiker sowie Erzieher und Berater Kaiser Neros. Dieser beschuldigte ihn der Beteiligung an einer Verschwörung und befahl ihm die Selbsttötung. Seneca schrieb den Brief an seine Mutter kurz vor seinem Selbstmord.

M1

Seneca in einem Brief an seine Mutter:

Leichtentschlossen zogen die Menschen durch unwegsames, unbekanntes Gelände. Ihre Kinder und Frauen und ihre vom Alter gebeugten Eltern nahmen sie mit. Manche wählten sich, nachdem sie lange umhergeirrt waren, nicht nach reiflicher Überlegung einen Platz, sondern erschöpft besetzten sie den nächstliegenden; andere verschafften sich auf fremder Erde mit Waffengewalt ihr Recht. Einige Stämme verschlang auf dem Marsch ins Ungewisse das Meer, und es gab welche, die ließen sich, weil sie überhaupt nichts mehr hatten, dort nieder, wo sie gerade waren. Auch hatten nicht alle denselben Grund, ihre alte Heimat zu verlassen und eine neue zu suchen. Die einen, die den Waffen der Feinde entkommen und des eigenen Landes beraubt waren, trieb die Zerstörung ihrer Wohnstätten in fremde Länder; andere verdrängte der innenpolitische Streit; dritte zwang das übermäßige Bevölkerungswachstum weg, damit die vorhandenen Ressourcen entlastet wurden; wieder andere verjagte die Pest oder häufige Erdbeben oder irgendwelche unerträglichen Missstände des armseligen Bodens; manche lockte die Kunde von einem fruchtbaren und hoch gepriesenen Landstrich fort. Den einen führte dieser, den anderen jener Grund aus seiner Heimat. Eines jedenfalls ist offenkundig: Ein Verbleiben am Ort der Geburt gab es nicht. Dauernder Wechsel gehört eben zum Menschengeschlecht. Täglich verändert sich etwas auf dem großen Erdenrund: Fundamente neuer Städte werden gelegt, neue Völkernamen kommen auf, nachdem die alten ausgelöscht oder in einem größeren Volk aufgegangen sind.

Seneca, Trostschrift an die Mutter Helvia; zit. nach: K. Rosen, Die Völkerwanderung, 2006, S. 23

A

4 Fassen Sie die Kritik Synesios' an der Integration der Goten sowie seine Alternativen dazu zusammen.

5 Zeigen Sie mindestens zwei Redemittel und mögliche Wirkungen.

6 Entwickeln Sie mögliche Gegenargumente.

M2

Der griechische Philosoph und Bischof Synesios von Kyrene in einer Rede an den oströmischen Kaiser Arcadius (395 – 408):

Statt dass man die [Goten] Waffen tragen lässt, sollte man aus dem Kreise der Leute, die an ihrer Scholle [= Land] hängen, Männer anfordern, ihren Boden zu verteidigen, und die Aushebungen soweit ausdehnen, bis wir auch den Philosophen aus seiner Studierstube, den Handwerker aus seiner Werkstatt und den Händler aus seinem Laden und [jenen], der vor lauter Müßiggang in den Theatern sein Leben zubringt, einmal dazu bringen, ernst zu machen [...]. Ist es nicht eine Schande, dass man das an Männern so gesegnete Reich Fremden den Kriegsruhm überlässt? [...] Bevor es dahin kommt, wohin es bereits treibt, müssen wir den Römergeist wiedererwecken und uns daran gewöhnen, unsere Siege wieder mit eigener Hand zu erringen. [...] Demnach verdränge man sie [= die Goten] zuerst von den öffentlichen Ämtern und schließe sie aus von den Würden eines Senators [...].

Zit. nach: Buchners Kolleg, Themen Geschichte. Spätantike, 2007, S. 87

M3

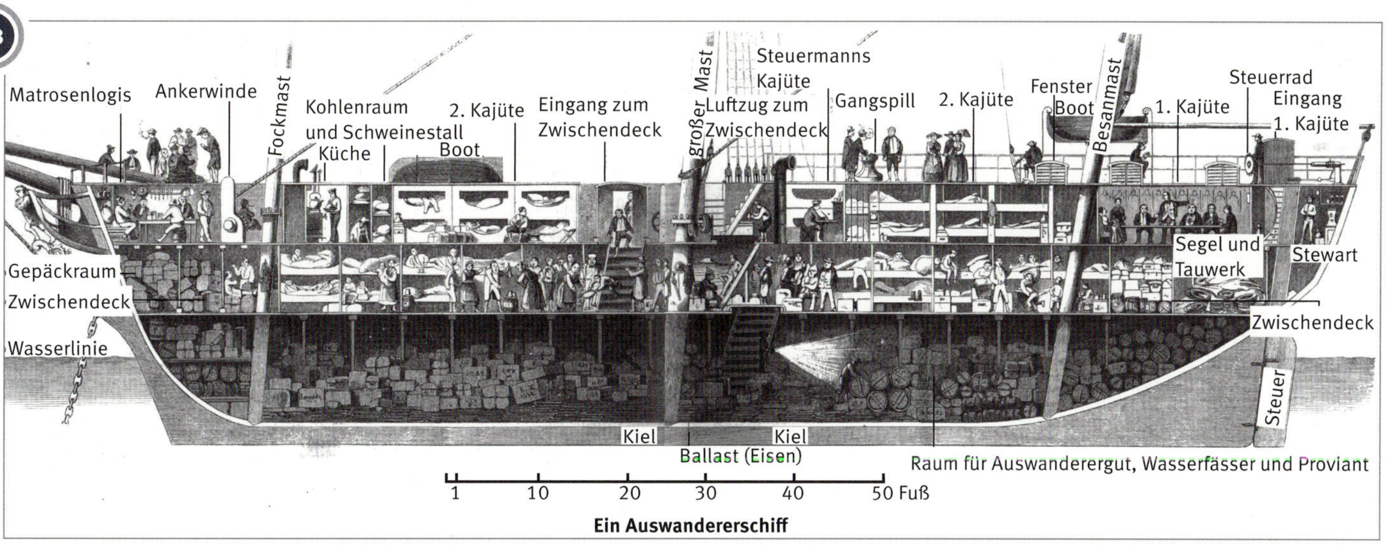

Darstellung eines Auswandererschiffes, „Die Gartenlaube“, 1854, Heft 38, S. 448 – 452

i

Das Bild illustrierte einen ausführlichen Artikel, der potenzielle Auswanderer vor den Machenschaften gieriger Reedereien, den Gefahren bei Einschiffung in Bremen und Hamburg sowie den widrigen Umständen bei Überfahrt, den Krankheiten und den schlechten Zuständen in den Zwischendecks („meerdurchfurchende Emigrantenherbergen“) warnen wollte.

M4

Brief des Auswanderers Peter Breith aus Newport, Kentucky, an seinen Bruder Ludwig in Rehweiler, Rheinland-Pfalz, 25.08.1855:

Letztes Jahr hat sich durch die ganze Vereinigte Staaten ein Orden gebildet welcher sich die Amerikanische Parthey nennt [...]. Die Versammlungen sind geheim (Nächtlich) und nur den Eingeborenen, oder vielmehr den hier geborenen zugänglich. – Diese Parthey ist nun fürchterlich gegen die Ausländer aufgetreten, und wenn dieselben es fertig bringen könnten, so würden diese noch aus dem Lande gejagt werden [...]. Sie sagen der Ausländer sollte 20 Jahre im Lande sein bevor er als Bürger zu betrachten seye, dann sollte nur das Land durch Amerikaner regirt werden und keinem Ausländer sollte es erlaubt sein irgend ein öffentliches Amt des Staates zu bekleiden. – Wir könnten froh sein, daß wir das Glück genießen, hier zu seyn, und sie wollten uns die Gesetze selbst vorschreiben. Am letzten März hatten wir hier Stadtwahl, wo die Beamten erwählt werden, um die Stadt zu vertreten, so wie Einnehmer*, Friedensrichter* etc. Ich trat zum erstenmale als Candidat für die Einnehmer Stelle auf, gerade wegen dem einzigen Punkt, weil mein Gegner früher ein guter Demokrat gewesen, und sich zur Nichtswisser Parthey schlug, und an dieser Clique als Candidat auf dem Stimmzettel fungirte. Und die ganze Brut wurde aufs Haupt geschlagen, weil die Deutschen zusammenhielten, und alle Demokraten wurden gewählt.

Zit. nach: www.hdbg.de/auswanderung, S. 24 (12.11.2019)

*Einnehmer: Finanzbeamter; Friedensrichter: Laienrichter

i

Mehrere Millionen Deutsche verließen ab dem 18. Jh. Deutschland in Richtung Vereinigte Staaten von Amerika – sehr häufig aus wirtschaftlichen Gründen. Millionen von Auswandererbriefen zeichnen ein lebendiges Bild individueller Migrationserfahrungen.

A

7 Beschreiben Sie die schematische Darstellung des Auswandererschiffes. Rekonstruieren Sie die Zusammensetzung der Passagiere.

8 Vergleichen Sie die Abbildung M3 mit dem Bild auf Seite 90. Analysieren Sie Unterschiede in der Art und Organisation von Migration, die bereits in den Transportmitteln Ausdruck finden.

9 Analysieren Sie das Verhalten der bereits länger Ansässigen gegenüber den „Ausländern“ sowie die Reaktion von Peter Breith (M4).

10 Diskutieren Sie mögliche Bezüge zu aktuellen Ereignissen und Einstellungen in den USA (M5).

M5

Ali Shaker, Logo von „Make America First Again“, Fotografie, 2016

IV Hoch- und Spätmittelalter

In diesem Kapitel üben und trainieren Sie folgende Kompetenzen:

- **Historische Fragekompetenz**
  sich auf kritische Spurensuche nach politischen, sozialen und kulturellen Konflikten begeben; Beurteilungen und Einschätzungen sozialer und kultureller Veränderungen formulieren
- **Historische Methodenkompetenz (De- und Rekonstruktionskompetenz)**
  schriftliche und bildliche Quellen kritisch analysieren und interpretieren; historische Zusammenhänge und Brüche erkennen; Bewertungen historischer Akteure beschreiben und analysieren; Perspektiven in Quellen und Darstellungen erkennen; historische Darstellungen in Spielfilmen analysieren und dekonstruieren
- **Historische Sachkompetenz/Basiskonzepte**
  mit historischen und politischen Fachbegriffen arbeiten; erkennen und reflektieren, wie historisches Wissen entsteht (anhand einer konkreten Quelle); sich mit den Konzepten von Gender, Macht und Diversität auseinandersetzen; grundlegend unterschiedliche politische Systeme analysieren
- **Historische Orientierungskompetenz**
  Reflexionsfähigkeit im Bereich kultureller Konflikte und ihrer ideologischen Voraussetzungen stärken; politische Rhetorik samt ihren Mechanismen, Voraussetzungen sowie Konsequenzen erkennen; europäische Geschichte im Rahmen von Konflikten und Interaktionen verschiedener Akteure erkennen

Die Einteilung der Geschichte in Altertum, Mittelalter und Neuzeit wurde durch Christoph Cellarius (1638–1707), Professor in Halle (Deutschland) verbreitet. In seiner *Historia tripartita* (1702) begann das Mittelalter mit dem Niedergang Roms und endete mit dem Auftreten Luthers.

Die Bezeichnung „gotisch" für einen Teil mittelalterlicher Baukunst wurde von Giorgio Vasari (1511–1574) geprägt. Vasari war Architekt, Maler und Biograf italienischer Künstler. Er schätzte die Kunst der Antike, die mittelalterliche Kunst dagegen galt bei ihm als fremdartig und barbarisch, im Italienischen „gotico".

Brainstorming

Diskutieren Sie anhand des Autorentextes das Bild, das Gelehrte des 15. Jhs. von 900 Jahren davor zeichneten.

Beschreiben Sie, mit welchen Erfindungen und Innovationen die Menschen ab etwa 1000 n. Chr. das Leben und die Entwicklung bewältigten.

Erörtern Sie das Bild des „finsteren Mittelalters".

Von etwa 1400 bis 1500 entdeckten Gelehrte in Italien die Antike neu. Sie bewunderten das Altertum und waren überzeugt, dass ihre Gegenwart genauso großartig sein könnte. Dazwischen lag ein dunkles, unkultiviertes, „mittleres" Zeitalter. Kirchen, Klöster und Paläste, die nach dem Jahr 1000 entstanden waren, wurden als „gotisch" (= barbarisch) empfunden. So entstand das Bild des „finsteren Mittelalters".
Genauer betrachtet sieht das knappe Jahrtausend vom 6. bis zum 15. Jh., vor allem die Periode vom 11. bis zum 15. Jh., gar nicht so düster aus. Es gab viele Neuerungen: Die Dreifelderwirtschaft, der schwere Pflug, die Erfindung der Uhr, die Verbreitung des Wasserrades als Antriebsmittel, die Rodung großer Landstriche und die Besiedlung bisher wenig bevölkerter Gebiete. Viele neue Dörfer und Städte wurden gegründet. Bergbau, Handel und Handwerk entfalteten sich. Die Menschen dieser Zeit errichteten große Kathedralen, viele Städte erkämpften sich ihre Freiheit. Landtage, Reichstage und Konzilien ermöglichten die politische Mitsprache von Adeligen, aber auch von Stadtbürgern. Aus diesen Landtagen und Reichsversammlungen entwickelten sich letzten Endes die modernen Parlamente.

M1

Darstellung Europas um 1000

M2

Jean de Vaudetar schenkt König Karl V. sein Werk, mittelalterliche Handschrift, Frankreich, 1371/1372

Die zwei Seiten des Mittelalters

1. Eine fremde Welt, die völlig andere räumliche, zeitliche und gesellschaftliche Vorstellungen hatte als wir heute. Die meisten Menschen glaubten nicht nur an den Gott des Christentums, sondern auch an Magie. Nur wenige konnten lesen und schreiben, sozialer Aufstieg aus der gesellschaftlichen Schicht, in die man hineingeboren wurde, war äußerst schwierig.

2. Eine Welt der Neuerungen, ohne die die Welt von heute nicht möglich wäre. Technische und künstlerische Innovationen waren ebenso bedeutsam wie politische und gesellschaftliche. Die Liste ist lang:

- in der Landwirtschaft der schwere Pflug und andere Geräte,
- im gewerblichen Bereich das von Wasser getriebene Mühlrad,
- in der Architektur die Erfindung des Spitzbogens und damit die Ermöglichung bisher unbekannter Raumhöhen in den „gotischen" Kirchen und Kathedralen,
- in der Buchkunst und im Kunsthandwerk die Entwicklung zu hochrangiger Kunstfertigkeit,
- in der Wissenschaft die Universitäten als neue Orte der Wissensvermittlung.

768–814 Karl der Große
Karl erobert die Reiche der Langobarden, Sachsen, Awaren usw.

9.–10. Jh.
Zeit der Invasionen (Sarazenen, Normannen, Ungarn)

936–973
Otto I. ist König im ostfränkischen Reich

962
Kaiserkrönung Ottos I.

1073–1085
Papst Gregor VII. und der Beginn des Investiturstreits

1096–1270
Zeit der Kreuzzüge

11.–13. Jh.
Bevölkerungswachstum, Rodung und Kolonisation, Gründung zahlreicher Dörfer und Städte in ganz Europa

1103
erster Reichslandfrieden durch Heinrich IV.

1122
Wormser Konkordat – Kompromiss im Investiturstreit

12.–13. Jh.
- Konsolidierung Frankreichs
- Entstehung der ersten Universitäten
- Höhepunkt der päpstlichen Macht unter Papst Innozenz III. (1198–1216)
- In Frankreich regiert Ludwig IX. der Heilige (1226–1270)

14.–15. Jh.
Krise des Spätmittelalters, Pest in Europa ab 1349

IV Hoch- und Spätmittelalter

1 Feudale Welt – Vasallen, Treue, Lehenswesen

Aus Geldmangel hatten bereits die Merowingerkönige die **Dienste** ihrer Gefolgsleute oft mit Schenkungen von Land entlohnt. Besser für Könige und andere Herren war es, Land nur zu verleihen. Der Gefolgsmann (**Vasall**) des Königs, Herzogs oder Grafen erhielt Land (samt den darauf lebenden Bauersleuten) zur Leihe, als **„Lehen“**. Damit übertrug der König (Herzog usw.) die Ernährung und Ausstattung seines **Gefolges** auf jene Menschen, die die Lehen bearbeiten mussten, Bäuerinnen und Bauern, von denen viele Leibeigene waren. Es war teuer, einen Ritter auszurüsten und zu erhalten – dafür waren die Abgaben von mindestens zehn abhängigen Bauern erforderlich.

Vom Bauernheer zu Panzerreitern

Freie Franken waren in erster Linie Krieger. Sie wurden als Fußsoldaten im Auftrag des Königs vom **Herzog** oder **Grafen** meist jährlich zum Wehrdienst aufgeboten. Das funktionierte, solange die Kriege siegreich verliefen und die Beute auf das Heer aufgeteilt wurde. Mit der Umstellung auf Panzerreiter ging die Bedeutung der freien Stammeskrieger zurück. Wollten freie Franken Krieger bleiben, mussten sie in die Gefolgschaft eines großen Adeligen eintreten und dort durch ihre Tüchtigkeit im Kampf zu vollwertigen Rittern aufsteigen. Dann bekamen sie vielleicht selbst ein Lehen. Wem dieser Aufstieg nicht gelang, der musste eigenen Besitz bewirtschaften. Im Gegenzug wurden solche Franken immer seltener zum Aufgebot (Aufforderung zum Kriegsdienst) gerufen – meist nur mehr zur Landesverteidigung. Ihr militärischer Wert sank.

M1

Fränkische Panzerreiter, Miniaturmalerei, Goldener Psalter von St. Gallen, zweite Hälfte 9. Jh., Stiftsbibliothek St. Gallen

Die Entstehung der feudalen Gesellschaft

So wurden aus Kriegern Bauern – entweder ritterliche Krieger oder einfache Bauern. Von mächtigen Nachbarn häufig unter Druck gesetzt, mussten die Bauern nun den Schutz eines Herrn suchen. Dafür hatten sie zwar Abgaben zu leisten, waren aber einigermaßen sicher. So entstand die feudale Gesellschaft. Sie ist gekennzeichnet durch persönliche Bindungen und persönliche **Treue**. Die Könige standen zwar an der Spitze dieses Herrschaftssystems, übten aber keine direkte Herrschaft über die meisten Menschen in ihren Herrschaftsgebieten aus. Königliche Herrschaftsrechte wie Zoll, Maut, Gericht, die Herrschaft über eine Stadt oder das Recht, Münzen zu prägen, wurden oft von wichtigen Gefolgsleuten ausgeübt.

Dienst: Der Gefolgsmann ist seinem Herrn zum Dienst verpflichtet. Der ehrenvollste Dienst ist der Kriegsdienst.

Vasall: Mitglied des Gefolges.

Lehen (feudum, beneficium): Ein Gut oder Amt, das an einen Getreuen (Gefolgsmann) des Königs oder Herzogs meist auf Lebenszeit verliehen wurde. Lehen wurden seit dem 10. Jh. oft erblich.

Gefolge: In mittelalterlichen Gesellschaften ist damit eine Gruppe meist jüngerer Männer gemeint, die unter der Führung eines Königs oder Fürsten (Dienstherrn) kämpften. Durch Auszeichnung im Kampf konnten sie innerhalb des Gefolges aufsteigen.

Herzog: Vertreter des Königs für ein Herzogtum. Das waren große Gebiete, die oft alte Stammesgebiete umfassten. Auf dem Gebiet des heutigen Österreich gab es im 10. Jh. die Herzogtümer der Bayern und der Karantaner.

Graf: Vertreter des Königs oder Herzogs in einer Grafschaft. Führte den Vorsitz im Gericht und das militärische Aufgebot der Grafschaft (ritterliche Lehensleute oder bäuerliche Krieger).

Treue: kennzeichnet den Vasallen. Treulosigkeit führte zum Verlust des Lehens, manchmal auch des Lebens.

Bischof: Vorsteher einer Diözese, eines kirchlichen Verwaltungsbezirks. In der Antike und im Mittelalter war der Bischofssitz immer eine Stadt. Für den Lebensunterhalt des Bischofs diente der Zehent (der zehnte Teil der Ernte) seiner Diözese. Durch Schenkungen erwarben viele Diözesen reichen Grundbesitz und abhängige Bauern.

Abt: Vorsteher eines christlichen Klosters, meist auf Lebenszeit von den Mönchen gewählt. Ein Kloster wurde durch die Arbeit seiner Mönche erhalten, später auch durch Abgaben von Bauern.

M2

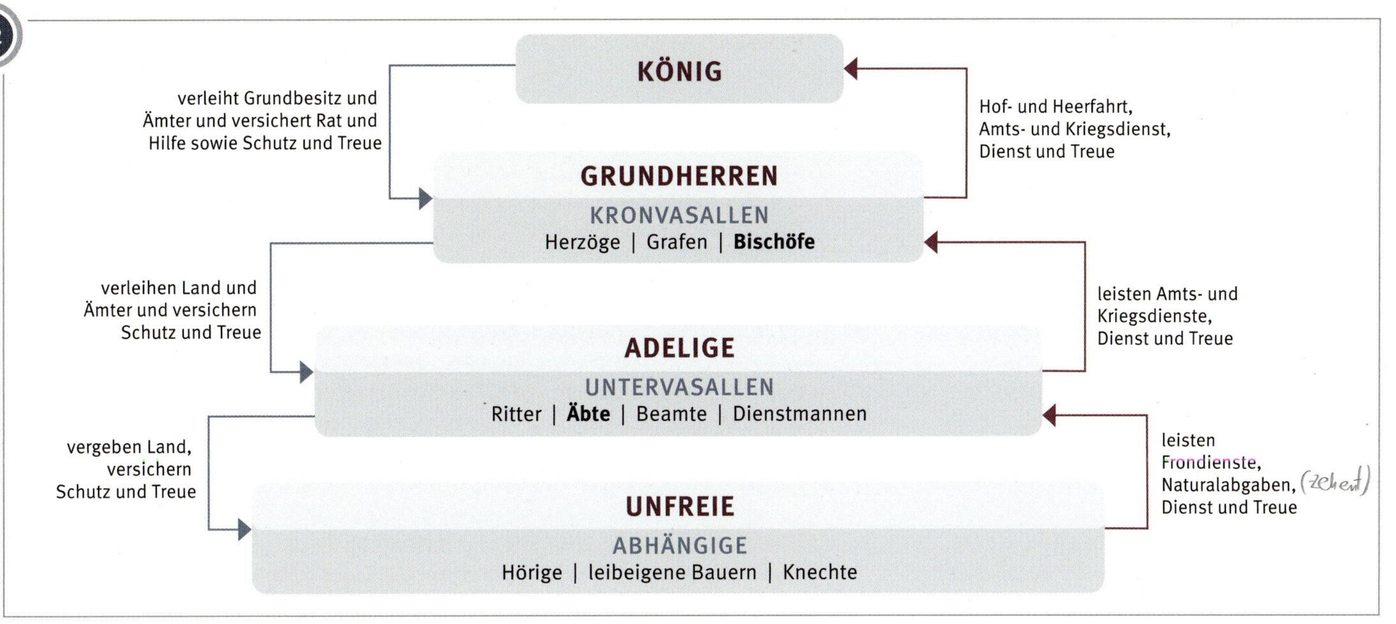

Darstellung feudaler Herrschaftsstrukturen anhand der Lehenspyramide

M3

Belehnung, Ausschnitt aus dem Sachsenspiegel des Eike von Repgow, zwischen 1220 und 1235

i

Im Mittelalter fanden alle wichtigen Vorgänge, auch die Belehnung, immer real und öffentlich statt. Eine schriftliche Bestätigung darüber wurde im Nachhinein angefertigt. Die Darstellung aus dem Sachsenspiegel (M3) zeigt einen „Handgang“ und einige für die Belehnung wichtige Symbole, z. B. Getreide, Erde, Wappen.

M4

Heerschildordnung, Ausschnitt aus dem Sachsenspiegel des Eike von Repgow, zwischen 1220 und 1235

i

Die Darstellung M4 bildet die Standesgliederung der mittelalterlichen Gesellschaft nach.

A

1 Ermitteln Sie die Folgen der Einführung des Lehenswesens für
- den Lehensherrn,
- die Lehensträger,
- die Menschen, die das Land bebauten.

2 Beschreiben Sie die Darstellung M3. Arbeiten Sie heraus, welche Symbole verwendet werden und wie das Verhältnis zwischen Lehensherrn (rechts) und Vasall (links) bildlich ausgedrückt wird.

3 Beurteilen Sie mögliche gesellschaftliche Folgen der feudalen Ordnung (Veränderungsmöglichkeiten, Stellung der Bauern).

Eine große Schenkung an einen Getreuen

Mark: Gebiet eines Markgrafen.

Königshufen: Hufen aus königlichem Besitz, die bei Schenkungen öfter erwähnt werden.

Hufen: abgabepflichtige landwirtschaftliche Einheiten, von abhängigen Bauern bewirtschaftet.

Schenkung: Die Schenkung geschah öffentlich. Der König übergab dem Bischof in einer öffentlichen Versammlung der Führungsschicht des Reiches, auch „Große des Reiches" genannt, ein Symbol für das Schenkungsgut. Damit war die Schenkung vollzogen. Die Urkunde diente nur der Bestätigung des Vorganges. Sie war daher immer in der Vergangenheitsform formuliert.

Kanzler: Leiter der kaiserlichen Kanzlei, damals der Erzbischof von Mainz; in seiner Vertretung hat Bischof Hildibald die Ausfertigung der Urkunde überprüft.

Indiction: aus der Antike stammende zeitliche Einheit der Steuerbemessung, diente im Mittelalter der zeitlichen Einordnung eines Geschehens.

M5

Kaiser Otto III. (980 – 1002) schenkt dem Bischof Gottschalk von Freising (gest. 1005) am 1. November 996 einen königlichen Besitz in und um Neuhofen im westlichen Niederösterreich (Original in lateinischer Sprache):

Im Namen der heiligen und unteilbaren Dreifaltigkeit. Otto durch göttliche vorausbestimmende Gnade Kaiser und Augustus. Alle unsere eifrigen Getreuen, die gegenwärtigen wie die zukünftigen, mögen wissen, dass wir, auf die Bitten unseres überaus geliebten Vetters Heinrich, des Herzogs der Baiern, gewisse Besitzungen unseres Rechtes in einer Gegend, die im Volksmund Ostarrîchi [Österreich] heißt, in der **Mark** und in der Grafschaft des Grafen Heinrich, des Sohnes des Markgrafen Luitpald [Leopold], in dem Ort, der Niuvanhova [Neuhofen an der Ybbs] genannt wird, das heißt mit eben diesem Hof und mit dreißig in seiner Nachbarschaft liegenden **Königshufen**, mit bebautem und unbebautem Land, mit Wiesen, Weiden, Wäldern, Gebäuden, Quellen und Wasserläufen, mit Jagden, Bienenweiden, Fischwässern, Mühlen, mit beweglichem und unbeweglichem Gut, mit Wegen und unwegsamem Land, mit Ausgängen und Eingängen, mit erzielten und noch zu erzielenden Erträgen und mit allem, was nach Recht und Gesetz zu diesen **Hufen** gehört, dem Schoße der Freisinger Kirche, der jetzt unser getreuer Gottschalk, der ehrwürdige Bischof, vorsteht, zum Dienst der heiligen Maria und des heiligen Bekenners Christi und Bischofs Corbinian zu eigenem und ewigem Gebrauch überlassen und durch unsere kaiserliche Macht fest übergeben haben [...]. Und damit der Kraft unserer **Schenkung** von allen Söhnen der heiligen Kirche Gottes stets fester und unerschütterlicher Glaube geschenkt werde, haben wir diese Urkunde zu schreiben befohlen und sie, nach der Besiegelung mit unserem Siegel, unten mit eigener Hand bekräftigt.
Handmal des Herrn Otto, des unbesiegbarsten Kaisers und Augustus.
[Ich] Hildibald, Bischof und **Kanzler**, habe anstelle des Erzbischofs Willigis überprüft.
Gegeben am 1. November im Jahr der Fleischwerdung des Herren 996, in der 10. **Indiction**, im dreizehnten Regierungsjahr Ottos des III. als König, im ersten seines Kaisertums. Geschehen zu Bruchsal. Mit Glück.

Schenkungsurkunde Kaiser Ottos III. vom 1. Nov. 996, Monumenta Germaniae Historica, Diplomata Otto II. et Otto III., 1893, S. 647, Nr. 23

i

Was wurde aus der Schenkung?
Die Bischöfe von Freising erweiterten das Schenkungsgebiet durch Besiedlung mit Bauern und durch Rodung bis weit ins Gebirge hinein. So entstand eine große Grundherrschaft. Später gründeten sie auch eine Stadt, Waidhofen an der Ybbs. Die Bischöfe von Freising behielten diese Besitzungen bis 1803. Danach wurden sie „säkularisiert" und gingen in den Besitz des österreichischen Staates über. Später wurden sie an Private verkauft.

Die Schenkung von Neuhofen an den Bischof Gottschalk von Freising war kein unüblicher Schritt. Die Kaiser des 10. und 11. Jhs. machten oft Bischöfe zu Trägern der kaiserlichen Herrschaft, Gründe dafür gab es mehrere:
- Die eigenen Verwandten erwiesen sich nicht immer als verlässlich.
- Die Lehen der Großen des Reiches – Herzöge, Grafen oder andere Mächtige – wurden immer häufiger erblich.
- Bischöfe oder Äbte konnten keine erbberechtigten Kinder haben. Nach ihrem Tod fielen ihre Rechte wieder zurück an die Kirche oder an den König bzw. Kaiser. Es war daher für Könige und Kaiser sinnvoll, die Bischöfe auch mit weltlicher Macht auszustatten, denn die Bischöfe konnten diese nicht vererben.
- Die Kirche musste dem Herrscher zudem Ritter für seine Kriegszüge stellen. Denn die Gabe erforderte eine Gegengabe – das war das Grundprinzip in allen feudalen Beziehungen.
- Auch der in der Urkunde (M5) genannte Bischof Gottschalk von Freising kam aus der engsten Umgebung Kaiser Ottos III. (König ab 983, Kaiser von 996 bis 1002).

M6

Teil der Wappentafel des Bischofs Gottschalk von Freising, links das geistliche, rechts das persönliche Wappen

M7

Kaiser Otto III., Darstellung aus dem Evangeliar Ottos III., Buchmalerei der Reichenauer Schule, um 1000, Bayrische Staatsbibliothek, München

i

Otto III. sitzt auf einem Thron, im Hintergrund ist ein Palast (Säulen) angedeutet. In den Händen hält er ein Adlerszepter sowie eine Himmelskugel mit Kreuz als Symbol der Weltherrschaft.

i

Die Folgen des Feudalismus

- Die Könige verloren rasch an Macht. Die Lehensträger verselbstständigten sich.
- Um die Macht der Herzöge und großen Familien zu beschränken, suchten die Könige die Unterstützung der Kirche.
- Im Investiturstreit wurden auch die Reichsbischöfe zu (geistlichen) Fürsten. Gemeinsam mit den weltlichen Fürsten bildeten sie den Stand der Reichsfürsten.
- Die Staufer stützten sich auf ihre unfreien Dienstmannen („Ministerialen"), aber auch auf die Reichsstädte.
- Kaiser Friedrich II. anerkannte die weitgehende Selbstständigkeit der Reichsfürsten in ihren Ländern – so auch die Babenberger in Österreich und der Steiermark.

Im **Westfränkischen Reich**, aus dem Frankreich hervorging, verlief die Entwicklung anders als im **Ostfrankenreich**. Zunächst waren die französischen Könige machtlos. Im Investiturstreit erlangten sie die Unterstützung der Kirche gegen die mächtigen Herzöge und Grafen. Schließlich fielen mehrere der großen Herzogtümer an den König. Der König konnte in weiterer Folge durchsetzen, dass alle Lehensträger zur Treue gegenüber dem König verpflichtet wurden. Aber erst aus dem Hundertjährigen Krieg (1337 – 1453) gingen die Könige Frankreichs so gestärkt hervor, dass die Grundlagen für eine Zentralmacht gelegt waren.

Westfränkisches Reich: westlicher Teil des Frankenreichs, aus dem sich nach der Reichsteilung von 843 das Königreich Frankreich entwickelte.

Ostfränkisches Reich: östlicher Teil des Frankenreiches, aus dem sich nach 843 das Heilige Römische Reich bildete.

A

4 Ermitteln Sie anhand der Schenkungsurkunde (M5) den Ort der Handlung, die handelnden Personen, die Rechte für die neuen Besitzer sowie die Personen, die die Urkunde ausgefertigt und bestätigt haben.

5 Erklären Sie, warum solche Urkunden für heutige Historikerinnen und Historiker von großem Wert sind.

6 Arbeiten Sie mithilfe des Autorentexts heraus, welche Motive der Kaiser mit einer so großzügigen Schenkung an einen Bischof verfolgte und welche Folgen die Übertragung von Rechten längerfristig möglicherweise hatte.

7 Beurteilen Sie anhand der Darstellungen Ottos III. (M7 und M8) seine Stellung als Herrscher innerhalb des Lehenssystems.

M8

Darstellung aus dem Liuthar-Evangeliar, um 1000 n. Chr., das Otto III. dem Münster Aachen stiftete; eindrucksvolles Beispiel mittelalterlicher Herrschersakralisierung, da sie den Kaiser in nächster Nähe zu Christus darstellt, Aachener Domschatzkammer

Mauren: Bezeichnung für aus Nordafrika stammende Berber. Sie konvertierten seit dem 7. Jh. zum Islam.

Sarazenen: im mittelalterlichen Europa Sammelbezeichnung für arabische Völker muslimischen Glaubens, die seit dem 7. Jh. in den Mittelmeerraum vordrangen

2 An der Wende zum Hochmittelalter

Bis ins 10. Jh. war Europa von mehreren Seiten bedrängt. Normannen, Ungarn (Magyaren) und Araber unternahmen immer wieder Überfälle und Beutezüge. In vielen Gebieten Europas war daher keine ruhige Entwicklung möglich.

M1

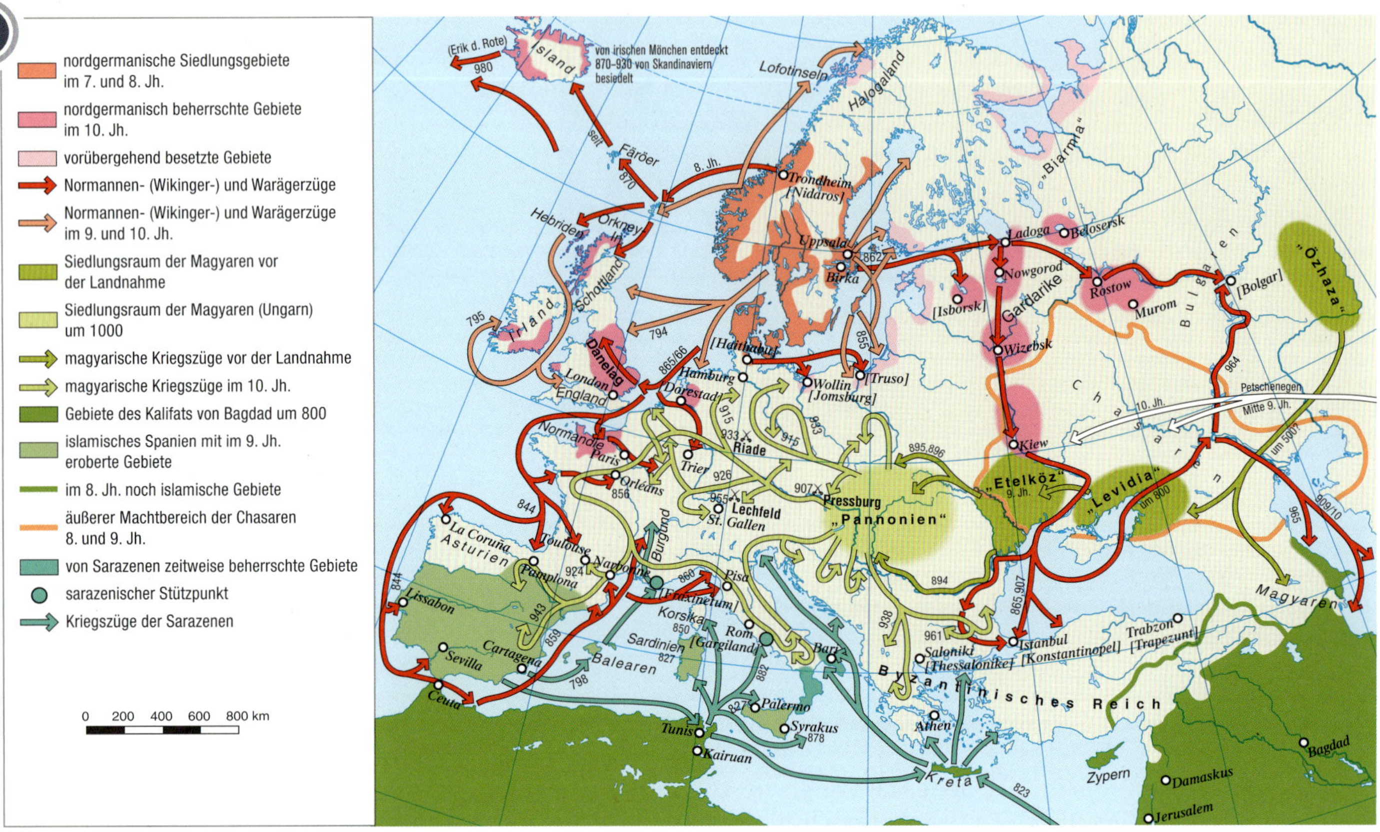

Darstellung von Normannen, Magyaren und **Sarazenen** im 7. bis 10. Jh.

M2

Palazzo dei Normanni oder Palazzo Reale, Palast der normannischen Könige von Sizilien, Palermo, Fotografie, 2004

i

Das Gebäude war ursprünglich als Sommerresidenz des maurischen Emirs von Palermo errichtet worden und wurde im 12. Jh. als Regierungssitz Rogers II., von 1130 bis 1154 König von Sizilien, umgebaut.

Ende der Invasionen

Der Sieg Karl Martells (688/691 – 741) über die muslimischen Eroberer bei Tours und Poitiers (732) beendete die arabisch-afrikanische Expansion im westlichen Europa noch nicht endgültig. Seit der zweiten Hälfte des 10. Jhs. zurückgedrängt, konnten sich **maurische** Reiche bis ins 15. Jh. in Europa noch auf der iberischen Halbinsel halten (Al-Andalus).

Eine andere lang andauernde Gefahr für die fränkischen Herrscher ging von den Normannen aus. Schon im späteren 8. Jh. griffen dänische Wikinger die Inseln vor der Küste der britischen Inseln an. Sie plünderten im 9. Jh. Städte, Klöster und Dörfer im Frankenreich. Schließlich überließ der westfränkische König Karl „der Einfältige" im Jahr 911 dem Normannenherzog Rollo (Hrolf) das Gebiet um Rouen, das die Normannen schon länger besetzt hatten.

Ihre expansive Kraft war damit aber nicht erschöpft: Nachkommen der französischen Normannen eroberten 1066 England. Im 12. Jh. errichteten sie in Sizilien und Unteritalien ein viel bewundertes Staatswesen.

Etwas leichter taten sich die fränkischen Herrscher mit einer dritten Gruppe, die in das Frankenreich expandieren wollte, den Magyaren. Diese siedelten in der Pannonischen Tiefebene und werden heute oft als Ungarn bezeichnet. Seit dem späten 9. Jh. unternahmen magyarische Reiterheere Beutezüge durch halb Europa. 955 gelang es einem Aufgebot fränkischer, baierischer, schwäbischer, sächsischer und böhmischer Truppen unter Kaiser Otto I., die Magyaren auf dem Lechfeld (im Süden von Augsburg) vernichtend zu schlagen.

Das neue Antlitz Europas

Um die Jahrtausendwende änderte Europa sein Aussehen: Neue Klöster, Burgen und Städte wurden gebaut. Wälder wurden gerodet und immer mehr Dörfer entstanden. Die Kolonisten drangen tief in die Wälder, die Gebirge und wenig besiedelte Gebiete vor. Der Chronist Raoul Glaber schrieb damals, es sei ein förmlicher Wettstreit ausgebrochen zwischen den verschiedensten Städten, wer die schönsten neuen Kirchen aus Stein (und nicht mehr aus Holz) erbaute.

Mit dem Ende der Invasionen begann der Bevölkerungsanstieg, der durch die agrarischen Neuerungen des Frühmittelalters möglich geworden war.

Das Wachstum der Bevölkerung hatte mehrere Folgen:

- Es musste mehr Land mit dem Pflug bearbeitet werden. Die Wälder West- und Mitteleuropas lichteten sich durch Rodungen mithilfe von Äxten und Feuer. Die Binnenkolonisation führte zu einer dichteren Besiedlung.
- Der Binnenkolonisation folgte die Kolonisation an den Rändern: Siedler aus dem Westfränkischen Reich gründeten Dörfer und Städte im Süden Frankreichs und, mit dem Fortgang der Reconquista, der „Rückeroberung“, auch in Spanien. Im Osten des Fränkischen Reiches begann jener lang andauernde Besiedlungsprozess, der als „(deutsche) Ostkolonisation“ bezeichnet wird.
- Die Fachleute für die Landgewinnung kamen sehr oft aus Flandern und Holland.

M4

Sclavinia, Germania, Gallia und Roma huldigen Kaiser Otto III., Darstellung aus dem Evangeliar Ottos III., 990 n. Chr., Bayerische Staatsbibliothek, München

M3

Aus der Chronik des Raoul Glaber (um 985 – um 1047):

Als das dritte Jahr nach 1000 herankam, wurden fast überall, besonders aber in Italien und Gallien die Kirchen erneuert; obwohl die meisten sehr gut gebaut waren und eine Erneuerung nicht nötig gehabt hätten, trieb ein richtiger Wettstreit jede christliche Gemeinde dazu, eine noch prächtigere Kirche als die der Nachbarn zu haben. Man hätte sagen können, dass die Welt sich schüttle, um ihre Baufälligkeit abzustreifen und sich überall mit einem weißen Mantel von Kirchen bedecke. [...]

M. Prou, Raoul Glaber, 1886, Kap. 4, 3, S. 62f.

i

Rodulfus (Raoul) Glaber war burgundischer Mönch und Verfasser der „Zeitgeschichte“ Historiarum libri quinque ab anno incarnationis 900 usque ad annum 1044.

i

Mit der allegorischen Darstellung in M4 sollte das Herrschaftsgebiet des Hl. Römischen Reiches unter Otto III. dargestellt werden. Mit *Sclavinia* sind slawische Stämme gemeint.

A

1. Beschreiben Sie anhand der Darstellung M1 und des Autorentextes die Entwicklungen in Europa an der Wende zum Hochmittelalter.
2. Analysieren Sie Gründe und Folgen des Bevölkerungsanstiegs in Europa nach 1000 sowie die Auswirkungen auf die Umwelt.
3. Stellen Sie anhand der Quelle M3 die Auswirkungen des wirtschaftlichen Aufschwungs auf das Stadtbild in Italien und im Frankenreich (Gallien) dar.

Die Folgen des Wachstums

M5

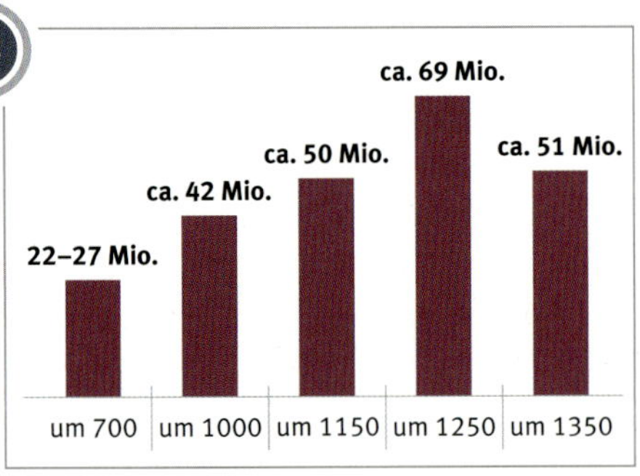

Darstellung des Bevölkerungswachstums in Europa (Schätzungen), E. Bruckmüller

i

Ein Beispiel aus Niederösterreich
Zuerst wurde das Donautal und das Alpenvorland besiedelt. Bald wurde auch das Waldland nördlich der Donau besiedelt. Aus dem jungen Kloster Göttweig (gegründet 1083) haben wir genauere Nachrichten über einen kleineren Raum im südlichen Waldviertel. Der Gründer, Bischof Altmann, hatte dem Kloster (spätestens 1090) ein *desertum* (einen Urwald) zu „Grie“ geschenkt. Grie war eine Landschaft nördlich der Wachau. Markgraf Leopold II. (1050–1095) soll sich jene Schenkung angeeignet haben. Um 1105 gab sie sein Nachfolger, Leopold III. (1073–1136), wenigstens teilweise an Göttweig zurück. Nun ist schon von einer Rodung (*novale*) die Rede – *„Chotansruti“*, Kottes. Zur gleichen Zeit schenkt ein Herr Waldo dem Kloster einen Wald nördlich von Kottes, den „Chotiwald“. 1108 ließ sich das Kloster seinen Besitz von Kaiser Heinrich V. bestätigen. Aber wieder eignete sich der Markgraf, der heilige Leopold III., diesen Wald an. Die Mönche lassen nicht locker, und um 1121/1122 gibt er ihnen schließlich den Wald zurück, jetzt aber schon mit Gütern, die dort neu entstanden waren. Er gab ihnen auf Bitten auch weiteren Besitz, der bereits aus Dörfern bestand – Voitsau, Dankholz, Kalkgrub und Purk. Sie lagen alle im Gebiet jenes Waldo, das dieser als Wald (*silva* – kein Urwald, sondern nutzbarer Wald) an Göttweig gegeben hatte. Vom Urwald bis zum besiedelten Land war gerade eine Generation vergangen!

M6

Der französische Historiker Jaques Le Goff (1924–2014) schreibt:
Die Folgen dieses Wachstums sind klar: die Christenheit hat ungefähr ein Drittel mehr Münder zu ernähren, Körper zu kleiden, Familien unterzubringen und Seelen zu retten. Sie muss deshalb die landwirtschaftliche Produktion vergrößern, die Herstellung der wichtigsten Waren, besonders der Kleidung, vermehren und den Hausbau vorantreiben, vor allem aber die Stätten vervielfachen, wo sich das Heil der Seelen im wesentlichen vollzieht: Die Kirchen. Diese grundlegenden Bedürfnisse stellen der Christenheit des 11. und 12. Jahrhunderts die dringendsten Aufgaben, die sie zuerst befriedigen muss: den landwirtschaftlichen Aufschwung, den Fortschritt der Textilherstellung, die Entwicklung des Bauwesens.

J. Le Goff, Das Hochmittelalter, 1965, S. 39

Um Menschen für die Kolonisation zu gewinnen, gewährten Könige und Fürsten bessere Rechte für die Siedlerinnen und Siedler. Sie erhielten gewisse Freiheiten. Daher hatten ihre Siedlungen auch Namen wie „Freiburg“ (im Breisgau in Deutschland, auch in der Schweiz), „Freiberg“ in Sachsen, „Freistadt“ in Oberösterreich. In Italien hießen solche Orte „Villafranca“ oder „Villanova“, in Frankreich „Villeneuve“, „Villefranche“ usw. Die Namen sprechen davon, dass diese Siedlungen neu sind, aber auch „frei“. Aber was bedeutet „frei“ im Mittelalter? Die „Freiheit“ bedeutet nicht „frei von etwas“, sondern es handelt sich um „Freiheiten für etwas“. Die „Freiheiten“ waren in Wirklichkeit Privilegien. Schon die Ablösung einer schweren Arbeitsverpflichtung durch eine Geldzahlung galt als „Freiheit“.

M7

Rodung und Hausbau, Auszug aus dem Sachsenspiegel des Eike von Repgow, zwischen 1220 und 1235

A

4 Beschreiben Sie die Hintergründe der von Westeuropa ausgehenden Expansionsbewegung seit dem 11. Jh.

5 Analysieren Sie anhand der Darstellung Le Goffs (M6) die Herausforderungen durch das Bevölkerungswachstum.

6 Arbeiten Sie in Partnerarbeit Unterschiede zwischen heutigen Vorstellungen und dem im Autorentext geschilderten mittelalterlichen Konzept von Freiheit heraus.

7 Ermitteln Sie in Partnerarbeit mögliche Motive adeliger Klostergründer.

Die Entstehung des europäischen Bauerntums

Zur Zeit Karls des Großen bestanden die Besitzungen des Kaisers, der Herzöge oder Grafen, aber auch der Bischöfe und der großen Klöster aus großen Höfen: Diese nannte man **„villae"** oder „Villikation". Hier arbeiteten oft Hunderte von unfreien Menschen (Leibeigene), die man als „servi" (Sklaven) oder „mancipia" (unfreie Bedienstete) bezeichnete. Solche „Eigenleute" durften ohne weiteres verschenkt oder verkauft werden.
Im Zentrum der Villikationen lagen große Höfe. Um sie herum befanden sich noch zahlreiche kleinere Höfe, die ebenfalls von Unfreien bewirtschaftet wurden. Auf den Höfen gab es auch Werkstätten für die Erzeugung von gewerblichen Gütern, meist Textilien.

Höfe und Huben

Das Land, das von diesen Höfen aus bebaut wurde, nannte man Salland (Hofland). Zunächst verrichteten Leibeigene die Arbeiten. Später wurden aber auch freie Leute dazu verpflichtet, die sich einem adeligen Grundbesitzer unterstellt hatten und für diesen arbeiten mussten.
Da es schwierig war, den Unterhalt großer Mengen unfreier Menschen zu organisieren, gingen viele Adelige dazu über, ihren Leibeigenen eigene Wirtschaften („Huben" oder „Hufen") zu überlassen. Die „Eigenleute" wurden dadurch zu Bäuerinnen und Bauern. Sie lebten vom Ertrag der Hube, mussten aber weiterhin auf dem Herrenland arbeiten. Später konnten sie stattdessen auch Naturalien (Getreide, Käse, Kleinvieh) an die **Grundherrschaft** abgeben.
Dieser Prozess begann im 8. und 9. Jh. und setzte sich später fort. Seit dem 12. Jh. wurde die Naturalabgabe oft durch eine Zahlung von Bargeld ersetzt. Häufig wurden die Leibeigenen auch formal freigelassen, in weiterer Folge aber oft dem Schutz eines Klosters oder Bistums unterstellt.
Im Kloster Kremsmünster, das als bedeutende Grundherrschaft galt, gibt es eine genaue Beschreibung (Urbar von Kremsmünster) des Systems von Meierhöfen aus dem Jahr 1299. Die Meier waren in der Position von Finanzbeamten und hatten zu kontrollieren, dass die Bauern ihre Anteile an Korn etc. rechtzeitig und nach Vorschrift abgeben. Später wurden die Meierhöfe der Grundherren vielfach aufgelassen und an Bauern vergeben. Dabei entstanden aus einem Meierhof meist drei oder mehr Bauernhöfe.
So entstand das abhängige Bauerntum des europäischen Mittelalters. Diese Bauern lebten nicht mehr wie Sklaven. Sie verfügten über eigene Behausungen, die anfangs allerdings eher Hütten aus Lehm und Holz waren. Erst im Spätmittelalter wurden sie aus besseren Materialien erbaut.

A

8 Beschreiben Sie das Verhältnis zwischen Grundherren und abhängigen Bauern.

9 Erklären Sie, inwiefern abhängige Bauern des Mittelalters für die Landwirtschaft der großen Güter notwendig waren.

10 Stellen Sie anhand von M8 und M9 die bäuerlichen Arbeiten im Jahresverlauf dar.

11 Erläutern Sie die Unterschiede zwischen Sklaverei und abhängigem Bauerntum.

Villa: In der römischen Antike bezeichnete der Begriff ein weitläufiges Wohnhaus auf dem Lande. Landwirtschaft wurde dort keine betrieben, die Häuser dienten Wohnzwecken. Auch die heute gebräuchliche Bezeichnung „Villa" für ein großes, repräsentatives Einfamilienhaus leitet sich davon ab.

Grundherrschaft: Organisationsform der feudalen Herrschaft über Land und Leute.

M8

Bäuerliche Arbeiten im März, Stundenbuch des Herzogs von Berry, 15. Jh., Musée Condé, Chantilly

M9

Bäuerliche Arbeiten im Juli, Stundenbuch des Herzogs von Berry, 15. Jh., Musée Condé, Chantilly

3 Städtewesen

Das Bevölkerungswachstum hatte weitere Folgen. Die wichtigste war die wachsende Arbeitsteilung. Die Hubenbauern und -bäuerinnen mussten nicht mehr alles allein erledigen. Für die Bearbeitung von Eisen gab es Schmiede, für die Bearbeitung von Holz wassergetriebene Sägewerke, Zimmerleute und Tischler. Spezialisierte Weber webten bessere Stoffe.

Neue Gewerbe entstehen

Mit dem Fortschreiten der Arbeitsteilung entstanden zahlreiche neue Gewerbe. Allein in der Eisenverarbeitung gab es im Spätmittelalter Messer-, Sichel- und Sensenschmiede, Waffenschmiede, Schwertfeger bis hin zu den Nagelschmieden und den ländlichen Huf- und Wagenschmieden, die erst im 20. Jh. Mechanikern und Mechanikerinnen weichen mussten.

Wenn spezialisierte Handwerkerinnen und **Handwerker** viele verschiedene Dinge herstellen, entsteht ein Bedarf an wirtschaftlichem Austausch. Der Ort, an dem ein solcher Austausch stattfand, wurde Markt genannt. Um den friedlichen Austausch von Waren zu sichern, fanden Märkte in Städten statt. Städte, die seit der Antike existierten, waren seit dem Frühmittelalter Bischofssitze gewesen. Sie blühten im 12. Jh. wieder auf. Wo es keine antiken Städte gab, schloss sich der Markt an eine Burg an. Gründete ein Herrscher eine Burg, fanden Marktwesen, Handel und Handwerk in ihrem Schutz einen günstigen Platz. Stadtnamen wie Freiburg, Magdeburg, Marburg, Salzburg, Korneuburg usw. erinnern noch an diese Zeit.

Markt und Marktrecht

Zunächst hatten nur die Könige und Kaiser das Recht, Märkte abzuhalten oder eine Stadt zu gründen. Sie übertrugen diese Rechte aber auch an andere Adelige. So erhielt der Erzbischof von Salzburg von Kaiser Otto III. 996 für seine Siedlung Salzburg das Recht, einen Markt abzuhalten, Münzen zu prägen und eine **Maut** einzuheben.
Für wirtschaftlichen Austausch sorgten Händler und Kaufleute. Die wichtigsten Handelsgüter waren Dinge, die es nicht überall gab: Salz, Eisen, Nutztiere, aber auch Sklaven. Die Händler brachten seltene Dinge aus fernen Ländern wie Pelze und Leder aus Russland, feine Tücher und besondere Messer aus dem Orient (aus „Damaszener" Stahl, benannt nach Damaskus).

Die Wiederbelebung der Geldwirtschaft

Der Tausch von Ware gegen Ware war mühselig, denn sie waren niemals völlig gleichwertig. Mit dem Städtewesen gewann daher auch die Geldwirtschaft an Bedeutung. Schon Karl der Große hatte eine Ordnung für das Geld erlassen. Danach war ein Pfund Silber (etwa 560 Gramm) in 240 Pfennige auszumünzen.
Geld als abstraktes Tauschmittel erleichterte den Handel. Ab etwa 1000 werden daher wieder mehr Münzstätten genannt. Da jede Münzstätte den Edelmetallgehalt der Münzen verschieden hoch ansetzte, brauchte man Geldwechsler. Die Wechsler waren reich, sie saßen auf Bänken bei den Märkten. Daher kommt auch der Begriff „Bank" für ein Geldinstitut.

i

Die **Zollordnung von Raffelstetten** (an der Mündung der Traun bei Linz) wurde zwischen 902 und 906 durch den Markgrafen Aribo und die wichtigsten Männer aus den drei Grafschaften des Markgrafen festgelegt. Das geschah in einer öffentlichen Versammlung.
Dabei sollten Fragen der Zoll- und Mauteinhebung geklärt werden. Kaufleute zahlten einen Zoll als Entgelt für den Schutz, den ihnen der Graf oder Markgraf gewähren musste. Der Geltungsbereich der Zollordnung reichte vom Passauer Wald (heute Oberösterreich) bis Mautern in Niederösterreich. Für den Raum des heutigen Österreich ist die Zollordnung die wichtigste Quelle für den Handel um 900. Inhaltlich geht es primär um das Salz, das aus Reichenhall oder Hallein per Schiff in diese Gegend kam. Es wurde auch zu den slawischen Mährern gebracht. Neben Salz wurde auch mit Pferden und Sklaven gehandelt. Als Händler werden Juden und andere Händler genannt. Marktorte waren zugleich die Hauptburgen der drei Grafschaften, Linz, „Eparesburg" (wohl Ybbs) und Mautern.

Handwerk: In den großen Städten Italiens oder Flanderns (Nordfrankreich, Belgien) entsteht ein wichtiges Exportgewerbe – die Tuchmacherei. Davon lebten Tausende Menschen. Die Handwerker werden in Zünfte (Zechen, Gilden) zusammengefasst.

Maut: Begriff für Zoll im Sinne eines Wegzolls.

M1

Der Geldwechsler und seine Frau, Marinus van Reymerswaele, vor 1533, Musée des Beaux-Arts, Valenciennes

Die wichtigsten Städte

Die wichtigsten und größten Städte lagen um die Jahrtausendwende am Mittelmeer. Eine Weltstadt war immer noch Konstantinopel (Byzanz), wo die oströmischen Kaiser ihren glanzvollen Hof hielten. Córdoba in Spanien war seit 929 Sitz eines islamischen Kalifen und eine blühende Großstadt. Palermo auf Sizilien, das die Araber im 10. Jh. erobert hatten, war eine der größten Städte Europas.

Ab dem 11. Jh. wuchsen Zahl, Bedeutung und Größe der Städte Oberitaliens, Flanderns, Ober- und Westdeutschlands. Auch der regionale und überregionale **Handel** nahm an Umfang und Bedeutung zu. Städtegründer waren zunächst Könige, später auch Fürsten und Bischöfe oder auch Adelige niedrigeren Ranges. Die Bewohner dieser neuen Städte entwickelten schon früh ein starkes Bewusstsein ihrer spezifischen Lebensart.

Merkmale und Aussehen der Stadt

Eine richtige Stadt benötigte:
- die Befestigung (Stadtmauer, Türme, befestigte Tore),
- den regelmäßigen wöchentlichen oder täglichen Markt,
- die Sicherung des Marktfriedens durch eigene Beamte,
- ein eigenes Stadtgericht,
- einen Ort, an dem Maße und Gewichte geeicht werden konnten,
- einen **Stadtrat** und
- einen **Stadtrichter**.

M3

Marktplatz in Lübeck, Fotografie, 2010

A

1 Beschreiben Sie den Zusammenhang zwischen Bevölkerungswachstum, beruflicher Spezialisierung und der Entwicklung von Märkten im Mittelalter. Stellen Sie Ihre Überlegungen eventuell grafisch dar.

2 Erläutern Sie anhand der Information über die Zollordnung von Raffelstetten die Handelsbeziehungen im Alpenvorland und im Donauraum um 900.

3 Fassen Sie das Verhältnis zwischen **Stadtherren** und Stadtbürgern anhand des Autorentextes zusammen.

4 Beschreiben Sie den Marktplatz von Lübeck (M3).

M2

Darstellung einer Ratssitzung im Codex Monacensis, ohne Datum, München, Bayerische Staatsbibliothek

Handel: Die Oberschicht der Stadt betrieb Handel oder Geldgeschäfte.

Stadtrat: Der Stadtrat war das Organ der Selbstverwaltung. Manchmal war der Stadtrat in einen inneren und äußeren Rat geteilt.

Stadtrichter: Die Richter für das Stadtgericht wurden meist vom Stadtherren eingesetzt. Wohlhabende Städte erkauften oder erkämpften sich das Recht, selbst einen Richter einzusetzen.

i

Ab dem 13. Jh. konnte jeder Reichsfürst Städte gründen, in manchen Fällen war das sogar wichtigen Adeligen innerhalb eines Landes erlaubt. So waren beispielsweise die Herren von Kuenring (Ministerialen der Babenberger) im 13. Jh. Stadtgründer und Herren der Stadt Weitra.

Stadtherren: Kaiser, Könige, Papst, Bischöfe, Fürsten, auch rangniedrigere Adelige.

Stadtrecht von Wien

> Städte, die nur dem Kaiser unterstanden, nannte man Reichsstädte (Nürnberg, Augsburg, Frankfurt am Main usw.).
> Städte, die sich aus der Herrschaft eines Bischofs befreien konnten, wurden „Freie Städte“ genannt. Das berühmteste Beispiel war Köln.

Herzog Leopold VI. (1176 – 1230) verlieh der Wiener Bevölkerung am 18. Oktober 1221 ihr erstes Stadtrecht. Den Hauptteil bildet eine gewohnheitsrechtlich fixierte Friedensordnung (*pax*). Der Herzog behält seinem Gericht gewisse Gerichtsfälle vor. Der vom Herzog ernannte Stadtrichter hatte auch den Vorsitz in den Ratssitzungen. Die verfassungsrechtlich wichtigsten Bestimmungen betreffen die Schaffung zweier Gremien, von denen das erste aus 24 Bürgern (*cives prudentiores*, den „weiseren, klügeren“ Bürgern) bestehen sollte. Das zweite Gremium war jenes der 100 (oder mehr) Genannten. Das Stadtrecht ist in Kapitel über Straf-, Privat-, Fremden- und Handelsrecht gegliedert und fixiert neben anderen Inhalten auch das Stapelrecht.

Das Stapelrecht war ein wichtiges und für die Wiener Bürgerinnen und Bürger sehr günstiges Recht. Es verpflichtete alle fremden Kaufleute, die mit Waren nach Wien kamen, dazu, ihre Waren hier eine Zeit lang zum Verkauf anzubieten. Nur das, was die Wiener Handelsherren übrig ließen, durfte weiter transportiert werden.

M4

Schematische Darstellung der sozialen Schichtung im mittelalterlichen Wien

A

5 Beschreiben Sie die Gesellschaft im mittelalterlichen Wien anhand der Darstellung M4.

6 Beurteilen Sie im Rahmen einer Diskussion in der Klasse, welche Elemente der Selbstverwaltung mittelalterlicher Städte Vorformen der modernen Demokratie sind.

7 Erklären Sie die Bedeutung des Stapelrechts für die wirtschaftliche Entwicklung einer Stadt.

Römerstädte – Hafenstädte – Gewerbestädte

Im Frühmittelalter waren die Römerstädte in Italien, Spanien und Gallien (Frankreich) kleiner geworden. Häufig wurden die Siedlungen an geschützte Plätze verlegt. Die Lage einer Stadt war für ihr Wachstum von großer Bedeutung. Konstantinopel war nicht nur die Residenz der oströmischen Kaiser, sondern verfügte über einen ausgezeichneten natürlichen Hafen (das „Goldene Horn"). Große Hafenstädte waren Amalfi, Venedig, Genua, Palermo, Sevilla, Marseille, Gent, Brügge oder Hamburg, später auch Lübeck. Andere Städte wuchsen durch ihre gewerbliche Tätigkeit. Die Erzeugung feiner Tuche war für das Wachstum der Städte Flanderns ebenso wichtig wie für Florenz oder andere italienische Städte. Paris wuchs als Residenz der westfränkischen („französischen" Könige), galt aber auch als wichtigste Stadt der Gelehrsamkeit und Wissenschaft.
Die Macht in der Stadt hatten durchwegs wohlhabende Großhändler und Wechsler inne. In vielen Städten gab es nach wie vor Adelige. In Italien bauten viele aristokratische Familien ihre Stadthäuser zu richtigen Festungen aus, mit hohen Türmen, die man heute noch in San Gimignano und anderen Städten bewundern kann. Nördlich der Alpen gab es diese „**Geschlechtertürme**" nur vereinzelt.

Die Städte und ihre Konflikte

Schon im 11. Jh. entwickelten die Städte ein kräftiges Selbstbewusstsein. In Mailand und in der ganzen Lombardei rebellierten die niederen Ritter und das Stadtvolk gegen den Mailänder Erzbischof. Die Kölner revoltierten 1074 gegen den Erzbischof, die Bewohner von Laon (Frankreich) ermordeten ihren Bischof 1115. 1143 erhob sich die Kommune von Rom gegen den Papst, wenig später predigte der asketische Arnold von Brescia gegen den Klerus und den Reichtum der Kirche. 1155 wurde Arnold von kaiserlichen Truppen gefangen genommen und hingerichtet.
Die Städte Oberitaliens vereinten sich, trotz aller Konflikte, die sie intern und miteinander hatten, im Kampf gegen kaiserliche Herrschaft. Zentrum des Widerstandes war Mailand. 1158 unterworfen, erhob es sich neuerlich, wurde 1162 vollständig zerstört, blühte aber rasch wieder auf. 1167 bildeten die Städte der Lombardei unter der Führung Mailands eine Liga, die 1176 das kaiserliche Heer unter Friedrich I. („Barbarossa", 1122 – 1190) bei Legnano besiegte. In einem späteren Friedensschluss anerkannte der Kaiser die Autonomie der Städte, die auch einen Bund bilden durften.
Im Spätmittelalter eskalierten die innerstädtischen Konflikte häufig: zwischen den ritterlichen Oberschichten und den Handelsherren, zwischen Händlern und Handwerkern. Als Folge solcher Auseinandersetzungen wurde der Rat in Wien von drei Gruppen besetzt: den Erbbürgern (ritterlich), den Kaufleuten und den Handwerkern (1396). Der schwerste Konflikt war der Aufstand der „Ciompi" in Florenz 1378. Diese waren arme Handwerker, die die Wolle bearbeiteten. Nur für kurze Zeit konnten sie einen Anteil an der Herrschaft erringen.

A

8 Beschreiben Sie die gesellschaftlichen Konflikte in mittelalterlichen Städten und ihre Auswirkungen auf die Stadtverwaltung.

9 Analysieren Sie in der Kleingruppe, welche der oben genannten Städte auch heute noch Großstädte mit überregionaler Bedeutung sind.

M5

Córdoba, Spanien, Fotografie, 2011

Geschlechterturm: Wohn- und Verteidigungsanlage einflussreicher, meist adeliger städtischer Familien, die v.a. in Italien errichtet wurden.

M6

Geschlechtertürme in San Gimignano, Italien, Fotografie, 2015

M7

Der Historiker Jacques Le Goff über Arnold von Brescia (1090 – 1155):

Ab 1145 nimmt die römische Kommune unter dem Einfluß Arnolds von Brescia eine radikalere Wendung. Dieser Revolutionär ist ein Asket („Ein Mann, der nichts ißt und nichts trinkt", sagt sein großer Feind, der heilige Bernhard), der aus seiner Heimatstadt Brescia, wo er eine Bürgererhebung gegen den Bischof angeführt hat, fliehen mußte [...]. Bernhard läßt ihn zusammen mit seinem Lehrer 1140 auf dem Konzil von Sens verurteilen und aus Zürich, wohin er sich wendet, vertreiben. Daraufhin begibt er sich nach Rom, tritt an die Spitze der Kommunalbewegung gegen das Papsttum und intensiviert den Kampf gegen die Kurie – „diese Wechselstube und Mördergrube" – und gegen den Klerus, den er seiner Reichtümer entblößen will („Priester, die Güter haben, Bischöfe mit Lehen und Mönche mit Eigentum werden verdammt").

J. Le Goff, Das Hochmittelalter, 1996, S. 106

M1

Auszüge der Benediktsregel aus dem 6. Jh.:

„Höre, mein Sohn, auf die Lehren des Meisters und neige das Ohr deines Herzens ..."

„Üben wir unser Herz und unseren Leib für den Dienst, für den heiligen Gehorsam gegen die Gebote!"

„Wir wollen eine Schule für den Dienst des Herrn errichten."

„Seinen Lebenswandel jederzeit überwachen."

„Bei einem Zwist vor Sonnenuntergang wieder Frieden schließen."

„Die höchste Stufe der Demut ist der Gehorsam ohne Zögern."

„Gäste sollen wie Christus aufgenommen werden."

C. Lashofer (Hg.), Die Regel des Hl. Benedikt, 1990, div. Prologe, S. 27ff.

Ewig, Ewigkeit: Zustand der Zeitlosigkeit.

Mönche, Nonnen: Menschen, die sich von der Welt abwenden und zu religiösen Gemeinschaften zusammenschließen, die durch Gebet, Arbeit und Lesung heiliger Texte geprägt sind.

i

Der Klosterplan von St. Gallen entstand vor 830 n. Chr. und gilt als der einzige erhaltene Bauplan des frühen Mittelalters. Auf dem Plan werden die Lage, Größe und Funktion der rund 50 Gebäude dargestellt. Bis heute befindet sich der Plan in der Stiftsbibliothek in St. Gallen.

M3

Benedikt von Nursia, Ordensvater der Benediktiner, Ausschnitt aus dem Fresko von Fra Angelico, 1441, im Kloster San Marco, Florenz

4 Religiöse Bewegungen, Klöster und Kirchenreform

Die zentrale Frage für die Menschen des Mittelalters war die Erlangung des **ewigen** Heils (der Seligkeit). Anders als den Leib hielten die meisten Menschen die Seele für unsterblich. Ihr wollte man ein ewiges Sein bei Gott im Himmel sichern. Das Gegenbild war die ewige Verdammnis in der Hölle, in der grässliche Teufel die Seelen der als Sünder Verstorbenen ewig quälten. Als sicherste Methode der Erlangung ewiger Seligkeit galt der Tod als Märtyrer für Christus. Aber schon die Spätantike fand einen Ersatz für das Martyrium: Man wandte sich als Einsiedler oder Einsiedlerin radikal von der sündigen Welt ab oder gründete gemeinsam mit anderen eine Gemeinschaft von **Mönchen** oder **Nonnen**, die miteinander den Weg des ewigen Heiles suchten. Sowohl in den östlichen wie in den westlichen Kirchen entstanden zahlreiche solcher Klöster. In den Ostkirchen lebten viele Mönche nach der Regel des heiligen Athanasius, im Westen setzte sich die Regel des heiligen Benedikt (um 480 – 547) durch.

In den Klöstern lebten die Mönche ein Leben in strenger Zeiteinteilung. Zwischen den regelmäßigen Gebetszeiten arbeiteten sie oder lasen aus heiligen Texten oder schrieben diese ab.

Das berühmteste Kloster des Hochmittelalters war Cluny in Burgund (Frankreich). 910 gegründet, wurde es direkt dem Papst unterstellt. In Cluny lebte man streng nach der Regel des hl. Benedikt. Bald schlossen sich zahlreiche Klöster der Reform von Cluny an. Ähnliche Anstöße gingen vom lothringischen Kloster Gorze (Frankreich) oder von Hirsau (Schwarzwald, Deutschland) aus.

M2

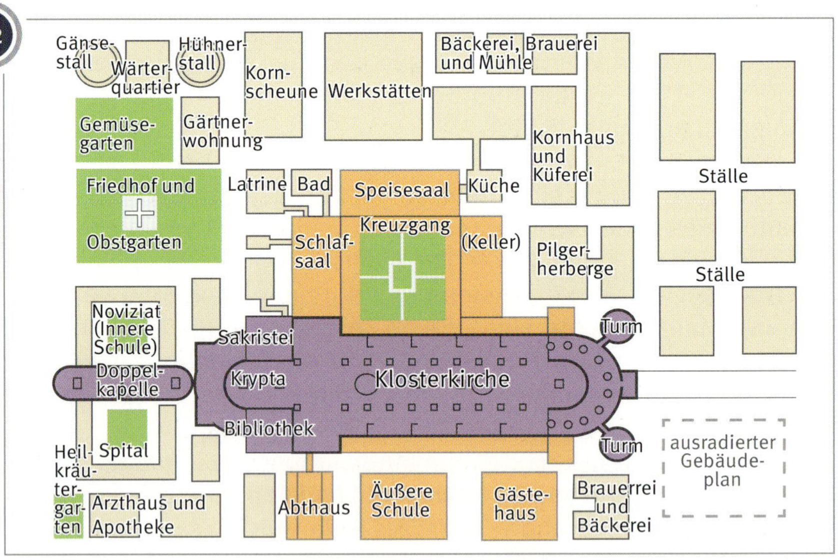

Schematische Darstellung des Klosterplans von St. Gallen

Dies führte zur Reformierung bestehender Klöster, zu zahlreichen Neugründungen und zur Entstehung neuer Orden. Der wichtigste waren die Zisterzienser. In kürzester Zeit entstanden, ausgehend von Burgund (heute Frankreich), bald Hunderte neue Klöster, in die begeisterte junge Männer und Frauen strömten, die vor allem vom heiligen Bernhard von Clairvaux (um 1090 – 1153) angezogen wurden. Die Gründer des Ordens wollten zurück zu den Ursprüngen des Mönchtums. Die Regel Benedikts sollte wieder genau befolgt werden. Die einzelnen Klöster unterstanden einer zentralen Kontrolle.

Die Bettelorden

Für viele, die ein christliches Leben führen wollten, gewann die Frage nach der Bedeutung der Armut für das Heil an Gewicht. Fast zugleich mit den Reformorden entstanden deshalb Armutsbewegungen für ein Leben in der direkten Nachfolge Christi. Die wichtigste war jene des heiligen Franz von Assisi (1181/1182 – 1226). Er lebte und wirkte zur selben Zeit wie der mächtige Papst Innozenz III. (1198 – 1216). Anders als viele Kirchenfürsten verzichtete Franz von Assisi gänzlich auf Besitz. Die Ordensbrüder lebten vom Betteln in den großen und reichen Städten. Die „minderen Brüder“ des heiligen Franz waren auch die ersten, die Leprosenspitäler (Seuchenspitäler) errichteten. Fast gleichzeitig entstand ein zweiter Bettelorden, gegründet von Dominicus (Domingo de Guzmán Garcés, 1170 – 1221). Ihm ging es vor allem um die Bekämpfung der Katharer, die als Ketzer galten. Er wollte sie durch die Predigt überzeugen. Auch sein Orden der Prediger (*Ordo Praedicatorum*) verbreitete sich rasch. Die Dominikaner wurden im 13. Jh. aber nicht nur die Vorkämpfer gegen Ketzer und damit Werkzeuge der damals eingerichteten Inquisition, dem gegen Ketzer vorgehenden Gericht. Sie unterhielten enge Verbindungen zu den neuen Universitäten und brachten viele Gelehrte hervor.

M4

Cité de Carcassonne, im 12. Jh. eine Hochburg der Katharer, Fotografie, 2018

Häresien – die Lehre der Katharer

Allerdings gewannen auch Bewegungen Zulauf, die von Papst und Bischöfen als „Häresien“ (von griech. *haíresis* = Wahl, Anschauung, Schule) bezeichnet wurden. Sie standen im Widerspruch zu den Glaubenssätzen der christlichen Kirchen. Die wichtigste Häresie wurde die Lehre der Katharer (von griech. *katharós* = rein). Sie waren davon überzeugt, dass die Welt nicht von Gott, sondern vom Teufel geschaffen worden sei. Der wahre und gute Gott habe zwar Jesus in die Welt geschickt, doch der sei ziemlich erfolglos geblieben. Eigentlich müsse man sich von dieser Welt abwenden, was bis zur Ablehnung der Fortpflanzung gehen konnte. Die Katharer gewannen durch eine bescheidene, gegenüber dem Prunk der Bischöfe asketische Lebensweise viele Sympathien. Zwar wurden die meisten Anhängerinnen und Anhänger katharischer Lehren in den sogenannten Albigenserkreuzzügen (seit 1209) getötet, aber noch nach 1300 lebten sie vereinzelt in abgelegenen Dörfern der Pyrenäen.

A

1 Ermitteln Sie in Partnerarbeit Klöster in Ihrer Stadt oder Ihrer Umgebung und deren Gründungszeit.

2 Arbeiten Sie Zusammenhänge und Unterschiede zwischen Katharern und Bettelorden heraus.

3 Analysieren Sie die Bedeutung der Armutsbewegung für die Gesellschaft des Hochmittelalters.

i

Die Päpste – Macht und Ohnmacht

Im Investiturstreit befreiten sich die Päpste von der Herrschaft der Kaiser. Die Päpste des Hochmittelalters waren die historisch ersten religiösen Oberhäupter, denen zeitweilig eine völlige Unabhängigkeit von den Königen und Kaisern gelang. Zu ihren Machtmitteln gehörten in erster Linie Kirchenstrafen (z. B. Exkommunikation).

Als Herrschaftsinstrument diente das im 12. Jh. ausformulierte Kirchenrecht, das an den neuen Juristenschulen (Bologna) gelehrt wurde. Der Herrschaftsapparat wurde vom päpstlichen Hof gesteuert, der bis heute sogenannten Kurie.

An der Wende des 13. zum 14. Jh. überspannte Papst Bonifaz VIII. (1294 – 1303) seinen Machtanspruch gegenüber dem französischen König Philipp IV. (1268 – 1314). Dieser zwang 1309 den Nachfolger Bonifaz’ zur Übersiedlung nach Avignon („Babylonische Gefangenschaft der Kirche“). Erst 1376 kehrte der damalige Papst wieder nach Rom zurück. Nach seinem Tod aber wurden zwei Päpste gewählt – einer residierte in Rom und einer in Avignon („Großes Abendländisches Schisma“). Die lateinische Christenheit teilte sich ebenfalls. Erst das Konzil von Konstanz (1414 – 1418) erzwang den Rücktritt aller (damals bereits drei) Päpste und wählte einen neuen.

M5

Papst Innozenz III., Fresko im Kloster San Benedetto, um 1219, Subiaco, Latium (Italien)

Der Zisterzienserorden

1098 gründete Robert von Molesme (um 1028–1111) das Kloster Citeaux (lat. Cistercium, dt. Zisterze) in Burgund (in der Nähe von Dijon). Sein dritter Nachfolger, der Engländer Stephan Harding (um 1059 –1134) entwarf die „Verfassung“ für die Zisterzienser, die sogenannte „Charta caritatis“. Sie legt fest, dass sich die Äbte aller Klöster jährlich zu einem Generalkapitel treffen.

M6

Bernhard von Clairvaux, Darstellung in einer Handschrift aus dem 13. Jh., The Walters Museum, Baltimore

Schon zwischen 1112 und 1119 wurde ein Dutzend neuer Klöster des Zisterzienserordens gegründet. Bis 1300 waren es in ganz Europa bereits 742. Nicht wenige davon waren Frauenklöster. Diese Klöster lagen in unwirtlichen, abgelegenen Gebieten. Zisterzienser wollten nicht von feudalen Abgaben leben, sondern von ihrer Arbeit. Sie bewirtschafteten eigene Höfe, so genannte „Grangien“. Die dort arbeitenden Mönche waren Laienbrüder oder „Konversen“. Sie hatten weniger Gebete zu verrichten und stammten meist aus niederen sozialen Schichten. Die „Chormönche“ verrichteten lateinische Chorgebete und entstammten adeligen Familien.

Auch im heutigen Österreich wurden bald Zisterzienserklöster gegründet, z. B. Rein bei Graz – das älteste noch existierende Zisterzienserkloster überhaupt (1129).

Forderungen der Kirchenreform

Mit der Wahl des Papstes Gregor VII. (1025/1030–1085) im Jahr 1073 kam ein überzeugter Vertreter der kirchlichen Reformbewegung ins römische Bischofsamt. Rasch ging er daran, die Forderungen der „Reformer“ umzusetzen. Diese Forderungen lauteten:

1. Jeder Priester muss unverheiratet bleiben (Zölibat).
2. Verbot der Simonie (Kauf oder unrechtmäßige Aneignung kirchlicher Ämter).
3. Verbot der Laieninvestitur: Nur ein Bischof, den der Papst ernannt hatte, sollte einen Priester, Abt oder Bischof einsetzen („investieren“) und mit den kirchlichen Lehen belehnen dürfen. Gerade die Könige des 10. und 11. Jhs. hatten – als „Laien“ – zahlreiche Bischöfe, ja sogar Päpste eingesetzt, ohne sich viel um Formalitäten zu kümmern. Mit der Forderung nach Beseitigung der Laieninvestitur wurde das ganze Herrschaftssystem der „römischen“ Könige und Kaiser in Frage gestellt.

Bei allen diesen Forderungen ging es letztlich um die völlige Befreiung der westlichen (römischen) Kirchen von weltlicher Herrschaft. Kein König, Kaiser, Fürst oder Adeliger sollte in die Belange der Kirche eingreifen können. Papst Gregor VII. ging sogar noch weiter: Er stellte den Papst über den Kaiser. Ein Papst müsse notfalls sogar den Kaiser absetzen können (sog. „Dictatus Papae“ Gregors VII.).

M7

Kaiser Heinrich IV. (1050–1106) bittet die Markgräfin Mathilde von Tuszien und seinen Taufpaten Abt Hugo von Cluny um Vermittlung bei Gregor VII., Handschrift um 1115, Biblioteca Apostolica Vaticana, Rom

Investiturstreit

Dieser Anspruch führte zu langwierigen und gewaltvollen Auseinandersetzungen zwischen Kaiser und Papst. Die deutschen Bischöfe folgten zum großen Teil den päpstlichen Forderungen. Da diese Bischöfe und Äbte der Reichsklöster aus den großen adeligen Familien stammten, verbündeten sich Teile des Adels mit den Bischöfen. So fand der papsttreue Bischof Altmann von Passau nach seiner Vertreibung aus Passau durch Anhänger des Kaisers beim österreichischen Markgrafen Leopold II. (1070 – 1095) Schutz. In der ersten Phase der Auseinandersetzung forderte Heinrich den Papst zum Rücktritt auf, woraufhin Gregor VII. den **Kirchenbann** über den Kaiser verhängte. Um ihn loszuwerden reiste Heinrich Ende des Jahres 1076 zur Burg Canossa, wo sich Gregor als Gast der Markgräfin Mathilde von Tuszien aufhielt. Nachdem der Kaiser mehrere Tage im Büßergewand auf eine päpstliche Audienz gewartet hatte, hob Gregor die Exkommunikation auf. Einige Jahre später setzte Heinrich einen Gegenpapst, Clemens III. (1020/1030 – 1100), ein. Gregor musste aus Rom fliehen und starb 1085 in Salerno.

M8

Darstellung Gregors VII. in Paul von Bernrieds „Vita Gregorii VII.", 1128, Stiftsbibliothek Heiligenkreuz

M9

Darstellung von Flucht, Exil und Tod Gregors VII. in der Weltchronik des Bischofs Otto von Freising, 12. Jh., Thüringer Universitäts- und Landesbibliothek, Jena

i

Diese Darstellung des „Canossaganges" entspricht der Schilderung in mittelalterlichen Quellen, etwa den Annalen Lamperts von Hersfeld, der ein Anhänger Gregors war. Sie gilt unter Historikerinnen und Historikern nach wie vor überwiegend als glaubwürdig.

Unter Heinrichs IV. Nachfolger, Heinrich V. (1081/1086 – 1125), kam es 1122 zu einem Kompromiss. Dieses sogenannte Wormser Konkordat sah vor:

- Äbte und Bischöfe sollen kanonisch gewählt werden (vom Domkapitel oder von den Mönchen),
- anschließend werden sie vom Papst oder einem Abgesandten mit den „Spiritualia" (den geistlichen Rechten) investiert und
- zuletzt vom Kaiser mit den „Temporalia" (den weltlichen Herrschaftsrechten und dem Grundbesitz) belehnt.

Kirchenbann, Anathema: Fachausdruck für den Ausschluss aus der Kirchengemeinschaft (Exkommunikation). Dieser Ausschluss aus der kirchlichen Gemeinschaft wurde über Vertreter von Glaubenssätzen verhängt, die von der kirchlichen Lehre abwichen (Häretiker), aber auch über Christen, die dem Papst den Gehorsam verweigerten. Der ausgesprochene Bann sollte nicht nur von der Kirche trennen, sondern auch von Gott. Die gerade im Investiturstreit immer häufigere Verhängung des Kirchenbanns führte zur wachsenden Wirkungslosigkeit dieser Kirchenstrafe.

A

4 Analysieren Sie das Verhältnis zwischen Kaiser und Papst vor und während des Investiturstreits. Arbeiten Sie mögliche Konfliktpunkte heraus.

5 Recherchieren Sie, warum das Wormser Konkordat die Konflikte zwischen Kaiser und Kirche bzw. innerhalb der Kirche nicht dauerhaft beseitigen konnte.

6 Erörtern Sie, ob Amtsträgerinnen und Amtsträger von Kirchen bzw. Religionsgemeinschaften (Bischöfe, Priester, Superintendenten, Imame, etc.) heute aktiv in der Politik tätig sein sollten.

M10

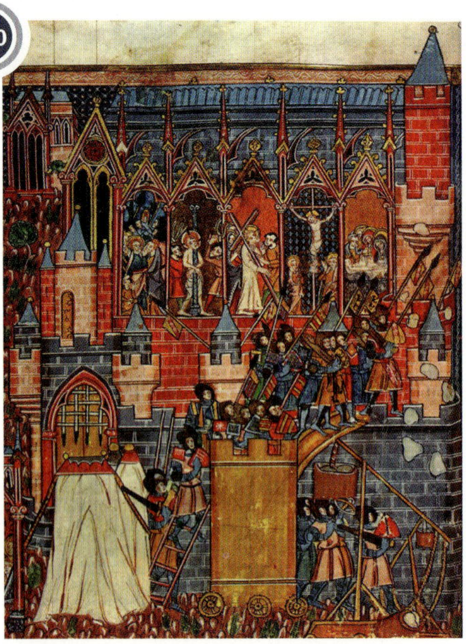

Belagerung Jerusalems 1099, Miniatur aus dem 13. Jh., Bibliothèque Nationale de France, Paris

M11

Der Historiker Steven Runciman (1903 – 2000) über den Kreuzzugsaufruf Urbans II. im Jahr 1095:

Vier zeitgenössische Chronisten haben uns die Worte des Papsts überliefert [...]. Wir wissen daher nur in groben Zügen, was Urban sagte. [...] Die Christenheit des Ostens hatte um Beistand gerufen; denn die Türken drangen ins Herz der christlichen Länder ein, mißhandelten ihre Bewohner und entweihten ihre heiligen Stätten. Aber Urban sprach nicht nur von [...] Byzanz. Er betonte nachdrücklich die Heiligkeit Jerusalems und schilderte die Leiden der Pilger, die dorthin reisten. Nachdem er solcherart ein düsteres Bild gemalt, erließ er einen großen Aufruf: Die Christenheit des Westens möge aufbrechen, um den Osten zu erretten. [...] Jenen, die in der Schlacht ihr Leben ließen, werde Absolution und Vergebung der Sünden gewährt. Das Leben hierzulande sei wahrhaft elendiglich und voller Schlechtigkeit, [...] dort hingegen harre ihrer als der wahren Freunde Gottes ein freudvolles und gedeihliches Leben.

S. Runciman, Geschichte der Kreuzzüge, Sonderausgabe 1989, S. 105f.

Kreuzzüge

Um 1000 hatte sich Byzanz erfolgreich gegen Awaren, Araber und Bulgaren gewehrt. Frühe slawische Stammes- oder Reichsbildungen auf der Balkanhalbinsel konnten in das byzantinische Reich integriert oder militärisch besiegt werden. Doch im Jahre 1071 unterlag das bislang siegreiche byzantinische Heer bei Mantzikert (in Kleinasien) den türkischen **Seldschuken**. Die Seldschuken begannen daraufhin, Teile Anatoliens zu besiedeln. Der byzantinische Kaiser Alexios I. Komnenos schickte etwa zehn Jahre nach diesen Ereignissen eine Reihe von Botschaften in den Westen und ersuchte um militärische Verstärkung. Man stellte sich Söldner vor, die im Dienste dieses Kaisers stünden und ihm helfen sollten, das verlorene Gebiet zurückzuerobern.

Ein Aufruf zum Kreuzzug

Im Westen kam diese Botschaft aber ganz anders an. Man war daran gewöhnt, in Spanien mit den dortigen Muslimen zu kämpfen. Diese „Reconquista“ (Rückeroberung) stand bereits unter dem Segen der römischen Päpste, im Grunde handelte es sich bereits um erste „Kreuzzüge“. Genau dieses Modell wurde nun auf den Osten übertragen: Auch hier sollte es gegen die „Ungläubigen“ gehen, und nicht allein um die Abwehr der Seldschuken, sondern gleich um die Eroberung der heiligen Stätten der Christenheit. Diese standen schon seit Jahrhunderten unter islamischer Oberhoheit. Eine begeisternde Predigt des Papstes Urban II. 1095 in Clermont-Ferrand mobilisierte die Ritterschaft.

M12

Darstellung des Verlaufs des 1. Kreuzzugs 1096 – 1099

Kreuzzüge und feudale Konkurrenz

Bald brachen erste, ungeordnete Haufen auf, begeistert und mörderisch. Als erste „Feinde Christi“ ermordeten sie in den rheinischen Städten viele Juden und Jüdinnen. Nur wenige Kreuzfahrer schafften es bis Byzanz. Später kamen die adeligen Herren, mit ihrem ritterlichen Gefolge. Die meisten stammten aus Gebieten mit dichter Bevölkerung und starker feudaler Konkurrenz im heutigen Nordfrankreich und Belgien: Dort hatten jüngere Erben kaum mehr Gelegenheit, selbst Herrenstellung zu erlangen. Sie wollten das eroberte Land behalten und dort Herrscher sein. Unter großen Mühen, nach zahlreichen Kämpfen eroberten sie 1099 Jerusalem.

Kreuzfahrerstaaten

In den Straßen der Stadt floss das Blut der Opfer, angeblich ein einziger breiter und tiefer Strom. Gottfried von Bouillon ernannte sich zum „König von Jerusalem“, andere erklärten eroberte Städte und Regionen zu „ihren“ Grafschaften, Herzogtümern oder gar Königreichen. Dass das eroberte Gebiet früher zu Ostrom oder Byzanz gehört hatte, wurde ignoriert. Freunde machten sich die Kreuzfahrer auf diese Weise nicht. Die Kreuzfahrerstaaten waren bis zu ihrem Ende (Fall von Akkon 1292) immer auf personellen Zuzug und militärischen Nachschub aus dem Westen angewiesen. Jerusalem ging bald wieder verloren, mehrere weitere Kreuzzüge folgten – ohne Erfolg.

Die Geschäfte der italienischen Städte

Der Nachschub kam per Schiff. Für Pisa, Genua und Venedig eröffneten sich lukrative Möglichkeiten. Sie hatten nicht nur die Kreuzfahrerstaaten als Kunden, sondern auch die muslimischen Herrscher Ägyptens und anderer Regionen. Die Seefahrer brachten begehrte Waren nach Europa: Seide aus China, Tuche aus Indien, Damaszener Klingen, Weihrauch, Gewürze, Edelsteine. Die italienischen Städte betrieben nicht nur Handelsgeschäfte, sie machten die von ihnen erkauften bzw. eroberten Landstriche zu Kolonien.

M14

Darstellung der Eroberung Konstantinopels 1204, Miniatur aus dem 15. Jh., Bibliothèque de l'Arsenal, Paris

Ein Kreuzzug gegen Byzanz

Der Vierte Kreuzzug (1202 – 1204) ist bemerkenswert. Venedig organisierte und finanzierte ihn. Sein Ziel war Konstantinopel, das Schulden bei Venedig hatte. Die Kreuzfahrer eroberten, plünderten und verwüsteten die Stadt – zahlreiche Menschen starben. Diese Aktion schwächte den östlichen Flügel der Christenheit und verdunkelte das Bild des Westens in der östlichen Christenheit nachhaltig.

A

7 Analysieren Sie den Kreuzzugsaufruf des Papstes (M11) und arbeiten Sie einige der verwendeten Redemittel heraus (Emotionalisierung, Appell, Behauptung, Übertreibung, Zukunftsversprechen, Ablenkung etc.).

8 Arbeiten Sie heraus, inwiefern die italienischen Städte die eigentlichen Gewinner der Kreuzzüge waren.

9 Beurteilen Sie im Rahmen einer Diskussion in der Klasse mögliche Auswirkungen der Kriegsverbrechen während der Kreuzzüge auf das Verhältnis von Christen und Muslimen.

Seldschuken: türkische Fürstendynastie, die zwischen 1047 und 1157 ein Reich eroberten, das Teile Mittelasiens, das Gebiet der heutigen Staaten Iran, Irak, Syrien sowie Anatolien und Teile der Arabischen Halbinsel umfasste.

M13

Belagerung von Antiochia durch Kreuzfahrerheere 1097, Miniatur des Jean Colombe aus dem 15. Jh., Bibliothèque Nationale de France, Paris

M15

Der Historiker Ibn al-Atir (1160 – 1233) beschreibt den Einfall der Kreuzritter, die die Muslime „Franken“ nennen:

Die Franken wandten sich also gegen Jerusalem (und nahmen die Stadt nach 40 Tagen ein). Die Einwohner wurden ans Schwert geliefert, und die Franken blieben eine Woche in der Stadt, während derer sie die Einwohner mordeten. [...] Aus dem Felsendom raubten die Franken mehr als 40 Silberleuchter, [...] und andere unermessliche Beute. Die Flüchtlinge erreichten Bagdad im Ramadan. [...] Am Freitag kamen sie in die Hauptmoschee und flehten um Hilfe, sie waren in Tränen und rührten zu Tränen bei der Erzählung, was die Muslime in dieser erhabenen heiligen Stadt erlitten hatten: Die Männer getötet, Frauen und Kinder gefangen, alle Habe geplündert. Wegen des schweren Unglücks, das sie erduldet hatten, brachen sie sogar das Fasten [...]. Die verschiedenen muslimischen Fürsten lagen untereinander im Streit [...]. So konnten die Franken das Land besetzen.

Ibn al-Atir; in: F. Gabrieli (Hg.), Die Kreuzzüge aus arabischer Sicht, 1975, S. 49f.

5 Lebenswelten des Mittelalters

Weltbilder: Unser gegenwärtiges Weltbild sieht das System unserer Sonne mit ihren Planeten (Venus, Mars, Erde usw.) als winzigen Teil eines unermesslichen Universums. Die Menschen des Mittelalters hatten ein ganz anderes Weltbild.

M1

Hieronymus Bosch (um 1450 – 1516), Außenflügel des Tryptichons „Der Garten der Lüste", um 1500, Prado, Madrid

i

Bei Hieronymus Bosch wird die Erde als Scheibe dargestellt, die sich innerhalb einer durchsichtigen Sphäre befindet.

M3

Darstellung des Fegefeuers in der Elsässischen Legenda Aurea, 1419, Universitätsbibliothek, Heidelberg

Ablass: Nachlass von auferlegten Strafen, die von der Sünderin bzw. dem Sünder nach erfolgter Umkehr noch zu verbüßen sind.

Ablasshandel: Handel mit Ablässen; die Kritik daran führt Martin Luther zur Reformation.

Im Mittelalter entsprachen die räumlichen Vorstellungen dem **Weltbild**. Man konnte von der Erde direkt in die Hölle gelangen, wie später Dante (1265 – 1321) in der „Göttlichen Komödie" beschrieb. Die wichtigste Bewegung auf der Erde war die Pilgerfahrt – nach Rom, Jerusalem, Santiago di Compostella, Köln usw. Nur die christliche Welt erschien als einigermaßen geordneter Raum, „draußen" waren die endlosen Wälder und die öden Länder der Barbaren. Auf dem Wasser war man schneller unterwegs als auf dem Land. Einigermaßen sicher fühlte man sich allerdings nur im Mittelmeer. Der unermessliche Atlantik führte wohl ins Reich der Toten.

M2

Der Historiker und Kulturwissenschaftler Aaaron J. Gurewitsch (1924 – 2006) über das Weltbild mittelalterlicher Menschen:

Auch im christlichen Weltbild war der Mensch sehr eng mit der Natur verbunden. Man konnte sich die eigene Existenz noch nicht unabhängig von der Umwelt vorstellen. In der Kunst begegnen uns daher immer wieder Darstellungen von Menschentieren, Menschenpflanzen usw. [...] In den Kosmos ist der Mensch eingefügt: Die Ewigkeit ist ein Kreis, der Alles umschließt, ihn hält die Natur, die von der göttlichen Weisheit gekrönt ist. [...] Das Weltall stellte ein System konzentrischer Sphären dar. Die innerste Sphäre war die Erde, dann folgten diverse himmlische Sphären.

Nach: A. Gurjewitsch, Das Weltbild des mittelalterlichen Menschen, 1997

Zeiten

Die Zeiten der Bauern entsprachen dem Jahreskreis der ländlichen Arbeiten: Aussaat, Ernte, Weinlese, das Scheren der Schafe usw. Der Jahreskreis der Vegetation hatte seine Entsprechung im Jahreskreis des christlichen Lebens: Er begann mit der Geburt Christi (Weihnachten), Ostern (Tod und Auferstehung), Pfingsten, dann folgte der lange Rest des Kirchenjahres mit den zahlreichen Heiligenfesten. Die Zeit der Toten war dominiert von der Vorstellung, dass die Seelen der Verstorbenen noch länger in der Nähe der Lebenden blieben. Vielfach bestand die Idee vom zweiten Tod, der erst ewige Ruhe brachte. Dieser kam jedes Jahr zu Allerheiligen, zumindest für manche Toten. Die offizielle Lehre der Kirche lautete anders: Jede Seele kam unmittelbar nach dem Tod in das Paradies, in die Hölle oder in das Purgatorium (Fegefeuer).

Eine neue Lehre – Ort der Läuterung: das „Fegefeuer"

Die Vorstellung von Hölle und Fegefeuer – von Strafen nach dem Tod – löste bei Menschen Ängste aus. Die Vorstellung vom Fegefeuer, die im Hochmittelalter entstand, bildete die Voraussetzung für die Lehre von **Ablässen**: Man könne den „armen Seelen" im Fegefeuer durch Gebete, gute Werke, Stiftungen usw. unterstützend zu Hilfe kommen. Dieses sehr materialistische Denken führte im Spätmittelalter zum **Ablasshandel**. Prediger verkündeten, dass die Seelen der Verstorbenen frühzeitig aus dem Fegefeuer entlassen werden könnten, wenn die Kirche dafür Geld erhielte. Nach erfolgter Zahlung fertigten sie sogenannte Ablassbriefe aus. Unter Papst Leo X. (1475 – 1521) wurde dieses Vorgehen zu einem blühenden Geschäft, das vor allem der Finanzierung des Petersdoms in Rom diente.

Lebensphasen der Kindheit

Kinder wurden von ihren Müttern – oder bei hochgestellten Frauen von Ammen – gesäugt, meist bis zum zweiten Lebensjahr. Schon mit sieben oder acht Jahren wurden die für ein Leben in einem Kloster vorgesehenen Kinder dem betreffenden Kloster übergeben. Diese Kinder stammten meist aus adeligen oder ritterlichen Familien. In bäuerlichen oder städtischen Häusern wurden die Kinder zur Arbeit herangezogen.

Lebensphase der Jugend

Männliche Jugendliche aus adeligen Familien besuchten Schulen. Solche waren seit Karl dem Großen an alle Klöster und Bischofssitze angebunden. Junge Aristokratinnen erhielten zum Teil Unterricht zuhause, doch wurde meist Wert darauf gelegt, sie auf die ihnen zugedachte Rolle als Ehefrau und Mutter vorzubereiten. Bildungserwerb war am ehesten möglich, wenn sie in ein Kloster eintraten.

Lebensphase der Ehe und Familie

Nach den Volksrechten der Völkerwanderungszeit wurde eine Ehe zwischen dem Vormund der Frau, meist ihrem Vater, und dem künftigen Gatten verabredet. Das Christentum forderte die Konsensehe, also das volle Einverständnis beider Partner zur Eheschließung. Allerdings blieben Eheschließungen im Adel bis weit in die Neuzeit ein wichtiges Instrument der Diplomatie, Bündnispolitik und Besitzerweiterung. Vor diesem Hintergrund wurden häufig bereits Kinder verlobt und später auch miteinander verheiratet. Eheschließungen über Standesgrenzen hinweg waren schwierig bis unmöglich. Bei Ehen zwischen Freien und Unfreien folgten die Kinder der „ärgsten Hand“, waren also unfrei.

Stellung von Frauen

Die Handlungsmöglichkeiten von Frauen im Mittelalter waren von ihrer gesellschaftlichen Stellung abhängig. Frauen aus Adels- oder gar Königshäusern hatten immer wieder die Möglichkeit, politisch zu handeln, in der Regel allerdings nur über ihre Kinder, für die sie Regentschaften innehatten, oder über ihre Ehemänner, wenn sie diese beeinflussen konnten. Gingen sie in ein Kloster, konnten sie Äbtissinnen werden und als solche auch in Landtagen sitzen. Überliefert sind einzelne Frauen in ganz unterschiedlichen Berufen und bestimmten Handwerken.

Die überwiegende Mehrheit der Bevölkerung lebte von der Landwirtschaft. Dort waren Männer in der Regel für Acker, Wiese, Wald und Weide zuständig, Frauen für das Haus. Sie besorgten das Spinnen, Weben und Nähen der Kleider, die Nahrung, das Hauswesen, die Aufsicht über die kleinen Kinder und die Mägde. Allerdings mussten auch sie bei der Feldarbeit helfen. Ihr Arbeitsalltag war gewiss schwerer als der von Männern, zumal sie auch noch die gesundheitlichen Belastungen aus vielen Geburten ertragen mussten.

A

1 Arbeiten Sie Unterschiede zwischen Kindheit und Jugend im Mittelalter und der Gegenwart heraus.

2 Stellen Sie unterschiedliche Handlungsmöglichkeiten von Frauen im Mittelalter dar.

i

Politisch einflussreiche Frauen

Namentlich sind uns Königinnen, Fürstinnen, Äbtissinnen bekannt. Im späten 10. Jh. übte die Kaiserin Theophanu, eine oströmische Prinzessin, die Vormundschaft über ihren Sohn Otto III. aus, als Mutter und Mitkaiserin, gemeinsam mit ihrer Schwiegermutter Adelheid. Nach ihrem frühen Tod übernahm die Äbtissin Mathilde von Quedlinburg, Ottos Tante, die Regentschaft in Deutschland. Die Gemahlin Kaiser Heinrichs II., Kunigunde, wurde als Heilige verehrt. Gisela, die Gemahlin Kaiser Konrads II., reiste gemeinsam mit ihm durch das Reich, auch sie war eine mächtige Frau, „consors imperii“, Mitgenossin des Kaisertums, schriftkundig und gebildet. Mathilde von Tuszien war Herrin über reiche italienische Besitzungen. Als Cousine Kaiser Heinrichs IV. vermittelte sie nach Canossa zwischen Kaiser und Papst. (s. S. 136f.)

Eine der bedeutendsten Frauen des Hochmittelalters war Eleonore von Poitou, die Erbin Aquitaniens (ca. 1122/1124 – 1204). Sehr jung wurde sie mit König Ludwig VII. von Frankreich verheiratet, 1152 wurde die Ehe für nichtig erklärt. Kurz darauf heiratete sie Heinrich von Plantagenet, 1154 erbte er das englische Reich. Die Königin herrschte mit – sie blieb in England, wenn er in Frankreich war und umgekehrt. An Eleonores Hof entfaltete sich die höfische Kultur.

M4

Eleonore von Aquitanien, Wandmalerei, 13. Jh., Saint-Radegonde Kapelle, Chinon

6 Heilkunde im Mittelalter

M1

Hildegard von Bingen, Miniatur, Rupertsberger Codex, Ende 12. Jh.

i

Die Darstellung zeigt Hildegard von Bingen, wie sie eine göttliche Vision empfängt und an ihren Schreiber weitergibt.

M2

Darstellung von Geißlerumzügen, Chronik des Gilles Li Muisis, um 1350, Bibliothèque Royale de Belgique, Brüssel

i

Seuchen, insbesondere die Pest, wurden vielfach als göttliches Strafgericht aufgefasst. Zumal keine Medizin half, versuchten manche Menschen, den vermuteten göttlichen Zorn durch öffentliche Buße zu besänftigen. So wurde im 14. Jh. die ältere Tradition der Flagellanten oder Geißler wiederbelebt, Menschen, die umherzogen und sich selbst peitschten (von lat. *flagellum* = Peitsche oder Geißel; geißeln ist ein anderes Wort für peitschen).

Die unbestrittene medizinische Autorität für das europäische Mittelalter war Galen (Galenos von Pergamon, 129/131 – um 200/215 n. Chr.). Er lebte meist in Pergamon, aber auch in Rom. Von Kaiser Marc Aurel wurde er nach Aquileja gebeten, um eine seuchenartige Krankheit, eine „Pest“ zu bekämpfen – nach Galens Beschreibung waren es eher die Pocken, eine bis ins 18. Jh. äußerst gefürchtete Krankheit.
Zur Diagnose von Krankheiten hielt Galen die Untersuchung von Puls und Harn (Harnbeschau) für sehr wichtig. Galen wurde auch im arabischen und persischen Raum gelesen, allerdings auf breiterer Basis – im mittelalterlichen Europa war nur ein Teil seiner Schriften bekannt.
Im 10. Jh. entstand in Salerno eine berühmte medizinische Hochschule, eine der ältesten europäischen Universitäten. Dort ging man ebenfalls über Galen hinaus, beschäftigte sich auch genauer mit Anatomie und nahm Öffnungen von Leichen vor, wogegen seitens der Kirche Vorbehalte bestanden. Mindestens eine berühmte Ärztin des Mittelalters war ebenfalls an der Universität von Salerno tätig: Trota von Salerno (um 1100).
Hildegard von Bingen (1098 – 1179) war eine der einflussreichsten Frauen des Hochmittelalters. Sie stammte aus einer adeligen Familie, wurde Klostergründerin und Äbtissin. Für die Medizin ist ihre Schrift über Pflanzen und Kräuter bedeutsam. Ihre Anleitungen beruhen zwar auch auf der Lehre von den vier Säften (menschliche Körperflüssigkeiten), sie erklärte allerdings genau, welche Pflanzen welche Wirkungen entfalteten. Neben Beobachtungen spielten für Hildegard auch Überzeugungen eine Rolle, die sie als göttliche Visionen bezeichnete.

i

Die Viersäftelehre war ein von der Antike bis ins 18. Jh. anerkanntes medizinisches Konzept, das besagt, dass vier Körperflüssigkeiten für die menschliche Gesundheit bzw. Krankheit verantwortlich seien: Blut, gelbe und schwarze Galle sowie Schleim. Gelbe Galle werde in der Leber, schwarze in der Milz erzeugt. Bereits Galen stellte Beziehungen zwischen diesen vier Säften und den Lebensphasen eines Menschen her. In älteren antiken Texten werden die Säfte den vier Elementen Erde, Feuer, Wasser und Luft zugeordnet. Im Mittelalter galt es vielfach als selbstverständlich, dass die genannten Körperflüssigkeiten bzw. ihre unterschiedliche Verteilung im Körper Auswirkungen auf die Stimmungen und Grundhaltungen eines Menschen hätten.

Krankheiten

Die Lebensbedingungen der mittelalterlichen Welt waren hart. Gleichzeitig befand sich die Medizin auf einem bescheidenen Niveau. Wenn es nicht half, jemanden **zur Ader** zu **lassen**, war die ärztliche Weisheit häufig rasch erschöpft. Viele Menschen halfen sich mit Heilpflanzen, deren Wirkung oft mündlich überliefert wurde. Die Lebenserwartung war niedrig, die Kindersterblichkeit hoch. Sobald Seuchen auftraten, waren ihnen Menschen oft hilflos ausgesetzt.
Infektionskrankheiten waren etwa die Pocken, das Antoniusfeuer und Tuberkulose. Das „Antoniusfeuer“ war die Folge einer Vergiftung mit dem Mutterkorn, einer Pilzerkrankung des Getreides. Mit den Kreuzzügen kam die Lepra nach Europa. Man erkannte bald die große Gefahr der Ansteckung und isolierte die Kranken.

Die Pest – eine Pandemie

Um die Mitte des 14. Jhs. verbreitete sich die Pest von den Steppen Zentralasiens oder den Küsten des Schwarzen Meeres über den Land- und Seeweg nach Europa. Nach neuesten Forschungen war der Erreger ein verändertes Bakterium und daher so tödlich. Durch den Handel wurden die infizierten Flöhe weiterverbreitet. Die fehlende Hygiene und die zahlreichen Ratten in den Städten förderten die rasche Vermehrung des Pesterregers. In mehreren Wellen ab 1347 raffte die Pest 25 Millionen Menschen dahin – eine demografische Katastrophe, die zu einer schweren Wirtschaftskrise führte.

M4

Darstellung eines Massenbegräbnisses von Opfern der Beulenpest in Tournai, Chronik des Gilles Li Muisis, um 1350, Bibliothèque Royale de Belgique, Brüssel

Nur wenige Regionen blieben verschont. In Mitteleuropa löste die Pest eine Pogromstimmung gegen die ansässige jüdische Bevölkerung aus. In Unkenntnis der wahren Ursachen der Pest warf man ihnen Brunnenvergiftung vor.
Schwer betroffen von den Folgen der Pest war auch die arabisch-islamische Welt. Man nimmt an, dass Syrien und Ägypten – sowie Teile Europas – ein Drittel ihrer Bevölkerung verloren. Die landwirtschaftliche Produktion stagnierte oder ging zurück, Hungersnöte waren die Folge.

A

1 Beschreiben Sie das Spektrum der Heilkunde im Mittelalter.

2 Stellen Sie dar, warum sich der Erzähler im letzten zitierten Satz aus Boccaccios „Dekameron" (M3) nach heutigem Wissensstand irrt und die Flucht aus der Stadt doch lebensrettend sein konnte.

3 Analysieren Sie die Auswirkungen der Pest in Europa.

Aderlass: Entnahme einer (oft auch größeren) Blutmenge als Heilbehandlung.

Pandemie: Ausbreitung von (Infektions-)Krankheiten beim Menschen über mehrere Länder und Kontinente hinweg.

M3

In seiner Novellensammlung beschreibt der Schriftsteller Giovanni Boccaccio (1313 – 1375) die Angst, die die rätselhafte Krankheit im Florenz des Jahres 1348 auslöste:

Die Seuche gewann um so größere Kraft, da sie durch den Verkehr von den Kranken auf die Gesunden überging, wie das Feuer trockene oder brennbare Stoffe ergreift, wenn sie ihm nahe gebracht werden. Ja, so weit erstreckte sich dies Übel, daß nicht allein der Umgang die Gesunden ansteckte und den Keim des gemeinsamen Todes in sie legte; schon die Berührung der Kleider oder anderer Dinge, die ein Kranker gebraucht oder angefaßt hatte, schien die Krankheit dem Berührenden mitzuteilen. [...] Aus diesen und vielen anderen ähnlichen und schlimmeren Ereignissen entstand ein allgemeiner Schrecken, und mancherlei Vorkehrungen wurden von denen getroffen, die noch am Leben waren. Fast alle strebten zu ein und demselben grausamen Ziele hin, die Kranken nämlich und was zu ihnen gehörte, zu vermeiden und zu fliehen, in der Hoffnung, sich auf solche Weise selbst zu retten. [...] In dieser Überzeugung verließen viele, Männer wie Frauen, [...] ihre Vaterstadt, ihre Wohnungen, ihre Verwandten und ihr Vermögen und flüchteten auf ihren eigenen oder gar einen fremden Landsitz; als ob der Zorn Gottes, der durch diese Seuche die Ruchlosigkeit der Menschen bestrafen wollte, sie nicht überall gleichmäßig erreichte [...].

Boccaccio, Das Dekameron, Übers. v. Karl Witte, 1999, S. 15 – 17

i

Das Heilige Römische Reich entwickelte sich im 10. Jh. aus dem Ostfränkischen Reich. Es war weder „heilig“ noch „römisch“. Der Name drückt den Anspruch aus, in der Nachfolge des Römischen Reiches der Antike zu stehen. Der König wurde von hohen Adeligen gewählt. Wer zu diesen Kurfürsten (mhd. *kur* = Wahl) gehörte, war strittig. Im 12. Jh. etablierte sich langsam eine Gruppe von sieben, die allen anderen Fürsten des Reiches die Teilnahme an der Wahl verwehrte. Erst die Goldene Bulle Karls IV. (1356) legte eine verbindliche Wahlordnung fest. Der gewählte König galt als römischer König mit Anspruch auf die Kaiserkrone.

7 Heiliges Römisches Reich, Kaiser und Päpste

Das große Reich der Karolinger zerfiel in mehrere Teile. Nach dem Tod des letzten Karolingers Ludwig IV. (893 – 911) ging die Krone im Jahr 919 an den Sachsenherzog Heinrich I. (876 – 936). Im Süden dieses Reiches bleiben die Herzöge von Bayern und Schwaben noch selbstständig.

Die sächsischen Könige

Erst Otto I. („der Große“, 912 – 973) verschaffte der Königsherrschaft wieder im gesamten Reich Geltung. Otto I. stammte aus dem (sächsischen) Adelshaus der Liudolfinger. Er gab den Bischöfen reiche Besitzungen und erwartete dafür ihre volle Unterstützung. Mit Otto I. beginnt auch die Italienpolitik der ostfränkischen (deutschen) Könige. Otto zog nach Rom und wurde dort zum Kaiser gekrönt (962).
Sein Enkel Otto III. (980 – 1002) erlangte den Thron im Alter von drei Jahren. Für ihn regierten zunächst Großmutter und Mutter. Otto III. entwickelte eine römisch-imperiale Herrschaftsvorstellung, die stark religiös geprägt war. Als christlicher Imperator wollte er Europa regieren. Er starb 1002, noch keine 22 Jahre alt. Mit seinem Neffen, Heinrich II. (973/978 – 1024), erlosch das sächsische (ottonische) Königshaus.

M2

Heinrich IV., Chronik des Ekkehard von Aura, um 1112/1114, Corpus Christi College, Cambridge

M3

Heinrich VI. und Konstanze von Sizilien, Petrus de Ebulo, Liber ad honorem Augusti, 1196, Burgerbibliothek, Bern

M1

Darstellung des Heiligen Römischen Reiches um 1000

Die salischen Könige

Mit Konrad II. (990 – 1039) begann das salische Königshaus. Konrad erwarb die Krone von Burgund. Sein Sohn Heinrich III. (1016/1017 – 1056) förderte die Kirchenreformer. Das Papsttum sollte aus der Abhängigkeit römischer Geschlechter gelöst werden. Heinrichs Frau, Kaiserin Agnes (von Poitou), stand in enger Verbindung mit Cluny. Heinrich IV. (1050 – 1106) war beim Tod seines Vaters noch ein sechsjähriges Kind. Seine Mutter Agnes und Papst Viktor II. führten die Vormundschaft. Die Wahl Gregors VII., eines radikalen Reformers, zum Papst (1073) verschärfte die Lage. 1075 setzte der Papst deutsche Bischöfe ab und bannte einige Ratgeber des Kaisers. Der Investiturstreit begann. Als Ergebnis des Investiturstreits waren im Heiligen Römischen Reich die hohen Adeligen immer mächtiger geworden. Sie begannen jetzt, sich als „Fürsten" (*principes*) zu bezeichnen.

Die Staufer

Mit Heinrich V. starben die Salier 1125 aus. Zum Nachfolger wurde der sächsische Herzog Lothar III. (1093 /1094–1137) gewählt. Als er ohne Nachfolger starb, wurde der Staufer Konrad III. (1137 – 1152) gewählt. Über seine Mutter Agnes, die Tochter Heinrichs IV., war er ein Nachkomme der Salier. Da diese Agnes in zweiter Ehe mit dem Markgrafen von Österreich, Leopold III., vermählt war, wurden die österreichischen Babenberger seine Halbbrüder.

Auf Konrad folgte 1152 sein Neffe Friedrich I. („Barbarossa", wegen seines rötlichen Bartes). Seine Konkurrenten im Reich waren die mächtigen Welfen. Ihnen gab Friedrich 1156 Bayern zurück, das damals der österreichische Babenberger Heinrich II. innehatte. Die Markgrafschaft Österreich wurde dafür zum Herzogtum erhoben („Privilegium minus"). Im Streit mit den Welfen entzog der Kaiser Heinrich „dem Löwen" 1180 Bayern und Sachsen und erhob die Steiermark zum Herzogtum. 1184 hielt Friedrich einen festlichen Hoftag zu Mainz, einen der glänzenden Höhepunkte höfischer Kultur. Einige Jahre später starb Barbarossa auf dem dritten Kreuzzug.

i

Barbarossa verbrachte 28 von seinen 39 Jahren der Herrschaft in Italien. Hier traf er auf die Macht der oberitalienischen Städte, vor allem Mailands. Nach einem Sieg über Mailand formulierten Juristen aus Bologna auf dem Reichstag von Roncaglia (Nov. 1158) vier Gesetze, die die Macht des Kaisers in der Art der antiken römischen Kaiser definierten. Dauerhaft ließen sich diese Ansprüche jedoch nicht durchsetzen. Im Frieden von Konstanz 1183 kam es zu einem Kompromiss.

Friedrichs Nachfolger wurde sein Sohn Heinrich VI. (1165 – 1197). Er heiratete Konstanze, die Erbin des Normannenreichs in Unteritalien und Sizilien. Die Gefangennahme des englischen Königs Richard Löwenherz (1157 – 1199) bei Wien (1192) ermöglichte ihm und dem österreichischen Herzog die Erpressung eines enormen Lösegeldes.

A

1 Beschreiben Sie wesentliche Kennzeichen des Heiligen Römischen Reiches bis zum Investiturstreit.

2 Vergleichen Sie M3, M4 und M5. Stellen Sie Gemeinsamkeiten und Unterschiede zwischen den Darstellungen der Herrscher sowie der Herrscherin dar.

M4

Kaiser Friedrich I. mit seinen Söhnen, Historia Welforum, 1185 – 1195, Hochschul- und Landesbibliothek, Fulda

M5

Krone der Kaiser des Heiligen Römischen Reiches, 10. Jh., Schatzkammer, Wien

Der letzte große Staufer – Friedrich II.

M6

Friedrich II. mit einem Falken, Illustration aus einer Ausgabe seines Buches „De arte venandi cum avibus“ („Über die Kunst, mit Vögeln zu jagen“), zwischen 1258 und 1266, Biblioteca Apostolica Vaticana, Rom

Im Jänner 1198 wurde Innozenz III. zum Papst gewählt. In den Thronstreitigkeiten nach Heinrichs Tod unterstützte er dessen Sohn, Friedrich II., der 1212 König, 1220 Kaiser des Heiligen Römischen Reiches wurde. Friedrich II. gilt als ungewöhnliche Persönlichkeit. Er schrieb ein Buch über Falkenjagd, war an wissenschaftlichem und kulturellem Austausch über die Grenzen Europas hinaus sehr interessiert und versammelte an seinem Hof wichtige Gelehrte seiner Zeit, unter denen auch Juden und Muslime waren. Zentrum seiner Macht war das normannische Königreich in Neapel und Sizilien. Daneben versuchte er, das Imperium zu beherrschen – Deutschland, Italien, Burgund. Wegen unterschiedlicher Auffassungen in Sachen Kreuzzügen geriet er mit den Päpsten in Konflikt. Letztlich unterlag der Kaiser in diesem Kampf.

M7

Päpstliche Propaganda gegen Friedrich II. aus 1239:

Es steigt aus dem Meere die Bestie voller Namen der Lästerung, die mit den Tatzen des Bären und mit dem Rachen des Löwen wütet und mit den übrigen Gliedern wie ein Leopard mit ihren Mund zur Lästerung des göttlichen Namens öffnet [...]. Mit eisernen Krallen will sie alles zermalmen und mit ihren Füßen die ganze Welt zerstampfen [...]. Blicket auf das Haupt, die Mitte und das Ende dieser Bestie: auf Friedrich, den so genannten Kaiser!
Papst Gregor IX.

Papst Gregor IX. am 21. Juni 1239 an alle Würdenträger der westlichen Christenheit; er zitiert hier die Offenbarung des Johannes, Kap. 13, 1 – 18, in dem ein dem christlichen Gott feindliches Ungeheuer aus dem Meer aufsteigt, das mit Friedrich II. identifiziert wird. Das war die schlimmste Bezichtigung eines Kaisers durch einen Papst.

M8

Castel del Monte, Friedrich II. ließ es zwischen 1240 und 1250 in Apulien, im Südosten Italiens, errichten, Fotografie, 2016

Nach Friedrichs Tod versuchte sein Sohn Konrad IV. (1228 – 1254) vergeblich, die Herrschaft der Staufer aufrecht zu erhalten. Friedrichs Enkel Konradin scheiterte in der Auseinandersetzung mit dem neuen König, Karl von Anjou, und wurde 1286 hingerichtet.

Die Rolle der Kurfürsten

Die Kurfürsten gingen Mitte des 13. Jh. davon ab, einfach den Erben des vorangegangenen Kaisers zum König zu wählen. Stattdessen entschieden sie sich von Wahl zu Wahl für Kandidaten aus verschiedenen Adelshäusern. Gewählt wurden mehrfach Könige, die den Kurfürsten nicht als Bedrohung der eigenen Macht erschienen.

i

Das Kurfürstenkollegium
Die geistlichen Kurfürsten: der Erzbischof von Mainz als Erzkanzler für Deutschland, der Erzbischof von Köln als Erzkanzler Italiens, der Erzbischof von Trier als Erzkanzler für Burgund.
Die weltlichen Kurfürsten: der König von Böhmen als Erzmundschenk, der Pfalzgraf bei Rhein als Erbtruchsess, der Herzog von Sachsen-Wittenberg als Erzmarschall, der Markgraf von Brandenburg als Erzkämmerer.

M9

Darstellung der sieben Kurfürsten, Codex Balduineus, 1341, Landeshauptarchiv, Koblenz

Hausmacht: erbliche Besitzungen des Königs bzw. der königlichen Familie.

Habsburgische und luxemburgische Könige und Kaiser

1273 wählten sie Rudolf I. von Habsburg (1218 – 1291) zum König. Der Graf aus dem Südwesten Deutschlands war ehrgeiziger als vermutet und sicherte seinen Nachkommen eine solide Machtbasis: Er belehnte sie mit Österreich und der Steiermark (1282) und legte damit die Grundlage für die **Hausmacht** der Habsburger im Reich.
1338 legten Kaiser und Kurfürsten fest, dass der korrekt gewählte römische König keiner Bestätigung durch den Papst bedürfe. 1346 wurde der Luxemburger Karl IV. (1316 – 1378) zum König gewählt. 1355 folgte seine Krönung zum Kaiser. Der kultivierte und gebildete Herrscher baute seine Residenzstadt Prag prächtig aus, ließ die noch bestehende Karlsbrücke über die Moldau erbauen und gründete die Universität. Für das Reich bedeutsam war die sogenannte „Goldene Bulle" (nach der goldenen Kapsel, in der sich das kaiserliche Siegel befand), in der 1356 das Wahlrecht der Kurfürsten endgültig geregelt wurde.
Wenige Jahre später unterbreitete der Herzog von Österreich, Rudolf IV. (1339 – 1365), dem Kaiser eine Sammlung von Urkunden, die den österreichischen Herzögen eine Reihe von Sonderrechten einräumen sollten (Privilegium maius). Bei diesen Urkunden handelte es sich um Fälschungen, die Rudolf hatte anfertigen lassen. Karl IV. bestätigte sie nicht, auch auf der Grundlage eines Gutachtens des Gelehrten und Dichters Francesco Petrarca.

i

Woher kommen die „Deutschen"?
Wie war aus dem Ostfränkischen Reich ein Reich „der Deutschen" geworden? Noch Heinrich II. sah sich als „fränkischer" Herrscher. In der Folge verband sich der Franken-Name aber immer mehr mit dem Westfränkischen Reich – hier lebt er bis heute fort: Frankreich. Das Ostfrankenreich bestand aus mehreren Stämmen (Bayern, Schwaben, Franken, Sachsen, Kärntner, Lothringer), denen zunächst ein gemeinsamer Überbegriff fehlte. Wenn sie sprachen, redeten sie in ihrer „Volkssprache", *thiutisca lingua*. Der Begriff „deutsch" hat sich aus dem daraus abgeleiteten Adjektiv entwickelt. Der Kontakt am Hof der Könige und Kaiser und auf den gemeinsamen Heereszügen schuf eine zumindest den „Hochdeutschen" (Franken, Bayern, Schwaben) gemeinsame Hochsprache: das Althochdeutsche. Es wandelte sich seit dem 11. Jh. zum Mittelhochdeutschen.

Ein späterer Kaiser aus dem Hause Luxemburg, Sigismund (1368 – 1437), erwarb sich als römisch-deutscher König Verdienste um das Zustandekommen des Konstanzer Konzils (1414 – 1418). Dass dort allerdings der böhmische Reformator Jan Hus verurteilt und hingerichtet wurde, löste in den tschechischen Landesteilen große Empörung aus, die zu jahrelangen militärischen Auseinandersetzungen (Hussitenkriege) führte. Sigismund hatte Hus, bevor dieser nach Konstanz reiste, freies Geleit zugesichert.

A

3 Erklären Sie, inwiefern Friedrich II. als außergewöhnlicher mittelalterlicher Herrscher bezeichnet werden kann.

4 Beschreiben Sie die Rolle der Kurfürsten bei der Wahl des römischen Königs.

5 Bewerten Sie die Entscheidung Kaiser Sigismunds, nichts gegen die Missachtung seines Geleitbriefs für Jan Hus durch die Dominikaner und den Papst Johannes XXIII. unternommen zu haben.

M10

Ausschnitt einer Seite einer Handschrift der Goldenen Bulle, um 1400

M11

Francesco Petrarca, Ausschnitt eines Freskos von Andreas di Bartolo di Bargilla, um 1450, Florenz, Uffizien

M12

Titelblatt der Ausgabe des Privilegium maius für Kaiser Maximilian I., 1512

M Historische Spielfilme analysieren und dekonstruieren

M1

DVD-Cover Königreich der Himmel

i

In diesem Kreuzzugsdrama verliert Balian, ein junger französischer Schmied, seine Frau und seinen kleinen Sohn. Sein Leben erfährt eine Wende, als Godfrey von Ibelin unbedingt seinen unehelichen Sohn – Balian – finden will. Godfrey ist ein angesehener Baron des Königs von Jerusalem, der sich vor allem der Erhaltung des Friedens im Heiligen Land verpflichtet fühlt. Balian überwindet seine Trauer und begleitet Godfrey nach Jerusalem. Als sein Vater an den Folgen einer Verletzung stirbt, erbt Balian dessen Land und Adelstitel in Jerusalem. Dort leben während der kurzen Phase der Waffenruhe zwischen dem 2. und dem 3. Kreuzzug (zweite Hälfte 12. Jh.) Christen, Muslime und Juden friedlich miteinander.
Balian kommt in ein für ihn fremdes Land. In Jerusalem dient er dem todkranken König und verliebt sich unglücklich in dessen Schwester, Prinzessin Sibylla. Auf Balian warten schwierige Aufgaben in der bedrohten Stadt. Balian erweist sich als heldenhafter Ritter, als er die Stadt und ihre Bewohner vor übermächtigen Angriffen Sultan Saladins (im Film Salahudin) und seiner Truppen schützen muss. Angesichts einer drohenden Niederlage handelt er mit Saladin Modalitäten zur Übergabe der belagerten Stadt an die Muslime aus.

Nach: www.spielfilm.de/filme (vereinfacht und gekürzt; 12.11.2019)

Historische Spielfilme als Darstellungen von Geschichte

Historische Spielfilme beeinflussen unsere Vorstellungen von der Vergangenheit. Seit Beginn der Spielfilmproduktion haben Filmemacherinnen und Filmemacher historische Stoffe aufgegriffen und die Vergangenheit und historische Persönlichkeiten inszeniert.

Was macht diese Inszenierungen so attraktiv? Historische Spielfilme sind unterhaltsam, sie bieten Identifikationsmuster mit Heldenfiguren und Abenteuern. Sie ermöglichen einen psychologischen Blick auf die historischen Persönlichkeiten und ihre Beziehungen. Und sie faszinieren uns mit ihrer Ausstattung, Massenszenen von Schlachten, attraktiven Menschen und Special Effects. Aber historische Spielfilme wollen vorrangig keine Geschichtslektion erteilen, sondern werden gemacht, um Geld einzuspielen.

Fragen und Anregungen zur Analyse von Spielfilmen

1. Analyse der Darstellung der handelnden Personen

- Welche Themen und Probleme werden angesprochen?
- In welcher Zeit spielt der Film?
- Aus welcher Perspektive sehen die Zuschauerinnen und Zuschauer die handelnden Personen?

2. Analyse der Authentizität/Plausibilität der Darstellung (Faktencheck)

- Beruft sich die Regisseurin bzw. der Regisseur auf historische Forschung?
- Wie authentisch ist ein bestimmter Ausschnitt?
- Welche Szenen/Personen sind als authentisch einzustufen?
- Erhebt der Film überhaupt Anspruch auf Authentizität?

3. Analyse der filmischen Mittel (anhand einer Szene)

- Welche filmischen Mittel werden verwendet? (Musik, Kameraführung, Schnitt, Rückblenden, Symbole, Sprache ...)

4. Analyse der Botschaft/Aussage des Films

- Sind persönliche Wertvorstellungen der Regisseurin bzw. des Regisseurs erkennbar?
- Lassen sich im Film Ängste oder Wertvorstellungen aus der Entstehungszeit des Films erkennen?
- War der Film erfolgreich? Wie wurde er von der Kritik aufgenommen?

Nach: Informationen zur politischen Bildung, Bd. 29, S. 53 (adapiert)

Eine Filmanalyse erfordert Recherche und Erfahrung. Sie hilft uns zu erkennen, wie filmische Mittel (z. B. Musik, Kameraführung) unsere Wahrnehmung beeinflussen und dass Filme „Konstrukte“ der Vergangenheit sind. Eine fächerübergreifende Zusammenarbeit bietet sich an.

Königreich der Himmel – ein Plädoyer für Toleranz?

Königreich der Himmel ist ein Monumentalfilm von Gladiator-Regisseur Ridley Scott. Die Figur des Balian hat nur wenig mit dem historischen Balian gemein. Auch sonst weist der Film zahlreiche historische Ungenauigkeiten auf. Die Liebesgeschichte ist historisch nicht belegt und den Anforderungen Hollywoods geschuldet. Der Film war bei Weitem nicht so erfolgreich wie Gladiator (2000).

M3

Der arabische Chronist Beha ad-Din (1145 –1234), ein Augenzeuge der Ereignisse, beschreibt die Verhandlungen zwischen Saladin und Balian wie folgt:

Aber als sie [die Abgesandten Balians] zum Sultan sprachen, weigerte er sich, ihrer Bitte zu entsprechen, und sagte: „Ich verfahre nicht anders als ihr mit der Bevölkerung Jerusalems, als ihr nach dessen Eroberung 1099 die Einwohner ermordet oder in Sklaverei geführt und ähnliche Grausamkeiten verübt habt!“ Die Abgesandten kehrten mit leeren Händen zurück. Darauf ließ Balian Ibn Barzian freies Geleit für sich selbst erbitten, um zu Saladin zu gehen und für die Übergabe Bedingungen auszuhandeln. Er erhielt die Erlaubnis, begab sich zu ihm und bat wieder um allgemeine Schonung für den Preis der Übergabe. Doch er hörte auch auf seine Vorstellungen und Bitten um Mitleid nicht. Schließlich verzweifelte Balian [...] und sagte: „Wisse Sultan, wir sind in so großer Zahl in der Stadt, daß nur Gott sie kennt. Jetzt fürchten sich alle zu kämpfen, denn noch hoffen sie auf ihr Leben, darauf, daß du es ihnen schenkst, wie du es anderen gewährt hast. Sie wehren sich gegen den Tod und wollen leben. Sehen wir aber den Tod unvermeidlich vor uns – bei Gott wir töten unsere Frauen und Kinder und stecken unsere Habe in Brand! [...] Dann zerstören wir den Felsendom, die Moschee al-Aqsa und die anderen heiligen Orte und töten die gefangenen Muslime – es sind fünftausend. [...] Endlich ziehen wir alle zum Kampf gegen euch heraus und streiten wie Männer, die um ihr Leben kämpfen [...]. Ehrenvoll sterben wir oder siegen edel!“ Saladin hielt darauf Rat mit seinen Gefährten. Sie alle schlugen vor, der Bitte um freien Abzug zu entsprechen und die Franken nicht mit dem Untergang vor Augen zu äußersten Schritten zu treiben, deren Folgen unabsehbar wären. Da gab der Sultan nach. Er wollte den Franken freien Abzug unter der Bedingung gewähren, daß sie für jeden Mann, reich oder arm, zehn Dinare zahlen würden, für die Kinder – Jungen und Mädchen – zwei Dinare und für die Frau fünf Dinare.

Zit. nach: F. Gabrieli (Hg.), Die Kreuzzüge aus arabischer Sicht, 1973, S. 189

A

1 Beantworten Sie anhand der Zusammenfassung und des DVD-Covers (M1) so weit wie möglich die Fragen von Schritt 1 und halten sie das Ergebnis schriftlich fest.

2 Lesen Sie den Bericht Beha ad-Dins (M3). Arbeiten Sie die Argumentationen Balians und Saladins heraus.

3 Vergleichen Sie Ihre Ergebnisse mit dem Filmausschnitt (Kapitel 42 des Films), stellen Sie Gemeinsamkeiten und Unterschiede fest.

4 Schauen Sie Kapitel 42 des Films erneut an und achten Sie besonders auf die Kameraführung und den Einsatz von Musik.

5 Diskutieren Sie anhand der Filmkritiken und Scotts Aussagen, ob dieser Film ein Bewusstsein für Toleranz fördern kann.

M2

„Sehr besorgt“ über Scotts 130-Millionen-Dollar-Projekt zeigte sich das Amerikanisch-Arabische Anti-Diskriminierungs-Komitee, und ein Professor für Islamisches Recht an der Universität von Kalifornien klagte, Muslime würden wieder einmal als „dämlich, beschränkt und rückwärts gewandt“ dargestellt.

Der Spiegel 18/2005, S.172

M4

Interessant ist, wie sich Scott um ein ausgewogenes Bild von Moslems und Christen bemüht. Der aktuelle Bezug ist offensichtlich, wo doch US-Präsident George W. Bush nach den Anschlägen vom 11. September von einem „Kreuzzug“ gegen den Terror sprach. Die „New York Times“ gab das Script Islamkennern schon zu lesen, bevor der Film überhaupt fertig war. Scott ist sich der Verantwortung bewusst, so dass in seinem Film kein pauschales Gut und Böse zu finden ist.

www.tv-media.at/kino, 29.04.2005 (12.11.2019)

M5

Regisseur Ridley Scott im Interview:

Frage: Trotzdem hat Ihr Film eine klare politische Message: Jerusalem gehört allen – ein politisches Credo mit dem auch Ted Kollek als Bürgermeister von Jerusalem angetreten und gescheitert ist ...

Scott: Unser Film beschreibt eine historische Phase, in der Christen und Moslems in Jerusalem für zehn Jahre friedlich miteinander zusammen lebten und wir zeigen, wie diese Periode von Toleranz und Frieden an der politischen Habgier scheiterte. Was das heutige Jerusalem betrifft, bin ich allerdings der Meinung, dass man weniger in die Geschichte schauen sollte, sondern nach vorne. Der nächste Tag, die nächste Woche und das nächste Jahr sind wichtiger als die Last der Vergangenheit.

www.ultimo-muenster.de, Interview mit Martin Schwickert (12.11.2019)

8 Westeuropa

Die Geschichten von England, Frankreich und den späteren Niederlanden waren im Hochmittelalter vielfach miteinander verbunden.

M1

Darstellung Wilhelm des Eroberers (Mitte) auf dem Teppich von Bayeux, um 1070, Centre Guillaume le Conquérant, Bayeux

M2

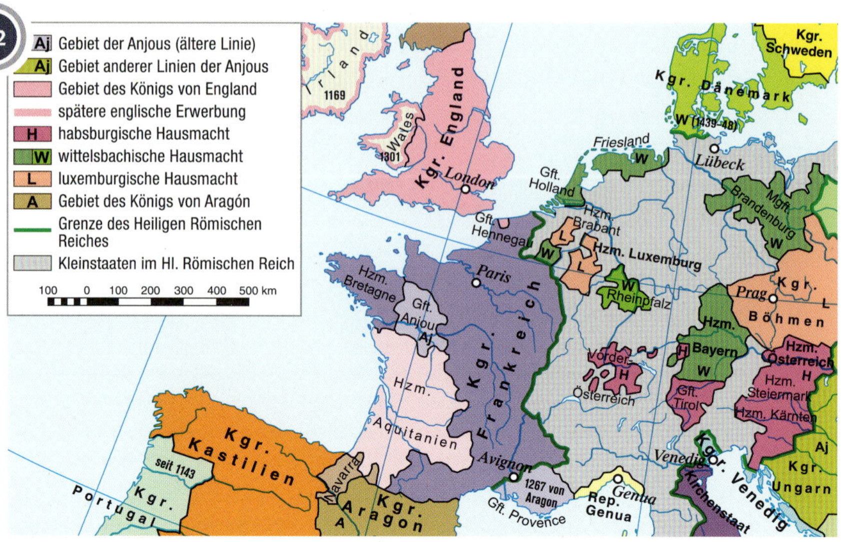

Darstellung von England, Frankreich und Burgund im Spätmittelalter

i

Der Teppich von Bayeux entstand in der zweiten Hälfte des 11. Jhs. Er misst 68 Meter in der Länge und etwa 52 cm in der Breite. In 58 gestickten Szenen wird die Eroberung Englands durch den Normannenherzog Wilhelm den Eroberer dargestellt. Die Darstellung endet mit der Schlacht von Hastings am 14. Oktober 1066, in der die Angelsachsen den Normannen unterlagen. Der Teppich ist ein höchstrangiges Dokument handwerklicher Kunstfertigkeit.

England und Irland

Während der Völkerwanderungszeit waren Angeln, Sachsen und Jüten auf die britischen Inseln gekommen, hatten sich dort angesiedelt und die ansässige Bevölkerung zum Teil verdrängt. Kleine Königreiche entstanden, die miteinander teilweise im Konflikt lagen.
Auf den britischen Inseln überdauerten, im Schutz abgelegener Klöster, viele Zeugnisse antiker Kultur. Der bedeutendste Gelehrte des frühen Mittelalters, Beda Venerabilis (672/673 – 735), lebte in einem englischen Kloster und schrieb dort eine erste Kirchengeschichte Englands. Von Irland und England kamen im 8. und 9. Jh. Mönche und Missionare auf den Kontinent. Die einflussreichsten waren Bonifatius (673 – 754/755), der die Kirche in den germanischen Teilen des Frankenreiches neu organisierte, und Alkuin von York (735 – 804), der Lehrer Karls des Großen und Leiter der Hofschule in Aachen.

M3

Hugo Capet, seit 987 König von Frankreich, Dynastiegründer der Kapetinger, Miniatur aus dem 13. Jh., Bibliothèque Nationale de France, Paris

Die Normannen erobern England

Die wechselvollen Konflikte zwischen Angelsachsen und Normannen fanden 1066 einen Höhepunkt in der Schlacht von Hastings, als französische Normannen unter Wilhelm dem Eroberer (1027/1028 – 1087) England unterwarfen. Die normannischen Eroberer bildeten eine feudale Oberschicht.

Ein französisches Adelsgeschlecht, die Anjou-Plantagenet, beerbten die Normannenkönige. Sie waren nun einerseits Könige Englands, in ihren riesigen französischen Besitzungen aber Lehensleute des französischen Königs. Sie unternahmen verschiedene Versuche, ihre Besitzungen in Frankreich auszuweiten. 1214 verloren ihre Truppen in der Schlacht von Bouvines gegen ein französisches Heer. In der Folge verzichteten sie für mehr als 100 Jahre auf Expansion in Frankreich.

M4

Teppich von Bayeux (Ausschnitt), Stickerei auf Leinen, um 1070, Centre Guillaume le Conquérant, Bayeux

Frankreich

Die westfränkischen Könige des 9. und 10. Jh. waren ziemlich machtlos. Auf die Karolinger folgte im 10. Jh. die Dynastie der Kapetinger. Die Könige regierten eigentlich nur im Zentrum, in der Île de France (mit Paris). Die großen Adeligen wie die Herzöge von Aquitanien, von Burgund, von der Normandie, die Grafen der Champagne usw. regierten autonom in ihren Gebieten.

Doch die Rahmenbedingungen änderten sich. Vor allem der Investiturstreit wirkte sich zu ihren Gunsten aus: Während sich die Kirche im römisch-deutschen Reich gegen den mächtigen König wandte, erhofften sich die französischen Bischöfe vom (schwachen) König Unterstützung gegen die mächtigen Fürsten. Dafür boten sie dem König ideelle Unterstützung.

Unter Ludwig VII. (1120 – 1180) entwickelte Abt Suger von Saint-Denis die Theorie von der Heiligkeit der Person des Königs. Die erfolgreiche Schlacht von Bouvines 1214 stärkte die Position des Königs. Insbesondere König Ludwig IX. (1214 – 1270) war bestrebt, alle politische Macht zentral beim König zu bündeln und den Landadel zu entmachten. Er versuchte dies unter anderem, indem er auf Finanzhoheit und Justiz zugriff. So ließ er in Paris ein königliches Appellationsgericht (Berufungsgericht) errichten, das allen Untergebenen zugänglich sein sollte.

Im Lauf der Zeit konnten die französischen Könige eine spezifische Form von Feudalität durchsetzen: Oberster Lehensherr war der König, daher hing jedes Lehen letztlich von ihm ab.

A

1 Arbeiten Sie heraus, wie sich die politischen und militärischen Entwicklungen des 11. bis 13. Jhs. wechselseitig auf die Geschichte Englands und Frankreichs auswirkten.

2 Analysieren Sie die Unterschiede im Feudalsystem Frankreichs und des Heiligen Römischen Reiches.

3 Stellen Sie die Unterschiede in der Darstellung der Gestalten, vor allem auch der Herrschersymbolik in M3 und M6 dar und beurteilen Sie, inwiefern sich darin auch verschiedene Auffassungen königlicher Herrschaft spiegeln.

M5

Abt Surger, Fenster in der Kathedrale von Saint-Denis, 12. Jh.

i

Abt Suger von Saint-Denis war der wichtigste Berater von Ludwig VII. Die unter ihm erbaute Kirche von Saint-Denis (heute ein Stadtteil von Paris) gilt als erste gotische Kirche und ist die Begräbnisstätte der französischen Könige.

M6

Ludwig IX. (der Heilige), Miniatur, um 1235, Morgan Library & Museum, New York

i

Ludwig IX. handelte als Mensch und König in tiefer christlicher Frömmigkeit und hatte schon zu Lebzeiten den Ruf eines Heiligen. 1297 wurde er heiliggesprochen und gilt seither als Idealtypus eines christlichen Herrschers.

M7

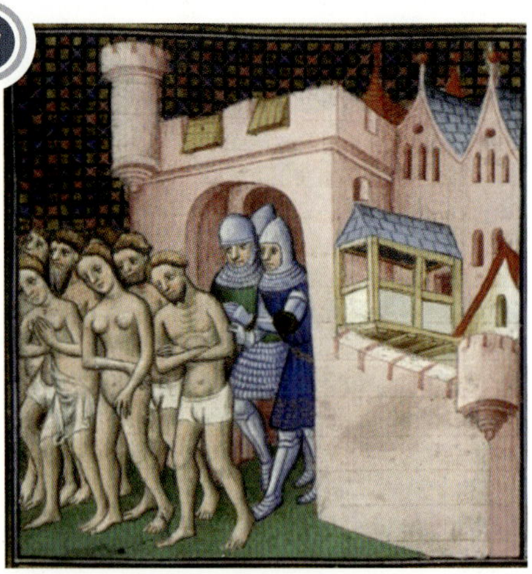

Vertreibung von Katharerinnen und Katharern aus Carcassonne 1209, Grandes Chroniques de France, um 1415, British Libary, London

Avignon: Clemens' Nachfolger verblieben in dieser Abhängigkeit. Als 1378 zwei Päpste gewählt wurden, von denen einer in Rom und einer in Avignon residierte, begann, was später als „Großes Abendländisches Schisma" bezeichnet wurde. Dieses wurde erst 1417 auf dem Konzil von Konstanz durch Wahl eines dritten, in der Folge von allen kirchlichen Fraktionen anerkannten Papstes beendet (der wieder in Rom residierte). Das Papsttum von Avignon wurde später auch „Babylonisches Exil der Kirche" genannt.

Templerorden: seit 1118 bestehender Ritterorden.

M9

Hinrichtung der Templer Jacques de Molays (Großmeister) und Godefroy de Charny (Provinzmeister der Normandie), 1314, Miniatur aus dem 15. Jh.

Aufbau der Zentralmacht unter Philipp IV.

Im 13. Jh. eroberten die französischen Könige immer größere Teile Frankreichs. Eine große Rolle spielte dabei auch der Kreuzzug gegen die Katharer oder Albigenser, der 1209 begann. Dabei wurde der Süden Frankreichs, die Languedoc, dem Königreich einverleibt. Nun begannen die Könige, eingezogene Lehen nicht mehr auszugeben, sondern durch Beamte verwalten zu lassen. Damit wurde für die Zukunft die feudale Verselbstständigung von Baronen, Grafen und Fürsten verhindert.
Philipp IV. der Schöne (1268–1314) brachte sogar das Papsttum unter seine Kontrolle. Papst Clemens V. (1305–1314) aus dem französischen Adel residierte nicht mehr in Rom, sondern in **Avignon**.

M8

Vermählung Philipps IV. mit Johanna von Navarra, 1284, französische Miniatur aus dem 14. Jh., Croniques Primat, British Library, London

Die Vernichtung der Templer

Bald erwies sich, wie erfreulich ein fügsamer Papst für den französischen König sein konnte. Philipp hatte nämlich, um seiner angespannten finanziellen Lage zu entrinnen, beschlossen, den **Templerorden** zu zerschlagen und sich dessen Vermögen anzueignen. Er war im Lauf der Zeit sehr vermögend geworden, und der französische König war bei ihm verschuldet. Philipp bediente sich des neuen Papstes, um den Templerorden unter Anklage stellen und auflösen zu lassen. Clemens kam diesen Wünschen nach. Zahlreiche Templer wurden wegen Häresie (Ketzerei) verurteilt und hingerichtet, ihre Güter von der französischen Krone eingezogen.
Dem Aufbau einer Zentralmacht im Sinne moderner Staatlichkeit standen zwei Hindernisse entgegen. Da war einmal der englische Besitz in Südwestfrankreich (Gascogne), von dem aus englische Könige wieder aktiv werden konnten. Das zweite Problem bestand in der Neigung der französischen Könige, diejenigen ihrer Söhne, die nicht Könige wurden, großzügig mit eigenen Fürstentümern (Apanagen) auszustatten.

Die Entstehung Burgunds

Die wichtigste dieser Apanagen entstand, als König Johann II. (der Gute) seinen Sohn Philipp 1363 mit dem Herzogtum Burgund belehnte. Dessen Nachfolger erwarben nicht nur die benachbarte Freigrafschaft Burgund, sondern auch Flandern, Holland, Brabant und andere Territorien. Als Maria von Burgund schließlich den Habsburger Maximilian I. (1459–1519) heiratete, zog die französische Krone das ursprüngliche Herzogtum wieder ein. Die wirtschaftlich wichtigeren Teile, nämlich die Freigrafschaft und die Niederlande, gingen an die Habsburger.

Der Hundertjährige Krieg

1328 starb die Hauptlinie der Kapetinger aus. Französische Könige wurden die Söhne eines Königsbruders, die Valois. Die Gemahlin des englischen Königs Edward II. (1284–1327), Isabelle de France (1295–1358), entstammte der Hauptlinie. Ihr Sohn Edward III. (1327–1377) erhob daher ebenfalls Anspruch auf den französischen Thron. Damit begann eine große Auseinandersetzung, die sich, mit Unterbrechungen, über hundert Jahre hinziehen sollte. Üblicherweise wird sie in drei Phasen eingeteilt:
1. Phase (1339–1360): Englische Truppen erringen Siege gegen die französischen Ritterheere bei Crecy 1346 oder Maupertuis 1356. Bei Maupertuis gerät der französische König in Gefangenschaft. 1360 kommt es zu einem Vergleich. Den Ausschlag für die militärischen Erfolge geben die englischen Bogenschützen mit ihren aus Eiben geschnitzten Bogen.

M11

Englische Langbogenschützen beim Üben, Miniatur, Luttrell-Psalter, 1325, Britisch Library, London

2. Phase (1369–1380): Die Franzosen gewinnen die Oberhand und erobern fast den gesamten englischen Besitz.
3. Phase (1415–1453): 1415 landet der englische König Heinrich V. in Frankreich und besiegt die Franzosen bei Azincourt. Er heiratet die Königstochter Isabella. Ihr Sohn, Heinrich VI. (1421–1471), sollte beide Königreiche beherrschen. 1429 befreit ein junges Mädchen, Jeanne d'Arc, Orléans und führt den jungen König Karl VII. (1403–1461) zur Krönung in die alte Krönungsstadt Reims. Ein Jahr später wird Jeanne von burgundischen Söldnern gefangen genommen und den Engländern ausgeliefert. 1431 wird sie in Rouen als Ketzerin verbrannt. Ihr Andenken wirkte für die Franzosen motivierend. Langsam drängten sie die Engländer zurück. 1453 verblieb nur mehr Calais im englischen Besitz. Der Krieg schlief einfach ein, Calais blieb bis 1558 englisch.
Durch die Siege gegen England wurde Frankreich zur ersten zentralisierten Monarchie in Europa. 1436 erklärt der König, die Stände hätten ihn gebeten, die Steuern auch ohne Zustimmung der Stände einzuheben – die Reise zu den Reichstagen sei zu teuer und zu beschwerlich. König Ludwig XI. (1423–1483) gilt als Begründer des neuzeitlichen Frankreich. Der größte Teil des burgundischen Erbes blieb den Habsburgern. Eine neue dauerhafte Feindschaft begann.

A

4 Benennen Sie Gründe für die brutale Verfolgung der Templer durch Philipp IV.

5 Beschreiben Sie die Auswirkungen, die der Hundertjährige Krieg auf England und Frankreich hatte.

6 Rekonstruieren Sie die Folgen des Hundertjährigen Krieges für England und Frankreich.

M10

Schlacht bei Aurey 1364, Chroniques des Jean Froissart, 15. Jh., Bibliothèque Nationale de France, Paris

M12

Jeanne d'Arc, Miniatur, 15. Jh., Archives nationales (France), Pierrefitte-sur-Seine

i

Kriegsfolgen in England
Die englischen Könige mussten immer wieder die Parlamente einberufen, die die für die Kriegsführung notwendigen Geldmittel bewilligen mussten. Ab 1300 trat das Parlament regelmäßig zusammen. Im 14. Jh. wurde der große Rat des Königs zum Oberhaus, die Vertreter der Ritter in den Grafschaften und der Städte zum Unterhaus. Im 15. Jh. geriet England in langwierige Auseinandersetzungen um die Thronfolge zwischen den Häusern Lancaster und York („Rosenkriege"). 1485 kam das Haus Tudor auf den Thron.

i

Der Osten Europas wurde überwiegend, aber nicht ausschließlich, von verschiedenen slawischen Völkerschaften bewohnt. Länger und öfter als der Westen und die Mitte Europas wurde er von Einfällen aus Asien kommender kriegerischer Völker betroffen. Das waren

- **Awaren:** Mitte 6. Jh. bis um 800. Ihr Reich wurde von Karl dem Großen zerstört. Um 820 verschwindet ihr Name aus den Quellen.
- **Bulgaren:** Sie kamen um 680 aus der Schwarzmeersteppe, gründeten zwei Reiche auf dem Balkan. Der Name der Bulgaren ging auf die Slawen im Bulgarenreich über. Dieses wurde 864 christianisiert und 1018 von den Oströmern zerstört.
- **Magyaren** bzw. **Ungarn:** Sie kamen um 870/880 aus der Ukraine, nahmen bis 896 die Ungarische Tiefebene in Besitz, zerstörten das Mährerreich und unterwarfen die Slawen (Vorfahren der Slowaken) in ihrem neuen Reich.
- **Petschenegen:** Sie vertrieben zuerst die Ungarn aus der Ukraine, kämpften später mit den Fürsten von Kiew und mit Byzanz. Im 11. Jh. waren sie mächtig, verschwanden später aber.
- **Mongolen** (siehe S. 155).

M2

Siegel Přemysl Ottokars II., Federzeichnung von Friedrich Wachsmann, Vorzeichnung zum Kronprinzenwerk, Bd. Böhmen I, 1894, S. 243, Österreichische Nationalbibliothek, Wien

9 Ostmittel-, Südost- und Osteuropa

Ungarn

Magyarische Stämme verließen um 500 die Steppengebiete am Ural. Sie kämpften zeitweilig an der Seite von Byzanz gegen die Bulgaren. Im 9. Jh. siedelten sie sich unter Fürst Árpád (845–907) in der Ungarischen Tiefebene an. Ab etwa 900 verwüsteten sie das Frankenreich vom heutigen Ungarn aus. Nach der Niederlage auf dem Lechfeld gegen ein fränkisches Heer (955) nahm die magyarische Oberschicht den christlichen Glauben an und gründete das ungarische Königreich. Stephan I. (969 – 1038) wurde zum ersten König Ungarns gekrönt. Das Königreich wurde in Komitate (Verwaltungsbezirke) gegliedert, deren Zentren nach fränkischem Vorbild Burgen bildeten.
König Andreas II. schaffte 1222 die Erblichkeit der Lehen ab. Dafür bestätigte er allen Adeligen den Gerichtsstand vor dem König. Jährlich sollte ein Reichstag abgehalten werden. Der Adel war nach wie vor der Stand der Krieger und zahlte daher keine Steuern. Nach dem Aussterben der Árpáden kamen die Könige aus dem Haus der Anjous Unteritaliens. Ungarn wurde unter den Königen Karl I. Robert (1288 – 1342) und Ludwig dem Großen (1326 – 1382) durch die Ausbeutung der Goldvorkommen in Oberungarn (heute: Slowakei) der größte Goldlieferant Europas.

M1

Darstellung von Fürst Árpád (Mitte) auf dem Budapester Heldenplatz, Fotografie, 2005

Polen

966 trat Fürst Mieszko, Gemahl einer christlichen böhmischen Prinzessin, zum Christentum über. Sein Sohn Bolesław Chrobry („der Kühne", 965/967 – 1025) dehnte sein Herrschaftsgebiet über zahlreiche slawische Stämme aus. Das Reich des Bolesław wurde später als Königtum bezeichnet, zerfiel aber im 12. Jh. in Teilreiche unter Mitgliedern der Königsfamilie der Piasten. Nach der Zerstörung durch die Mongolen wurden zahlreiche deutsche Kolonisten ins Land geholt. Eine Einigung des Reiches kam erst wieder im 14. Jh. zustande.

Böhmen/Mähren

Im 10. Jh. wurde Prag das Zentrum eines neuen (west-)slawischen Reiches, Böhmen. Erster christlicher Fürst war der später als heilig geltende Wenzel (um 908 – 929/935). Seit dem 13. Jh. zählten die böhmischen Könige zu den Kurfürsten. Sie galten aufgrund der reichen Silbervorkommen als besonders wohlhabend. Ottokar II. Přemysl (1232 – 1278) war König von Böhmen, seit 1250 auch Herzog von Österreich, später auch von Steier, seine Macht reichte bis zur Adria. 1304 starben die Přemysliden aus, danach setzten sich Könige aus dem Haus der Luxemburger durch.

Die russischen Fürstentümer

Seit dem 8. Jh. kamen schwedische Wikinger, Waräger genannt, über die Ostsee, führten ihre Boote über die zentralrussische Wasserscheide und fuhren auf Don und Dnjepr ins Schwarze Meer. Sie belagerten vergeblich Konstantinopel und wurden noch vor der Jahrtausendwende von dort aus christianisiert. Das von dem warägischen Fürsten Rurik (um 830 – um 879) abstammende Herrscherhaus der Rurikiden errichtete ein großes Reich mit Kiew als Zentrum, das im Hochmittelalter in zahlreiche kleinere Fürstentümer zerfiel. Der Handel der russischen Waräger vermittelte Waren von Innerasien bis nach Westeuropa, über die Meeresverbindung Ostsee – Nordsee – Atlantik. Den Höhepunkt seiner Macht erreichte Kiew unter Jaroslaw I. (979/986 – 1054).
Während Kiew später verfiel, blieb das nördliche Nowgorod (am Ilmensee) eine bedeutende Handelsstadt. Die dortigen Kaufleute anerkannten auch eine fürstliche Herrschaft, deren bedeutendster Vertreter Alexander Newski (1238 – 1256) war. Er setzte sich gegen Schweden und die Ritter des Deutschen Ordens militärisch durch, musste aber die Oberhoheit der Mongolen anerkennen.

M4

Der hl. Andreas sagt die Gründung von Kiew voraus, Radziwiłł-Chronik, 13. Jh., Russian Academy of Sciences, St. Petersburg

Ostrom und der Balkan

Die rasche Ausbreitung der Araber im 7. Jh. verkleinerte das Oströmische Reich radikal. Konstantinopel wurde mehrmals belagert, konnte sich aber behaupten. Um 860 konsolidierte sich Byzanz und nahm die anatolische Halbinsel wieder ganz in Besitz. Seit Kaiser Basoleios I. regierte hier die Dynastie der Makedonenkaiser, die das „Mittelbyzantinische Reich“ zu einer neuen Machtstellung führten. Im 10. Jh. expandierte Ostrom wieder, und zwar nach Armenien, Syrien und in den Libanon. Die Herrlichkeit währte nur kurz. Die seldschukischen Türken schlugen die Byzantiner („Römer“) bei Mantzikert 1071 vernichtend. 1054 kam es offiziell zur Spaltung zwischen der lateinischen Kirche (Rom) und dem griechisch-slawisch-orientalischen Osten (Konstantinopel). Der Papst in Rom und der Patriarch von Konstantinopel bannten sich gegenseitig. Dem Herrschaftsanspruch des römischen Papstes widersetzte sich die östliche Kirche.

A

1 Analysieren Sie den Einfluss der aus Asien kommenden Steppenvölker auf die politische Landschaft Europas vom 11. bis zum 13. Jh.

2 Fassen Sie die Reichsbildungen in Ost- und Ostmitteleuropa in Form einer Tabelle zusammen.

M3

Warägergarde des oströmischen Kaisers, Chronik des Johannes Skylitzes, Miniatur aus dem 12. Jh.

i

Die Mongolen
Dschingis Khan (1155/1162/1167 – 1227) vereinigte die mongolischen Stämme und begann eine große Expansion. Bei seinem Tod reichte seine Herrschaft vom Pazifischen Ozean bis zum Kaspischen Meer. Unter seinen Nachfolgern errichteten die Mongolen das größte Reich der Geschichte mit einer Größe von 26 Millionen km² und etwa 100 Millionen Menschen. Sie beherrschten Asien mit Ausnahme der beiden südlichen Halbinseln, das europäische Russland, die Ukraine und die Länder des Kaukasus. 1229 zerstörten sie Kiew und unterwarfen bis 1240 die Russen (außer Nowgorod). Danach fielen sie in Polen ein und zerstörten anschließend Ungarn (1241). Dann zogen sie sich zurück, beherrschten aber weiterhin Russland (Reich der Goldenen Horde).

M5

Darstellung Dschingis Khans, 14. Jh., National Palace Museum, Taipeh

M1

Aachen, Pfalzkapelle, Fotografie, 2014

Lettner: hohe Schranke aus Holz oder Stein, die in mittelalterlichen Kirchen den Chor (den Raum für die Priester und Mönche) vom Langhaus (der restlichen Kirche) trennt. Er verfügt in der Regel über eine Art Empore für Lesungen aus der heiligen Schrift oder die Positionierung von Chorsängerinnen und -sängern.

M3

Agnesleuchter, Stift Klosterneuburg, Fotografie, 2010

M4

Darstellung eines gotischen Maßwerkfensters mit Spitzbogen, Meiers-Konversationslexikon, 1889

10 Architektur im Mittelalter

Die Kunst des Mittelalters diente zunächst nur religiösen Zwecken. Kirchen und Klöster mit Altären, Kultgeräten (Kelchen) und Bildern auszustatten, war die einzige Aufgabe für Kunstgewerbe, Plastik und Malerei. Der größte Bau des frühen Mittelalters ist die Pfalzkapelle von Aachen. Sie wurde unter Karl dem Großen unter Verwendung antiker Säulen erbaut. Ihre Vorbilder standen in Ravenna und Konstantinopel.

Romanik

Aus der antiken Basilika (Markt- und Gerichtshalle) entstanden die romanischen Kirchen. Ihre Vorbilder befanden sich in Rom. Nach diesem Muster erbaute Kirchen werden „romanisch" genannt: Meist bestehen sie aus drei Schiffen, von denen das mittlere die beiden Seitenschiffe überragt. Mit einem Querschiff bilden sie im Grundriss ein Kreuz. Der Vorderteil („Chor") war oft den Priestern vorbehalten und vom Volk durch einen **Lettner** abgetrennt.

M2

Rekonstruktionszeichnung von Cluny III, G. Dehio/G. von Bezold, Kirchliche Baukunst des Abendlandes, 1887 – 1901, Tafel 212

Die größte romanische Kirche war jene von Cluny. Die dritte Kirche von Cluny wurde im 11. Jh. erbaut und galt als größte Kirche der westlichen Christenheit – erst der im 16. Jh. erbaute Petersdom in Rom war größer. Sie war fast so lang wie zwei Fußballplätze. Die bis zu 1 000 Mönche von Cluny sollten sich hier versammeln.

Kaiserdome am Rhein

Schöne Beispiele der Romanik sind auch die Kaiserdome in Speyer, Worms und Mainz. Der Dom von Speyer gilt nach der Zerstörung von Cluny (während der französischen Revolution) mit 134 Metern Länge und 34 Metern Breite als größter romanischer Dom. Er wurde unter Kaiser Heinrich IV. errichtet und 1106 fertig gestellt. Hier fanden mehrere Kaiser ihre Grabstätte, auch König Rudolf I. von Habsburg (1218 – 1291) ist hier bestattet. Gleichzeitig entwickelten sich andere Künste – das Kunsthandwerk für die künstlerische Gestaltung der Altargeräte und die Malerei für die Ausschmückung der Innenräume, schließlich die Buchmalerei, aus der erste wunderbare Zeugnisse hervorgingen. Die Reformorden der Zisterzienser wollten völlig schmucklos bauen, als Zeichen der Demut. Die betenden Mönche sollte nichts von ihrer Andacht ablenken.

Gotik

Als erste gotische Kirche gilt die Abteikirche von Saint-Denis. Hier entstanden die ersten spitzbogigen Kreuzrippengewölbe. In der Folge entwickeln sich in dieser neuen Kunst zwei besondere Eigenheiten: Die Kirchen streben in ungeheure Höhen, die Mauerflächen weichen schlanken Säulen und großen Fenstern.
Giorgio Vasari nannte diesen Baustil im 16. Jh. „gotisch“, womit er sein Missfallen gegenüber diesem „barbarischen“ Stil zum Ausdruck bringen wollte.
Vorbild für die Durchlässigkeit für das Licht, das nun durch große bunte Glasfenster den Raum erhellt, wird die Sainte-Chapelle (Heilige Kapelle) in Paris.

M5

Triforium in der Kathetrale von Saint-Denis, Fotografie, 2014

Triforium: Gang in der Hochwand einer (meist gotischen) Basilika.

M6

Sainte-Chapelle, Paris, Fotografie, 2014

Die wichtigsten gotischen Kathedralen wurden zunächst in Frankreich gebaut, in Chartres, Reims, Amiens, Paris, dann folgte Straßburg. Der Dom von Köln sollte noch größer und schöner werden. Dieser Bau wurde jedoch erst im 19. Jh. fertiggestellt.

M7

Detail des Verduner Altars, Nikolaus von Verdun, 12. Jh., Klosterneuburg, Fotografie, 2015

M8

Verduner Altar, Nikolaus von Verdun, 12. Jh., Klosterneuburg, Fotografie, 2015

i

Dieses Wunderwerk der Emailkunst wird nach seinem Künstler Nikolaus von Verdun „Verduner Altar“ genannt – mit der gleichnamigen französischen Stadt hat der Altar nichts zu tun. Er ist in Klosterneuburg entstanden und befindet sich heute in der Leopoldskapelle. Nach etwa zehn Jahren Arbeit wurde das Werk 1181 vollendet, das in technischer und künstlerischer Hinsicht eine unbestrittene Meisterleistung darstellt. Es gilt als das erste hochmittelalterliche Werk, das bewusst auf den Stil der Antike zurückgreift und damit zu einer neuen Naturnähe gelangt, die der Gotik den Weg bereitet.

A

1 Beschreiben Sie wesentliche Kennzeichen der romanischen und gotischen Architektur.

2 Vergleichen Sie mittelalterliche mit heutigen Kunstauffassungen.

11 Höfische Kultur

Stabile Höfe entstanden erst im 12. Jh., davor hatten hohe Adelige mehrere Burgen, vielleicht einen Lieblingssitz. Das höfische Leben aber war anders als das Leben in den alten, engen Burgen. Bei Hof kannte man gehobene Umgangsformen. Der höfische Mann war im Idealfall nicht nur gebildet, sondern auch erzogen. Die „zuht" ist ein wichtiger Begriff in der höfischen Gesellschaft. Es ging dabei um die Vorstellung von Selbstdisziplin, um die Überwindung von Schwierigkeiten und das Beherrschen von Formen.

M1

Ritter und Dichter: Hartmann von Aue, Darstellung aus dem Codex Manesse, zwischen 1300 und 1340, Universitätsbibliothek Heidelberg

M2

Ritter und Dichter: Wolfram von Eschenbach, Darstellung aus dem Codex Manesse, zwischen 1300 und 1340, Universitätsbibliothek Heidelberg

Hoftag: Zusammenkunft des römisch-deutschen Königs oder Kaisers mit Fürsten des Reiches.

Schwertleite: Ritual, in dessen Verlauf ein junger (meist adeliger) Krieger zum Ritter gemacht wurde.

Turnier: im Mittelalter Wettkampf zwischen Rittern.

Höfische Erziehung

In der Erziehung des jungen Tristan gibt der Dichter Gottfried von Straßburg (gest. um 1215) Einblicke in das Bildungsideal der höfischen Gesellschaft. Der junge Mann wird an den ritterlichen Waffen geübt, Mut und sportliche Gewandtheit gehören selbstverständlich zum Rittertum. Die höfische Kultur erforderte mehr: Kenntnis des Lateinischen und Französischen, Meisterschaft in der Musik, im Gesang und in der Instrumentalmusik, schließlich Gewandtheit im geselligen Umgang. Tristans Ausbildung endet mit einer großen Reise.

M3

Die Historikerin Edith Ennen über den Mainzer ***Hoftag*** *Friedrich Barbarossas von 1184:*

Ritterliche Lebensform gewann Gestalt in dem Mainzer Hoftag, der curia celebris, im Jahre 1184 aus Anlass der **Schwertleite** der beiden Kaisersöhne, des Königs Henrich und des Herzogs Friedrich. [...] Die Schwertleite wurde Pfingstmontag nach der Frühmesse vorgenommen, sie gab dem Fest sein ritterliches Gepräge: Die novi milites, die neuen Ritter, dokumentierten ritterliche Freigebigkeit in reichen Geschenken, die Fürsten und Großen schlossen sich an. Dann begann ein glanzvolles **Turnier** [...]. Immerhin bot der Mainzer Hoftag auch edlere Genüsse: Guiot de Provins und Heinrich von Veldeke waren die besten, wenn auch sicher nicht die einzigen anwesenden Dichter; Guiot nennt ausdrücklich den Kaiser als seinen Gönner; vielleicht steht dahinter die Kaiserin Beatrix.

E. Ennen, Frauen im Mittelalter, 1999, S. 129f.

Die Verehrung der Frauen

In der höfischen Gesellschaft traten adelige Damen sichtbar in der Öffentlichkeit auf. Nach Auffassung der höfischen Gesellschaft sollten sie den „hohen Mut" der Ritter wecken. In den Epen des Hochmittelalters stürzen sich diese für ihre Damen in Abenteuer, Kämpfe und Turniere. Die edle Frau erschien als Erzieherin des ritterlichen Mannes. Die Liebe zur *frouwe* (Herrin) fand in der „Minne" Ausdruck, einer komplexen Beziehungsform, die nicht mit Liebe oder Liebeswerben im modernen Sinn verwechselt werden sollte. Die besungene Dame blieb für den Sänger meist unerreichbar. Oft war sie die Ehefrau eines ranghöheren Adeligen. Sie wurde bei aller Verehrung auch nicht wirklich als eigenständige Person wahrgenommen. Eher erscheint sie als Idealbild der Minnesänger, das, auf einen Sockel gehoben, Objekt für Projektionen blieb. Die neue höfische Kultur nahm ihren Ausgangspunkt in der Provence und anderen Gebieten Frankreichs. Troubadours waren zugleich Komponisten, Dichter und Sänger höfischer Lieder. Als einer der ersten Troubadours gilt Wilhelm IX. von Aquitanien (1071 – 1126).

Minnelyrik

Höfe, an denen gebildete und einflussreiche Frauen lebten, bildeten Anziehungspunkte für Troubadours. So besang Bernard von Ventadour die englische Königin Eleonore, die öfters im französischen Angers Hof hielt. Nach der Trennung von ihrem Gatten (er hatte eine Geliebte) residierte Eleonore häufig in Poitiers, das zum Mittelpunkt höfischen Lebens wurde. Am Hof ihrer Tochter, Marie de Champagne (1145–1198), wirkte der bedeutendste französische Dichter des 12. Jhs., Chrétien de Troyes (um 1140–um 1190), dem Marie den Stoff für eine seiner Dichtungen, den Roman Lancelot, lieferte. Ihre Schwester Matilda Plantagenet (um 1156–1189), verheiratet mit Heinrich dem Löwen (gest. 1195), brachte die Kultur der Troubadours nach Deutschland. Dort entstanden Dichtungen höfischer Art. Der Troubadour Bertran de Born (vor 1140–um 1215) schrieb zwei seiner schönsten Liebeslieder für Matilda (1182/1183).

M5

Krönung Heinrichs des Löwen und Matildas, Evangeliar Heinrichs des Löwen, um 1188, Herzog August Bibliothek, Wolfenbüttel

Höfisches Epos

Deutschsprachige Troubadours übernahmen von Chrétien auch den Sagenkreis um König Artus. Die Ritter seiner Tafelrunde hatten zahllose Abenteuer zu bestehen, bis sie die geliebte Dame erobern (oder zu ihr zurückkehren) durften. Diese neuen Stoffe gestalteten Hartmann von Aue (gest. zwischen 1210 und 1220), Wolfram von Eschenbach (1160/1180 bis um 1220) und Gottfried von Straßburg. Wolfram von Eschenbachs „Parzival" gehört zu den am meisten gelesenen Werken des Mittelalters, er ist in etwa 75 Handschriften erhalten.
Zu den heute noch bekanntesten Lyrikern des Hochmittelalters zählt Walther von der Vogelweide (um 1170–um 1230), der seine Jugend am Hof zu Wien verbrachte und im Alter ein Lehen bei Würzburg erhielt. Seine Dichtung geht weit über die übliche Minnelyrik hinaus, sie ist auch politisch.

A

1 Benennen Sie wichtige Eigenschaften, die einem höfischen Ritter zugeschrieben wurden.

2 Analysieren Sie den Einfluss, den gebildete adelige Damen auf die höfische Literatur des Hochmittelalters ausübten.

M4

Der Mediävist Joachim Bumke (1929–2011) zur höfischen Kultur:

Kein Mensch hat damals so gelebt wie die Helden der Artusromane, deren ganzes Streben darauf gerichtet war, in Ritterkampf und Minnedienst höfische Vorbildlichkeit zu erringen. Die Dichter haben eine Märchenwelt beschrieben, in der alle politischen, wirtschaftlichen und sozialen Probleme, mit denen die adelige Gesellschaft in der Realität konfrontiert war, künstlich ausgeklammert blieben. Es ist sicher kein ganz abwegiger Gedanke, daß der Zauber, den die höfische Literatur auf die Zeitgenossen ausgeübt hat, wenigstens zum Teil darin begründet war, daß die Schilderungen der Dichter manche Härten und Zwänge der Wirklichkeit für kurze Zeit vergessen ließen. Das kann aber nur die eine Seite des Bildes gewesen sein. Die andere wird durch die Tatsache erhellt, daß das poetische Idealbild eine große Wirkung entfaltet und das reale gesellschaftliche Verhalten der adligen Oberschicht in mannigfacher Weise beeinflußt hat. Der höfische Ritter und die höfische Dame wurden gesellschaftliche Leitbilder, die jahrhundertelang gültig geblieben sind.

J. Bumke, Höfische Kultur, Bd. 2, 1996, S. 381

M6

Walther von der Vogelweide, Darstellung aus dem Codex Manesse, zwischen 1300 und 1340, Universitätsbibliothek Heidelberg

Zeitleiste

6. Jh.: Langobarden im Osten, danach Awaren. Im Westen entsteht der Stamm der Baiern, im Gebirge leben nach wie vor Romanen. Im Osten und Südosten wandern Slawen ein.
7. Jh.: Slawen im Südosten werden als Karantaner bezeichnet.
8. Jh.: Aufstieg Salzburgs als Bistum und später Erzbistum, Karantaner zuerst von Awaren, dann von Baiern abhängig.
Um 800: Awarenreich von Franken erobert, fränkisches Ostland umfasst Pannonien bis zu Donau und Save.
9. Jh.: Erste baierische Kolonisation, Aufstieg des Reiches der Mährer, dort predigen Kyrill und Method. Gegen Ende des Jhs. tauchen die Ungarn auf.
907: besiegen die Ungarn die Baiern bei Pressburg (Bratislava). Die Enns wird (wieder) Grenze.
955: Schlacht auf dem Lechfeld. Eine kleine Mark östlich der Enns wird geschaffen.
976–1246: Babenberger sind in Österreich zuerst Markgrafen, ab 1156 Herzöge.
12./13. Jh.: Landesbildung in der Steiermark und im Herzogtum Österreich.
2. Hälfte 13. Jh.: Unter Graf Meinhard II. von Görz und Tirol wird Tirol als eigenes Land anerkannt und auch rechtlich von Bayern getrennt.
1282: König Rudolf von Habsburg belehnt Söhne mit Österreich und der Steiermark.
1335: Die Habsburger Herzöge Albrecht und Otto werden mit Kärnten und Krain belehnt.
1359–1365: Herzog Rudolf IV., der Stifter. Ausbau der Kirche zu Stephan in Wien, Gründung der Universität Wien.
1363: Erwerbung Tirols.
1379–1462: Phase der Teilungen, zwei bis drei habsburgische Gebiete entstehen:
- Österreich (Nieder- und Oberösterreich)
- Steiermark, Kärnten und Krain
- Tirol und die Vorlande (Streubesitz bis ins Elsass)

1440–1493: Kaiser Friedrich III. (aus der steirischen Linie) vereinigt zuletzt alle habsburgischen Gebiete wieder.

12 Der heutige österreichische Raum im Hoch- und Spätmittelalter

Es herrschte eine ständige „feudale Konkurrenz“ zwischen bewaffneten Herren verschiedener Rangstufen. Ausgefochten wurde sie in Familienfehden, Nachfolgekämpfen, Erbschaftsstreitigkeiten. Das Ergebnis waren völlig neue politische Einheiten. Ab der Mitte des 11. Jhs. entstand in den adeligen Familien ein neues Bewusstsein von Kontinuität. Klostergründungen signalisieren ein verstärktes Bewusstsein der eigenen Sündhaftigkeit, aber auch ein verstärktes Geschlechtsbewusstsein (Erbbegräbnis, Erbvogtei). Wer sich das leisten konnte, war ein Herr.
Es gab mehrere solcher Hochadeliger, in Bayern ebenso wie in Kärnten und in den Markgebieten. An die Stelle der großräumigen Herzogtümer traten kleinere Herrschaftsbereiche der verschiedenen Herren (Bischöfe, Markgrafen, Grafen, Vögte, sonstige Adelige). Aus der heftigen Konkurrenz dieser Herren untereinander gingen wieder neue, größere Gebilde hervor, die sich schließlich in den Ländern des späten 12., des 13. und des 14. Jhs. zu neuen Verbänden von großer Beständigkeit verfestigten. Dies führte zu einer Neugestaltung der politischen Landkarte.
Diese Landesbildung konnte ihren Ausgangspunkt von ottonischen Marken nehmen. So entstand das Land Österreich aus einer ottonischen Mark. Ähnlich wie im Falle Österreich war auch in der Landesbildung der Steiermark die Mark von Bedeutung.

M1

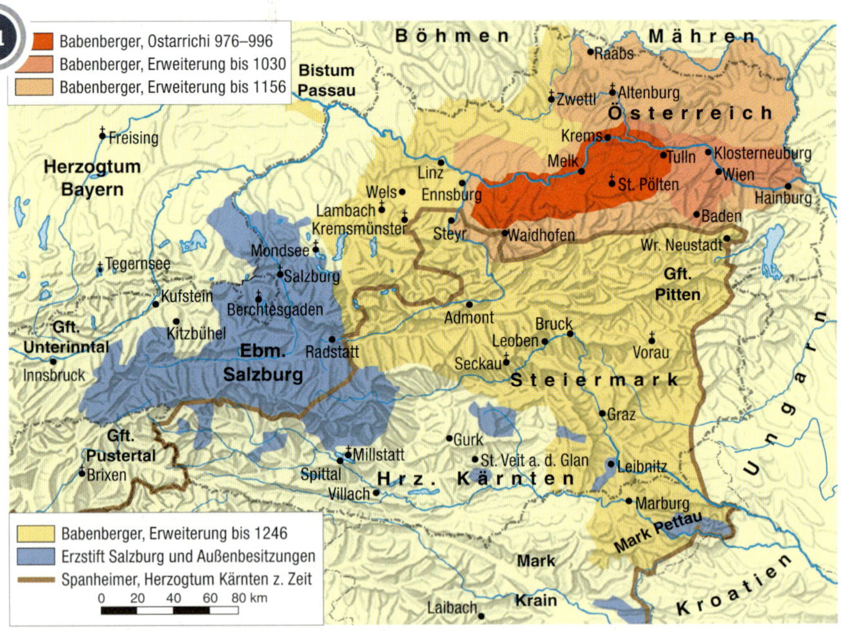

Darstellung der österreichischen Länder um 1200

Die Entstehung des „Steirerlandes“

Die Karantanische Mark, dem Kärntner Herzogtum im Osten vorgelagert, umfasste im 10. Jh. einen 40 bis 50 km breiten Gebietsstreifen zwischen Kor- und Gleinalpe einerseits und dem das Grazer Becken nach Osten abgrenzenden Höhenzug andererseits. Im Norden grenzte sie an die Grafschaft Leoben und im Süden (südlich von Leibnitz) an die Mark an der Drau. Um 1043 wurde die Grenze nach Osten vorgeschoben.

1056 wird Otakar I. als Markgraf erwähnt, der schon 1048 Graf im Chiemgau war und der ab 1074 auch nach seiner Burg Steyr benannt wurde. Seine Hausmacht lag wohl im Traungau (daher auch „Traungauer"). Er folgte den Wels-Lambachern auch in der Vogtei über Lambach.

Die Otakare werden Herzöge

Bis 1122 hatten sich die Markgrafen (Adalbero, gest. 1082, und Otakar II., gest. 1122) auf den Ausbau der Traungauer Basis konzentriert: Vogtei über Traunkirchen und Lambach sowie über Besitz von Würzburg und Bamberg, Aufbau einer starken Ministerialität. Diese wurde wichtig, als 1122 das Erbe der Eppensteiner in der Mark und in den Grafschaften im oberen Enns-, Mur- und Mürztal ebenso wie die Vogtei über das Kloster St. Lambrecht Markgraf Leopold „dem Starken" (gest. 1129) zufiel.

Man kann daher mit einer gewissen Berechtigung das Jahr 1122 als Geburtsjahr der Steiermark bezeichnen: Nun entstand jener weitläufige Komplex von Besitzungen und Herrschaftsrechten zwischen der Donau um Linz und der Drau, der später als das Land der Markgrafen von Steyr bezeichnet wurde. Es begann eine lebhafte Siedlungs- und Rodungstätigkeit im Osten der Mark (Gründung von Hartberg), getragen von Ministerialen der Otakare aus ihren Traungauer (also bayerischen) Besitzungen.

Leopolds Nachfolger Otakar III. (um 1125–1164) erbte vor 1138 Besitzungen und Rechte im Friaul und 1147 Güter im heutigen Slowenien. 1158 fiel der Formbacher Ekbert III. vor Mailand. Neuerlich erbte Markgraf Otakar III., der Neffe. Der Formbacher Besitz befand sich im Süden des späteren Niederösterreich, nördlich von Semmering und Wechsel (Grafschaft Pitten, „Bucklige Welt").
Otakar gründete auch einige Klöster: 1129 das Benediktinerkloster Garsten und die Zisterze Rein, die erste im heutigen Österreich, 1160 das Spital am Semmering, 1163 das Augustiner-Chorherrenstift Vorau, um 1164 die Kartause Seitz/Žiče in Slowenien. Die Kartause Seitz/Žiče wiederum war die erste ihrer Art auf dem Boden des Reiches. Otakar III. wurde hier bestattet, ebenso wie Otakar IV. (1163–1192).
Die Auseinandersetzung mit dem hochfreien, den Markgrafen an Besitz und Selbstbewusstsein zunächst gleichrangigen Adel beschleunigte sich. Nun wurde auch die wichtigste Stadt gegründet – Graz, um 1164. Erstmals 1158 gebrauchte Kaiser Friedrich I. den Titel „princeps" (Fürst) für Otakar III. Die Herzogswürde (1180) war Ausdruck dieser fürstlichen Position.

A

1. Beschreiben Sie die Entstehung des Landes Steiermark im 11. und 12. Jh.
2. Stellen Sie dar, inwiefern das Jahr 1122 als Geburtsjahr der Steiermark betrachtet werden kann.
3. Analysieren Sie die Bedeutung, die es haben konnte, unter den Bedingungen feudaler Konkurrenz einen Herzogstitel zu erlangen. Ziehen Sie auch M4 dazu heran.

M2

Wappen des Herzogtums Steiermark, Wappenbuch, um 1495/1498, Bayern

M3

Siegel Otakars III., um 1160

M4

Der Historiker Erich Zöllner (1916–1996) über den Aufstieg Otakars III.:

Nun [nach 1160] konnte sich Otakar III. in jeder Hinsicht als Landesfürst fühlen; in den nächsten Jahren ist dann auch [...] von der „provinicia nostrae ditionis" die Rede, und eine neugegründete Stadt erhielt den charakteristischen Namen Fürstenfeld. Die hochfreien Geschlechter waren weitgehend ausgeschaltet, nur wenige Familien [...] haben sich noch lange behauptet.

E. Zöllner, Geschichte Österreichs, 1990, S. 80

M5

Leopold I. vor der Burg von Melk, Hans Part, Babenberger Stammbaum, 1489 – 1492, spätmittelalterliche Tafelmalerei, Stift Klosterneuburg

M6

Leopold III. (der Heilige) vor Klosterneuburg, Hans Part, Babenberger Stammbaum, 1489 – 1492, spätmittelalterliche Tafelmalerei, Stift Klosterneuburg

i

Babenberger-Stammbaum
dreiteiliges Gemälde (ca. 8 mal 4 Meter); wurde im Auftrag des Stifts Klosterneuburg 1489 bis 1492 von Hans Part und anderen gemalt. Anlass war die Heiligsprechung Leopolds III. Der Stammbaum enthält Rundbilder aller Babenberger und ihrer Frauen. Das Tafelbild sollte Pilgern zur Grabstätte Leopolds III. die Geschichte der Babenberger näherbringen.

Ministerialen: zunächst unfreie, aber dennoch mächtige Gefolgsleute hoher Adeliger. Die Ministerialen des Markgrafen bzw. Herzogs wurden Ministerialen des „Landesfürsten“. Sie traten oft an die Stelle des alten Adels. So wurden sie selbst zu neuen Herren.

Die Titelverleihung selbst steht im Zusammenhang mit dem Sturz Heinrichs des Löwen im selben Jahr. Der bayerische Herzog hatte gegenüber dem steirischen Herzog keinerlei Rechte mehr. Die Dienstleute des Herzogs, die Ministerialen, nannten sich nach der zentralen Burg der Otakare, „Stirenses“, „Steyrer“. Diesen „Steyrern“ garantierte der unheilbar kranke Otakar IV. (1163 – 1192) 1186 die Sicherung ihrer Rechte, auch unter einem neuen Herrn, dem Babenberger Leopold V. (1157 – 1194), der die Steiermark nach dem Tod Otakars übernahm. Diese Rechte bildeten das Landrecht der Steiermark. Die „Stirenses“ wurden als Adel des Landes Träger des starken steirischen Landesbewusstseins. Stets blieb die Steiermark ein eigenes, auf ihr eigenes Recht und ihre besondere Stellung beharrendes Land.

Der Weg zum Land Österreich

Nach der Lechfeldschlacht von 955 war das Ostfränkische Reich wieder nach Osten erweitert worden, über die Enns hinaus. Die neue bayerische Mark östlich der Enns war klein. Von den ersten beiden Markgrafen weiß man nicht viel. Auf Leopold I. (um 940 – 994), den ersten sogenannten „Babenberger“, folgte sein Sohn Heinrich I. (gest. 1018). Aus Angst vor ungarischen Einfällen erhielt Bischof Wolfgang von Regensburg 979 einen Platz, an dem man eine Burg bauen sollte, zum Schutz der bayerischen Siedler: das spätere Wieselburg. Auf Heinrich folgte sein Bruder Adalbert (1018 – 1055). Noch war der Kaiser die aktivere Figur in dieser Region. Heinrich III. führt im Osten der Mark sowie im angrenzenden Ungarn Krieg. In diesen Kämpfen stabilisiert sich die Ostgrenze der Mark. Ein Teil davon, die Grenze an der March, existiert heute noch. Bis 1922 war die Leitha die Grenze zu Ungarn.
Zur Zeit Adalberts und seines Nachfolgers Ernst „des Tapferen“ (1027 – 1075) werden vermehrt Siedlungsnamen genannt. Immer mehr bayerische Kolonisten kamen in das Gebiet unter der Enns. Im Investiturstreit waren die Babenberger verlässliche Parteigänger der Päpste.

M7

Die Frauen des Hauses Babenberg, Hans Part, Babenberger Stammbaum, 1489 – 1492, spätmittelalterliche Tafelmalerei, Stift Klosterneuburg

Rasch ändert sich nun das Antlitz des Landes. Immer mehr Ortsnamen bezeugen die zunehmend dichtere Besiedlung. Markgraf Leopold II. (1050 – 1095) gründete das Kloster Melk. Sein Nachfolger war Leopold III. (1073 – 1136), der später als Heiliger galt. Zahlreiche Klöster wurden gegründet, bald auch Zisterzienser- und Prämonstratenserklöster. Nicht nur die Fürsten gründeten Stifte und Klöster. Auch der nichtfürstliche Adel beteiligte sich an den Gründungen, sogar Ministerialen. Am wichtigsten wurden die **Ministerialen** der Babenberger, unter ihnen die berühmten Kuenringer, die Stifter von Zwettl.

Mit der Hilfe dieser Dienstmannschaft stiegen die Babenberger zu den unbestrittenen Herren des jungen Landes auf. Schon im 12. Jh. legte sich Leopold III. den Titel „Fürst“ zu, vollendete die Gründung von Melk und stiftete Klosterneuburg. Er betrieb auch die Gründung von Heiligenkreuz und Klein-Mariazell.

M9

Stift Melk, Fotografie, 2018

Im 12. Jh. erwarben die Babenberger mithilfe ihrer Dienstmannen zahlreiche Rechte über den Besitz des Diözesanbischofs von Passau und über viele Besitzungen der Bischöfe von Passau, Salzburg, Freising, Bamberg und Regensburg. Dabei ging es nicht immer ganz friedlich zu. Es gibt Belege aus dem später geschriebenen „Landbuch von Österreich und Steier“, die zeigen, wie die Markgrafen und ihre Leute die hochadeligen Konkurrenten langsam, aber beharrlich verdrängten, indem sie sich Rechte über das Kirchengut aneigneten.

Herzogtum Österreich

Leopold III. und sein Geschlecht standen in den Kämpfen des 12. Jhs. auf der Seite der ihnen eng verwandten Staufer. Als König Konrad den Welfen Bayern abnahm, verlieh er es seinem Stiefbruder Leopold IV. (um 1108–1141). Leopold starb bald, ihm folgte im bayerischen Herzogtum und in der Mark sein Bruder Heinrich II. („Jasomirgott“, 1107–1177). Aber die Welfen forderten unablässig Bayern zurück, und die Macht der Babenberger war nicht stark genug, sich langfristig gegen jene durchzusetzen.
Schließlich strebte der neue Kaiser, Friedrich I. Barbarossa, einen Ausgleich mit dem mächtigen Welfengeschlecht an. Auf einem Reichstag zu Regensburg am 17. September 1156 wurde Bayern dem Babenberger aberkannt und dem Welfen Heinrich dem Löwen übertragen. Die Mark Österreich aber wurde zu einem Herzogtum erhoben (Privilegium minus).

A

4 Fassen Sie zusammen, wie die Babenberger ihren Einflussbereich erweiterten.

5 Analysieren Sie die Darstellung Leopolds III. (Bildanalyse s. S. 66) und die dargestellten Symbole. Leopold III. (1095–1136) trägt den Herzogshut. Begründen Sie, inwiefern das nicht den historischen Tatsachen entspricht.

6 Vergleichen Sie die Darstellungen Leopolds III. in M6 und M8. Arbeiten Sie Unterschiede und Gemeinsamkeiten heraus. Beachten Sie dabei auch die unterschiedlichen Entstehungszeiten.

M8

Darstellung Leopolds III. des Heiligen mit seiner Gemahlin Agnes bei einem Ausritt, Rueland Frueauf der Jüngere, Detail des Leopold-Altars, 1505, Kloterneuburg

M10

Heinrich II. (Jasomirgott), Herzog von Österreich, Babenbergerfenster, um 1290, Stift Heiligenkreuz

M11

Wappen von Kärnten, 16. Jh.

M12

Wappen von Oberösterreich, 16. Jh.

M13

Wappen von Tirol, 14. Jh.

Austria

Dieses neue Herzogtum verlangte nach einem ordentlichen lateinischen Namen. Jetzt taucht ein neuer Begriff auf: Austria. Er wird schon im Privilegium minus verwendet („dux Austriae", „marchiam Austriae in ducatum commutavimus" – „wir haben die Mark Österreich in ein Herzogtum umgewandelt"). Austria blieb die lateinische Bezeichnung für das Herzogtum Österreich und wanderte später auch in andere Sprachen (Italienisch, Spanisch, Englisch), zuweilen etwas verändert (Autriche, Avstrija usw.).

Kärnten

In Kärnten war infolge der starken Konkurrenz zwischen mehreren Adelsgeschlechtern (Spanheimer, Görzer usw.) und den Bischöfen von Bamberg und Salzburg die Durchsetzung der Landeshoheit erst im 15. Jh. möglich.

Oberösterreich

Das Land der steirischen Herzöge reichte bis zur Donau. Als die Babenberger steirische Herzöge wurden, lagen diese Gebiete (Traungau, Steyr, Linz) dem Herzogtum Österreich benachbart. Schon im 13. Jh. begegnet daher der Begriff „Austria superior". Unter König Ottokar II. Přemysl von Böhmen wurde das spätere Oberösterreich endgültig von der Steiermark getrennt. Man setzte hier eigene Richter ein. Eigene Landtage gibt es im 15. Jh. Damit war das Land ob der Enns geschaffen.

Landesbildung Tirols

Die Bischöfe von Brixen, Trient und Chur erhielten im 11. Jh. zahlreiche Schenkungen. Damit befanden sich alle wichtigen Alpenübergänge der Ostalpen unter bischöflicher Kontrolle. Ein Adeliger namens Albert (Adalbert) wurde vom Bischof von Trient 1077 mit der Wahrnehmung der weltlichen Herrschaft betraut. Er oder seine Söhne erbauten die Burg Tirol, nach der sich das Geschlecht seit 1141 nannte.
Die starke Stellung der Bischöfe von Trient und Brixen wurde von ihren Vögten bedroht. Die Vögte waren Gerichtsherren. Sie konnten aber auch das ritterliche Gefolge der Bischöfe aufbieten. Diese Rechte wurden zur Basis für die Herrschaftsbildung der Tiroler, Andechser und schließlich der Görzer. Zunächst schienen die Andechser als Brixener Vögte im Inntal in der besseren Position. Durch die Gründung von Innsbruck um 1200 (Stadtrecht 1239) hatten sie den wichtigsten Innübergang in der Hand. 1248 starben mit Herzog Otto die Andechser aus, Innsbruck und das Inntal fielen an Graf Albert von Tirol. Nach seinem Tod fielen seine Güter an Meinhard III. von Görz-Tirol.
Meinhard, als Graf von Tirol Meinhard II. (1239 – 1295), gilt als der eigentliche „Schöpfer" des Landes Tirol. In einem atemberaubenden Prozess vermehrte er seine Besitzungen und Rechte um das Inntal zwischen Landeck und Schwaz und um mehrere Gerichte in den heutigen Provinzen Bozen und Trient. Er schuf aus diesen Besitzungen ganz verschiedener Herkunft ein einheitliches Gebiet, für das er auch ein eigenes, besonderes Landrecht beanspruchte und durchsetzte (1280/1282). Damit war man auch rechtlich von Bayern unabhängig. Die Verwaltung der Gerichte und Einkünfte übertrug Meinhard mit zeitlicher Befristung niederen Dienstleuten. Diese machte er nicht zu Rittern, damit sie nicht zu selbstständig würden.

In Meinhards Politik spielte neben Gewalt und Diplomatie das Geld eine bedeutende Rolle. Durch Kreditgeschäfte und Kauf erwarb Meinhard große Besitzungen. Neben Zolleinkünften von Brenner und Reschenpass und neben den Abgaben der Städte lieferte insbesondere die technisch verbesserte Saline Hall enorme Einnahmen. Der Rechtssicherheit diente die Übernahme der in Italien schon verbreiteten Institution des Notariats.

Entstehung des Landes Salzburg

Das Land der Erzbischöfe umfasst nur einen kleinen Teil des riesigen Diözesangebietes des Erzbistums. Im Wesentlichen entspricht diesem Land das heutige Bundesland Salzburg, reichte aber im Rupertiwinkel (Laufen, Tittmoning) und über die Tauern nach Süden (Gmünd, Windisch-Matrei) darüber hinaus.
Die Grundlage für dieses spätere Land bildeten die reichen Schenkungen, die die (Erz-)Bischöfe schon seit dem Frühmittelalter erhielten. Im Investiturstreit standen die Erzbischöfe durchwegs auf der Seite der Päpste. Erzbischof Konrad I. (1075 – 1147) ließ zahlreiche Burgen erbauen oder verstärken, wie Hohensalzburg und Hohenwerfen. 1142 wurde großer Besitz in Oberkärnten geschenkt. In Kärnten ließ der Erzbischof Friesach ausbauen. Die seit etwa 1130 geprägten Friesacher Pfennige erlangten überregionale Bedeutung.
Im Kampf zwischen Kaiser Friedrich I. und Papst Alexander III. stand Erzbischof Eberhard I. (1085 – 1164) eindeutig auf der Seite des Papstes, ebenso wie sein Nachfolger Konrad II. (1115 – 1168), ein Babenberger. Um 1180 begann der Bau des romanischen Domes, des größten in Süddeutschland. Ähnlich wie in Tirol spielten Einkünfte aus der Salzproduktion eine bedeutende Rolle. Schon im späten 12. Jh. war der Bergbau am Dürrnberg wieder in Betrieb genommen worden und verdrängte so das Salz von Reichenhall.
Entscheidende Fortschritte in der Landesbildung brachte die Regierung Erzbischof Friedrichs II. von Walchen (gest. 1284). Er ging konsequent gegen die inzwischen mächtig und selbstbewusst gewordenen Ministerialengeschlechter vor. Von König Rudolf von Habsburg, den er massiv unterstützte, hatte er 1278 ein Privileg zur unbeschränkten Ausübung der Gerichtsbarkeit erhalten. Im Ergebnis wurde das Land der Erzbischöfe ein früher Beamtenstaat. Die Landesbildung wurde im 14. Jh. abgeschlossen.

M15

Stadtansicht von Salzburg um 1460, Ausschnitt aus der Schedel'schen Weltchronik, M. Wolgemut, kolorierter Holzschnitt, 1493

M14

Der Historiker Heinz Dopsch (1942 – 2014) über Meinhard II.:

Sein hartes Vorgehen gegen Adel und Kirche wurde häufig mit den sieben [...] Jahren der Festungshaft in Hohenwerfen, die Meinhard seine Jugend gekostet hatten, in Verbindung gebracht. Daß er dieses Schicksal dem Salzburger **Elekten** Philipp verdankte, mag zum [...] Vorgehen Meinhards gegen geistliche Fürsten, vor allem gegen die Bischöfe von Trient und Brixen, beigetragen haben. Obwohl Meinhard nicht weniger als vierzehnmal dem Kirchenbann verfiel und bis zu seinem Tod exkommuniziert blieb, war er persönlich ein gläubiger Mensch, der die Zisterzienserabtei Stams als Erbgrablege für sich und seine Nachkommen gründete. Rasche Auffassungsgabe, Entschlossenheit, diplomatisches Geschick und die verläßliche Zusammenarbeit mit seinen wichtigsten Bundesgenossen ermöglichten es Meinhard II., aus dem weitgestreuten Erbe, das er gemeinsam mit seinem Bruder Albert übernahm, ein Land zu schaffen, das an Finanzkraft und wirtschaftlicher Potenz, aber auch durch seine fortschrittlichen Verwaltungseinrichtungen den Nachbarländern deutlich überlegen war.

H. Dopsch, Die Länder und das Reich, 1999, S. 407

Elekt: im Mittelalter Inhaber eines geistlichen oder weltlichen Amtes, der dieses noch nicht offizell durch Ordination (Weihe) übernommen hat.

A

7 Arbeiten Sie heraus, wie die Babenberger ihre Macht nach außen hin ausbauten.

8 Vergleichen Sie die Entstehung der Länder Tirol und Salzburg im Hochmittelalter.

13 Hoftage, Reichstage, Landtage, Konzilien – Forderungen nach Mitbestimmung

Die Herrscher des Mittelalters regierten nicht absolutistisch. Ihre wichtigen Handlungen wurden öffentlich begründet und verkündet. Den Rahmen dieser Herrschaftsakte bildeten Hoftage und später Reichstage.

Hoftage

Die rechtlich verbindlichen Handlungen von Herrschern, Schenkungen, Belehnungen, Ernennungen, erfolgten im Hochmittelalter immer öffentlich. Die Großen des Reiches, Herzöge, Grafen, andere Adelige, Bischöfe und Äbte bilden den Kreis der Teilnehmer. Die Herrscher des Mittelalters reisten viel. Je nach der Region, wo der König oder Kaiser gerade weilte, sah der Teilnehmerkreis verschieden aus. Im Privilegium minus von 1156 gewährte Kaiser Friedrich I. dem österreichischen Herzog die besondere Gunst, dass er nur an Hoftagen in Bayern teilnehmen musste.

M1

Rudolf verkündet den Landfrieden, Darstellung eines Hoftags im 13. Jh., Lorenz Fries, Chronik der Würzburger Bischöfe, 16. Jh.

Reichstage

Aus den Hoftagen wurden im Laufe der Zeit Reichstage. Von richtigen Reichstagen spricht man aber erst, seitdem der Kreis der Berechtigten zur Teilnahme fixiert war. Das war im so genannten Heiligen Römischen Reich deutscher Nation erst im späten 15. bzw. im 16. Jh. der Fall. Ein wichtiges Recht, aber auch eine Pflicht der Reichstage war es, dem König die Reise nach Rom zu ermöglichen. Dafür wurde im 15. Jh. der Begriff „Römermonat" geprägt, der der Summe entsprach, die ein Monat dieser Fahrt nach Rom kostete. Bis zum Ende des Reiches galten daher die Steuern, die der Reichstag dem Kaiser bewilligte, als „Römermonate".

Eine Art Oberhaus des Reichstages bildeten die Kurfürsten (s. S. 146). Sie tagten auch auf den Reichstagen getrennt von den übrigen Kurien. Das waren die (geistlichen und weltlichen) Fürsten, eine große Zahl von Herzögen, Markgrafen, gefürsteten Grafen (wie die von Tirol), aber auch von Reichsbischöfen und Äbten großer Reichsklöster. Dann folgten die Grafen. Diese waren nicht persönlich zur Teilnahme berechtigt. Sie waren in „Bänken" organisiert, jede Bank sandte einen oder zwei Vertreter. Auch die Reichsstädte entsandten gemeinsame Vertreter für mehrere Städtegruppen.

i

Quod omnes tangit, ab omnibus approbari debet. – „Was alle angeht, muss von allen gebilligt werden."
Die älteste Fassung dieses Satzes stammt von Kaiser Justinian I. (um 482–565 n. Chr.), also aus dem 6. Jh. Er hatte zunächst eine zivilrechtliche Bedeutung. Im 12. Jh. greift das Kirchenrecht diesen Grundsatz auf. Nur das sollte der Beratung und Zustimmung aller unterworfen werden, was alle direkt und persönlich angehe.
Schon im 13. Jh. wird das Prinzip auch politisch wirksam. Kaiser Friedrich II. nennt diesen Satz als Motiv der Einberufung eines Hoftages im Jahr 1222.
König Rudolf von Habsburg verwendet es 1274, wieder zur Einladung zu einem Hoftag. Edward I. von England benützte dieselbe Begründung zur Einberufung des Parlamentes von 1295.
Für die weltliche Sphäre folgerte Marsilius von Padua in seinem 1324 fertiggestellten Traktat „Defensor pacis" (Verteidiger des Friedens) aus dem „quod omnes tangit", dass das Gesetz durch den Volkswillen zustande kommen solle, durch die „universitas civium" (die Allgemeinheit der Bürger) gelten solle, was deren „valentior pars" (deren stärkerer Teil) vertrete. Dieser repräsentiere das Ganze: „... quae totam universitatem repraesentat" (der das Ganze vertritt). Das ist klar und deutlich die Idee der Volksrepräsentation.

M2

Darstellung des Mainzer Hoftages von 1184, Sächsischen Weltchronik, 14. Jh., Staatsbibliothek zu Berlin, Preußischer Kulturbesitz

Landtage

Wie die Könige und Kaiser versammelten auch die Fürsten der einzelnen Länder die Großen des Landes für bestimmte Aufgaben um sich. Ursprünglich handelte es sich dabei um die wehrhaften Leute – die zur Landesverteidigung verpflichteten Herren und Ritter und die Vertreter der Städte, die für das Wehrwesen schon Bedeutung erlangt hatten. Die ersten steirischen Landtage waren Musterungsversammlungen – die Wehrfähigen wurden zusammengerufen, wenn es notwendig war, das Land zu verteidigen.
Nun reichte die Wehrkraft der Herren, Ritter und Städte schon im 14. Jh. nicht mehr. Man brauchte kriegsgeübte Leute, die ständig unter Waffen und gegen Geld jederzeit einsatzbereit waren. Die Fürsten beriefen Landtage ein, erklärten aber ihren ritterlichen Leuten und den Vertretern der Städte, dass sie gar nicht selbst einrücken müssten. Sie sollten dafür einer Steuer zustimmen, die der Fürst von den bäuerlichen Untertanen der Adeligen und den Bewohnern der Städte einheben wollte. Denn die Landesfürsten hatten noch nicht das Recht, von den Untertanen ihrer Adeligen Steuern zu verlangen. Landtage waren daher Zahltage, hieß es. Landtage waren häufig durch lange Verhandlungen geprägt, bis sich die Herren endlich bereit erklärten, wenigstens einen Teil der geforderten Steuern zu bewilligen.

i

Auch Wilhelm von Ockham (um 1288–1347), einer der bedeutendsten Denker des 14. Jhs., tritt für ein Parlament oder Konzil der Christenheit ein, in dem alle seine Glieder vertreten sein sollten, denn „quod omnes tangit ab omnibus tractari et approbari debet." Da jedoch niemals alle, die von Gesetzen betroffen sind, beraten und zustimmen können, ist es notwendig, Volksvertreter auszuwählen und mit dem erforderlichen Mandat zu versehen. Wilhelm interpretiert das „quod omnes tangit" als Lebensgrundsatz, als Prinzip des göttlichen Rechts. Auch die Häupter der Gesellschaft seien von ihren Gliedern zu wählen.

Konzilien

M4

Konzilssitzung in Konstanz, Konzilschronik, Ulrich von Richental, kolorierte Federzeichnung, um 1464

M3

Wilhelm von Ockham, Skizze in einer Handschrift der Summa logicae, 1341, Gonville & Caius College, Cambridge

i

Konzilien
Konzilien waren seit der Antike übliche christliche Versammlungen der Bischöfe (griechisch Synoden). Sie wurden in unregelmäßigen Abständen abgehalten. Bischöfe der diversen christlichen Kirchen berieten dabei über grundsätzliche, organisatorische, aber auch inhaltliche Fragen und Glaubensfragen. Das wichtigste Konzil des 15. Jhs. war das Konzil zu Konstanz (1414–1418). Hier wurde die Spaltung zwischen Rom und Avignon endgültig überwunden.

A

1 Beschreiben Sie das Verhältnis von König und Reichsfürsten in mittelalterlichen Reichstagen.

2 Begründen Sie, warum Könige und Fürsten bereit waren, den Ständen (Lehensleute, Bürger der Städte) ein gewisses Mitspracherecht einzuräumen.

3 In der athenischen Demokratie der Antike wurde immer wieder die These vertreten, Vollbürger sollen sich nur an solche Gesetze halten müssen, denen sie auch zugestimmt hätten. Beurteilen Sie, ob und inwiefern dieses Konzept der Selbstgesetzgebung (Autonomie) und der Satz „Was alle angeht, muss auch von allen gebilligt werden" als Grundlagen für ein modernes Demokratieverständnis betrachtet werden können.

14 Recht

Grundsätzlich war man der Ansicht, das Recht sei göttlichen Ursprungs, gelte von Alters her und könne von Menschen nicht geändert oder gesetzt werden. Man könne daher nur überliefern, was galt. Das waren die sogenannten Stammesrechte. In unklaren Fällen oder wenn es um ein gerichtliches Verfahren ging, rief man die Männer zusammen, die man für weise hielt, und diese sollten das Recht deuten, „weisen“. Solche „Weistümer“ wurden in späterer Zeit aufgeschrieben. Dadurch wurde aus dem Gewohnheitsrecht ein geschriebenes Rechte.

Frühmittelalterliche Rechtsauffassungen

Inhaltlich waren die Stammesrechte vom Gedanken der Bußzahlung (sogenanntes „Wergeld“) bestimmt. Durch die Bezahlung von Wergeld (meist in Naturalien, etwa in Vieh) wurde die Verpflichtung der Rache abgelöst, die alle Verwandten einer gewissen Linie gegeneinander hatten. Konzepte wie Wergeld und Rache mochten in einer sehr einfachen Gesellschaft funktionieren. Mit der Feudalisierung der Gesellschaft entstanden jedoch komplexere soziale Beziehungen und daher auch neue Rechtsverhältnisse.

Gewohnheitsrecht wird verschriftlicht

Mit der Entstehung größerer Herrschaftsgebiete wuchs auch das Bedürfnis nach einheitlichem Recht und vor allem nach einer gewissen Rechtssicherheit. Territorien mit unterschiedlichen Rechtsvorstellungen waren schwer zu regieren. Dem Handel war es nicht förderlich, wenn völlig unklar war, welches Recht in einer bestimmten Gegend galt und ob es noch gültig war. So konnte man sich schwer auf Rechtsbräuche berufen. Dabei sollte es aber noch immer nicht um die Schaffung von Recht gehen (wie in einer Kodifikation), sondern nur darum, bestehendes Recht festzuhalten, es gewissermaßen zu „spiegeln“. Deshalb wurden diese Rechtsbücher auch als „Spiegel“ bezeichnet. Das bis heute bekannteste ist der „Sachsenspiegel“, den Eike von Repgow zwischen 1220 und 1235 verfasste. Inwieweit Eike nur bestehendes Recht der Sachsen aufgezeichnet oder eigene Rechtsvorstellungen hat einfließen lassen, ist nicht feststellbar. Jedenfalls hat er religiöse Überzeugungen eines christlichen Weltbildes aufgenommen, die erheblich jünger waren als altsächsische Rechtsvorstellungen. Auch um ein damals ganz aktuelles Thema sorgte sich der Verfasser des Sachsenspiegels: um das Verhältnis von Kaiser und Papst.

i

Treuga Dei und Landfrieden
Die Initiatoren der Bewegung wollten wenigstens zeitlich und räumlich begrenzte Zonen des Friedens in einer sehr unfriedlichen Welt schaffen. Man verkündete Verbote der Fehde für die Tage von Donnerstag bis Sonntag oder für bestimmte Feste des Kirchenjahres (etwa Fastenzeiten). Auch Bäuerinnen und Bauern auf dem Feld sollten geschützt werden, Frauen und Kaufleute auf den Straßen. Durchsetzen ließ sich das nur, wenn irgendeine Macht dahinterstand. Die geistlichen Befürworter drohten mit Kirchenstrafen, aber das reichte nicht.
Schon im 11. Jh. haben die Kaiser die ersten Landfrieden erlassen, bekannt sind die Erklärungen Heinrichs IV. (1085 und 1103), Friedrichs I. (1152) und Friedrichs II. (1224 und insbes. 1234). Sie verpflichten besonders die Reichsfürsten zur Friedenswahrung. Auch Herrscher wie Friedrich I. oder Rudolf von Habsburg verfolgten die Friedensbrecher.

M1

Darstellung Eike von Repgows, Oldenburger Sachsenspiegel, um 1336, Landesbibliothek Oldenburg

Zweischwerterlehre: Diese Lehre wurde im Frühmittelalter entwickelt und besagte, dass die weltliche Gewalt des Kaisers und die geistliche des Papstes nebeneinander bestünden. Wie dies genau zu verstehen sei, war ein wesentliches Konfliktthema während des Investiturstreits.

M2

Darstellung der **Zweischwerterlehre**, Dresdner Sachsenspiegel, zwischen 1295 und 1363, Sächsische Landesbibliothek – Staats- und Universitätsbibliothek Dresden

Die Territorialisierung des Rechts

Im Zuge der großen Veränderung der sozialen Beziehungen entstanden für neue Bedürfnisse neue Gerichte. Das Marktgericht hatte Streitigkeiten der Marktteilnehmer zu schlichten oder prozessual zu lösen. Die großen alten Grafschaften mit ihren Gerichten der freien Leute lösten sich auf. Dafür entstanden in den Immunitätsgebieten der kirchlichen Güter neue Gerichte – Gerichte des Grundherren und Gerichte der Vögte. Die Vogt-Gerichte hatten auch die blutige Gerichtsbarkeit auszuüben. Die neuen Reichsfürsten wurden zu Trägern der Gerichtsbarkeit in ihren neuen Territorien, die man „Länder" nannte. Den Babenbergern wurde im Privilegium minus zugesichert, dass ohne Bestätigung des Herzogs niemand im Land eine Gerichtsbarkeit ausüben dürfe. Das Land wurde zum Gebiet eines Landrechtes. Jedes Land des Heiligen Römischen Reichs entwickelte ein eigenes Landrecht. Größere Gerichtssprengel für die hohe Gerichtsbarkeit, die alle schweren, mit der Todesstrafe bedrohten Fälle betraf, nannte man im 13. Jh. „Landgerichte". Stadtgerichte wurden mit Kompetenzen der hohen Gerichtsbarkeit ausgestattet.

Gelehrtes Recht: Bologna

An der Universität von Bologna war seit dem 12. Jh. eine in ganz Europa berühmte rechtswissenschaftliche Fakultät entstanden. Dort befasste man sich intensiv mit römischem Recht. Zwischen 530 und 533 hatte der oströmische Kaiser Justinian I. zahlreiche Rechtsmeinungen von juristischen Autoritäten seit der Zeit des Augustus sammeln lassen. Diese Sammlung war eine bewusste Auswahl, in deren Verlauf auch zahlreiche Texte vernichtet wurden. Zusammen mit einer Auswahl kaiserlicher Gesetze seit Hadrian und Gesetzen Justinians bildeten die ausgewählten Rechtsgutachten jene Rechtssammlung, die als Corpus Iuris Civilis bekannt wurde. Sie enthält den größten Teil dessen, was wir von diesem Rechtssystem wissen.

M3

Justinian I., Detail eines Mosaiks aus der Kirche San Vitale in Ravenna, um 547 n. Chr.

A

1 Beschreiben Sie in groben Zügen die Rechtsentwicklung in Europa vom Frühmittelalter bis ins 12. Jh.

2 Erklären Sie grundlegende Unterschiede zwischen stammes- und römischrechtlichen Rechtsauffassungen.

3 Beurteilen Sie, inwiefern Rechtssammlungen wie der Sachsenspiegel die Möglichkeit boten, Recht nicht nur zu sammeln, sondern auch zu schaffen.

i

Die Entstehung des gelehrten Rechts
Zwei Entwicklungen förderten die Entstehung des gelehrten Rechts. *Erstens:* Die Entstehung des Kirchenrechts als Begleiterscheinung der wachsenden Macht der Päpste. Je unabhängiger die Päpste von weltlicher Herrschaft (Kaiser) wurden, desto dringender wurde ein eigenes Kirchenrecht, das die Rechte und Pflichten der Päpste, der Bischöfe, aber auch der einfachen Gläubigen festlegt. *Zweitens:* Das gelehrte Recht kam von den neuen Rechtsschulen, besonders aus Bologna, wo im 12. Jh. die berühmteste Rechtsschule der lateinischen Christenheit entstand. Später wurden an allen kompletten Universitäten juridische Fakultäten gegründet. Das gelehrte Recht war inhaltlich im Wesentlichen das römische Recht der Spätantike. Daher war es auch ein Recht, das dem Herrscher die Herrschaft über das Recht einräumte. Der Herrscher wurde zum Gesetzgeber.

M4

Dekretale mit Glosse, 1300 – 1315

i

Klassische Texte wurden mit Kommentaren (Glossen) versehen und damit auch umgeformt.

Dekretale: päpstliche Rechtsentscheidung oder Stellungnahme zu einer Rechtsfrage.

15 Wissenschaft und Universtiäten

Viele Klöster überlieferten zahlreiche Schriften der Antike. Manche gelehrten Mönche, z. B. im Kloster auf der Insel Reichenau (im Bodensee), beschäftigten sich auch damit. Die Klosterschulen dienten aber nur der Erziehung des eigenen Nachwuchses. Am ehesten könnte noch die Universität von Oxford aus Klosterschulen hervorgegangen sein. Mehr als die Klosterschulen waren die Domschulen von Paris, Chartres oder anderen Bischofsitzen Ausgangspunkt der späteren Universitäten. Aber letztlich koppelte sich die Pariser Universität von der Kathedrale ab.

Entstehung der Universitäten

In Bologna waren schon im 11. Jh. private Rechtslehrer tätig. Irnerius redigierte Justinians Corpus Iuris Civilis. Um 1130/1140 trug ein Mönch namens Gratian die Quellen des Kirchenrechts zusammen („Decretum Gratiani" – natürlich kein Dekret im Sinn einer Norm). Die Studenten, meist schon reifere Herren, bildeten „universitates" im Sinne von Vereinigungen. Friedrich Barbarossa gab ihnen 1158 ein eigenes Recht. Darin sichert er ihnen den Schutz auf dem Weg nach und von Bologna zu, die Scholaren dürfen im Fall einer Klage den Gerichtsstand selbst wählen.
Um 1180 wuchs die Schar der Studenten so stark an, dass die Stadt eine gewisse Kontrolle anstrebte. Die Lehrer (*magistri*) schworen der Stadt einen Eid, dass sie die Stadt nicht verlassen würden. Die Studenten bildeten „Nationen", die Oberitaliener eine „lombardische" (1191 belegt). Später bildeten sich zwei „universitates" heraus, eine für die Italiener und eine für die (nördlichen) Ausländer. Die Lehrer wurden von den „universitates" angestellt. Eine volle Universität wurde Bologna erst im 14. Jh., nach antikem Vorbild wurden Musik, Mathematik, Rhethorik, Grammatik, Astronomie und **Dialektik** gelehrt.

M2

Lehrer und Scholaren: Henricus de Alemannia vor seinen Schülern, Liber ethicorum des Henricus de Alemannia, L. de Voltolina, Miniatur aus dem 14. Jh., Kupferstichkabinett, Berlin

i

Universität Wien
Sie wurde von Herzog Rudolf IV. 1365 – wenig erfolgreich – gegründet. Erst Herzog Albrecht III. brachte mit seiner Neugründung 1384 die Universität zur Blüte. Sein Glück war, dass es durch das große Schisma einen Auszug guter Lehrer aus Paris gab, von denen einige nach Wien gingen. In der Folge genoss Wien einen guten Ruf. Im 15. Jh. bezogen jedes Jahr etwa 400 neue Studenten die Wiener Universität. Sie wurden in „Nationen" eingeteilt – eine rheinische, eine böhmische/ungarische, eine sächsische und eine österreichische.

M1

Der Historiker Jacques Le Goff zur sozialen Funktion mittelalterlicher Universitäten:

Die neuen Universitäten hatten im wesentlichen drei miteinander verbundene Bedürfnisse zu erfüllen: das Verlangen nach Wissen, Unterricht und Verwaltung der Gesellschaft. Was das Wissen betrifft, so war der allgemeine Kenntnisstand innerhalb der Christenheit während des zwölften Jahrhunderts unerhört gestiegen, sei es durch fleißige Ausbeutung der heimischen Gelehrten oder durch Anleihen von außen, besonders vermittels der Araber und Juden. [...] Das zweite Bedürfnis bestand in der Verbreitung des Wissens, das heißt in Unterricht und Lehre, besonders gegenüber den Jugendlichen, deren Zahl mit dem Bevölkerungswachstum gestiegen war. [...] Die Universität bot den Jungen eine Möglichkeit nicht nur des intellektuellen, sondern auch des gesellschaftlichen Fortkommens auf der Grundlage von Wissen. Zum ersten Mal im Abendland hatte sich ein System des sozialen Aufstiegs etabliert, bei dem nicht die Geburt oder die religiöse Berufung zählte, sondern ein im Examen [...] überprüftes Wissen. Es gab ein drittes Bedürfnis, nämlich die Besetzung der neuen oder erneuerten Institutionen [...].

J. Le Goff, In den Burgen des freien Denkens, 2000, S. 35–37

Die Sorbonne in Paris

Die berühmteste theologische Schule war die von Paris, entstanden aus der Domschule. Hier unterrichteten die berühmten Lehrer des 12. Jhs. wie Petrus Lombardus. Die Schüler zogen berühmten Lehrern nach, so etwa Petrus Abaelardus (Pierre Abaëlard), dem führenden Dialektiker seiner Zeit (1079 – 1142). Wo er lehrte, fanden sich Scharen von Schülern ein. Die Studenten strebten aber nicht nur nach Gelehrsamkeit, sondern durch diese nach guten Posten, nach Ansehen und Verdienstmöglichkeiten. Schon wurden gelehrte Theologen Kanzler von Päpsten, Königen und Kaisern. Beispiele bieten Thomas Beckett, Kanzler Heinrichs II. in England, oder der Kanzler Friedrich Barbarossas, Rainald von Dassel. Es war genau dieselbe Entwicklung, in der die Höfe der Fürsten und Könige aus eher primitiven Burgen zu Zentren einer neuen – der höfischen – Kultur wurden.

„universitas"

Im Jahr 1200 entstand ein Konflikt zwischen Studenten und Bürgern. Zur Beendigung des Streits erhielten Magister und Scholaren ein Privileg des Königs Philipp II. 1208 kam ein Privileg des Papstes dazu, der erstmals den Terminus „universitas" für die Gemeinschaft der Magister und Scholaren verwendet. Für die Päpste war die Pariser Universität sehr wichtig, es war eine Art zentraler Lehr- und Forschungsort. Schließlich pendelte sich die Zahl der Fakultäten bei vier ein. An der Artistenfakultät lehrte und lernte man die „artes liberales" (*Trivium*: Grammatik, Rhetorik, Dialektik, *Quadrium*: Musik, Mathematik, Physik und Astronomie), dann erst konnte man an die drei höheren Fakultäten ziehen: Theologie, Jus, Medizin. Eine solcherart komplette Universität bot dann ein „studium generale" an. Wer irgendwo Magister wurde, konnte an jeder anderen Universität Europas unterrichten.

Kritische Geister

Um 1270 vertraten Angehörige der Pariser Artistenfakultät eine Reihe von Thesen, die dem Pariser Bischof missfielen. Sie hätten sich mit Fragen beschäftigt, die, falls überhaupt, nur von Theologen erörtert werden könnten. Noch dazu hätten sie sich auf „heidnische" Quellen berufen. Gemeint war Aristoteles. Es ging vor allem um Fragen der Logik, die im Widerspruch mit kirchlichen Lehren beantwortet wurden. Einige Angehörige der Artistenfakultät kostete dieser Konflikt ihre Positionen an der Universität, und damit auch ihre Existenzgrundlage. Der Streit macht aber auch deutlich, dass sich gerade an den Universitäten langsam Emanzipationsbestrebungen gegenüber einem umfassenden theologischen Anspruch auf allen Gebieten des Wissens bemerkbar machten.

A

1. Arbeiten Sie heraus, inwiefern Universitäten im Mittelalter und auch später Möglichkeiten zum sozialen Aufstieg boten. Berücksichtigen Sie dabei, dass europäische Universitäten bis weit in das 19. Jh. nur Männern zugänglich waren.
2. Beurteilen Sie, auf welche Weise Bildung die Kritikfähigkeit fördern kann.

M3

Dem Philosophen Wilhelm von Conches (um 1080/1090 – 1154) wird folgende Klage über die kirchliche Obrigkeit zugeschrieben:

Weil sie die Naturkräfte nicht kennen, wollen sie jede Forschung verhindern, um alle zu Gefährten ihrer eigenen Unwissenheit zu machen. Sie wollen, daß wir einen Glauben wie die Bauern haben und nicht nach Gründen fragen.

Nach: H. Fichtenau, Ketzer und Professoren, 1991, S. 180

Dialektik: philosophische Methode, die die Position, von der sie ausgeht, durch gegensätzliche Behauptungen infrage stellt und in der Verbindung beider Positionen eine höhere Erkenntnis gewinnen möchte.

M4

Platon (o. re.), personifizierte Philosophie (o. li.), Wilhelm von Conches (u. re.) und Graf Gottfried V. von Anjou (u. li.), Handschrift des Dragmaticon aus dem 13. Jh.

M5

Aufnahme eines Studenten in die deutsche Nation an der Universität Bologna, Darstellung aus dem 15. Jh.

K

- **Historische Methodenkompetenz**
  Schriftliche Quellen beschreiben, analysieren und interpretieren können
- **Historische Orientierungskompetenz**
  Orientierungsangebote in Darstellungen der Vergangenheit erkennen können
- **Historische Sachkompetenz**
  Aussagen und Interpretationen anhand von Belegen nachvollziehen können

A

1 Analysieren Sie anhand des Textausschnitts, auf welche Weise Einhard Eigenschaften Karls zueinander in Beziehung setzt.

2 Erklären Sie, mit welchen rhetorischen Mitteln Einhards Vorgehen insgesamt zu einer Betonung von Stärken des Dargestellten führt.

3 Dekonstruieren Sie Einhards Darstellung Karls anhand der Ambivalenzen in seinen Ausführungen.

i

Wie viele mittelalterliche Texte ist auch Einhards „Vita Caroli Magni" deutlich an inhaltlichen und formalen Vorbildern antiker Literatur und Rhetorik orientiert. Die Kaiserbiografien Suetons galten als Vorbilder, wie ein idealer Kaiser zu sein hatte. Diese Merkmale schrieb er Karl in weiterer Folge zu.

M1

Einhard (um 770–840), ein Gelehrter und Ratgeber Karls des Großen, verfasste unter anderem eine biografische Darstellung dieses Kaisers:

Karl war kräftig und stark, dabei von hoher Gestalt, die aber das rechte Maß nicht überstieg. Es ist allgemein bekannt, daß er sieben Fuß groß war. Er hatte einen runden Kopf, seine Augen waren groß und lebhaft, die Nase etwas lang; er hatte schöne graue Haare und ein heiteres und fröhliches Gesicht. Seine Erscheinung war immer imposant und würdevoll, ganz gleich ob er stand oder saß. Sein Nacken war zwar etwas dick und kurz, und sein Bauch trat etwas hervor, doch fielen diese Fehler bei dem Ebenmaß der Glieder nicht sehr auf. [...] Karl war ein begabter Redner, er sprach fließend und drückte alles, was er sagen wollte, mit äußerster Klarheit aus. Er beherrschte nicht nur seine Muttersprache, sondern erlernte auch fleißig Fremdsprachen. Latein verstand und sprach er wie seine eigene Sprache. Griechisch konnte er allerdings besser verstehen als sprechen. Er war rednerisch so begabt, daß er manchmal beinahe zu weitschweifig erschien. [...] Auch versuchte er sich im Schreiben und hatte unter seinem Kopfkissen im Bett immer Tafeln und Blätter bereit, um in schlaflosen Nächten seine Hand im Schreiben zu üben.

Aus Einhard, Das Leben Karls des Großen, 22, 25, hg. u. übers. v. Evelyn Scherabon Firchow (1996), 45, 49

A

4 Fassen Sie zusammen, welche Aspekte Martin von Pairis anführt, um seine Zuhörerschaft zu einer Teilnahme am Kreuzzug zu bewegen.

5 Analysieren Sie, auf welche Weise der Redner sein Publikum emotional zu erreichen sucht. Untersuchen Sie die verwendeten rhetorischen Mittel.

6 Dekonstruieren Sie die Ausführungen Martins von Pairis anhand Ihrer Kenntnisse über die Kreuzzüge.

M2

Martin von Pairis, Abt des Zisterzienserstiftes Pairis in den Vogesen, hielt 1201 in Basel eine Predigt, in der er die Teilnahme am 4. Kreuzzug bewarb, zu dem Papst Innozenz III. im Jahr 1198 aufgerufen hatte, um Jerusalem zu erobern:

Christus spricht heute zu euch durch meinen Mund mit seinen eigenen Worten, klagt euch das Unrecht, das ihm angetan. Vertrieben ist Christus aus seiner heiligen Stätte, aus seinem Sitz, ist vertrieben aus jener Stadt, die er selber mit seinem eigenen Willen für sich geweiht hat. Wehe! Wo einst die fleischliche Erscheinung von Gottes Sohn durch die heiligen Propheten verkündigt wurde, wo der schon Geborene als kleiner Knabe im Tempel dargebracht werden wollte, wo er persönlich predigte und lehrte, und oftmals Zeichen und Wunder verrichtete, wo er beim Mahl mit seinen Jüngern das Sakrament des allerheiligsten Leibes und Blutes einsetzte, wo er litt, starb und begraben wurde und nach drei Tagen wieder auferstand und vor den Augen seiner Jünger in den Himmel auferstanden wurde und am zehnten Tag den Heiligen Geist in feurigen Zungen über sie vergoß: dort herrscht jetzt die Barbarei des heidnischen Volkes!

Zit. nach: W. Schafarschik (Hg.), Herrschaft durch Sprache, 2009, S. 17

M3

Buchmalerei aus einer Ausgabe des Livre de la Cité des Dames, 15. Jh., Bibliothèque Nationale de France, Paris

M4

Christine de Pizan schreibt um 1405:

Wenn es üblich wäre, die kleinen Mädchen eine Schule besuchen und sie im Anschluß daran, genau wie die Söhne, die Wissenschaften erlernen zu lassen, dann würden sie genauso gut lernen und die letzten Feinheiten aller Künste und Wissenschaften ebenso mühelos begreifen wie jene. [...] Weißt du denn, weshalb Frauen weniger wissen? [...] Ganz offensichtlich ist dies darauf zurückzuführen, daß Frauen sich nicht mit so vielen Dingen beschäftigen können, sondern sich in ihren Häusern aufhalten und sich damit begnügen, ihren Haushalt zu versehen [...], Männer zu umarmen und Kinder auszutragen und zu erziehen. Und dabei hat sie Gott mit einem scharfen Urteilsvermögen versehen, um sie, wenn sie es nur wollen, in allen Bereichen einzusetzen, in denen die ruhmreichen und hervorragenden Männer wirken.

C. de Pizan, Das Buch von der Stadt der Frauen, hg. u. übers. v. Margarete Zimmerman, 1986, S. 94 – 97

M5

Étienne Tempier verhängte im Jahr 1277 ein Verbot über eine Reihe philosophischer Thesen und ihrer Lehrer:

Häufige, von Glaubenseifer eingegebene Berichte glaubwürdiger und vertrauenswürdiger Personen haben uns zur Kenntnis gebracht, daß einige Lehrer der Freien Künste zu Paris die Grenzen ihrer eigenen Fakultät überscheiten und es wagen, die offensichtlichen und verabscheuungswürdigen Irrlehren oder vielmehr Eitelkeiten und falschen Hirngespinste, [...] die diesem Schreiben beigefügt sind, als an der Universität behandlungswürdige Probleme abzuhandeln und zu disputieren. Sie missachten das Wort Gregors: Wer weise sprechen will, der achte mit großer Sorgfalt darauf, daß nicht durch seine Rede die Einigkeit seiner Zuhörer zerstört werde, vor allem dadurch, daß sie die genannten Irrlehren mit den Schriften der Heiden stützen, von denen sie – o Schande! – in ihrer Inkompetenz behaupten, sie seien so zwingend, daß sie gegen sie nichts einzuwenden wüßten. [...] Sie sagen [...], diese Irrlehren seien wahr im Sinne der Philosophie, aber nicht im Sinne des christlichen Glaubens, als gebe es zwei gegensätzliche Wahrheiten und als stehe gegen die Wahrheit der Heiligen Schrift die Wahrheit in den Schriften der gottverworfenen Heiden [...].

Zit. nach: K. Flasch, Aufklärung im Mittelalter?, 1989, S. 92f.

i

Anfang des 15. Jhs. verfasste die Schriftstellerin und Philosophin Christine de Pizan (1364 – nach 1429) ein flammendes Plädoyer gegen die abwertende Sicht auf Frauen in literarischen und gelehrten, theologischen Schriften ihrer Zeit: *Le Livre de la Cité des Dames* („Das Buch von der Stadt der Frauen“).

A

7 Beschreiben Sie die Tätigkeiten, die in M3 von Frauen ausgeführt werden.

8 Erklären Sie, inwieweit es sich dabei um politisch, sozial und ökonomisch wichtige Tätigkeiten handelt.

9 Arbeiten Sie die zentralen Argumente in M4 heraus und gehen Sie auf grundlegende Kritik an zeitgenössischen Herrschaftsverhältnissen ein.

i

Im Jahr 1277 verurteilte der Bischof von Paris, Étienne Tempier (gest. 1279), eine Reihe von Thesen, die an der Artistenfakultät der Universität Paris vertreten worden waren. Diese Thesen orientierten sich an einer sehr konsequenten Aristoteles-Interpretation, wie sie auch von arabischen Kommentatoren wie Averroes (1126 – 1189) vertreten worden waren.

A

10 Arbeiten Sie heraus, welche Vorwürfe Tempier im Detail erhebt.

11 Analysieren Sie das dabei verwendete Wahrheitskonzept.

12 Erörtern Sie die Stichhaltigkeit dieser Auffassung von Wahrheit.

Personenverzeichnis

Adenauer, Konrad 1876 – 1967. Politiker, Bundeskanzler der BRD von 1949 bis 1963.

Alexander der Große (Alexander III. von Makedonien) 356 – 323 v. Chr. Herrscher Makedoniens; formte ein makedonisch-hellenisches Bündnis (334 – 325 v. Chr.) und eroberte Kleinasien, Ägypten, Persien, Baktrien und Gebiete im Industal.

Alighieri, Dante 1265 – 1321. Italienischer Dichter und Philosoph. Seine „Göttliche Komödie" machte das Italienische zur Literatursprache.

Al-Ma'mūn 813 – 833. Siebter Kalif der Abbasidendynastie, die unter ihm ihren kulturellen Höhepunkt erreichte.

Anaxarchos um 360 – 320 v. Chr. Philosoph, der Alexander den Großen auf seinen Feldzügen begleitete.

Apollinaris, Sidonius 431/32 – nach 479. Hoher gallorömischer Aristokrat und Schriftsteller; 468 Stadtpräfekt von Rom, dann bis zu seinem Tod Bischof der Auvergne.

Aristoteles 384 – 322 v. Chr. Antiker griechischer Philosoph, der großen Einfluss auf die europäische Philosophie nahm. Wurde 342 zum Lehrer Alexanders des Großen.

Arnold von Brescia 1090 – 1155. Priester und Prediger; vertrat die Ansicht, dass alle Kleriker (nicht nur Mönche und Nonnen) besitz- und ehelos leben sollten.

Aspasia um 470 – 420 v. Chr. Antike griechische Philosophin und Rednerin, zweite Ehefrau des Perikles.

Augustus 63 v. Chr. – 14. n. Chr. Geboren als Gaius Octavius; Adoptivsohn Caesars, erster römischer Kaiser

Batoni, Pompeo 1708 – 1787. Italienischer Maler, der durch seine Touristenporträts bekannt wurde.

Benedikt von Nursia um 480 – 547. Einsiedler und Gründer des nach ihm benannten Benediktinerordens.

Bernhard von Clairvaux um 1090 – 1153. Abt und Prediger; setzte sich stark für das Zustandekommen des 2. Kreuzzugs (1147 – 1149) ein.

Blouet, Abel 1795 – 1853. Französischer Architekt.

Boccaccio, Giovanni 1313 – 1375. Schriftsteller und Dichter.

Bonifatius VIII. 1235 – 1303. Geboren als Benedetto Caetani, Papst (ab 1294) in Avignon.

Bosch, Hieronymus 1450 – 1516. Niederländischer Maler der Renaissance. Er widmet sich in seinen Bildern oft religiösen Themen und zeigt zahlreiche Figuren und Phantasiewesen.

Caesar, Gaius Iulius 100 – 44 v. Chr. Römischer Politiker und Feldherr sowie Autor. Sein Name wurde zur Herrscherbezeichnung im Rom der Kaiserzeit (Imperator Caesar Augustus) fand Eingang in Herrschertitel wie „Kaiser" oder „Zar".

Callisthenes um 370 – 327 v. Chr. Offizieller Hofschreiber Alexanders des Großen.

Caracalla 188 – 217 n. Chr. Römischer Kaiser, der durch den Bau der nach ihm benannten Thermenanlage berühmt wurde.

Catilina, Lucius Sergius um 108 – 62 v. Chr. Römischer Aristokrat und Politiker, der 63 v. Chr. durch einen Putschversuch die Macht in der römischen Republik an sich reißen wollte.

Cellarius, Christoph 1638 – 1707. Professor für Rhetorik an der Universität Halle, Historiker.

Chlodwig I. (franz. Clovis) 481/482 – 511. Stammte aus dem Geschlecht der Merowinger. Zunächst fränkischer Kleinkönig. Nach dem Sieg über andere fränkische Teilfürstentümer konvertierte er zum Christentum und begründete das Fränkische Reich.

Choniates, Niketas um 1155 – 1215. Byzantinischer Hofbeamter und Historiker.

Chrétien de Troyes um 1140 – um 1190. Schriftsteller; gilt als Begründer des Höfischen Romans.

Christine de Pizan 1364 – nach 1429. Französische Schriftstellerin und Philosophin. Ihr bekanntestes Werk ist „Das Buch von der Stadt der Frauen". Christine de Pizan gilt als erste Autorin der französischen Literatur, die vom Schreiben leben konnte.

Cicero, Marcus Tullius 106 – 43 v. Chr. Römischer Redner, Politiker und Schriftsteller. In den letzten Jahrzehnten der römischen Republik nahm er immer wieder eine zentrale Rolle ein und versuchte den Niedergang der Republik zu verhindern.

Clemens III. um 1020/1030 – 1100. Von Heinrich IV. eingesetzter Gegenpapst zu Gregor VII.

Columella, Lucius Iunius Moderatus um 70 n. Chr. Antiker römischer Schriftsteller.

Crowle, Charles 1738 – 1811. Britischer Anwalt, der sich vom Maler Pompeo Batoni auf seiner Italienreise porträtieren ließ.

Deichgräber, Karl 1903 – 1984. Deutscher Altphilologe und Medizinhistoriker.

Demosthenes 384 – 322 v. Chr. Herausragender griechischer Redner und einflussreicher athenischer Politiker.

Diokletian zwischen 236 und 245 – um 312. Römischer Kaiser von 284 bis 305; mit ihm endete die Zeit des Prinzipats, während jene des Dominats begann.

Dominicus um 1170 – 1221. Kleriker, Gründer des nach ihm benannten Dominikanerordens.

Domitia (auch Domitia Longina) vor 55 – 126/140. Ehefrau des römischen Kaisers Domitian.

Dschingis Khan um 1155, 1162 oder 1167 – 1227. Khan (Herrscher) der Mongolen, Begründer des Mongolischen Reiches.

Eike von Repgow zwischen 1180 und 1190nach 1233. Verfasser des „Sachsenspiegels".

Einhard (auch Eginhard) um 770 – 840. Fränkischer Gelehrter und Schriftsteller; wichtige Persönlichkeit der Karolingischen Renaissance. Verfasser einer Biografie Karls I., der „Vita Caroli Magni".

Ekkehard von Aura um 1085 – nach 1126. Mittelalterlicher Chronist; Abt des Klosters Aura.

Eleonore von Aquitanien um 1122 – 1204. Herzogin von Aquitanien, 1137 – 1152 Königin von England (als Ehefrau Ludwigs VII.), 1154 – 1189 Königin von England (als Ehefrau Heinrichs II.). Übte großen politischen Einfluss aus und war eine bedeutende Förderin von Literatur und bildender Kunst.

Erkurt, Melisa geb. 1991. Freie Journalistin und Lehrerin.

Fatima al-Fihri um 800 – um 880. Prinzessin, stammte aus einer wohlhabenden Kaufmannsfamilie und stiftete die Universität al-Qarawiyīn in Marokko.

Feldsberg, Gerda 1930 – 2008. Stammte aus einer Wiener jüdischen Familie, überlebte die Shoa nach einem Kindertransport in England. Sie kehrte 1958 nach Wien zurück und war dort an der Britischen Botschaft tätig.

Franz von Assisi 1181 oder 1182 – 1226. Gründer des Ordens der „Minderen Brüder", der nach ihm auch Franziskanerorden genannt wurde. Strebte nach Nachahmung (Imitatio) Christi und predigte ein Leben in Armut.

Friedrich I. (genannt Barbarossa) um 1122 – 1190. Römisch-deutscher König (seit 1152) und Kaiser (seit 1155) aus dem Adelsgeschlecht der Staufer.

Friedrich II. (genannt der Streitbare) 1211 – 1246. Herzog von Österreich und der Steiermark (seit 1230) aus dem Adelsgeschlecht der Babenberger.

Galenos von Pergamon zwischen 128 und 131 – zwischen 199 und 216. Griechischer Arzt und Anatom, der vor allem in Rom tätig war; Verfasser eines umfangreichen medizinischen Lehrbuches („Methodus medendi"), das in Europa bis in die Frühe Neuzeit prägend für die vorherrschende Auffassung von medizinischer Heilkunde wurde.

Glaber, Rodulfus um 985um 1047. Mönch, Angehöriger des Benediktinerordens, Historiker.

Goethe, Johann Wolfgang von 1749 – 1832. Dichter, Politiker, Naturforscher. Maßgebliche Persönlichkeit der Weimarer Klassik, als Schriftsteller bis heute wirkungsmächtig.

Gombrich, Ernst H. 1909 – 2001. Kunsthistoriker; Gombrich stammte aus Österreich und emigrierte 1936 nach London, wo er viele Jahrzehnte lang am Warburg Institute tätig war, das er ab 1959 leitete.

Gottfried von Straßburg gest. um 1215. Einer der bedeutendsten deutschsprachigen Dichter des Mittelalters. Als sein wichtigstes Werk gilt der Versroman „Tristan".

Gottschalk von Freising (ursprünglich Gottschalk von Hagenau) gest. 1005. Bischof von Freising.

Gregor VII. zwischen 1025 und 1030 – 1085. Papst, Kirchenreformer. Seine Auseinanderstzung mit Kaiser Heinrich V. um die Frage, wer Bischöfe einsetzen dürfte, führte zum sogenannten Investiturstreit.

Hallstein, Walter 1901 – 1982, deutscher Jurist und Politiker (CDU), Staatssekretär im Auswärtigen Amt der Bundesrepublik Deutschland (BRD); 1958 – 1967 Vorsitzender der Kommission der Europäischen Wirtschaftsgemeinschaft (EWG). Hallstein war der erste Inhaber dieser Funktion.

Hammurabi (auch Hammurapi) I. vermutlich 1792 – 1750 v. Chr. König von Babylonien. Erließ eine Sammlung von Gesetzen, die später als Codex Hammurabi (oder Codex Hammurapi) bezeichnet wurde.

Hannibal um 247 – 183 v. Chr. Karthagischer Politiker und Feldherr; die von ihm geführte Armee fügte den römischen Truppen im 2. Punischen Krieg massive Niederlagen zu.

Hartmann von Aue gest. zw. 1210 und 1220. Gilt als einer der bedeutendsten mittelhochdeutschen Epiker. Zu seinen Werken zählen Lieder und Gedichte, Versromane (z. B. „Erec" und „Iwein") sowie eine Verserzählung („Das Klagebüchlein").

Heinrich I. gest. 1018. Markgraf aus dem Adelsgeschlecht der Babenberger. Während seiner Herrschaft wurde der Name Ostarrîchi (zur Bezeichnung des Kerngebiets der Markgrafschaft) erstmals urkundlich erwähnt.

Heinrich II. (genannt Jasomirgott) 1107–1177. Ab 1141 zunächst Markgraf, von 1156 bis 1177 Herzog von Österreich. In zweiter Ehe mit Theodora Komnena, einer Nichte des byzantinischen Kaisers Manuel I., verheiratet. Weshalb der Babenberger zu seinem Spitznamen kam, ist nicht geklärt.

Heinrich IV. 1050–1106. Römisch-deutscher König (ab 1056) und Kaiser (1084–1105) aus der Adelsfamilie der Salier.

Heinrich V. 1081 oder 1086–1125. Römisch-deutscher König (ab 1106) und Kaiser (1111–1125) aus der Adelsfamilie der Salier. Schloss 1122 mit Papst Calixt II. den später als Wormser Konkordat bezeichneten Vertrag, mit dem der Investiturstreit beendet wurde.

Hekataios von Milet ca. 560–480 v. Chr. Geschichtsschreiber und Geograf. Bekannt v. a. für eine Reisebeschreibung, die den Titel „Periegesis" („Umriss") trug, und mit der er eine ganze Literaturgattung antiker Reiseberichte begründete.

Herodot von Halikarnassos zwischen 490 und 480–zwischen 430 und 420 v. Chr. Griechischer Historiker und Geograf, den Cicero „Vater der Geschichtsschreibung" nannte. Herodots „Historien" versuchen eine umfangreiche Darstellung der griechischen Welt zwischen ungefähr 700 bis 479 v. Chr.

Hesiod geboren vor 700 v. Chr. Griechischer Dichter; Verfasser der „Theogonie" (die eine mythische Erzählung zur „Entstehung der Götter", so die wörtliche Titelübersetzung, aber auch der Welt insgesamt, bietet) sowie der „Werke und Tage", eines epischen Lehrgedichts, das eine bestimmte Vorstellung von der Ordnung des Kosmos zum Gegenstand hat.

Hildegard von Bingen 1098–1179. Äbtissin (Benediktinerin) und Klostergründerin. Sie verfasste unter anderem Werke zur Naturkunde und zur Naturheilkunde.

Hippodamos von Milet 5 Jh. v. Chr. Antiker griechischer Städteplaner. Nach ihm ist das „hippodamische Schema" benannt, eine Methode zu Neugründung oder Wiederaufbau sowie Erweiterung von Städten.

Hippokrates um 460–370 v. Chr. Antiker griechischer Arzt, der vielfach als Begründer der wissenschaftlichen Medizin gilt.

Homer vermutlich in der zweiten Hälfte des 7. Jahrhunderts oder in der ersten Hälfte des 8. Jahrhunderts v. Chr. Allerdings ist ungewiss, ob er überhaupt gelebt. Er gilt als Verfasser der Epen „Ilias" und „Odysee".

Hus, Jan um 1370–1415. Theologe und Reformator aus Böhmen; wurde 1415 in Konstanz (während des Konzils von Konstanz, das von 1414 bis 1418 dauerte) als Ketzer hingerichtet, obwohl ihm König Sigismund freies Geleit zugesichert hatte.

Ibn Abdun, Abd al-Majid um 1050–1135. Dichter und Politiker aus dem maurischen Andalusien.

Ibn Sina (in Europa auch Avicenna genannt) um 980–1037. Persischer Arzt, Dichter, Philosoph, Naturwissenschaftler, der maßgeblichen Einfluss auf die Entwicklung der Medizin hatte.

Innozenz III. 1161–1216. Geboren als Lotario dei Conte di Segni, Papst (von 1198 bis 1216). Unter Innozenz erreichte das Papsttum den Höhepunkt seiner Macht.

Isokrates 436–338 v. Chr. Griechischer Rhetor und Rhetoriklehrer.

Iustinus, Marcus Iunianus 2. oder 3. Jahrhundert. Römischer Geschichtsschreiber, Verfasser des historischen Werks „Epitoma historiarum Philippicarum", das den Aufstieg und Niedergang des Makedonenreiches bzw. der Diadochenreiche behandelt.

Justinian I. um 482–565 n. Chr. Byzantinischer bzw. oströmischer Kaiser, der die Hagia Sophia neu errichten und eine Auswahl geltender Gesetze, Rechtsnormen und verbindlicher Kommentierungen sammeln ließ (Corpus Juris Civilis 533 n. Chr.).

Iuvenalis, Decimus Iunius (Juvenal) um 60–nach 127. Satirendichter.

Karl I. (genannt der Große) 747 oder 748–814. Fränkischer König seit 768. Wurde 800 vom Papst zum Römischen Kaiser gekrönt. In zahlreichen Kriegen erweiterte er den Herrschaftsbereich der Franken.

Karl Martell zwischen 688 und 691–741. Fränkischer Hausmeier aus dem Geschlecht der Karolinger. Regierte formell unter einem Merowingerkönig, der allerdings keine politische Macht mehr hatte.

Kleisthenes um 570–nach 507 v. Chr. Athenischer Politiker, veranlasste 508/507 v. Chr. tiefgreifende Reformen des politischen Systems Athens und schuf damit entscheidende Grundlagen der attischen Demokratie.

Kleopatra VII. 69–30 v. Chr. Pharao, letzte Königin des ptolemäischen Ägypten.

Konfuzius vermutlich 551–479 v. Chr. Chinesischer Philosoph, der vor allem Respekt vor anderen Menschen und den Ahnen lehrte.

Kosinksy, Olaf geb. 1964. Deutscher Autor („Wikipedianer") und Fotograf.

Krammer, Reinhard 1949–2017. Österreichischer Historiker und Geschichtsdidaktiker.

Kühne, Thomas geb. 1958. Deutscher Historiker, spezialisiert auf Männergeschichte.

Kyrill um 826/27–869. Begründer der slawischen Orthodoxie und des slawischen Schrifttums. Gilt als „Slawenapostel".

Kyros II. zwischen 590 und 580 v. Chr.–530. Persischer König aus der Dynastie der Achämeniden; begründete das erste persische Großreich.

Leo I. um 400–461. Bischof von Rom, der, wie die römischen Kaiser den alten Titel des höchsten Priesters der römischen Republik, „Pontifex maximus", aufgriff, und zudem den Anspruch eines Primats über alle anderen Bischöfe erhob.

Leo III. um 750–816. Seit 750 Papst; verbündete sich gegen seine Gegner innerhalb des römischen Adels mit Karl I., den er 800 zum Römischen Kaiser krönte.

Leopold I. (auch Luitpold I.) 940–994. Markgraf (976–994) aus dem Geschlecht der Babenberger.

Leopold III. (genannt der Heilige) 1073–1136. Bemühte sich um den Ausbau der Babenbergermark und eine Aufwertung des sozialen Status der Babenberger. So heiratete er in zweiter Ehe Agnes von Waiblingen (1072–1143), die Tochter Kaiser Heinrichs IV.

Leopold V. (genannt der Tugendhafte) 1157–1194. Herzog von Österreich (ab 1177) und der Steiermark (ab 1192) aus der Dynastie der Babenberger. Nach der Gefangennahme des englischen Königs Richard Löwenherz erpresste er eine beträchtliche Summe an Lösegeld.

Leopold VI. (genannt der Glorreiche) 1176–1230. Babenberger, Herzog von Österreich (ab 1198) und der Steiermark (ab 1194).

Livia (auch Livia Drusilla) 58 v. Chr.29 n. Chr. Dritte Ehefrau des römischen Kaisers Augustus. Nach dem Tod des Augustus wurde sie Iulia Augusta genannt.

Ludwig IV. (genannt das Kind) 893–911. Er wurde im Alter von sechs Jahren zum König des Ostfrankenreiches gekrönt.

Ludwig IX. (genannt der Heilige) 1214–1270. König von Frankreich von 1226 bis 1270; er entstammte dem Adelsgeschlecht der Kapetinger.

Lysippos zwischen 400 und 390–Ende des 4. Jh. v. Chr. Griechischer Bildhauer. Hofbildhauer von Alexander dem Großen.

Maccari, Cesare 1840–1919. Italienischer Maler und Bildhauer.

Mehmed II. 1432–1481. Siebter Sultan des Osmanischen Reiches. Unter seiner Herrschaft wurde 1453 Konstantinopel erobert. Eroberung weiterer Gebiete im Mittelmeer, am Schwarzen Meer und am Balkan.

Method von Saloniki um 815–885. Byzantinischer Mönch, Erzbischof von Mähren und Pannonien. Gilt gemeinsam mit seinem Bruder Kyrill als „Apostel der Slawen".

Minujín, Marta geb. 1943. Argentinische Konzeptkünstlerin.

Moctezuma II. 1465–1520. Von 1502 bis 1520 Herrscher des Aztekenreiches. Von spanischen Eroberern unter Hernán Cortés 1519 gefangen genommen, wurde er im Jahr darauf getötet, ob von Spaniern oder von Azteken, die gegen die Spanier kämpften.

Mohammed (auch Muhammad) zwischen 570 und 573–632. Arabischer Feldherr, politischer Anführer. Religionsstifter des Islam. Muslime sehen ihn als Propheten und Gesandten Gottes.

Napoleon III. 1808–1873. Zunächst (unter seinem bürgerlichen Namen Charles Louis Napoléon Bonaparte) von 1848 bis 1852 Präsident der (zweiten) französischen Republik; von 1852 bis 1870 Kaiser der Franzosen.

Nearchos um 360–nach 314 v. Chr. Griechischer Feldherr; begleitete Alexander den Großen auf seinem Feldzug in Asien und wurde zum Kommandanten von dessen Flotte ernannt.

Nebukadnezar II. um 640–562 v. Chr. Neubabylonischer König (605–562 v. Chr.).

Otto I. (genannt der Große) 912–973. Er stammte aus dem Geschlecht der Liudolfinger, wurde 936 Herzog von Sachsen, 951 König von Italien und 962 römisch-deutscher Kaiser.

Otto III. 980–1002. Römisch-deutscher König (ab 983) und Kaiser (ab 996) aus der Dynastie der Liudolfinger, seit der Kaiserkrönung Ottos I. auch „Ottonen" genannt.

Peisistratos um 600–528 oder 527 v. Chr. Errichtete 546/545 v. Chr. gewaltsam eine Tyrannis in Athen, herrschte dort bis zu seinem Tod und begründete die Dynastie der Peisistradiden.

Perikles um 490–429 v. Chr. Äußerst einflussreicher athenischer Politiker, der auch für ein ambitioniertes Bauprogramm auf der Akropolis verantwortlich zeichnete; bekleidete ab 443 v. Chr. 15 Jahre lang das Amt eines Strategen.

Personenverzeichnis

Petrarca, Francesco 1304–1374. Italienischer Dichter und Gelehrter, gilt als einer der Mitbegründer des Renaissance-Humanismus. Unter anderem entlarvte er das „Privilegium maius" des Habsburgers Rudolfs IV. in wesentlichen Teilen als Fälschung.

Phidias zwischen 500 und 490–zwischen 430 und 420 v. Chr. Antiker athenischer Bildhauer.

Philipp IV. (genannt der Schöne) 1268–1314. König von Frankreich und Navarra (seit 1285); stammte aus der Dynastie der Kapetinger. Baute eine frühabsolutistische Form der Herrschaft auf.

Platon 428 oder 427–348 oder 347 v. Chr. Sehr wirkungsmächtiger griechischer Philosoph, gründete um 385 v. Chr. in Athen eine Philosophenschule, die bald als Platonische Akademie berühmt werden sollte.

Plinius der Ältere (eigentlich Gaius Plinius Secundus Maior) 23–79. Römischer Gelehrter und Offizier; Verfasser des enzyklopädischen Werks „Naturalis historia", das naturkundliche, medizinische, aber auch geografische Themen behandelte.

Plotina, Pompeia vor 70–nach Anfang 123. Ehefrau des römischen Kaisers Trajan.

Plutarch um 45–um 125. Griechischer Schriftsteller. Vor allem für seine Parallelbiografien erlangte er große Bekanntheit, in denen er berühmte, teils auch historisch nicht verbürgte Personen, jeweils ein Grieche und ein Römer, dar- und Vergleiche zwischen ihnen anstellte.

Pompejus (mit vollem Namen Gnaeus Pompeius Magnus) 106–48 v. Chr. Römischer Politiker und Feldherr; trug als Feldherr wesentlich zur Ausdehnung des Römischen Reiches nach Osten hin bei. Zeitweise Verbündeter, zuletzt Gegenspieler Julius Caesars.

Protagoras um 490–um 411 v. Chr. Griechischer Philosoph, Vertreter der Schule der Sophisten.

Prudentius, Aurelius Clemens 348 bis nach 405. Jurist, Dichter, Berater des Kaisers Honorius, wandte sich um 400 dem Christentum zu.

Pythagoras von Samos um 570–nach 510 v. Chr. Griechischer Philosoph und Mathematiker, Gründer einer religiösen Gemeinschaft, der heute vor allem für einen nach ihm benannten mathematischen Lehrsatz bekannt ist.

Qin Shihuangdi 259–210 v. Chr. Chinesischer Kaiser und Gründer der Qin-Dynastie. Bekannt blieb er auch durch mehrere Tausend in Lebensgröße gefertigte Soldaten aus Terrakotta, die man in seiner Grabanlage fand und die den Herrscher wohl im Jenseits schützen sollten.

Raffael (mit vollem Namen Raffaello Sanzio da Urbino) 1483–1520. Italienischer Maler und Architekt der Renaissance.

Riedle, Gabriele geb. 1958. Deutsche Journalistin und Autorin.

Robert von Molesme (auch Robert von Citeaux genannt) um 1028–1111. Benediktiner, Abt, Mitbegründer des Zisterzienserordens.

Roger II. 1095–1154. König von Sizilien (ab 1130). Stammte aus einem normannischen Adelsgeschlecht.

Rudolf I. von Habsburg 1218–1291. Römisch-deutscher Kaiser von 1273 bis 1291.

Rudolf IV. (genannt der Stifter) 1339–1365. Ab 1358 Herzog von Österreich, Kärnten und Steiermark, nannte sich selbst Erzherzog und ließ die als „Privilegium maius" bekannt gewordene Urkundensammlung fälschen.

Rupert von Salzburg um 650–vermutlich 718. Bischof von Worms und erster Bischof von Salzburg.

Sappho zwischen 630 und 612 v. Chr.um 570 v. Chr. Griechische Dichterin, die in Mytilene auf der Insel Lesbos lebte. Sie gilt als bedeutendste antike Lyrikerin. Unter anderem verfasste sie Liebesgedichte, in denen sie die Schönheit von Frauen preist.

Segni, Antonio 1891–1972. Italienischer Jurist und Politiker (Democrazia Christiana); 1955–1957 und 1959–1960 Ministerpräsident und 1962–1964 Präsident der Republik Italien.

Seib, Wilhelm 1854–1924. Österreichischer Bildhauer.

Seneca, Lucius Annaeus (genannt Seneca der Jüngere) um 1 v. Chr.–65 n. Chr. Römischer Philosoph (der Stoa) und Schriftsteller. Erzieher des Kaisers Nero, von dem er später zum Suizid gezwungen wurde.

Severin von Noricum um 410–482. Spätantiker Missionar und Klostergründer in der römischen Provinz Noricum. Seine von Eugippius verfasste Biografie gilt als wichtige Quelle für die Zeit des Zusammenbruchs der römischen Herrschaft an der Donau.

Siddharta Gautama (genannt Buddha) 563–483 v. Chr. Sohn eines Fürsten, Begründer des Buddhismus.

Sokrates 469–399 v. Chr. Antiker griechischer Philosoph, der die europäische Philosophie über seinen Schüler Platon nachhaltig prägte. Er selbst hat keine schriftlichen Aufzeichnungen hinterlassen.

Solon um 640–um 560. Athenischer Lyriker, Politiker und Gesetzgeber. Seiner Auffasung nach sollten Gesetze und nicht Tyrannen in der Polis herrschen.

Steger, Florian geb. 1974. Deutscher Medizinhistoriker und Medizinethiker.

Stilicho, Flavius um 362–408. Römischer Heermeister (magister militiae) und Politiker.

Strabon um 63 v. Chr.–nach 23 n. Chr. Griechischer Geschichtsschreiber und Geograf.

Tacitus, Publius Cornelius 55–120. Römischer Senator und Historiker. Seine „Annalen" behandeln die Geschichte des Römischen Reiches in der Zeit vom Tod Augustus bis zu jenem Neros (14 bis 68), die „Historien" in der Zeitspanne bis 96.

Thales von Milet um 624/623–zwischen 548 und 546 v. Chr. Griechischer Philosoph, Astronom und Mathematiker.

Themistokles um 525–um 459 v. Chr. Athenischer Politiker und Feldherr, der sich für den Bau einer griechischen Flotte einsetze und als Stratege in der Schlacht von Salamis (480 v. Chr.) gegen die Perser siegte.

Theoderich (genannt der Große) zwischen 451 und 456–526. König der Ostgoten, herrschte über Italien und Teile des Balkans.

Theodosius I. 347–395. Kaiser des Oströmischen Reiches; machte das Christentum zur Staatsreligion. Nach seinem Tod wurde das Römische Reich in zwei Hälften aufgeteilt.

Thomas von Aquin 1225–1274. Theologe und Philosoph, Mitglied des Dominikanerordens; Kirchenlehrer der katholischen Kirche. Für die katholische Theologie sowie für einige philosophische Strömungen bis heute von großem Einfluss.

Thukydides vor 454–zwischen 399 und 396 v. Chr. Athenischer Politiker und Historiker. Verfasste eine berühmt gewordene Darstellung des Peloponnesischen Krieges.

Tischbein, Johann Heinrich Wilhelm (1751–1829), deutscher Maler und Zeitgenosse, der Johann Wolfgang von Goethe auf seiner Reise durch Italien zwischen 1786 und 1788 begleitete.

Titus (mit vollem Namen Titus Flavius Vespasianus) 39–81. Antiker römischer Kaiser (79–81), Sohn und Nachfolger des Kaisers Vespasian.

Varro, Marcus Terentius 116–27 v. Chr. Römischer Gelehrter und Schriftsteller; verfasste mehrere umfangreiche Werke zu unterschiedlichen Themen.

Vasari, Giorgio 1510–1574. Italienischer Architekt, Maler und Schriftsteller. Verfasste Biografien von Künstlern aus einer Zeitspanne von etwa 1280 bis 1550.

Vercingetorix um 82–46 v. Chr. Keltenfürst, der den größten Teil der Völker Galliens zum Widerstand gegen Caesar vereinigte. Die gallischen Truppen unterlagen den römischen Legionen in mehreren Schlachten, zuletzt in jener von Alesia (52 v. Chr.).

Vespasian (mit vollem Namen Titus Flavius Vespasianus) 9–79. Antiker römischer Kaiser (69–79); Begründer der flavischen Dynastie.

Veyne, Paul geb. 1930. Französischer Historiker des Altertums, der aber auch zu Fragen der Geschichtstheorie und über den Philosophen Michel Foucault (1926–1984) publiziert hat.

Vitruv 1. Jh. v. Chr. Antiker römischer Architekt und Architekturtheoretiker; Verfasser eines umfangreichen Werks über Architektur und Bauwesen ganz allgemein („Zehn Bücher über Architektur").

Walther von der Vogelweide um 1170–um 1230. Mittelalterlicher Lyriker, der in mittelhochdeutscher Sprache schrieb.

Weeber, Karl-Wilhelm geb. 1950. Deutscher klassischer Philologie und Althistoriker.

Wilhelm der Eroberer 1027 oder 1028–1087. Seit 1035 Herzog der Normandie; seine Truppen eroberten 1066 nach mehreren militärischen Erfolgen und der Entscheidungsschlacht bei Hastings das englische Königreich.

Wolfram von Eschenbach zwischen 1160 und 1180–um 1220. Mittelhochdeutscher Lyriker und Epiker; sein bekanntestes Werk ist der Versroman „Parzival".

Zacharias gest. 752. Papst von 741 bis 752. Legitimierte die Absetzung des letzten Merowingerkönigs durch den Hausmeier Pippin II.

S. 9, M6 Archäologen finden älteste römische Spuren im Wiener Raum. In: Die Presse, 18.3.2015, http://diepresse.com/home/zeitgeschichte/4688386/Archaeologen-finden-aelteste-roemische-Spuren-im-Wiener-Raum (12.11.2019)

S. 11, M12 Konrad Adenauer, Ansprache vor der Unterzeichnung der „Römischen Verträge“, 25. März 1957, https://www.konrad-adenauer.de/dokumente/reden/1957-03-25-ansprache-roemische-vertraege (12.11.2019)

S. 15, M4 M. Iuniani Iustini epitoma Historiarum Philippicarum Pompei Trogi. Accedunt prologi in Pompeium Trogum. Hg. v. Otto Seel. Stuttgart: Teubner 1985, S. 292 – 294.

S. 15, M5 Herodot: Historien, 4. Buch, 156, 4. In: Herodot: Historien, Bd. 1. Gr.-dt., hg. v. Josef Feix. 5. Aufl. Zürich: Artemis& Winkler 1995, S. 618. (Übers. d. Verf.)

S. 18, M1 Aristoteles: Nikomachische Ethik, Buch VIII, 12. In: Aristoteles: Nikomachische Ethik. Übers. u. Nachwort v. Franz Dirlmeier. Anmerkungen v. Ernst A. Schmidt. Bibliographisch ergänzte Aufl. Stuttgart: Reclam 1983, S. 230f.

S. 21, M1 Plutarch: 2. Paar: Lykurg und Numa Pompilius, sprachl. modernisierte Übers. nach E. Ethys, 2012, S. 135 – 136.

S. 22, M1 Arrian: Anabasis Alexanders, 4. Buch, 10 – 11. In: Arrianus, Lucius Flavius: The Anabasis of Alexander. Literally translated, with a commentary, from the Greek of Arrian the Nicomedian, by E. J. Chinnock. London: Butler & Tanner 1884, S. 223f.

S. 25, M4 Syme, Ronald: Die römische Revolution. Aus dem Englischen v. Friedrich Wilhelm Eschweiler u. Hans Georg Degen. Übers. d. Anm. v. Tilo Wedemeyer. Hg. u. mit einem Nachwort v. Werner Dahlheim. München: Piper 1992, S. 17.

S. 26, M1 Plutarch: Aristeides und Cato der Ältere, 27, 1.

S. 26, M3 Sueton: Divus Iulius 31 – 33. In: Suetonius Tranquillus, Gaius: Die Kaiserviten. De vita Caesarum. Berühmte Männer. Lateinisch-deutsch. Hg. v. Hans Martinet. 4., korr. Aufl. Berlin/Boston: de Gruyter 2014, S. 58 – 60.

S. 30, M3 Schauer, Markus: Der Gallische Krieg, 2016, S. 169.

S. 30, M4 Caesar, Gaius Iulius: Bellum Gallicum I, 1 – 14.

S. 31, M5 Caesar, Gaius Iulius: Bellum Gallicum I, 7 und 10.

S. 31, M6 Caesar, Gaius Iulius: Bellum Gallicum VII, 89.

S. 31, M7 Plutarch: Caesar, 27, 8 – 10; zit. nach: Schauer, Markus: Der Gallische Krieg, 2016, S. 138 – 139.

S. 31, M8 Caesar, Gaius Iulius: Bellum Gallicum IV, 15.

S. 33, M5 Herodot: Historien, 7. Buch, 140 – 143. In: Herodot: Historien, Bd. 2. Gr.-dt., hg. v. Josef Feix. 5. Aufl. Zürich: Artemis& Winkler 1995, S. 969 – 973. (Übers. v. Josef Feix, gfg. bearb. v. Verf.)

S. 34, M1 Juvenal: Satire 10, 356 – 361. In: Juvenal: Satiren. Lateinisch – deutsch. Hg., übers. u. mit Anmerkungen vers. v. Joachim Adamietz. München/Zürich: Artemis & Winkler 1993, S. 228. (Übers. d. Verf.)

S. 35, M8 Juvenal: Satire 10, 77 – 81. In: Juvenal: Satiren. Lateinisch – deutsch. Hg., übers. u. mit Anmerkungen vers. v. Joachim Adamietz. München/Zürich: Artemis & Winkler 1993, S. 206/207 – 208/209. (Übers. d. Verf.)

S. 36, M1 Strabon: Geographie, VI, 20 – 31. In: Strabons Geographika, Bd. 2, Buch V – VIII. Text und Übersetzung. Hg. v. Stefan Radt. Göttingen: Vandenhoeck & Ruprecht 2003, S. 77.

S. 38, M6 Demandt, Alexander: Kleine Weltgeschichte. 2. Aufl. München: Beck 2004, S. 87.

S. 39, M12 Rohr, Christian: Österreichische Geschichte, Teil 1: Österreich von der Römerzeit bis zum Spätmittelalter. WS 2004/2005; zit. nach: https://www.sbg.ac.at/ges/people/rohr/vloe1_04.pdf (12.11.2019)

S. 44, M1 Grafik nachgebaut und übersetzt: Projected Change in Global Population, 26.03.2015. https://www.pewforum.org/2015/04/02/religious-projections-2010-2050/pf_15-04-02_projectionsoverview_projectedchange640px/ (12.11.2019)

S. 45, M3 Irshai, Oded: Die Entstehung der Diaspora. In: Lange, Nicholas de (Hg.): Illustrierte Geschichte des Judentums. Aus dem Englischen v. Christian Rochow. Lizenzausgabe. Darmstadt: Wissenschaftliche Buchgesellschaft 2000, S. 71 – 104.

S. 45, M4 Lexikon Judentum: Feste, Bräuche, Lebensregeln; zit. nach: http://religionv1.orf.at/projekt03/religionen/judentum/re_ju_fr_feste_lebensregeln.htm (21.08.2018)

S. 46, M5 Paulus: Römer 13, 1 – 2. In: Nestle – Aland: Das Neue Testament. Griechisch und Deutsch. Griechischer Text: 27. Aufl. des Novum Testamentum Graece in der Nachfolge von Eberhard u. Erwin Nestle gemeinsam verantwortet von Barbara u. Kurt Aland, Johannes Karavidopoulos, Carlo M. Martini, Bruce M. Metzger. Deutsche Texte: Revidierte Luther-Bibel von 1984 und Einheitsübersetzung der Heiligen Schrift 1979. Hg. im Institut für Neutestamentliche Textforschung Münster/Westfalen v. Barbara Aland u. Kurt Aland. 3. Aufl. Stuttgart: Deutsche Bibelgesellschaft/Katholische Bibelanstalt 2000, S. 432.

S. 46, M6 Keil, Volkmar (Hg.): Quellensammlung zur Religionspolitik Konstantins des Großen. Griechisch – Deutsch, Lateinisch – Deutsch. 2., durchges. u. korr. Aufl. Darmstadt: Wissenschaftliche Buchgesellschaft 1995, S. 58.

S. 47, M9 Verfassung der hinduistischen Religionsgesellschaft in Österreich (HRÖ); zit. nach: www.hroe.at/die-verfassung-der-hroe (12.11.2019)

S. 47, M10 Bhagavata, 7.11.35; zit. nach: www.gita-society.com (12.11.2019)

S. 48, M11 „Die vier edlen Wahrheiten“: http://www.buddhismus-austria.at/die-lehre-des-buddha/vier-edle-wahrheiten/ (12.11.2019)

S. 48, M12 Die Lehre des Buddhas: http://www.buddhismus-austria.at/die-lehre-des-buddha/buddha/ (12.11.2019)

S. 48, M14 Begleittext documenta 14, Kassel; zit. nach: https://www.documenta14.de/de/artists/22776/gandhara-skulpturen (25.04.2019)

S. 49, M16 Koran, Sure 24, 31. In: Der Koran. Übersetzung v. Rudi Paret. 6. Aufl. Stuttgart/Berlin/Köln: Kohlhammer 1993, S. 246.

S. 50, M1 Hesiod: Theogonie, 116 – 119. In: Hesiod: Theogonie. Werke und Tage. Griechisch – deutsch. Hg. u. übers. v. Albert v. Schirnding. Mit einer Einführung und einem Register v. Ernst Günther Schmidt. 2. Aufl. Düsseldorf/Zürich: Artemis & Winkler 1997, S. 15.

S. 50, M2 Cicero: De re publica 3, 34 f. In: Cicero, Marcus Tullius: De re publica. Vom Gemeinwesen. Lateinisch/Deutsch. Übers. u. hg. v. Karl Büchner. Stuttgart: Reclam 1979, S. 280 – 282. (Übers. d. Verf.)

S. 50, M3 Augustinus: De Civitate Dei I, 21. In: Augustinus, Aurelius: Vom Gottesstaat. Buch 1 bis 10. Aus dem Lateinischen übers. v. Wilhelm Thimme. Eingeleitet u. kommentiert v. Carl Andresen. 2. Aufl. München: Deutscher Taschenbuch Verlag 1985, S. 39f.

S. 51, M5 Hall, Edith: Sport, Literatur und Theater. In: Cartledge, Paul (Hg.): Kulturgeschichte Griechenlands in der Antike. Übers. v. Wilfried Nippel. Stuttgart/Weimar: Metzler 2000, S. 225 – 255.

S. 51, M7 Dahlheim, Werner: Augustus. Aufrührer, Herrscher, Heiland. Eine Biographie. München: Beck 2010, S. 259.

S. 54, M3 Aristoteles: Politik. 1. Buch, 5. Kapitel. Nach der Übersetzung von Franz Susemihl, hg. von Nelly Tsouyopoulos und Ernesto Grassi. Reinbek bei Hamburg: Rowohlt 1965.

S. 57, M9 Kühne, Thomas: Männergeschichte als Geschlechtergeschichte. In: ders. (Hg.), Männergeschichte – Geschlechtergeschichte. Männlichkeit im Wandel der Moderne. Frankfurt/New York: Campus 1996, S. 8.

S. 58, M13 Rüpke, Jorg und Ulrike Rüpke: Die 101 wichtigsten Fragen. Götter und Mythen der Antike. München: Beck 2010, S. 76.

S. 58, M14 Tuor-Kurth, Christina: Kindesaussetzung und Moral in der Antike. Jüdische und christliche Kritik am Nichtaufziehen und Töten neugeborener Kinder. Göttingen: Vandenhoeck & Ruprecht 2011, S. 18f.

S. 59, M17 Veyne, Paul: Das Römische Reich. In: Veyne, Paul (Hg.): Geschichte des privaten Lebens. Bd. 1, Vom Römischen Imperium zum Byzantinischen Reich. Augsburg: Weltbild 1999, S. 65f.

Textquellenverzeichnis

S. 62, M6 Veyne, Paul: Das Römische Reich. In: Veyne, Paul (Hg.): Geschichte des privaten Lebens. Bd. 1, Vom Römischen Imperium zum Byzantinischen Reich. Augsburg: Weltbild 1999, S. 101f.

S. 64, M12 Weeber, Karl-Wilhelm: Alltag im Alten Rom. Das Landleben. Darmstadt: Primus 2012, S. 102.

S. 65, M15 Weeber, Karl-Wilhelm: Alltag im Alten Rom. Das Leben in der Stadt. Darmstadt: Theiss 2000, S. 19.

S. 68, M1 Gombrich, Ernst H.: Die Geschichte der Kunst. Berlin: Phaidon 1996, S. 15.

S. 71, M12 Vitruv: De architectura libri decem. Zehn Bücher über Architektur. Übers. v. Curt Fensterbusch, Darmstadt: Wissenschaftliche Buchgesellschaft 1964.

S. 71, M13 Kolb, Frank: Das antike Rom. München: Beck 2009, S. 54.

S. 74, M7 Steger, Florian: Das Erbe des Hippokrates. Medizinethische Konflikte und ihre Wurzeln. Göttingen: Vandenhoeck & Ruprecht 2008, S. 34.

S. 75, M10 Hupperts, Charles: Homosexualität in der Antike. In: Aldrich, Robert (Hg.): Gleich und anders. Eine globale Geschichte der Homosexualität. Hamburg: Murmann 2007, S. 31.

S. 78, M6 Gabriele Riedle: Haie und kleine Fische. In: Geo Epoche. Das Magazin für Geschichte Nr. 5 (2001): Das römische Imperium, S. 58f.

S. 78, M7 Luttmer, Nora: Die Männer aus Ta Ch'in. In: Geo Epoche. Das Magazin für Geschichte Nr. 5 (2001): Das römische Imperium, S. 164.

S. 79, M9 Ebrey, Patricia B.: China. Eine illustrierte Geschichte. The Cambridge Illustrated History of China. Frankfurt: Campus 1996, S. 61.

S. 80, M3 Linke, Bernhard: Macht und Herrschaft. In: Wirbelauer, Eckhard (Hg.): Antike. München: Oldenbourg 2010, S. 53.

S. 84, M1 Nüsslein, Theodor (Hg.): Rhetorica ad Herennium. Lateinisch – deutsch. Düsseldorf und Zürich: Artemis und Winkler 1994, 1998.

S. 84, M2 Gaius: Institutionum commentarii I, 2 und 7; zit. nach: Bretone, Mario: Geschichte des römischen Rechts. München: Beck 1992, S. 139.

S. 87, M4 Coudenhove-Kalergi, Barbara: Völkerwanderung, 07.01.2015. https://derstandard.at/2000010102927/Eine-Voelkerwanderung (12.11.2019)

S. 87, M5 https://www.integrationsfonds.at/fileadmin/user_upload/Statistisches_Jahrbuch_migration_integration_2017__2_.pdf, S. 27 (12.11.2019)

S. 88, M1 https://www.bmeia.gv.at/fileadmin/user_upload/Zentrale/Integration/Integrationsbericht_2018/Statistisches_Jahrbuch_migration__und_integration_2018.pdf, S. 25 (12.11.2019)

S. 89, M2 Medienservicestelle: Studie: Vielfalt wird in Österreich noch nicht geschätzt. http://medienservicestelle.at/migration_bewegt/2014/01/30/studie-vielfalt-wird-in-oesterreich-noch-nicht-geschaetzt/ (08.04.2018)

S. 89, M3 Medienservicestelle: http://medienservicestelle.at/migration_bewegt/2017/02/21/mehrsprachigkeit-in-bildungseinrichtungen-nimmt-zu/ (14.05.2019)

S. 89, M4 Programm der österreichischen Bundesregierung (Stand Dez. 2017): https://www.bundeskanzleramt.gv.at/documents/131008/569203/Regierungsprogramm_2017%E2%80%932022.pdf/b2fe3f65-5a04-47b6-913d-2fe512ff4ce6, S. 37 (15.05.2019)

S. 89, M5 Ralser, Bernadette (uni:view): Heinz Fassmann: „Europa ist nicht perfekt, aber unersetzbar", 06.03.2016. https://medienportal.univie.ac.at/uniview/semesterfrage/detailansicht/artikel/heinz-fassmann-europa-ist-nicht-perfekt-aber-unersetzbar/ (12.11.2019)

S. 90, M6 UNHCR Österreich: Zahlen im Überblick. https://www.unhcr.org/dach/at/ueber-uns/zahlen-im-ueberblick (12.11.2019)

S. 90, M7 Akinyosoye, Clara: Clartext. Wir können nicht alle nehmen. In: MO – Magazin für Menschenrechte Nr. 48, September 2017, S. 39.

S. 91, M9 Bauer, Werner T.: Rechtsextreme und rechtspopulistische Parteien in Europa. http://politikberatung.or.at/studien/rechtspopulismus/rechtsextreme-und-rechtspopulistische-parteien-in-europa/ (12.11.2019)

S. 91, M11 Kurier: Kurz will auch die Mittelmeerroute komplett schließen, 13.06.2017. https://kurier.at/politik/ausland/aussenminister-sebastian-kurz-will-mittelmeerroute-komplett-schliessen/269.563.941 (12.11.2019)

S. 93, M12 centropa: Jüdische Erinnerung bewahren – Geschichte zum Leben erwecken. Gerda Feldsberg. www.centropa.org/de/biography/gerda-feldsberg (12.11.2019)

S. 93, M13 Falter 10/19, 06.03.2019, S. 9.

S. 93, M14 UNHCR – Refugee stories: Shokat Ali – wie ich ein zweites Mal auf die Welt kam. stories.unhcr.org/de/shokat-ali-wie-ich-ein-zweites-mal-auf-die-welt-kam-p316.html (02.04.2018)

S. 94, M2 Pohl, Walter: Die Völkerwanderung. Eroberung und Integration. Stuttgart: Kohlhammer 2006, S. 23f.

S. 95, M5 Kellerhoff, Sven Felix: „Das war es dann mit der römischen Zivilisation", 11.09.2015. https://www.welt.de/geschichte/article146277646/Das-war-es-dann-mit-der-roemischen-Zivilisation.html (12.11.2019)

S. 97, M4 Zit. nach: Traub, Rainer: Kapitel V: Römisches Erbe. Manierlich geplündert, 27.01.2009. https://www.spiegel.de/spiegel/spiegelgeschichte/d-63823598.html (12.11.2019)

S. 97, M5 Sommerbauer, Jutta: Latein: Vom Schülerschreck zur Trendsprache?, 19.04.2009. https://diepresse.com/home/bildung/schule/471817/Latein_Vom-Schuelerschreck-zur-Trendsprache (12.11.2019)

S. 98, M1 Herrin, Judith: Byzanz. Die erstaunliche Geschichte eines mittelalterlichen Imperiums. Stuttgart: Reclam 2013, S. 351.

S. 98, M2 Hack, Achim Thomas: Abul Abaz. Zur Biographie eines Elefanten. Badenweiler: Wissenschaftlicher Verlag Bachmann 2011, S. 28f.

S. 98, M3 Preiser-Kapeller, Johannes: Reisende zwischen den Welten. In: Schallaburg Kulturbetriebsgesellschaft (Hg.): Byzanz und der Westen. 1000 vergessene Jahre. Schallaburg 2018, S. 83.

S. 99, M6 Einhard: Vita Caroli Magni, cap. 16; zit. nach: Heine, Alexander (Hg.): Einhard. Das Leben Karls des Großen. Nebst Auszügen aus: Der Mönch von St. Gallen über die Taten Karls des Großen. Nach der Übersetzung von Wilhelm Wattenbach. Phaidon Verlag: Essen o. J., S. 62.

S. 100, M1 Angar, Mabi und Claudia Sode: Byzanz – Ein Schnellkurs. Köln: DuMont 2010, S. 165.

S. 101, M3 Schallaburg Kulturbetriebsgesellschaft (Hg.): Diese Geschichte von Byzanz beginnt ... als das Römische Reich geteilt wird. https://www.schallaburg.at/de/ausstellungen/byzanz-und-der-westen/byzanz-der-westen-1000-vergessene-jahre (12.11.2019)

S. 101, M5 Mayrhofer, Georg: Die Reise zum Goldenen Apfel: Eine gemeinsame Geschichte von Orient und Okzident. St. Pölten, Salzburg und Wien: Residenz Verlag 2014, S. 130.

S. 102, M3 Jussen, Bernhard: Die Franken. Geschichte – Gesellschaft – Kultur. München: Verlag C.H. Beck 2014, S. 21.

S. 103, M6 Jussen, Bernhard: Die Franken. Geschichte – Gesellschaft – Kultur. München: Verlag C.H. Beck 2014, S. 31.

S. 104, M8 Jussen, Bernhard: Die Franken. Geschichte – Gesellschaft – Kultur. München: Verlag C.H. Beck 2014, S. 53.

S. 105, M11 Fränkische Reichsannalen. In: Deutsche Geschichte in Quellen und Darstellung. Bd. 1. Frühes und Hohes Mittelalter 750 – 1250. Stuttgart: Reclam 2008, S. 38.

S. 105, M12 Leusch, Peter: Karl der Große. Ein Glaubenskrieger und Reformer, 19.06.2014. https://www.deutschlandfunk.de/karl-der-grosse-ein-glaubenskrieger-und-reformer.1148.de.html?dram:article_id=289910 (12.11.2019)

S. 106, M2 Tibi, Bassam: Einladung in die islamische Welt. Darmstadt: Wissenschaftliche Buchgesellschaft 2001, S. 37

S. 107, M4 Der Koran, Übersetzung von Rudi Paret; zit. nach: http://koransuren.com/sure4.html (12.11.2019)

S. 107, M6 Abdel-Samad, Hamed: Urteile Selbst! Ist der Koran eine Botschaft der Liebe oder des Hasses?, 28.10.2016. https://www.zeit.de/2016/42/hamed-abdel-samad-der-koran/komplettansicht (12.11.2019)

S. 107, M7	Krämer, Gudrun: Geschichte des Islam. München: Verlag C.H. Beck 2005, S. 33.
S. 108, M10	Krämer, Gudrun: Geschichte des Islam. München: Verlag C.H. Beck 2005, S. 62.
S. 110, M14	Al Samman, Tarif und Otto Mazal: Die arabische Welt und Europa. Graz: Akademische Druck- und Verlagsanstalt 1988, S. 36.
S. 110, M15	Fletcher, Richard: El Cid. Leben und Legende des spanischen Nationalhelden. Eine Biographie. Berlin: Quadriga 1999, S. 81f.
S. 111, M19	Sorg, Eugen: Das Land, wo Blut und Honig floß. http://www.weltwoche.ch/ausgaben/2005-35/artikel-2005-35-das-land-wo-blut.html (12.11.2019)
S. 111	Unerwünschte Minderheit musste vor 400 Jahren gehen, 21.09.2009. https://www.t-online.de/nachrichten/wissen/geschichte/id_20021082/spanien-vertreibung-der-mauren-begann-vor-400-jahren.html (12.11.2019)
S .112, M1	Eugippius: Vita Severini. In: Schmid, Heinz Dieter (Hg.): Fragen an die Geschichte 1. Frankfurt: Hirschgraben-Verlag, 1981, S. 160.
S. 113, M5	Wagner, Wilhelm J.: Der große Bildatlas zur Geschichte Österreichs, Wien: Verlag Kremayr & Scheriau 1995, S. 64.
S. 114, M7	Schenkungsurkunde Kaiser Ottos III. vom 1. November 996. In: Monumenta Germaniae Historica, Diplomata Otto II. et Otto III., (MGH, DD O III) Hannover 1893, S. 647, Nr. 23.
S. 115, M10	Salzburger Nachrichten: Österreich ließ König Löwenherz schmachten. Ausstellung „Richard Löwenherz“ in Speyer, 18.09.2017. https://www.pressreader.com/austria/salzburger-nachrichten/20170918/281663960181984 (12.11.2019)
S. 116, M1	Autorentext von Ernst Bruckmüller
S. 116, M2	Privilegium minus. Rauscher, Hans (Hg.): Das Buch Österreich. Texte, die man kennen muss. Wien: Verlag Christian Brandstätter 2005, S. 94.
S. 117, M3	Brühl, Ute: Was macht einen Österreicher zum Österreicher? Interview mit Monika Sommer, Direktorin des Hauses der Geschichte, 26.10.2017. https://kurier.at/wissen/monika-sommer-direktorin-des-hauses-der-geschichte-ueber-oesterreichische-identitaet/294.288.858 (12.11.2019)
S. 117, M5	Seidl, Conrad: Umfrage: Österreich steht besser da als übriges Europa, 25.10.2012. https://derstandard.at/1350259333391/52-Prozent-Oesterreich-steht-besser-da-als-uebriges-Europa (12.11.2019)
S. 118, M1	Seneca, Lucius Annaeus: Trostschrift an seine Mutter Helvia. In: Rosen, Klaus: Die Völkerwanderung. München: C. H. Beck 2006, S. 23.
S. 118, M2	Synesios von Kyrene: Rede an den oströmischen Kaiser Arcadius. In: Anders, Friedrich, Björn Onken und Martin Pujiula: Buchners Kolleg Themen Geschichte. Spätantike. Bamberg: C. C. Buchners Verlag 2007, S. 87.
S. 119, M4	Breith, Peter: Brief an seinen Bruder Ludwig. In: Lippold, Stephan/ Hamm, Margot: Good Bye Bayern. Grüß Gott America. Auswanderung aus Bayern nach Amerika seit 1683. Rosenheim: Kultur- und Sportstiftung 2004, S. 24. http://www.hdbg.de/auswanderung/docs/ausw_lhrro-senheim2.pdf (12.11.2019)
S. 124, M5	Schenkungsurkunde Kaiser Ottos III. vom 1. November 996. In: Monumenta Germaniae Historica, Diplomata Otto II. et Otto III., (MGH, DD O III) Hannover 1893, S. 647, Nr. 23.
S. 127, M3	Glaber, Radulfus (Raoul): Historiarum libri quinque ab anno incarnationis 900 usque ad annum 1044. In: Prou, Maurice: Raoul Glaber: les cinq livres de ses histoires (900 – 1044), Paris: 1886, S. 62f.
S. 128, M6	Le Goff, Jacques: Das Hochmittelalter. In: Fischer Weltgeschichte Band 11. Frankfurt/Main: 1965, S. 39.
S. 133, M7	Le Goff, Jacques: Das Hochmittelalter. In: Fischer Weltgeschichte Band 11. Frankfurt/Main: 1965, S. 106.
S. 134, M1	Lashofer, Clemens (Hg. im Auftrag der Salzburger Äbtekonferenz): Die Regel des heiligen Benedikt. Beuron: 1990, S. 27 (Prolog), S. 32 (Prolog) etc.
S. 138, M11	Runciman, Steven: Geschichte der Kreuzzüge. München: C. H. Beck 1989, S. 105f.
S. 139, M15	Ibn al-Atir. In: F. Gabrieli (Hg.): Die Kreuzzüge aus arabischer Sicht. München: dtv 1975, S. 49f.
S. 140, M2	Gurjewitsch, Aaron J.: Das Weltbild des mittelalterlichen Menschen. München: C. H. Beck 1997.
S. 143, M3	Boccaccio, Giovanni: Das Dekameron. Übers. v. Karl Witte, 1999, S. 15 – 17.
S. 146, M7	Papst Gregor IX. am 21. Juni 1239 an alle Würdenträger der westlichen Christenheit; er zitiert die Offenbarung des Johannes, Kap. 13, 1 – 18.
S. 148	Zit. nach: https://www.spielfilm.de/filme/20679/koenigreich-der-himmel (vereinfacht und gekürzt; 12.11.2019)
S. 149, M2	Wolf, Martin: Reise nach Jerusalem. Der Spiegel 18/2005, S. 172; zit. nach: http://www.spiegel.de/spiegel/print/d-40254157.html (12.11.2019)
S. 149, M3	Gabrieli, Francesco (Hg.): Die Kreuzzüge aus arabischer Sicht. Zürich/München: dtv Wissenschaftliche Reihe 1973, S. 189; zit. nach: https://www.uni-giessen.de/fbz/fb04/institute/geschichte/didaktik/Alte%20Seiten/gottwilles, S. 5, 21.11.2012. (12.11.2019)
S. 149, M4	Königreich der Himmel – Kingdom of Heaven; zit. nach: https://www.tv-media.at/kino/tipps/koenigreich-der-himmel---kingdom-of-heaven, 29.04.2005 (12.11.2019)
S. 149, M5	Interview mit Schwickert, Martin: Jerusalem für alle. Über Toleranz, Rittertum und Kreuzzügler. Die Kritik zum Film; zit. nach: http://www.ulti-mo-muenster.de/kr-film/i-scott.htm (12.11.2019)
S. 158, M3	Ennen, Edith: Frauen im Mittelalter. München: C. H. Beck: 1999, S. 129f.
S. 159, M4	Bumke, Joachim: Höfische Kultur, Bd. 2. München: dtv 1996, S. 381.
S. 161, M4	Zöllner, Erich: Geschichte Österreichs: Von den Anfängen bis zur Gegenwart. Wien u. a.: Verlag für Geschichte und Politik 1990, S. 80.
S. 165, M14	Dopsch, Heinz: Die Länder und das Reich. Der Ostalpenraum im Hochmittelalter. Wien: Ueberreuter 1999, S. 407.
S. 170, M1	Le Goff, Jacques: In den Burgen des freien Denkens. 2000, S. 35 – 37.
S. 171, M3	Fichtenau, Heinrich: Ketzer und Professoren. Häresie und Vernunftglaube im Hochmittelalter. München: dtv 1992. 1991, S. 180.
S. 172, M1	Einhard: Das Leben Karls des Großen, 22, 25. Hg. u. übers. von Evelyn Scherabon Firchow. Stuttgart: Reclam 1996. 45, 49.
S. 172, M2	Aufruf von Martin von Pairis; zit. nach: Schafarschik, Walter (Hg.): Herrschaft durch Sprache. Politische Reden. Stuttgart: Reclam 2009, S. 17.
S. 173, M4	Pizan, Christine de: Das Buch von der Stadt der Frauen. Hg. u. übers. von Margarete Zimmerman. 1986, S. 94 – 97.
S. 173, M5	Verbot von Étienne Tempier; zit. nach: Flasch, Kurt: Aufklärung im Mittelalter? Die Verurteilung von 1277: Das Dokument des Bischofs von Paris. Excerpta classica 1989, S. 92f.

Bildquellenverzeichnis

Links zu den Lizenzen:

Cover: akg-images/picturedesk.com; **S. 6:** M1 Olaf Tausch, Wikimedia Commons, CC BY 3.0; **S. 8:** M1 Verlag HPT, Markus Greibl, M2 Bwag, Wikimedia Commons, CC-BY-SA-4.0; **S. 9:** M3 Dr. Marnik Wastyn, Wikimedia Commons, CC BY-SA 3.0, M4 Diana Ringo, Wikimedia Commons, CC BY-SA 3.0 AT, M5 Gryffindor, Wikimedia Commons, CC BY-SA 3.0; **S. 10:** M7 vichie81 (Ausschnitt), Adobe Stock, M8 Johann Jaritz, Wikimedia Commons, CC BY-SA 4.0, M9 James Steakley, Wikimedia Commons, CC BY-SA 3.0, M10 Cousin_Avi, Adobe Stock; **S. 11:** M11 Wikimedia Commons, CC BY-SA 3.0 DE, M13 Belin-Dear, Wikimedia Commons, CC BY-SA 4.0, M14 Vladimir Drzik, Wikimedia Commons, Public Domain, M15 swisshippo, Adobe Stock, M16 Vladimir Drzik, Wikimedia Commons, Public Domain; **S. 12:** M1 pabrady63 (Ausschnitt), Adobe Stock, M2 Roland Abel, Adobe Stock, M3 reichhartfoto, Adobe Stock, M4 Andrés García, Adobe Stock; **S. 13:** M5 J.hagelüken, Wikimedia Commons, CC BY-SA 4.0, M6 Wladyslaw Sojka, Wikimedia Commons, CC BY-SA 3.0; **S. 14:** M1 User:Bibi Saint-Pol, Wikimedia Commons, Public Domain, M2 Ed. Hölzel für Verlag HPT; **S. 15:** M3 User:Bibi Saint-Pol, Wikimedia Commons, Public Domain, M6 Foto Wolfgang Pehlemann, Wikimedia Commons, CC BY-SA 3.0 DE; **S. 16:** M1 Verlag HPT, Markus Greibl, M2 Konrad Miller (Ausschnitt), Wikimedia Commons, Public Domain; S. 17: M3 Ed. Hölzel für Verlag HPT; **S. 18:** M2 Marsyas (Ausschnitt), Wikimedia Commons, CC BY-SA 2.5; **S. 19:** M3 Elliott Brown, Wikimedia Commons, CC BY-SA 2.0, M4 Verlag HPT, Felicitas Grabner; **S. 20:** M5 Jastrow, Wikimedia Commons, Public Domain, M6 A.Savin, Wikimedia Commons, CC BY-SA 3.0, M7 User:Bibi Saint-Pol, Wikimedia Commons, Public Domain; **S. 21:** M2 ulrichstill, Wikimedia Commons, CC BY-SA 2.0 DE; **S. 22:** M2 Magrippa, Wikimedia Commons, CC BY-SA 3.0; **S. 23:** M3 Ed. Hölzel für Verlag HPT; **S. 24:** M1 Verlag HPT, Markus Greibl, M2 Rabax63, Wikimedia Commons, CC BY-SA 4.0; **S. 25:** M3 Verlag HPT, Felicitas Grabner; **S. 26:** M2 Olaf Tausch, Wikimedia Commons, CC BY-SA 3.0; **S. 27:** M4 José Luiz Bernardes Ribeiro, Wikimedia Commons, CC BY-SA 4.0; **S. 28:** M5 James Steakley, Wikimedia Commons, CC BY-SA 3.0, M6 Autorenfoto, Friedrich Öhl; **S. 29:** M7 Ed. Hölzel für Verlag HPT, M8 Nino Barbieri, Wikimedia Commons, CC BY-SA 3.0; **S. 30:** M1 Gun Powder Ma, Wikimedia Commons, CC BY-SA 3.0, M2 Pe-Jo, Wikimedia Commons, Public Domain; **S. 31:** M9 Myrabella, Wikimedia Commons, CC BY-SA 4.0; **S. 32:** M1 Marsyas, Wikimedia Commons, CC BY-SA 3.0, M2 DerHexer, Wikimedia Commons, CC BY-SA 4.0, M3 Giovanni Dall'Orto, Wikimedia Commons, Public Domain; **S. 33:** M4 Jastrow, Wikimedia Commons, Public Domain; **S. 34:** M2 banepetkovic (adaptiert), Adobe Stock, M3 MatthiasKabel, Wikimedia Commons, CC BY-SA 3.0, M4 MatthiasKabel, Wikimedia Commons, CC BY 2.5; **S. 35:** M5 Gilles Mermet / akg-images / picturedesk.com, M6 Giulio Di Gregorio (Ausschnitt), Adobe Stock, M7 BlackMac (Ausschnitt), Adobe Stock; **S. 36:** M2 LianeM, Adobe Stock; **S. 37:** M3 Konrad Miller (Ausschnitt), Wikimedia Commons, Public Domain; M4 Gryffindor, Wikimedia Commons, CC BY-SA 3.0, M5 Verlag HPT, Felicitas Grabner; **S. 38:** M7 Wolfgang Sauber, Wikimedia Commons, CC BY-SA 3.0, M8 User:MatthiasKabel, Wikimedia Commons, CC BY 2.5, M9 JJ55, Wikimedia Commons, CC BY-SA 3.0, M10 Bwag, Wikimedia Commons, CC BY-SA 4.0; **S. 39:** M11 Wikimedia Commons, Public Domain; **S. 40:** M1 From en-WP, Wikimedia Commons, CC BY-SA 3.0; **S. 41:** M2 fotoember, Adobe Stock, M3 Dmitry Rukhlenko (Ausschnitt), Adobe Stock, M4 Michael J. Lowe, Wikimedia Commons, CC BY-SA 2.5, M5 Ed. Hölzel für Verlag HPT; **S. 42:** M6 Ed. Hölzel für Verlag HPT, M7 Martin Falbisoner, Wikimedia Commons, CC BY-SA 4.0, M8 Soparamens (Ausschnitt), Wikimedia Commons, CC0 1.0, M9 Thomas Ledl, Wikimedia Commons, CC BY-SA 4.0; **S. 43:** M10 BRITISH LIBRARY / Science Photo Library / picturedesk.com, M11 Ed. Hölzel für Verlag HPT, M12 Ed. Hölzel für Verlag HPT, M13 Autorenfoto, Friedrich Öhl; **S. 44:** M1 Verlag HPT, Felicitas Grabner; **S. 45:** M2 Merlin, Wikimedia Commons, CC BY-SA 2.5; **S. 46:** M7 Jastrow, Wikimedia Commons, CC BY-SA 2.5; **S. 47:** M8 Ricardo Martins, Wikimedia Commons, CC BY-SA 2.0; **S. 48:** M13 Autorenfoto, Friedrich Öhl; **S. 49:** M15 elmirex2009, Adobe Stock; **S. 51:** M4 Dnalor 01 (Ausschnitt), Wikimedia Commons, CC BY-SA 3.0, M6 User:Bibi Saint-Pol, Wikimedia Commons, Public Domain; **S. 52:** M1 I, Sailko, Wikimedia Commons, CC BY-SA 3.0, M2 José Luiz Bernardes Ribeiro, Wikimedia Commons, CC BY-SA 4.0; **S. 53:** M3 Vladislav Gajic, Adobe Stock; **S. 54:** M1 Monkey Business, Adobe Stock; M2 Hahaha, Wikimedia Commons, CC BY-SA 2.5; **S. 55:** M4 Aloys Winterling: Rom. In: Eckhard Wirbelauer (Hg.): Antike. München: Oldenbourg 2010, S. 164, M5 akg-images / picturedesk.com; **S. 56:** M6 greenworlder, Wikimedia Commons, Public Domain, M7 Charles Hupperts: Homosexualität in der Antike. In: Robert Aldrich (Hg.): Gleich und anders. Eine globale Geschichte der Homosexualität. Hamburg: Murmann 2007, S. 51, M8 Charles Hupperts: Homosexualität in der Antike. In: Robert Aldrich (Hg.): Gleich und anders. Eine globale Geschichte der Homosexualität. Hamburg: Murmann 2007, S. 47; S. 57 M10 André Held / akg-images / picturedesk.com (Ausschnitt), M11 Zde, Wikimedia Commons, CC BY-SA 4.0; **S. 58:** M12 Paul Veyne: Das Römische Reich. In: Paul Veyne (Hg.): Geschichte des privaten Lebens. Bd. 1, Vom Römischen Imperium zum Byzantinischen Reich. Augsburg: Weltbild 1999, S. 24, **S. 59:** M15 Jun, Wikimedia Commons, CC BY-SA 2.0, M16 Rabax63, Wikimedia Commons, CC BY-SA 4.0, M18 Rabax63 (Ausschnitt), Wikimedia Commons, CC BY-SA 4.0; **S. 60:** M1 John McK. Camp und Craig A. Manzy (Hg.): Die Agora von Athen. Neue Perspektiven für eine archäologische Stätte. Mainz: von Zabern 2009, S. 114, M2 John McK. Camp und Craig A. Manzy (Hg.): Die Agora von Athen. Neue Perspektiven für eine archäologische Stätte. Mainz: von Zabern 2009, S. 120, M3 DerHexer, Wikimedia Commons, CC BY-SA 4.0; **S. 61:** M4 Roffle, Wikimedia Commons, CC BY-SA 3.0, M5 Jastrow, Wikimedia Commons, Public Domain; **S. 62:** M7 Paul Veyne: Das Römische Reich. In: Paul Veyne (Hg.): Geschichte des privaten Lebens. Bd. 1, Vom Römischen Imperium zum Byzantinischen Reich. Augsburg: Weltbild 1999, S. 112, M8 User:Bibi Saint-Pol (Ausschnitt), Wikimedia Commons, Public Domain; **S. 63:** M9 User:Mbzt (Ausschnitt), Wikimedia Commons, CC BY-SA 3.0, M10 Clio20 (Ausschnitt), Wikimedia Commons, CC BY-SA 3.0, M11 MM (adaptiert), Wikimedia Commons, CC BY-SA 4.0; **S. 64:** M13 Baedeker, Wikimedia Commons, Public Domain, M14 Paul Veyne: Das Römische Reich. In: Paul Veyne (Hg.): Geschichte des privaten Lebens. Bd. 1, Vom Römischen Imperium zum Byzantinischen Reich. Augsburg: Weltbild 1999, S. 125; **S. 65:** M16 Rabax63, Wikimedia Commons, CC BY-SA 4.0, M17 bilwissedition / akg-images / picturedesk.com, M18 vinicio tullio, Adobe Stock; **S. 66:** M1 Paul Veyne (Hg.): Geschichte des privaten Lebens. Bd. 1, Vom Römischen Imperium zum Byzantinischen Reich. Augsburg: Weltbild 1999, Bildteil nach S. 320, ohne Paginierung, M2 CNG, Wikimedia Commons, CC BY-SA 3.0, M3 User:Bibi Saint-Pol, Wikimedia Commons, Public Domain; **S. 67:** M4 Alfonso de Francisis: Pompeji. Kunst und Kultur. Das archäologische Museum von Neapel. Neapel: Interdipress o. J., S. 89, M5 JarektUploadBot, Wikimedia Commons, Public Domain, M6 Martin Kraft, Wikimedia Commons, Public Domain; **S. 68:** M2 E. H. Gombrich: Die Geschichte der Kunst. Berlin: Phaidon 1996, S. 97, M3 E. H. Gombrich: Die Geschichte der Kunst. Berlin: Phaidon 1996, S. 81; **S. 69:** M4 Jean-Pol GRANDMONT (adaptiert), Wikimedia Commons, CC BY-SA 3.0, M5 LivioAndronico, Wikimedia Commons, CC BY-SA 4.0, M6 I, Harald Rossa (Ausschnitt), Wikimedia Commons, CC BY-SA 3.0; **S. 70:** M7 Wladyslaw Sojka, Wikimedia Commons, CC BY-SA 3.0, M8 Wikimedia Commons, Public Domain, M9 Olaf Kosinsky, Wikimedia Commons, CC BY-SA 3.0 DE, M10 AndreasPraefcke, Wikimedia Commons, CC BY-SA 3.0; **S. 71:** M11 Giorces, Wikimeida Commons, CC BY 2.5, M14 Florian Decker, Messdiener Winterbach, Wikimedia Commons, CC BY-SA 3.0; **S. 72:** M1 Glauco92 (Ausschnitt), Wikimedia Commons, CC BY-SA 3.0, M2 Carole Raddato (Ausschnitt), Wikimedia Commons, CC BY-SA 2.0; **S. 73:** M3 User:Bibi Saint-Pol (Ausschnitt), Wikimedia Commons, Public Domain, M4 Jebulon (Ausschnitt), Wikimedia Commons, CC0 1.0, M5 The Yorck Project (2002) (Ausschnitt), Wikimedia Commons, Public Domain; **S. 74:** M6 Eric Gaba, Wikimedia Commons, CC BY-SA 2.5; **S. 75:** M8 Karelj, Wikimedia Commons, Public Domain, M9 Zde, Wikimedia Commons, CC BY-SA 3.0, M11 Paul Veyne: Das Römische Reich. In: Paul Veyne (Hg.): Geschichte des privaten Lebens. Bd. 1, Vom Römischen Imperium zum Byzantinischen Reich. Augsburg: Weltbild 1999, S. 29, **S. 76:** M1 Paul Veyne (Hg.): Geschichte des privaten Lebens. Bd. 1, Vom Römischen Imperium zum Byzantinischen Reich. Augsburg: Weltbild 1999, Bildteil nach S. 320 ohne Paginierung, M2 JoJan, Wikimedia Commons, CC BY-SA 3.0, M3 Jastrow, Wikimedia Commons, Public Domain; **S. 77:** M4 Marie-Lan Nguyen, Wikimedia Commons, Public Domain, M5 Marie-Lan Nguyen, Wikimedia Commons, Public Domain; **S. 78:** M8 Ed. Hölzel für Verlag HPT; S. 79 M10 Zossolino, Wikimedia Commons, CC BY-SA 4.0, M11 Yo Hibino from Lafayette IN, United States, Wikimedia Commons, CC BY 2.0; **S. 80:** M1 Nolanus, Wikimedia Commons, Public Domain, M2 uschBohne, Wikimedia Commons, Public Domain; **S. 81:** M4 David Ávila Membrives, Wikimedia Commons, CC BY-SA 2.0, M5 Xocolatl, Wikimedia Commons, Public Domain; **S. 82:** M1 Bwag (Ausschnitt), Wikimedia Commons, CC BY-SA 4.0, M2 Andreas Praefcke, Wikimedia Commons, CC BY 3.0; **S. 83:** M3 Lamré, Wikimedia Commons, CC BY-SA 3.0, M4 Verlag HPT, Privatbesitz; **S. 85:** M3 BMGFJ, Folder 2008, M4 Politischeplakate, Wikimedia Commons, Public Domain; **S. 86:** M1 mit freundlicher Genehmigung von Muse Mohammed / IOM 2017, M2 mit freundlicher Genehmigung von Simon Kneebone; **S. 89:** Ranjani (Ausschnitt), Adobe Stock; **S. 90:** M8 mit freundlicher Genehmigung von Francesco Malavolta / IOM 2016; **S. 91:** M10 Tomas Castelazo, Wikimedia Commons, CC BY-SA 4.0; **S. 92:** Federation for American Immigration Reform, Folder; **S. 93:** Verlag HPT, centropa; mit freundlicher Genehmigung von Melisa Erkurt / Marko Mestrovic; mit freundlicher Genehmigung von Shokat ali WALIZADEH / Helmut Wimmer / UNHCR; **S. 94:** M1 Luis García, Wikimedia Commons, CC BY-SA 3.0; M3 Ed. Hölzel für Verlag HPT, M4 Bridgeman Art Library / Bridgeman Art Library / picturedesk.com (Ausschnitt); **S. 96:** M1 Wikimedia Commons, Public Domain, M2 Sammlung Rauch / Interfoto / picturedesk.com; **S. 97:** M3 Berthold Werner, Wikimedia Commons, Public Domain, M6 Verlag HPT, Coverbild; **S. 98:** M4 Cherubino, Wikimedia Commons, Public Domain; **S. 99:** M5 Ed. Hölzel für Verlag HPT; **S. 100:** M2 Schedel, Wikimedia Commons, Public Domain; **S. 101:** M4 Ptyx, Wikimedia Commons, Public Domain; **S. 102:** M1 Wikimedia Commons, Public Domain, M2 Ed. Hölzel für Verlag HPT; **S. 103:** M4 Heribert Pohl, Wikimedia Commons, CC BY-SA 2.0, M5 Romain0, Wikimedia Commons, Public Domain; **S. 104:** M7 Hägermann, Dieter: Karl der Große. Reinbeck bei Hamburg: Rowohlt 2003, S. 118, M9 Charlemagne, Wikimedia Commons, Public Domain; **S. 105:** M10 Weltbild Löppert / SZ-Photo / picturedesk.com; **S. 106:** M1 Henrik Hansson – Globaljuggler, Wikimedia Commons, CC BY-SA 3.0, M3 Mladifilozof, Wikimedia Commons, Public Domain, M5 Tischusi71, Wikimedia Commons, CC BY-SA 4.0; **S. 108:** M8 Ed. Hölzel für Verlag HPT, M9 Heretiq, Wikimedia Commons, CC BY-SA 3.0; **S. 109:** M11 Robinson, Francis (Hg.): Islamische Welt. Cambridge: Cambridge Illustrated History 1996, S. 155, M12 Krämer, Gudrun: Geschichte des Islam. München: C. H. Beck 2005, S. 93, M13 GifTagger, Wikimedia Commons, Public Domain; **S. 110:** M16 Derivation of Michail Jungierek, Wikimedia Commons, Public Domain, M17 Wikimedia Commons, Public Domain (Ausschnitt); **S. 111:** M18 oben901, Adobe Stock, M20 Krämer, Gudrun: Geschichte des Islam. München: C. H. Beck 2005, S. 138; **S. 112:** M2 mit freundlicher Genehmigung des Stadtmuseums Wels; **S. 113:** M3 European Commission - Economic and Financial Affairs, Wikimedia Commons, Public Domain, M4 Andreas Püttmann / Garver, Wikimedia Commons, CC BY-SA 2.0 DE; **S. 114:** M6 El bes, Wikimedia Commons, Public Domain, M8 Bwag, Wikimedia Commons, CC BY-SA 4.0; **S. 115:** M9 Ed. Hölzel für Verlag HPT; **S. 117:** M4 www.in-arcadia-ego.at, Wikimedia Commons, CC BY-SA 3.0 AT; **S. 119:** M3 Paulis, Wikimedia Commons, Public Domain, M5 Ali Shaker; Voice of America, Wikimedia Commons, Public Domain; **S. 120:** M1 Ed. Hölzel für Verlag HPT, M2 Johnbod, Wikimedia Commons, Public Domain; **S. 122:** M1 Wikimedia Commons, Public Domain; **S. 123:** M3 akg-images / picturedesk.com (Ausschnitt), M4 Bermicourt (Ausschnitt), Wikimedia Commons, Public Domain; **S. 124:** M6 WolfgangRieger (Ausschnitt), Wikimedia Commons, Public Domain, M7 The Yorck Project (2002), Wikimedia Commons, Public Domain, M8 Cyberprout (Ausschnitt), Wikimedia Commons, Public Domain; **S. 126:** M1 Ed. Hölzel für Verlag HPT, M2 lapas77 (Ausschnitt), Adobe Stock; **S. 127:** M4 The Yorck Project (2002), Wikimedia Commons, Public Domain; **S. 128:** M5 Verlag HPT, Felicitas Grabner, M7 akg-images / picturedesk.com (Ausschnitt); **S. 129:** M8 R.M.N. / R.-G. Ojéda, Wikimedia Commons, Public Domain, M9 R.M.N. / R.-G. Ojéda, Wikimedia Commons, Public Domain; **S. 130:** M1 Wikimedia Commons, Public Domain; **S. 131:** M2 Wikimedia Commons, Public Domain, M3 Wolfgang Jargstorff, Adobe Stock; **S. 132:** M4 Verlag HPT, Markus Greibl; **S. 133:** M5 DavidShaun, Adobe Stock, M6 JFL Photography, Adobe Stock; **S. 134:** M2 Verlag HPT, Markus Greibl, M3 The Yorck Project (2002), Wikimedia Commons, Public Domain; **S. 135:** M4 ThomasLENNE, Adobe Stock, M5 Wikimedia Commons, Public Domain; **S. 136:** M6 Shakko, Wikimedia Commons, Public Domain, M7 akg-images / picturedesk.com; **S. 137:** M8 Wikimedia Commons, Public Domain, M9 Wikimedia Commons, Public Domain; **S. 138:** M10 Wikimedia Commons, Public Domain, M12 Ed. Hölzel für Verlag HPT; **S. 139:** M13 Adam Bishop, Wikimedia Commons, Public Domain, M14 Wikimedia Commons, Public Domain; **S. 140:** M1 Wikimedia Commons, Public Domain, M3 Wikimedia Commons, Public Domain; **S. 141:** M4 amadalvarez, Wikimedia Commons, Public Domain; **S. 142:** M1 Wikimedia Commons, Public Domain, M2 Wikimedia Commons, Public Domain (Ausschnitt); **S. 143:** M4 Wikimedia Commons, Public Domain; **S. 144:** M1 Ed. Hölzel für Verlag HPT, M2 Wikimedia Commons, Public Domain, M3 Wikimedia Commons, Public Domain; **S. 145:** M4 Wikimedia Commons, Public Domain, M5 (Gryffindor) CSvBibra, Wikimedia Commons, Public Domain; **S. 146:** M6 Wikimedia Commons, Public Domain, M8 Salvatore Leanza, Adobe Stock, M9 Wikimedia Commons, Public Domain; S. 147: M10 Wikimedia Commons, Public Domain (Ausschnitt), M11 Wikimedia Commons, Public Domain, M12 Wikimedia Commons, Public Domain; **S. 148:** M1 Verlag HPT, DVD-Cover; **S. 150:** M1 Myrabella, Wikimedia Commons, Public Domain, M2 Ed. Hölzel für Verlag HPT, M3 Wikimedia Commons, Public Domain; **S. 151:** M4 jorisvo, Adobe Stock, M5 Gilles Mermet / akg-images / picturedesk.com, M6 Wikimedia Commons, Public Domain (Ausschnitt); **S. 152:** M7 Wikimedia Commons, Public Domain, M8 British Library / akg-images / picturedesk.com, M9 Wikimedia Commons, Public Domain; **S. 153:** M10 Loyset Liédet, Wikimedia Commons, Public Domain; M11 Wikimedia Commons, Public Domain, M12 Wikimedia Commons, Public Domain; **S. 154:** M1 majonit, Adobe Stock, M2 Wikimedia Commons, Public Domain; **S. 155:** M3 Wikimedia Commons, Public Domain, M4 Wikimedia Commons, Public Domain, M5 Wikimedia Commons, Public Domain; **S. 156:** M1 HOWI, Wikimedia Commons, CC BY-SA 3.0, M2 Georg Dehio/Gustav von Bezold, Wikimedia Commons, Public Domain, M3 Effi Schweizer, Wikimedia Commons, Public Domain, M4 Kolossos, Wikimedia Commons, Public Domain; **S. 157:** M5 sphraner, Adobe Stock, M6 cjuneau, Wikimedia Commons, CC BY 2.0, M7 Hans A. Rosbach, Wikimedia Commons, CC BY-SA 3.0, M8 Bwag, Wikimedia Commons, CC BY-SA-4.0; **S. 158:** M1 Wikimedia Commons, Public Domain, M2 Wikimedia Commons, Public Domain; **S. 159:** M5 Wikimedia Commons, Public Domain, M6 Wikimedia Commons, Public Domain; **S. 160:** M1 Ed. Hölzel für Verlag HPT; **S. 161:** M2 Wikimedia Commons, Public Domain, M3 Wikimedia Commons, Public Domain; **S. 162:** M5 Wikimedia Commons, Public Domain, M6 Wikimedia Commons, Public Domain, M7 Uoaei1 (Ausschnitt), Wikimedia Commons, CC BY-SA 3.0; **S. 163:** M8 The Yorck Project (2002), Wikimedia Commons, Public Domain, M9 Fineart Panorama, Adobe Stock, M10 Wolfgang Sauber, Wikimedia Commons, CC BY-SA 3.0; **S. 164:** M11 Wikimedia Commons, Public Domain, M12 Wikimedia Commons, Public Domain, M13 Wikimedia Commons, Public Domain; **S. 165:** M15 histopics / Ullstein Bild / picturedesk.com; **S. 166:** M1 Wikimedia Commons, Public Domain (Ausschnitt), M2 Wikimedia Commons, Public Domain; **S. 167:** M3 Wikimedia Commons, Public Domain, M4 Wikimedia Commons, Public Domain; **S. 168:** M1 Wikimedia Commons, Public Domain, M2 Wikimedia Commons, Public Domain; **S. 167:** M3 The Yorck Project (2002), Wikimedia Commons, Public Domain, M4 Wikimedia Commons, Public Domain; **S. 170:** M2 The Yorck Project (2002), Wikimedia Commons, Public Domain; **S. 171:** M4 Wikimedia Commons, Public Domain, M5 Stefan Bernd, Wikimedia Commons, Public Domain; **S. 173:** M3 The Yorck Project (2002), Wikimedia Commons, Public Domain.